高等职业教育轨道交通类校企合作系列教材

电力铁道供电规程与规则

主　编　徐富春
副主编　邓　硕　李　强　邹祥龙
参　编　何媛媛
主　审　曹　雪

西南交通大学出版社
·成都·

图书在版编目（CIP）数据

电力铁道供电规程与规则/徐富春主编. —成都：
西南交通大学出版社，2015.2（2023.2 重印）
高等职业教育轨道交通类校企合作系列教材
ISBN 978-7-5643-3789-6

Ⅰ.①电… Ⅱ.①徐… Ⅲ.①电气化铁道–供电–安全规程–高等职业教育–教材 Ⅳ.①U223.8-65

中国版本图书馆 CIP 数据核字（2015）第 035403 号

高等职业教育轨道交通类校企合作系列教材
电力铁道供电规程与规则
主编　徐富春

责 任 编 辑	李芳芳
助 理 编 辑	张少华
封 面 设 计	墨创文化
出 版 发 行	西南交通大学出版社 （四川省成都市二环路北一段 111 号 西南交通大学创新大厦 21 楼）
发行部电话	028-87600564　028-87600533
邮 政 编 码	610031
网　　　址	http://www.xnjdcbs.com
印　　　刷	成都蓉军广告印务有限责任公司
成 品 尺 寸	185 mm×260 mm
印　　　张	23.75
插　　　页	1
字　　　数	596 千
版　　　次	2015 年 2 月第 1 版
印　　　次	2023 年 2 月第 4 次
书　　　号	ISBN 978-7-5643-3789-6
定　　　价	55.00 元

课件咨询电话：028-87600533
图书如有印装质量问题　本社负责退换
版权所有　盗版必究　举报电话：028-87600562

前　言

本书是根据铁路职业教育电气化铁道技术专业教学计划"牵引供电规程与规则"课程大纲编写的。

对于高等职业院校的"牵引供电规程与规则"课程，传统的教材只讲述了接触网、牵引变电所的安全规程和运行检修规程，铁路牵引供电调度规则，牵引供电事故管理规则和接触网事故抢修规则，本书在此基础上增加了铁路电力管理规程，铁路电力安全工作规程，接触网作业车管理细则，电气化铁路接触网器材管理办法，高铁接触网运行维护管理规程。因高职毕业的学生从事的主要工种不仅有接触网工、电力线路工、变配电检修员、轨道车司机，还有的在高铁接触网检修车间，因此有必要编写这样一本教材，既有助于教学，又便于学生将来岗位的选择。

本课程是电气化铁道技术专业的专业核心课程，通过本课程的学习，可以使学生熟悉现场工作制度，确保岗位的安全性。同时，使学生具备现场安全生产和运行检修的基本素质及电气化区段人身、设备安全的防范意识。

本书由辽宁铁道职业技术学院徐富春任主编，辽宁铁道职业技术学院邓硕、李强、邹祥龙任副主编，辽宁铁道职业技术学院何媛媛参编，沈阳铁路局大连供电段副段长曹雪主审；其中单元一、单元九、单元十由徐富春编写，单元二、单元三、单元四由邓硕编写，单元五、单元六的任务1～任务4由李强编写，单元七、单元八由邹祥龙编写，单元六的任务5由何媛媛编写。

本书在编写过程中，沈阳铁路局调度所杨陆林、谢荣军同志给予了大力支持和帮助，我们参阅了大量的教材和手册等资料，在此对其作者一并表示衷心地感谢！

因水平有限，书中难免有不妥和疏漏之处，恳请广大读者指正。

编　者
2014年12月

目　录

单元一　铁路规章 ··· 1
任务 1　电气化铁路有关人员电气安全规定 ································· 1
任务 2　牵引供电事故管理规则 ··· 6
任务 3　事故管理条例及事故处理规定 ·· 10
任务 4　技术管理规范 ·· 23
任务 5　接触网作业车管理规则 ··· 28
任务 6　电气化铁路接触网器材管理办法 ···································· 37
复习思考题 ·· 43

单元二　铁路牵引供电调度规则 ·· 45
任务 1　总则、组织机构及职责范围 ··· 45
任务 2　各级供电调度应具备的条件和要求 ································· 47
任务 3　工作制度、计划停电与故障处理 ···································· 51
复习思考题 ·· 56

单元三　接触网安全工作规程 ·· 57
任务 1　总则及一般规定 ·· 57
任务 2　作业制度 ··· 60
任务 3　受力工具、绝缘工具及高空作业 ···································· 67
任务 4　停电作业 ··· 72
任务 5　间接带电作业、倒闸作业 ·· 76
任务 6　作业区防护 ·· 80
复习思考题 ·· 84

单元四　接触网运行检修规程 ·· 86
任务 1　总则、运行与管理 ·· 86
任务 2　接触网设备监测和质量鉴定 ··· 91
任务 3　接触网检修 ·· 95
任务 4　接触网维修技术标准 ··· 99
任务 5　接触网大修技术标准 ··· 121
复习思考题 ·· 123

单元五　牵引变电所安全工作规程 ·· 124
任务 1　总则及一般规定 ·· 124
任务 2　运　行 ·· 130
任务 3　检修作业制度 ·· 134

  任务 4 高压设备停电作业 ……………………………………………… 147
  任务 5 高压设备带电作业、其他作业 …………………………………… 152
  任务 6 试验和测量 ………………………………………………………… 158
  复习思考题 …………………………………………………………………… 161

单元六 牵引变电所运行检修规程 …………………………………………… 163
  任务 1 总则、运行管理及修制 ………………………………………… 163
  任务 2 交接验收 …………………………………………………………… 167
  任务 3 检修范围和标准 …………………………………………………… 185
  任务 4 试 验 …………………………………………………………… 203
  任务 5 远动设备、绝缘油和六氟化硫气体的管理 …………………… 222
  复习思考题 …………………………………………………………………… 227

单元七 铁路电力安全工作规程 ………………………………………………… 228
  任务 1 基本要求、保证安全的组织措施 ……………………………… 228
  任务 2 保证安全的技术措施 ……………………………………………… 248
  任务 3 运行和维护 ………………………………………………………… 258
  任务 4 架空和电缆线路任务 ……………………………………………… 265
  复习思考题 …………………………………………………………………… 273

单元八 铁路电力管理规程 ……………………………………………………… 275
  任务 1 管理、供电与用电 ……………………………………………… 275
  任务 2 电力设备运行 ……………………………………………………… 283
  任务 3 电力设备检修 ……………………………………………………… 293
  任务 4 电力设备鉴定、电力设备试验 …………………………………… 297
  任务 5 事故及其调查与处理 ……………………………………………… 299
  复习思考题 …………………………………………………………………… 310

单元九 高铁接触网运行维护管理规程 ………………………………………… 311
  任务 1 总则、运行管理及接触网状态检测 …………………………… 311
  任务 2 接触网检测、检查及检修管理 ………………………………… 316
  任务 3 高铁接触网维护技术标准及抢修管理 …………………………… 344
  复习思考题 …………………………………………………………………… 361

单元十 非正常情况下应急处理 ………………………………………………… 362
  任务 1 电力设备事故抢修规定 ………………………………………… 362
  任务 2 接触网事故抢修规则 ……………………………………………… 365
  复习思考题 …………………………………………………………………… 372

参考文献 ……………………………………………………………………………… 374

单元一 铁路规章

任务1 电气化铁路有关人员电气安全规定

【知识目标】
1. 掌握制定本规程的目的；
2. 掌握电气化铁路附近有关安全规定。

【技能目标】
1. 牢记有关安全规定的内容；
2. 执行电化区段的有关安全规定。

为了贯彻执行国务院发布的有关安全规定精神，保证电气化铁路沿线人民生命财产安全，适应电气化铁路发展并达到新建电气化线路送电通车的安全宣传要求，铁道部于1979年4月26日发布并实施了〔79〕铁机字654号文件，要求通往电气化区段的乘务人员、押运人员及电气化铁路沿线路内外职工认真学习并向城乡广大人民群众大力宣传，以有效地预防触电伤亡事故发生，保证铁路运输安全。

一、总 则

1. 本规则为保证电气化铁路沿线有关人员的电气安全和有效地防止触电伤亡事故而制订。
2. 在电气化铁路上，接触网的各导线及其相连部件，通常均带有高压电，因此禁止直接或间接地（通过任何物件，如棒条、导线、水流等）与上述设备接触。
3. 当接触网的绝缘不良时，在其支柱、支撑结构及其金属结构上，在回流线与钢轨的连接点上，都可能出现高电压，因此平常应避免与上述部件相接触；当接触网绝缘损坏时，禁止与之接触。
4. 在跨越接触网的通信线、电力线、金属绳索及机车车辆的车顶等靠近接触网的建筑物上作业时，必须遵守本规则的有关规定。
5. 新建的电气化铁路在接触网接电的十五天前，铁路局要把接电日期用书面通知铁路内外各有关单位。各单位在接到通知后，要立即转告所属有关人员。从此开始视为接触网带电，所需要的作业，均须按带电要求办理。
6. 电气化铁路区段各单位必须组织所属有关职工认真学习本安全规则，并按规定对有关职工每年进行考试。本规则也适用于临时到电气化铁路上工作的有关人员（包括通过电气化铁路的乘务员、押运人员等）。对初到电气化铁路区段工作的有关工种，必须经过有关安全规定考试合格后，方准单独作业。
7. 供电段的专业人员对于接触网的作业，另按有关规定办理，但对本规则内所规定的接触网工的工作,应严格遵照执行。

8. 对于违反本规则的人员,要追究责任并作适当处理。

二、电气化铁路附近有关安全规定

1. 为保证人身安全,除专业人员按规定作业外,任何人员所携带的物件(包括长杆、导线等)与接触网设备的带电部分需保持 2 m 以上的距离。

2. 在距接触网带电部分不到 2 m 的建筑物上作业时,接触网必须停电,并要遵照下列规定办理:

(1)施工领导人要向电力调度员提出接触网停电申请书,申请书中应明确指出施工地点、施工所需时间,施工开始时间及作业特点。对于有计划的作业,申请书应于施工前两天提出。

(2)只有在接到电力调度员许可停电施工的命令,并有接触网工区指定的接触网工安设临时接地线之后,方可开始施工。施工时接触网工必须在场监护,在有关电气安全方面,施工领导人必须听从接触网工的指导。

(3)施工结束,接触网工要确认所有工作人员都已在安全地点之后,方可拆除临时接地线,并通知电力调度员施工已完了。在拆除临时接地线之后严禁再进行施工。

3. 在距接触网带电部分 2~4 m 的导线、支柱、房顶及其他设施上施工时,接触网可不停电,但须有接触网工或经专门训练的人员在场监护。

4. 发现接触网断线及其部件损坏或在接触网上挂有线头、绳索等物,均不准与之接触,要立即通知附近的接触网工区或电力调度派人处理。在接触网检修人员到达以前,将该处加以防护,任何人员均应距已断导线接地处所 10 m 以外。如接触网已断导线等侵入建筑接近限界危及行车安全时,则必须根据《铁路技术管理规程》的规定进行防护处理。

5. 在接触网支柱及接触网带电部分 5 m 范围以内的金属结构上均须装设接地线。天桥及跨线桥靠近跨越接触网的地方,必须设置安全栅网。悬挂有接触网或与接触网相连的支柱及金属结构上,接地线已损坏时,禁止与之接触。

支柱及金属结构的接地线,应由接触网工装设;当更换钢轨或进行养路工作需移设接地线时,应由接触网工或工务部门受过专门训练的人员进行。

三、养路工作安全规定

1. 在区间拆换钢轨或鱼尾板时,必须遵守下列规定:

(1)禁止在同一地点将两股钢轨同时拆下,如必须拆下时,要对该供电区段实行线路封闭,不准电力机车行驶。

(2)换轨前要在被换钢轨两端的左右轨节间各安设一条横向连接线,连接线用截面不少于 70 mm^2 的铜线做成,用夹子紧密接到轨底上。该连接线要在换轨完毕后方可拆除。

(3)在更换带有轨端绝缘的钢轨之前,除必须用横向连接线将被换钢轨相邻的轨条与相对的轨条连接以外,还要用连接线将轨道抗流变压器中间点与被换钢轨相对的钢轨连妥,并断开抗流变压器上的连接线后,才准更换。

(4)当线路维修拉开钢轨调整轨隙时,要在拉开的轨缝间预先装设临时连接线,临时连接线的长度应使钢轨接头间可能拉开 200 mm。

2. 在站内拆换钢轨或鱼尾板时，其钢轨连接线的连接方法，尚须考虑轨道电路和车站作业的要求。

3. 在通往牵引变电所的铁路专用线上换轨拆开回流线时，必须有牵引变电所的工作人员在场；在设置可靠的分路连接线之前，不得将回流线从钢轨上拆开。拆装回流线由牵引变电所的工作人员进行。

4. 在抽换轨枕、找小坑、调整轨距等养路工作时，对于电气化及信号装置的接地线及连接线，要保持正常连接。

5. 铺路机、铺轨机、铺砟机、架桥机、吊车等设备在通过电气化铁路之前，要检查各部分使不超过机车车辆限界。当在电气化铁路上运行或停留时，在吊车桁架上及吊车作业棚内和司机室内，均不得有人停留。如司机室内必须留人作业时，其司机室的天窗须关闭加锁。

6. 在电气化铁路上使用铺路机、铺轨机、铺砟机、架桥机及吊车等设备时，如其作业范围不越出机车车辆上部限界，而工作人员（包括其动作范围）与接触网带电部分的距离保持在 2 m 以上时，接触网可不停电，但要有接触网工的监护；当不能合乎上述条件时，应停电作业，并按本规则办理。

7. 若养路机械在使用中有可能撞坏接地线，或者养路工作需拆开接地线时，施工领导人要事先向电力调度员报告取得同意，可暂拆除接地线，并在作业结束后将其装好。

拆除接地线时，应尽量使用临时接线，以代替该地线的工作，临时接线的截面不得小于 25 mm^2 的铜当量截面。上述拆装接地线的工作要由接触网工或经专门训练的工务人员进行。

8. 电气化铁路附近开山放炮，可能损伤供电设备和影响供电行车安全时，要与供电段商定，以防损伤设备，危及人身安全。在电化区段开山放炮、清除线路两侧危石、危树作业时，应与铁路部门商定，采取有效防护措施。

四、装卸作业和押运人员安全规定

1. 在带电的接触网下，不准在敞车、平车、罐车等车辆（棚车、保温车、家畜车内除外）上进行装卸作业，不准进行用竹竿等物测量货物装载高度等靠近接触网的作业。

2. 在电气化铁路区段各车站指定的装卸货物线、给水线和电力机车整备线的接触网上均设分段绝缘器和隔离开关。隔离开关平时要经常处于合闸状态。

装卸作业时，必须在指定的线路上安全区域内停电进行。作业结束，值班员确认所有人员已离开危险区域，方准合上隔离开关送电。在上述装卸线的分段绝缘器内侧 2 m 处理设安全作业标志，在标志外方或非指定带有接触网的线路上严禁登上车顶作业。安全作业标志，在既有电化线路上由使用单位，在新建电化线路上由电化工程施工单位负责制作设置。

（1）接触网隔离开关操作规定：

① 隔离开关开闭作业时，必须有两人在场，一人操作一人监护。操作人员由车站助理值班员、作业员、站务员、装卸员、机车司机、给水工等担任；监护人员由值班员（助理值班员）担任。上述人员由车务、（车站）机务、水电段与供电段共同负责组织训练，考试合格后由供电段发给隔离开关操作证，才能担任工作。

② 隔离开关操作前，操作人必须穿戴好规定的绝缘靴和绝缘手套，确认开关及其传动装

置正常，接地线良好，方准按程序操作。操作要准确迅速，一次开闭到底，中途不得停留和发生冲击。操作过程中人体各部不得与支柱及其构件相接触。当雷电来临前和雷电期间，禁止操作隔离开关。

③当发现隔离开关及其传动装置状态不良时，值班员应立即要求电力调度派人检修，如危及人身、行车安全时，在修好之前，不得进行操作，并严禁擅自攀登支柱自行修理。绝缘靴和绝缘手套，要存放于阴凉干燥、不落灰尘的容器内，每六个月由各站、段送供电段检查和试验一次。每次使用前后，用干布擦净，使用前进行简略漏气试验。如发现有裂损等异状时，要及时要求电力调度派人检查处理。

（2）押运、随车装卸、通勤通学等人员，在电气化铁路区段内，禁止搭乘机车的煤水车及坐在车顶上与装载的货物上。机车司机、运转车长和连结员，除作好宣传工作之外，当列车驶近电气化区段前，要进行彻底检查，并将上述人员安置于守车或棚车及安全的车辆里。当列车驶近电气化区段前，尚须注意货物装载状态，要设法排除超出限界的树枝、棒竿等，坚固飘动的篷布，关闭油槽车顶上盖等。

五、接发列车及调车作业安全规定

1. 当区间或站内（包括机车整备线、上水线、装卸线）接触网停电接地时，不得向该区间或站内接发电力机车牵引的列车；司机如发现不符合此项规定时，要立即停车和降下受电弓。

2. 在带电的接触网的线路上进行调车时，禁止登上棚车（在区间和中间站禁止登上敞车和棚车）行走或使用手制动；敞车、平板车上使用手制动机时，不准踏在高于手制动机踏板台的车帮上或货物上。

六、机车车辆作业安全规定

1. 在接触网没有停电并接地的情况下，禁止到蒸汽机车的锅炉上、司机棚上和煤水车上，以及到内燃机车、电力机车和车辆的车顶上进行任何作业。

2. 蒸汽机车上的火钩、火扒和铁锹均要安放在固定地点，不得放在煤水车及其煤炭上面。在内燃、蒸汽机车可以攀登到车顶的梯子和通往走台板的前门等处，均应明显地涂有"接触网有电禁止攀登"的警告标语。

3. 电气化铁路上的各种车辆，当接触网停电并接地以前，禁止进行下列作业：

（1）攀登到车顶上，或在车顶上进行任何作业（如检查车顶设备、上水、上冰等）；

（2）开闭罐车和保温车的注口（盖），或在这些注口处进行任何工作；

（3）使用胶皮软管冲刷机车车辆上部。

七、通信、信号、电力设备维修安全规定

（一）通信设备维修必须遵守的规定

1. 地下长途通信电缆的维护：

（1）切割地下埋设的电缆外皮或打开电缆套管之前，要将电缆外皮两端连通并临时接地，铺设干燥的橡皮绝缘垫或穿高压绝缘靴。务须保证坑内工作人员对地有良好的绝缘。

（2）电缆芯线发生故障，需在区段上进行工作时，要把区段两端的接线盒上故障芯线的U型插头拔掉，同时挂上标示牌写明："正在作业，不要接入"的字样。

2. 长途机械室的维修：

（1）引入长途机械室的电缆要装有绝缘套管，以使引进长途机械室的电缆外皮与电缆线路部分的外皮隔离。

（2）长途机械室的引入架、电缆箱、电缆盒要对地绝缘。长途机械室内的其他通信机架均要接地。

（3）凡与电缆线路导线直接连接的插塞均要有绝缘把手，室内配线与外线连接部分要用耐压 1 000 V 以上的绝缘线，与线路导线直接的继电器与绝缘变压器等设备要装设外罩。绝缘变压器机械侧线圈的中性点要接电缆外皮。检查上述设备时，要与外线断开，地面上要铺设橡皮绝缘垫或木地板。

（二）信号设备维修必须遵守的规定

1. 检查继电器箱、架和控制台时，必须确认继电器箱、架等设备接地良好，并要穿绝缘胶鞋和站在橡皮绝缘垫上进行工作。

2. 检查轨道电路时，在轨道绝缘变压器与扼流变压器连续的低压线圈断开之前，禁止切断其高压线圈回路。

3. 在更换双轨条轨道电路中的扼流变压器或该扼流变压器上的牵引连接线时，在两条钢轨与相邻轨道电路的扼流变压器的中间点予以连接之前，禁止从钢轨切断扼流变压器的任何一侧。

4. 在更换双轨条轨道电路相邻两轨道扼流变压器的中间点连接线或原轨条牵引连接线时，在两个扼流变压器的中间点连接线或通牵引电流的单轨条牵引连接线事先连妥之前，禁止切断原有连接线。

5. 更换绝缘节时，在双轨条轨道电路中禁止断开接向轨道扼流变压器连接线中任何一侧或两个扼流变压器中间点之连线；在单轨条轨道电路中，禁止断开相邻两轨道电路之牵引连接线以及平行轨道的牵引轨条之间的连接线。

6. 整修电缆时，要首先确认电缆外皮接地良好，与继电器箱、架的铁壳连接坚固，同一电缆沟内数条电缆外皮焊接线完好之后，方准开始工作。

（三）电力设备维修必须遵守的规定

1. 需要攀登接触网支柱的电力检修时，要由经过专门训练的人员进行作业。

2. 在检修电力高低压线路时，要将线路两端断开电源，并在工作区域两端予以封线接地。

3. 新架或更换架空线路的导线时，要每隔 1 km 将导线实行封线接地。

4. 在隧道内悬挂的电缆上工作时，其两端须装良好的接地线。

八、电气化铁路附近消防安全规定

电气化铁路附近发生火灾时，必须立即通知列车调度员、电力调度员或接触网工区值班人员，并遵守下列规定：

1. 用水或一般灭火器浇灭离接触网带电部分不足 4 m 的燃着物体时，接触网必须停电；若使用沙土灭火时，距接触网在 2 m 以上者，可不停电。

2. 距接触网超过 4 m 的燃着物体，可以不停电用水浇，但必须特别注意使水流不向接触网的方向喷射，并保持水流与带电部分的距离在 2 m 以上。

九、车辆行人通过道口安全规定

各种车辆和行人通过电气化铁路平交道口必须遵守下列规定：

1. 汽车和兽力车通过铁路平交道口时，货物装载高度（从地算起，下同）不得超过 4.5 m 和触动道口限界门的活动横板或吊链。装载高度超过 4.5 m 的货物可绕行立交道口或进行倒装。

2. 在装载高度超过 2 m 的货物上，通过道口时严禁坐人；待车辆驶过道口后，再行上车乘坐。

3. 当行人持有木棒、竹竿、彩旗和皮鞭等高长物件，过道口走近接触网下，不准高举挥动，须使物件保持水平状态走过道口。供电段要将本条规定内容制成提示牌，固定在道口两面限界门的右侧门框上。

任务 2　牵引供电事故管理规则

【知识目标】
1. 掌握事故分类；
2. 掌握事故抢修的原则及方法；
3. 掌握事故处理和事故报告。

【技能目标】
1. 根据事故的性质和损失能够判定属于哪类事故；
2. 发生事故后能够控制现场并能及时组织抢修；
3. 能对事故的处理及时的上报。

一、总　则

安全生产是党和国家的一贯方针。牵引供电工作要坚持预防为主，经常进行安全思想和劳动纪律教育，积极开展事故预想活动，不断提高设备质量和人员的技术水平，确保安全可靠的供电。

各级主管部门要认真贯彻执行有关规章制度，建立健全组织，经常进行故障处理的演练，努力提高抢修工作水平，迅速安全地组织抢修工作，最大限度地缩小事故范围，减少事故损失，尽快恢复供电、行车。

二、事故分类

1. 在牵引供电系统中，凡由于工作失误、设备状态不良或自然灾害致使牵引供电设备破损、中断供电;以及严重威胁供电安全者,均列为供电事故。

2. 根据事故的性质和损失,供电事故分为重大事故、大事故、一般事故和障碍 4 种。根据发生事故的原因,分为责任、关系及自然灾害 3 种。

3. 符合下列情况之一者列为重大事故:
(1)接触网停电时间超过 5 h;
(2)牵引变电所全所停电超过 3 h;
(3)牵引变电所主变压器破损需整组更换线圈或必须拆卸线圈才能进行的铁芯检修;
(4)牵引变电所一次侧的断路器破损达到报废程度。

4. 符合下列情况之一者列为大事故:
(1)接触网停电时间超过 4 h;
(2)牵引变电所全所停电超过 2 h;
(3)由于牵引供电设备反常、工作失误迫使列车降低牵引重量或限制列车对数超过 48 h;
(4)牵引变电所主变压器破损需检修线圈或铁芯;
(5)额定电压为 27.5 kV(包括 35 和 55 kV)的变压器或断路器破损达报废程度。

5. 符合下列情况之一者列为一般事故:
(1)接触网停电时间超过 30 min;
(2)牵引变电所全所停电(重合闸成功或备用电源自动投入供电者除外);
(3)由于牵引供电设备反常、工作失误迫使列车降低牵引重量或限制列车对数;
(4)由于电力调度错发命令或人员误操作造成断路器跳闸,或者造成接触网误停电、误送电;
(5)由于电力调度错发命令或人员误操作或牵引变电所保护拒动(避雷器除外),造成电力系统断路器跳闸且重合闸不成功;
(6)正线承力索或接触线或馈电线断线。

6. 符合下列情况之一者列为供电障碍:
(1)接触网停电时间超过 10 min;
(2)由于牵引供电设备反常、工作失误迫使列车降低运行速度或降弓运行通过故障处所;
(3)由于设备状态不良或供电方面准备工作不充分,使备用设备不能按要求投入运行;
(4)保护装置(避雷器除外)误动、拒动。

三、事故抢修

1. 当发现供电设备故障时,要按照规定进行现场防护,在力所能及的范围内采取措施防止事故蔓延和扩大,减少事故损失;同时尽快地报告电力调度。

2. 在事故抢修中电力调度要与列车调度密切配合,严格掌握供电和行车两方面的基本标准条件,机智、果断地采取有效措施,保证安全迅速地恢复供电和行车。

3. 事故抢修可以不要工作票,但必须有电力调度的命令,并按规定办理作业手续,以及做好安全措施。

4. 事故抢修的工作领导人即是事故现场抢修工作的指挥者。当有几个作业组同时进行抢修作业时,必须指定 1 人担当总指挥,负责各作业组之间的协调配合;同时必须指定专人与电力调度时刻保持联系，及时汇报抢修工作进度、情况等，并将电力调度和上级的指示、命令迅速传达给事故抢修的指挥者。

四、事故处理

1. 对每一件供电事故都要按照"三不放过""四查"（即"事故原因分析不清不放过，事故责任者和群众没有受到教育不放过，没有防范措施不放过"；"查思想，查纪律，查制度，查领导"）的要求，认真组织调查，弄清原因，确定责任者，制定出有效的防范措施。

2. 供电重大事故由铁路局组织处理，供电一般事故和障碍属供电段责任者由供电段组织处理，属其他单位责任者由铁路指定单位组织处理。当故障涉及两个及以上单位，且对故障原因、责任者，各单位意见分歧不能统一者，按上述处理权限报上一级组织审查裁处。

3. 对每件事故的划分和处理应严肃认真，实事求是，及时准确。对事故责任者，依情节轻重，应给予批评或处分；对防止事故有功人员应给予表扬或奖励。

4. 由于发生供电事故同时引起行车事故或职工伤亡事故，除分别按《铁路行车事故处理规则》或人事、劳资部门的有关规定上报处理外，对供电事故还应按本规则规定上报。

五、事故报告

1. 事故报告分为电话速报和书面报告两种。电话速报系于故障发生后用电话（或电报）向有关上级机关上报的报告，书面报告系于事故处理后用书面向有关上级机关上报的报告。

2. 电力调度接到供电故障报告后除尽快组织抢修外，同时要按照电话速报的内容要求迅速用电话报告供电段和铁路局电力调度，铁路局电力调度还要及时报告中国铁路总公司。

3. 对每一件责任供电事故，供电段均要填写《牵引供电事故报告》，如表 1.2.1 所示。一般事故填写 3 份，于事故处理后三日内报铁路局。大事故填写 4 份，于事故处理后 5 日内报铁路局抄报中国铁路总公司。重大事故填写 4 份，于事故处理后 7 日内由铁路局报中国铁路总公司。

表 1.2.1　牵引供电事故报告填写表

×××供电段（章）

事故类别	断线	责任者	×××网工区	天气	风力 6 级
发生时间	2014.11.19 16：29	电力调度通知抢修时间	16：30	停电区段	沈山线锦州—双羊下行
地点	里程：K530+240.5 支柱号、分区亭、变电所、车站				
供电停电时间	自 16 时 29 分 2014 年 11 月 19 日 至 17 时 42 分				
抢修情况	出动时间和人数：16 时 33 分，15 人 到达事故现场的时间：16 时 36 分 抢修开始时间：16 时 39 分 抢修结束时间：17 时 42 分				

续表 1.2.1

事故类别	断线		责任者	×××网工区	天气	风力6级
人员伤亡	轻伤：/人	姓名：/				
	重伤：/人	姓名：/				
	死亡：/人	姓名：/				
耽误列车概况	货车：6列累计2小时34分					
	客车：1列累计0小时30分					
损失概况	共计/元					
事故原因	正馈线与保护线间跳线驰度大，在风力作用下空气间隙变小而击穿，引起变电所保护动作，断路器跳闸，接触网设备停电					
防止措施						
处理意见						
参加事故调查人员（姓名职务）						

表 1.2.1 中所列内容的解释和说明：

（1）接触网中断供电是指区间接触网停电或车站因接触网停电不能接发电力牵引的列车，双线区段为其中之一线。

（2）接触网停电时间是自接触网中断供电开始至恢复供电时为止的连续停电时间。故障停电时间与计划停电时间重复者，计算时间时应将计划停电时间扣除。

由于事故损坏的设备抢修完毕，已具备送电条件，但由于其他原因不能及时送电时，应以具备送电条件的时间作为恢复供电时间。

（3）耽误列车系指列车在区间内停车，通过列车在站内停车，列车在始发站或停车站晚开超过列车运行图所规定（简称：图定）的停车时间或列车调度指定的时间。

（4）耽误列车时间系指在接触网停电时间范围内正在运行的列车因受事故的影响造成阻碍的时间。如运行的列车被迫途停或通过列车站内停车，应自停车时开始至在开车时为止的连续停车时间；若列车在始发站或停车站晚开，超过规定时间（图定的停车时间或列车调度指定的时间），自规定时间开始到实际开车时间为止。

（5）牵引变电所全所停电系指牵引变电所内除自用电设备外，所有的设备均停电（不包括牵引变电所电源侧隔离开关与电源连接的部分）。

（6）在巡视、检查、修理或试验过程中，发现设备异常，有计划地进行设备整修，不算供电事故。

（7）由于同一原因同时构成停车和供电事故时，应分别上报，但供电段事故件数仍算一件，统计为行车事故，在填写牵引供电事故报告时，在事故类别栏中应同时填写两项即供电事故和行车事故的类别。

任务 3　事故管理条例及事故处理规定

【知识目标】
1. 掌握事故处理规定的内容；
2. 掌握事故应急救援的方法；
3. 掌握事故调查处理和事故赔偿的内容。

【技能目标】
1. 能进行事故应急救援并写出事故报告；
2. 依据事故处理规定能进行事故处理。

2007 年 6 月 27 日国务院第 182 次常务会议通过了《铁路交通事故应急救援和调查处理条例》，2007 年 7 月 11 日中华人民共和国国务院令第 501 号批准了《铁路交通事故应急救援和调查处理条例》，自 2007 年 9 月 1 日起施行。

一、《铁路交通事故应急救援和调查处理条例》

为了加强铁路交通事故的应急救援工作，规范铁路交通事故调查处理，减少人员伤亡和财产损失，保障铁路运输安全和畅通，根据《中华人民共和国铁路法》和其他有关法律的规定，制定《铁路交通事故应急救援和调查处理条例》。条例适用范围为铁路机车车辆在运行过程中与行人、机动车、非机动车、牲畜及其他障碍物相撞，或者铁路机车车辆发生冲突、脱轨、火灾、爆炸等影响铁路正常行车的铁路交通事故的应急救援和调查处理。

国务院铁路主管部门应当加强铁路运输安全监督管理，建立健全事故应急救援和调查处理的各项制度，按照国家规定的权限和程序，负责组织、指挥、协调事故的应急救援和调查处理工作。

铁路管理机构应当加强日常的铁路运输安全监督检查，指导、督促铁路运输企业落实事故应急救援的各项规定，按照规定的权限和程序，组织、参与、协调本辖区内事故的应急救援和调查处理工作。

国务院其他有关部门和有关地方人民政府应当按照各自的职责和分工，组织、参与事故的应急救援和调查处理工作。铁路运输企业和其他有关单位、个人应当遵守铁路运输安全管理的各项规定，防止和避免事故的发生。事故发生后，铁路运输企业和其他有关单位应当及时、准确地报告事故情况，积极开展应急救援工作，减少人员伤亡和财产损失，尽快恢复铁路正常行车。任何单位和个人不得干扰、阻碍事故应急救援、铁路线路开通、列车运行和事故调查处理。

二、事故处理规定

（一）事故等级

根据事故造成的人员伤亡、直接经济损失、列车脱轨辆数、中断铁路行车时间等情事等级分为特别重大事故、重大事故、较大事故和一般事故。

1. 特别重大事故：

（1）造成 30 人以上死亡，或者 100 人以上重伤（包括急性工业中毒，下同），或者 1 亿元以上直接经济损失的；

（2）繁忙干线客运列车脱轨 18 辆以上并中断铁路行车 48 h 以上的；

（3）繁忙干线货运列车脱轨 60 辆以上并中断铁路行车 48 h 以上的。

2. 重大事故：

（1）造成 10 人以上 30 人以下死亡，或者 50 人以上 100 人以下重伤，或者 5 000 万元以上 1 亿元以下直接经济损失的；

（2）客运列车脱轨 18 辆以上的；

（3）货运列车脱轨 60 辆以上的；

（4）客运列车脱轨 2 辆以上 18 辆以下，并中断繁忙干线铁路行车 24 h 以上或者中断其他线路铁路行车 48 h 以上的；

（5）货运列车脱轨 6 辆以上 60 辆以下，并中断繁忙干线铁路行车 24 h 以上或者中断其他线路铁路行车 48 h 以上的。

3. 较大事故：

（1）造成 3 人以上 10 人以下死亡，或者 10 人以上 50 人以下重伤，或者 1 000 万元以上 5 000 万元以下直接经济损失的；

（2）客运列车脱轨 2 辆以上 18 辆以下的；

（3）货运列车脱轨 6 辆以上 60 辆以下的；

（4）中断繁忙干线铁路行车 6 h 以上的；

（5）中断其他线路铁路行车 10 h 以上的。

4. 一般事故：

造成 3 人以下死亡，或者 10 人以下重伤，或者 1 000 万元以下直接经济损失的，为一般事故。

一般事故分为：一般 A 类事故、一般 B 类事故、一般 C 类事故、一般 D 类事故。

（1）有下列情形之一，未构成较大以上事故的，为一般 A 类事故：

A1.造成 2 人死亡。

A2.造成 5 人以上 10 人以下重伤。

A3.造成 500 万元以上 1 000 万元以下直接经济损失。

A4.列车及调车作业中发生冲突、脱轨、火灾、爆炸、相撞，造成下列后果之一的：

　　A4.1 繁忙干线双线之一线或单线行车中断 3 h 以上 6 h 以下，双线行车中断 2 h 以上 6 h 以下。

　　A4.2 其他线路双线之一线或单线行车中断 6 h 以上 10 h 以下，双线行车中断 3 h 以上 10 h 以下。

　　A4.3 客运列车耽误本列 4 h 以上。

　　A4.4 客运列车脱轨 1 辆。

　　A4.5 客运列车中途摘车 2 辆以上。

　　A4.6 客车报废 1 辆或大破 2 辆以上。

A4.7 机车大破 1 台以上。
A4.8 动车组中破 1 辆以上。
A4.9 货运列车脱轨 4 辆以上 6 辆以下。

（2）有下列情形之一，未构成一般 A 类以上事故的，为一般 B 类事故：
B1.造成 1 人死亡。
B2.造成 5 人以下重伤。
B3.造成 100 万元以上 500 万元以下直接经济损失。
B4.列车及调车作业中发生冲突、脱轨、火灾、爆炸、相撞，造成下列后果之一的：
B4.1 繁忙干线行车中断 1 h 以上。
B4.2 其他线路行车中断 2 h 以上。
B4.3 客运列车耽误本列 1 h 以上。
B4.4 客运列车中途摘车 1 辆。
B4.5 客车大破 1 辆。
B4.6 机车中破 1 台。
B4.7 货运列车脱轨 2 辆以上 4 辆以下。

（3）有下列情形之一，未构成一般 B 类以上事故的，为一般 C 类事故：
C1.列车冲突。
C2.货运列车脱轨。
C3.列车火灾。
C4.列车爆炸。
C5.列车相撞。
C6.向占用区间发出列车。
C7.向占用线接入列车。
C8.未准备好进路接、发列车。
C9.未办或错办闭塞发出列车。
C10.列车冒进信号或越过警冲标。
C11.机车车辆溜入区间或站内。
C12.列车中机车车辆断轴，车轮崩裂，制动梁、下拉杆、交叉杆等部件脱落。
C13.列车运行中碰撞轻型车辆、小车、施工机械、机具、防护栅栏等设备设施或路料、坍体、落石。
C14.接触网接触线断线、倒杆或塌网。
C15.关闭折角塞门发出列车或运行中关闭折角塞门。
C16.列车运行中刮坏行车设备设施。
C17.列车运行中设备设施、装载货物（包括行包、邮件）、装载加固材料（或装置）超限（含按超限货物办理超过电报批准尺寸的）或坠落。
C18.装载超限货物的车辆按装载普通货物的车辆编入列车。
C19.电力机车、动车组带电进入停电区。
C20.错误向停电区段的接触网供电。
C21.电化区段攀爬车顶耽误列车。

C22. 客运列车分离。
C23. 发生冲突、脱轨的机车车辆未按规定检查鉴定编入列车。
C24. 无调度命令施工，超范围施工，超范围维修作业。
C25. 漏发、错发、漏传、错传调度命令导致列车超速运行。
（4）有下列情形之一，未构成一般C类以上事故的，为一般D类事故：
D1. 调车冲突。
D2. 调车脱轨。
D3. 挤道岔。
D4. 调车相撞。
D5. 错办或未及时办理信号致使列车停车。
D6. 错办行车凭证发车或耽误列车。
D7. 调车作业碰轧脱轨器、防护信号，或未撤防护信号动车。
D8. 货运列车分离。
D9. 施工、检修、清扫设备耽误列车。
D10. 作业人员违反劳动纪律、作业纪律耽误列车。
D11. 滥用紧急制动阀耽误列车。
D12. 擅自发车、开车、停车、错办通过或在区间乘降所错误通过。
D13. 列车拉铁鞋开车。
D14. 漏发、错发、漏传、错传调度命令耽误列车。
D15. 错误操纵、使用行车设备耽误列车。
D16. 使用轻型车辆、小车及施工机械耽误列车。
D17. 应安装列尾装置而未安装发出列车。
D18. 行包、邮件装卸作业耽误列车。
D19. 电力机车、动车组错误进入无接触网线路。
D20. 列车上工作人员往外抛掷物体造成人员伤害或设备损坏。
D21. 行车设备故障耽误本列客运列车1h以上，或耽误本列货运列车2h以上；固定设备故障延时影响正常行车2h以上（仅指正线）。

中国铁路总公司可将影响行车安全的其他情形，列入一般事故。

因事故死亡、重伤人数7日内发生变化，导致事故等级变化的，相应改变事故等级。

除前款规定外，国务院铁路主管部门可以对一般事故的其他情形作出补充规定。

（二）事故报告

事故发生后，事故现场的铁路运输企业工作人员或者其他人员应当立即报告邻近铁路车站、列车调度员或者公安机关。有关单位和人员接到报告后，应当立即将事故情况报告事故发生地铁路管理机构。铁路管理机构接到事故报告，应当尽快核实有关情况，并立即报告国务院铁路主管部门；对特别重大事故、重大事故，国务院铁路主管部门应当立即报告国务院并通报国家安全生产监督管理等有关部门。发生特别重大事故、重大事故、较大事故或者有人员伤亡的一般事故，铁路管理机构还应当通报事故发生地县级以上地方人民政府及其安全生产监督管理部门。

事故报告应当包括下列内容：
（1）事故发生的时间、地点、区间（线名、千米、米）、事故相关单位和人员；
（2）发生事故的列车种类、车次、部位、计长、机车型号、牵引辆数、吨数；
（3）承运旅客人数或者货物品名、装载情况；
（4）人员伤亡情况，机车车辆、线路设施、道路车辆的损坏情况，对铁路行车的影响情况；
（5）事故原因的初步判断；
（6）事故发生后采取的措施及事故控制情况；
（7）具体救援请求。

事故报告后出现新情况的，应当及时补报。

国务院铁路主管部门、铁路管理机构和铁路运输企业应当向社会公布事故报告值班电话，受理事故报告和举报。

（三）事故应急救援

事故发生后，列车司机或者运转车长应当立即停车，采取紧急处置措施；对无法处置的，应当立即报告邻近铁路车站、列车调度员进行处置。为保障铁路旅客安全或者因特殊运输需要不宜停车的，可以不停车；但是，列车司机或者运转车长应当立即将事故情况报告邻近铁路车站、列车调度员，接到报告的邻近铁路车站、列车调度员应当立即进行处置。事故造成中断铁路行车的，铁路运输企业应当立即组织抢修，尽快恢复铁路正常行车；必要时，铁路运输调度指挥部门应当调整运输径路，减少事故影响。事故发生后，国务院铁路主管部门、铁路管理机构、事故发生地县级以上地方人民政府或者铁路运输企业应当根据事故等级启动相应的应急预案；必要时，成立现场应急救援机构。

现场应急救援机构根据事故应急救援工作的实际需要，可以借用有关单位和个人的设施、设备和其他物资。借用单位使用完毕应当及时归还，并支付适当费用；造成损失的，应当赔偿。有关单位和个人应当积极支持、配合救援工作。事故造成重大人员伤亡或者需要紧急转移、安置铁路旅客和沿线居民的，事故发生地县级以上地方人民政府应当及时组织开展救治和转移、安置工作。国务院铁路主管部门、铁路管理机构或者事故发生地县级以上地方人民政府根据事故救援的实际需要，可以请求当地驻军、武装警察部队参与事故救援。有关单位和个人应当妥善保护事故现场以及相关证据，并在事故调查组成立后将相关证据移交事故调查组。因事故救援、尽快恢复铁路正常行车需要改变事故现场的，应当做出标记、绘制现场示意图、制作现场视听资料，并做出书面记录。任何单位和个人不得破坏事故现场，不得伪造、隐匿或者毁灭相关证据。事故中死亡人员的尸体经法定机构鉴定后，应当及时通知死者家属认领；无法查找死者家属的，按照国家有关规定处理。

（四）事故调查处理

特别重大事故由国务院或者国务院授权的部门组织事故调查组进行调查。重大事故由国务院铁路主管部门组织事故调查组进行调查。较大事故和一般事故由事故发生地铁路管理机构组织事故调查组进行调查；国务院铁路主管部门认为必要时，可以组织事故调查组对较大事故和一般事故进行调查。根据事故的具体情况，事故调查组由有关人民政府、公安机关、安全生产监督管理部门、监察机关等单位派人组成，并应当邀请人民检察院派人参加。事故调查组认为必要时，可以聘请有关专家参与事故调查。

事故调查组应当按照国家有关规定开展事故调查，并在下列调查期限内向组织事故调查组的机关或者铁路管理机构提交事故调查报告：

（1）特别重大事故的调查期限为60日；

（2）重大事故的调查期限为30日；

（3）较大事故的调查期限为20日；

（4）一般事故的调查期限为10日。

事故调查期限自事故发生之日起计算。

事故调查处理，需要委托有关机构进行技术鉴定或者对铁路设备、设施及其他财产损失状况以及中断铁路行车造成的直接经济损失进行评估的，事故调查组应当委托具有国家规定资质的机构进行技术鉴定或者评估。技术鉴定或者评估所需时间不计入事故调查期限。事故调查报告形成后，报经组织事故调查组的机关或者铁路管理机构同意，事故调查组工作即告结束。组织事故调查组的机关或者铁路管理机构应当自事故调查组工作结束之日起15日内，根据事故调查报告，制作事故认定书。事故认定书是事故赔偿、事故处理以及事故责任追究的依据。事故责任单位和有关人员应当认真吸取事故教训，落实防范和整改措施，防止事故再次发生。

国务院铁路主管部门、铁路管理机构以及其他有关行政机关应当对事故责任单位和有关人员落实防范和整改措施的情况进行监督检查。

事故的处理情况，除依法应当保密的外，应当由组织事故调查组的机关或者铁路管理机构向社会公布。

（五）事故赔偿

事故造成人身伤亡的，铁路运输企业应当承担赔偿责任；但是人身伤亡是不可抗力或者受害人自身原因造成的，铁路运输企业不承担赔偿责任。

违章通过平交道口或者人行过道，或者在铁路线路上行走、坐卧造成的人身伤亡，属于受害人自身的原因造成的人身伤亡。

事故造成铁路运输企业承运的货物、包裹、行李损失的，铁路运输企业应当依照《中华人民共和国铁路法》的规定承担赔偿责任。

除条例的规定外，事故造成其他人身伤亡或者财产损失的，依照国家有关法律、行政法规的规定赔偿。

事故当事人对事故损害赔偿有争议的，可以通过协商解决，或者请求组织事故调查组的机关或者铁路管理机构组织调解，也可以直接向人民法院提起民事诉讼。

（六）法律责任

铁路运输企业及其职工违反法律、行政法规的规定，造成事故的，由国务院铁路主管部门或者铁路管理机构依法追究行政责任。

违反本条例的规定，铁路运输企业及其职工不立即组织救援，或者迟报、漏报、瞒报、谎报事故的，对单位，由国务院铁路主管部门或者铁路管理机构处10万元以上50万元以下的罚款；对个人，由国务院铁路主管部门或者铁路管理机构处4 000元以上2万元以下的罚款；

属于国家工作人员的，依法给予处分；构成犯罪的，依法追究刑事责任。

违反本条例的规定，国务院铁路主管部门、铁路管理机构以及其他行政机关未立即启动应急预案，或者迟报、漏报、瞒报、谎报事故的，对直接负责的主管人员和其他直接责任人员依法给予处分；构成犯罪的，依法追究刑事责任。

违反本条例的规定，干扰、阻碍事故救援、铁路线路开通、列车运行和事故调查处理的，对单位，由国务院铁路主管部门或者铁路管理机构处 4 万元以上 20 万元以下的罚款；对个人，由国务院铁路主管部门或者铁路管理机构处 2 000 元以上 1 万元以下的罚款；情节严重的，对单位，由国务院铁路主管部门或者铁路管理机构处 20 万元以上 100 万元以下的罚款；对个人，由国务院铁路主管部门或者铁路管理机构处 1 万元以上 5 万元以下的罚款；属于国家工作人员的，依法给予处分；构成违反治安管理行为的，由公安机关依法给予治安管理处罚；构成犯罪的，依法追究刑事责任。

三、《铁路交通事故调查处理规则》内容解释

1. 机车车辆：包括铁路机车、客车、货车、动车、动车组及各类自轮运转特种设备等。自轮运转特种设备：系指在铁路营业线上运行的轨道车及铁路施工、维修专用车辆（包括轨道起重机、架桥机、铺轨机、接触网架线车、放线车、检修车、大型养路机械等）。

2. 列车：系指编成的车列并挂有机车及规定的列车标志。单机、自轮运转特种设备，虽未完全具备列车条件，亦应按列车办理。

（1）客运列车：系指旅客列车（含动车组）、按客车办理的回送空客车车底及其他列车。

（2）货运列车：系指客运列车以外的其他列车。军用列车除有特殊通知外，均视为货运列车。

列车与其他调车作业的机车车辆等互相冲撞而发生的事故，定列车事故。列车在站内以调车方式进行摘挂或转线而发生事故，定调车事故。

客运列车或客运列车摘下本务机车后的车列，被货运列车、机车车辆冲撞造成的事故，以及客运列车在中途站进行摘挂（包括摘挂本务机车）或转线作业发生的事故，均定客运列车事故。

区间调车作业、机车车辆溜入区间，发生冲突、脱轨事故时，定列车事故。在封锁区间内调车作业发生事故，定调车事故。

3. 运行过程中：系指铁路机车车辆运行的全过程，也包括在其运行中的停车状态。

4. 行人：系指在铁路线路上行走、停留的自然人（包括有关铁路作业人员）。

5. 其他障碍物：系指侵入铁路限界及线路，并影响铁路行车的动态及静态物体。

6. 相撞：系指铁路机车车辆在运行过程中与行人、机动车、非机动车、牲畜及其他障碍物相互碰、撞、轧，造成人员伤亡、设备设施损坏。

7. 冲突：系指列车、机车车辆互相间或与轻型车辆、设备设施（如车库、站台、车挡等）发生冲撞，致使机车车辆、轻型车辆、设备设施等破损。

在列车运行中由于人为失职或设备不良等原因，将车辆挤坏或拉坏构成中破及其以上程度，或在调车作业中由于人为失职或设备不良等原因，将车辆挤坏或拉坏构成大破以上程度时，亦按冲突论。

由于机车车辆冲撞造成货物窜动将车辆撞坏、挤坏时，定冲突事故，并根据所造成的后

果,确定事故等级。

8. 脱轨:系指机车车辆的车轮落下轨面(包括脱轨后又自行复轨),或车轮轮缘顶部高于轨面(因作业需要的除外)。每辆(台)只要脱轨1轮,即按1辆(台)计算。

9. 列车发生火灾:系指列车起火造成机车车辆破损影响行车设备设施正常使用,或发生人员伤亡、货物、行包烧毁等。

10. 列车发生爆炸:系指机车车辆在运行过程中发生爆炸,造成其设备损坏,墙板、车体变形或出现孔洞,影响正常行车。

11. 正线:是指连接车站并贯穿或直股伸入车站的线路。

12. 繁忙干线:系指京哈(不含沈山线)、京沪、京广、京九(含广州至深圳段)、陇海、沪昆(不含株洲至昆明段)线及客运专线。

繁忙干线单线:系指连接繁忙干线的联络线。

13. 其他线路:系指繁忙干线以外的线路。新交付使用的线路等级分类,在交付时公布。在连接不同等级线路的车站发生事故时,按繁忙干线算。

14. 中断铁路行车:系指不论事故发生在区间或站内,造成铁路单线、双线区间或双线区间之一线不能行车。中断行车的时间,由事故发生时间起(列车火灾或爆炸由停车时间算起)至恢复客货列车原牵引方式连续通行时止。

如列车能在站内其他线通行,又回到原正线上进入区间的,不按中断行车算。

施工封锁区间发生冲突或脱轨的行车中断时间,从事故发生前原计划开通的时间起计算。

15. 耽误列车:系指列车在区间内停车,通过列车在站内停车,列车在始发站或停车站晚开、在运行过程中超过图定的时间(局管内)或调度员指定的时间,列车停运、合并、保留。

16. 客运列车中途摘车:系指编挂在客运列车中的车辆发生冲突、脱轨、火灾、爆炸、相撞未达到中破及以上程度,不能运行,必须在途中摘下(不包括始发站和终到站)。

17. 占用区间:

(1)区间内已进入列车。

(2)区间已被列车取得占用的许可(包括准许时间内未收回的出站、跟踪调车凭证)。

(3)封锁的区间(属于《铁路技术管理规程》第265条、第302条、第310条的情况下除外)。

(4)区间内有停留或溜入的机车车辆、施工作业车辆。列车发出后溜入的亦算。

(5)发出进入正线的列车而区间内道岔向岔线开通。

(6)邻线已进入禁止在区间交会的列车。

列车前端越过出站信号机或警冲标即算。

办理越出站界调车后,没有取消手续,也没有办理列车闭塞手续,就用该调车手续将列车开出,亦按本项论。

18. 占用线:系指车站内已办理进路的线路或停有机车车辆的线路或已封锁的线路。列车前端越过进站(进路)信号机或站界标即构成"向占用线接入列车"。按《铁路技术管理规程》第283条规定办理的列车除外。

19. 未准备好进路。

进路系指:

(1)接入停车列车时,由进站信号机起至接车线末端计算该线有效长度的警冲标或出站信号机止的一段线路。

（2）发出列车时，由列车前端起至相对进站信号机或站界标为止的一段线路。

（3）通过列车时，为该列车通过线两端进站信号机或站界标间的一段线路。

未准备好进路系指：

（1）进路上的道岔未扳、错扳、临时扳动或错误转动。

（2）进路上有轻型车辆（包括拖车）、小车及其他能造成脱轨的障碍物（不包括其他交通车辆）。

（3）邻线的机车车辆越过警冲标。

（4）违反《铁路技术管理规程》第279条禁止办理相对方向同时接车和同方向同时发接列车的规定而办理同时接车或发接列车。

（5）超限列车（包括挂有超限货物车辆的列车）、客运列车由于错误办理造成进入非固定股道。

接入停车或通过的列车，列车前端进入进站（进路）信号机或站界标以及发出的列车起动均算。

设有进路信号机的车站，分段接发列车时，按分段算。如果每段都发生，每段各定1件事故；如果一次准备的全通路，为一个进路，定1件事故。

凡由于信号联锁条件错误或有关人员违章作业，致使信号错误升级显示进行信号或强行开放进行信号，造成耽误列车或列车已按错误显示的进行信号运行，虽未造成后果，均定事故。

20. 未办或错办闭塞发出列车：系指未和邻站、线路所、车场办理闭塞手续，或办理闭塞的区间与列车运行的区间不一致而发出的列车。列车前端越过出站信号机（包括线路所通过信号机）或警冲标即构成。客运列车，错办闭塞的区间虽与列车的运行区间一致，亦按本项论。

没有调度命令，擅自改变或错办列车运行路径，亦按本项论。未按规定办理手续而越出站界调车时，亦按本项论。

21. 列车冒进信号或越过警冲标：系指列车前端任何一部分越过地面固定信号显示的停车信号；停车列车越过到达线末端计算该线有效长度的警冲标或轧上线路脱轨器（系指用于接发列车起隔开作用的脱轨器）时亦算。双线区间反方向运行，列车冒进站界标，亦按本项论。

在制动距离内，由于误碰、错办或维修设备，致使临时变更信号显示、信号关闭或临时灭灯，造成列车冒进信号时，不论联锁条件是否解锁，亦按本项论。

在制动距离内信号自动关闭或临时灭灯，在进路联锁条件不解锁的情况下，列车冒进信号时，不按本项论。

22. 机车车辆溜入区间或站内：系指以进站信号机或站界标为界，机车车辆由站内溜入区间或由区间、专用线溜入站内，在区间岔线内停留的机车车辆溜往正线越过警冲标，亦按本项论。

23. 断轴：机车车辆出段、出厂或由固定停放地点开出后，发生即算。列车中的车辆在运行、停留或始发、到达检查时发现即算。

24. 关闭折角塞门发出列车或运行中关闭折角塞门：列车前端越过出站信号机或警冲标即算。

采用双管供风的列车因错接风管发出列车，按本项论。

25. 电力机车、动车组带电进入停电区：系指电力机车、动车组未降弓断电进入已经停电的接触网区。

26. 发生冲突、脱轨的机车车辆，未经检查鉴定编入列车运行：未按规定通知检查或未按规定检查，擅自编入列车，按本项论。

27. 自轮运转设备：无需铁路货车装运，能依靠自有轮对在铁路上运行，但须按货物向铁路办理托运手续的机械和设备。包括编入列车的自轮运转特种设备、无火回送机车等。

28. 无调度命令施工，超范围施工，超范围维修作业：包括未按规定在车站登记要点进行施工、维修作业的，施工点前超范围准备的，未按规定施工维修作业内容进行作业的，均按本项论。

29. 漏发、错发、漏传、错传调度命令导致列车超速运行：列车运行监控装置未输或错输限速指令、机车出库后司机未接到线路限速命令，致使列车超过规定限速运行，按本项论。

30. 挤道岔：系指车轮挤过或挤坏道岔。

31. 错办或未及时办理信号导致列车停车：

（1）因办理不及时或忘办、错办信号使列车在站外或站内停车。

（2）禁止同时接车的车站或不准同时接入站内的列车，误使两列车均在站外停车。

（3）接发列车人员未及时或错误显示手信号，使列车停车。

32. 错误办理行车凭证发车或耽误列车：系指与邻站已办妥闭塞手续，但由于未交、错交、未拿、错拿、漏填、错填行车凭证；自动闭塞、自动站间闭塞、半自动闭塞区间未开放出站（进路）信号机发车或耽误列车。

行车凭证交与司机或运转车长显示发车手信号后（车站直接发车时为发车人员显示手信号后），发现行车凭证错误，亦为错误办理行车凭证发车。

填写的行车凭证，错填、漏填电话记录号码、车次、区间、地点时，按本项论。

自动闭塞、自动站间闭塞、半自动闭塞区间未开放出站（进路）信号机，列车起动停车未越过信号机或警冲标时，视同一般 D 类事故情形。越过关闭的停车信号或警冲标时，视同一般 C 类事故情形。

33. 调车作业碰轧脱轨器、防护信号或未撤防护信号动车：脱轨器：系指固定脱轨器及移动脱轨器。

防护信号：系指防护施工、装卸及机车车辆检修整备作业的固定信号或移动信号。机车车辆碰上、轧上脱轨器或防护信号即算。对插有停车信号的车辆，碰上车钩及未撤防护信号动车，按本项论。

34. 施工、检修、清扫设备耽误列车：如因特殊情况需要延长施工时间时，须提前通知车站值班员、列车调度员，经列车调度员承认后（发布调度命令）耽误列车时，不定事故。

施工、检修、清扫设备人员躲避不及时，造成列车停车，按本项论。

35. 滥用紧急制动阀耽误列车：系指违反《铁路技术管理规程》第 271 条第 4 款的规定使用紧急制动阀。

36. 擅自发车、开车、停车、错办通过或在区间乘降所错误通过：

擅自发车：系指车站发车人员未确认出站信号，运转车长未得到发车人员的发车指示信号，车站发车人员未确认运转车长发车手信号直接发车。

擅自开车：系指司机未得到车站发车人员或运转车长的发车信号而开车。

擅自停车：系指在正常情况下，不应停车而停车。

错办通过：系指应停车的客运列车而错办通过（不包括列车调度员按照列车运行情况临时调整变更通过的列车）。

37. 错误操纵、使用行车设备耽误列车：系指作业人员违反操作规程耽误列车或使用方法不当造成机车车辆等行车设备损坏耽误列车。

38. 列车运行中碰撞轻型车辆、小车、施工机械、机具、防护栅栏等设备设施或路料、坍体、落石：刮上、碰上或轧上即算。

小车：系指人工推行的作业车、检测车、梯车等。

路料：系指钢轨、道砟、轨枕、道口铺面板等。

施工机械：系指起道机、捣固机、螺栓紧固机、弯轨器、撞轨器、切轨机、轨缝调整器、拨道器等。

机具：系指施工、维修作业中使用的动力扳手、撬杠等。

列车运行中碰撞道砟未造成机车车辆损坏或人员伤亡，不按本项论。

39. 应安装列尾装置而未安装发出列车：有规定或调度命令的不按本项论。

40. 行包、邮件装卸作业耽误列车：系指在装卸作业过程中因组织不当耽误列车，包括超载偏载、侵限或机动车（包括平板车）侵限、掉进股道、抢越平过道耽误列车。

41. 作业人员伤亡：系指在铁路行车相关作业过程中发生的，与企业管理、工作环境、劳动条件、生产设备等有关的，违反劳动者意愿的人身伤害，含急性工业中毒导致的伤害。

42. 作业过程：系指作业人员在本职工作岗位上或领导临时指派的工作岗位上，在工作时间内，从事铁路企业生产经营活动的全过程。作业人员请假离开、返回工作岗位、下班离岗、退勤退乘等，尚未离开其作业场所的，均视为作业过程。

工作时间：原则上以现行各种班制、乘务交路规定的工作时间和铁路综合计算工时工作制为依据。若不在规定的工作时间内，但属于因生产经营、工作需要而临时占用的时间，也视为工作时间。

43. 事故伤害损失工作日：系指作业人员在事故中导致伤残、死亡，造成劳动能力损失的程度，以工作日为度量单位。"事故伤害损失工作日"，与实际歇工天数不同。确定某种伤害的事故伤害损失工作日数的具体数值，应以《事故伤害损失工作日标准》（GB/T 15499—1995）为依据查定。

44. 作业人员重伤：指造成作业人员肢体残缺或某些器官受到严重损伤，致使人体长期存在功能障碍或劳动能力有重大损失的伤害。按照《事故伤害损失工作日标准》（GB/T 15499—1995）查定，其伤害部位及受伤害程度对应的事故伤害损失工作日或多处负伤其损失工作日合并计算等于或超过 300 个工作日的，属于重伤。该标准未作规定的，按实际歇工天数确定，实际歇工天数超过 299 天的，按 299 天统计；各伤害部位计算数值超过 6 000 天的，按 6 000 天统计。作业人员死亡，其事故伤害损失工作日按 6 000 个工作日统计。

45. 急性工业中毒事故：系指生产性毒物一次或短期内，通过人的呼吸道、消化道或皮肤大量进入体内，使人体在短时间内发生病变，导致中断工作，须进行急救处理，甚至死亡的事故。中毒程度通常分为轻度、中度和重度中毒。按照有关规定，凡是住院治疗的急性工业中毒，均按重伤报告、统计和处理。

46. 伤亡人数发生变化：系指轻伤发展成重伤，重伤发展成死亡，以及伤亡人数发生变化等情况。

47. 作业人员：系指参加铁路行车相关作业的所有从业人员，含已参加铁路企业生产经营活动，与铁路用人单位形成事实劳动关系的人员。

48. 职业禁忌症：系指某个工作岗位因其特殊性而对从业人员患有的可能造成事故的疾病作出限制的范围。如视力减退对于机车乘务员，恐高症、高血压对于电力工、架子工，高血压、心脏病对于巡道工、调车人员等均属职业禁忌症。

49. 事故责任待定：系指事故原因、责任尚未查清，需待认定的情况。事故件数暂时统计在发生月，若最后认定为非责任事故，则予以变更。

50. 人员失踪：系指发生事故后找不到尸体，如在河流湖泊中沉溺、泥石流中掩埋等，与出走不归等情况不同，无需经法院认定。

51. 交叉作业：系指分别属于两个或两个以上企业的作业区域相互重叠，从业人员在同一作业场所各自作业，包括铁路作业人员在专用线内取送车等作业。

52. 因正常手术治疗而加重伤害程度：系指从业人员在事故中受伤后，为避免伤势恶化而必须实施截肢、器官摘除等手术措施，致使伤害程度加重的情况。

【事故案例】沟海线盘锦站高家便线接触网锚柱折断故障。

【故障概况】

2013年7月2日11时35分，沟海线盘锦站高家便线发生一起X04号接触网锚柱折断事故，经抢修于14时42分恢复，故障期间影响T133、84971次晚点。

【故障经过】

7月2日11时35分16秒，友谊牵引变电所211断路器跳闸，阻抗Ⅰ段动作，动作电压13 744 V，电流3 450 A，动作阻抗3.13 Ω，阻抗角51.8°，故判距离8.55 km，自动重合成功后再次跳闸，路局电调连续手动合闸2次均未成功。

11时40分，锦州供电段调度接到电调出动接触网作业车抢修命令（命令编号为92580）后立即通知盘锦供电车间出动接触网作业车现场抢修。当时盘锦供电车间在高家新立交桥上做配合中铁十局放线施工准备时，已发现盘锦站高家便线X04号锚柱根部折断。车间主任于××、书记魏××、副主任韩×、技术员李××带领抢修人员共14人赶赴现场，命令盘锦站驻站防护员赵宇与局电调联系，请求停电进行抢修。

11时44分，依据局电调92581号命令开始抢修。12时15分，接触网作业车到达现场，参与抢修作业。现场将X04号落锚移至X05号支柱，将X04号支柱支持装置及定位装置拆除，调整盘锦站10号道岔，调整X03～X05号支柱间吊弦。14时38分抢修完毕，请求线路开通。14时42分恢复送电。

【影响情况】

11时56分得到电调通知，T133次列车在44 km 732 m附近失压停车，经现场与局电调联系后于12时40分渤海站01号支柱隔离开关，合渤新分相F01、F02号隔离开关，西四变电所212号断路器送电至渤海站01号支柱，12时44分T133次列车恢复运行。14时32分合渤海站01号支柱隔离开关，分渤新分相F01、F02号隔离开关，恢复正常供电方式。

【现场情况】

高家便线X04号接触网锚柱根部折断（支柱型号H78/9.2+3 0，设计容量78 N/M，杆高9.2 m）；拉线基础、接触线、承力索接地；坠砣落地；道岔电连接器断16股。

现场测量，拉线基础距锚柱基础约9 m，拉线与地面满足45°角要求，拉线抽出后向锚柱基础方向跑出4 m左右；拉线锚板长1.2 m，宽0.6 m，厚0.08 m，埋深2 m，满足设计要求；按照设计锚板铁垫板尺寸为长220 mm，宽120 mm，厚6 mm，但在实际施工中并未安装。

经对挖出的锚板进行检查，水泥已经酥化，稍用力碰触即掉渣。

【施工情况】

沟海线高家便线总长 1 040 m，计划于 2012 年 10 月开工，便线施工工程总造价 1 783 万元。施工单位为吉林中铁建建设有限公司和中铁十局电务工程公司联合体。监理单位为锦州渤海监理公司。

由于征地拆迁未下来，2012 年 12 月只干了一点活儿便停工。2013 年 3 月 17 日正式施工，计划于 6 月 30 日便线转本格。该工程由吉林中铁建建设有限公司和中铁十局电务工程公司联合体中标。中标后中铁十局与九局电务公司进行协调，九局电务公司与锦州供电段协商，由九局电务公司出料，锦州供电段进行电化部分施工安装。锦州供电段盘锦供电车间负责具体施工，除 2012 年 12 月极少数已完成工作量外，所有工作量均为盘锦供电车间完成。主要包括立接触网支柱 20 根，埋设地锚 6 处（具体为 139 号、11 号、X04 号、X10 号、X08 号、056 号）。其中根部折断的 X04 号接触网锚柱及拉线（位于沟海线 31 km 959 m 处）计划于 4 月 8 日施工。由于九局电务公司提供的锚板在运输过程中摔坏，九局电务公司项目部重新预制 1 块锚板，于 4 月 12 日运至现场进行安装埋设。从 4 月 8 日预制至 4 月 12 日运至现场安装，养生期仅为 4 天，而按规定锚板养生期为 7 天。

锚板尺寸符合设计要求，采取直埋方式符合设计规范，埋深达标（哈大高铁为混凝土浇筑，普速线采取直埋方式，不用浇筑）。

当日盘锦供电车间主任张××带领 9 名职工施工，辽西指挥部未将施工部门改由供电段施工告之监理公司，锦州供电段施工当日及施工后也未通知监理公司，监理公司未到现场进行监控、检查和验收。

原定于 6 月 30 日便线转本格，便线转本格机务要对 LKJ 数据进行重新输入，由于电务修改 LKJ 数据时间固定在每月 8 日、20 日、28 日（路局规定），因此 6 月 30 日未进行便线转本格施工（新修框构桥强度不足也是未按计划转本格的一个原因），改为 7 月 8 日转本格。

【设备检查情况】

该支柱位于重点防洪区段内，盘锦车间安排网一工长张×及包段职工李××和田××于 7 月 2 日早 4 时对该支柱所在的区段进行了徒步巡检，未发现该支柱有基础缺土和积水现象。

【原因分析】

1. 锦州供电段安全风险意识淡薄，不具备大型施工资质，违规接受施工主体委托，盲目进行施工是事故发生的主要责任。

2. 锚板养生期不足，本应养生 7 天的锚板只养生 4 天，导致锚板及锚板预留孔强度不足，是事故发生的一个重要原因。

3. 锦州供电段执行工艺标准不到位，在下锚拉线的拉环（U 型螺栓）穿过锚板上的预留孔后，未采用垫板加螺栓的固定方式，仅用螺栓固定。造成锚板水泥部分直接受力，受拉部分水泥损坏脱落，最终造成拉线整体与锚板分离，导致锚柱直接受到超过允许容量的线索拉力而折断倾倒，断电影响行车。

【整改措施】

1. 供电处组织锦州供电段立即对高家便线三处下锚（两处承力索中心锚结下锚、另一处线索下锚）进行全面检查，全部打补强拉线，安排专人盯控，确保转线前的绝对安全。

2. 加强管内新立、改造设备施工的施工管理，加强施工过程的质量监控，明确施工工艺标准并严格把关施工质量。

3. 恶劣天气情况下加强设备检查及防倒杆工作，做好抢修准备。

【故障定责】

定锦州供电段和辽西指挥部 C14 类事故同等主要责任；定中铁十局和监理公司 C14 类事故同等次要责任。

任务 4　技术管理规范

【知识目标】

1. 掌握基本要求、基建、制造及其验收交接知识；
2. 掌握防洪、防寒、防暑、防火知识；
3. 掌握给水、供电知识。

【技能目标】

1. 具备基本要求、基建、制造及其验收交接知识能进行验收；
2. 能利用所学知识进行防洪、防寒、防暑、防火；
3. 会识别给水、供电及公务、信号的标志。

铁路是国民经济的大动脉。铁路各部门、各单位必须在党的领导下，认真贯彻党的路线、方针、政策，加强社会主义企业管理，保证铁路畅通无阻、四通八达、安全正点、当好先行，更好地为人民服务，为国民经济服务，为国防建设服务。

铁路具有高度集中、半军事性、各个工作环节紧密联系和协同动作的特点。为使各部门、各单位、各工种安全、准确、迅速、协调地进行生产活动，更好地为运输服务，必须有一个统一的科学的《铁路技术管理规程》。

《铁路技术管理规程》规定了铁路各部门、各单位从事运输生产时，必须遵循的基本原则、工作方法、作业程序和相互关系，确定了铁路运输设备在设计新建、保养维修、验收交接和使用管理方面的基本要求和标准；明确了铁路工作人员的主要职责和必须具备的基本条件。《铁路技术管理规程》是铁路技术管理的基本法规。铁路各部门、各单位制定的规程、规范、规则、细则、标准和办法等，都必须符合《铁路技术管理规程》的规定。铁路职工对《铁路技术管理规程》必须认真学习，严格执行。

《铁路技术管理规程》是广大铁路职工长期生产实践的总结，它将随着运输生产和科学技术的不断发展，逐步充实和完善。在中国铁路总公司没有明令修改以前，任何部门、任何单位、任何人员都不得违反本规程的规定。

一、基本要求、基建、制造及其验收交接

1. 铁路的基本建设、设备制造，应在国家统一计划下，综合配套，保证质量，积极采用保证行车安全的技术设备，不断提高运输能力，以适应国民经济发展的需要。

各种技术设备要尽力采用先进技术，并加速实现标准化、系列化和通用化。要从我国的

具体条件出发，逐步实现铁路现代化。

2. 铁路基本建设应严格按照国家规定的程序进行。基本建设项目的技术条件必须符合国家和中国铁路总公司规定的技术标准。

设计工作必须根据已批准的设计（计划）任务书进行，并须充分吸取施工、维修和使用部门的意见。

特、一、二等站以站长为主任委员、工务、电务、机务、车辆、房产建筑、水电段段长（非段所在地为该站区各部门的负责人）为委员，组成委员会，对车站（段管线）内的线路、道岔、道口、通信、信号等行车设备，每季联合检查一次。

三等及其以下车站以站长为主任委员，工务、电务领工员或工长为委员，组成委员会，对线路、道岔、道口、通信、信号等行车设备每月联合检查一次。

各级检查委员会将检查结果作成记录，记入《行车设备检查登记簿》内。检查中发现问题，要及时解决；对危及行车安全的，须立即采取措施；当时不能解决的，要安排计划，限期完成，由委员会进行复查；需要上级解决的，由委员会上报。

3. 有关部门应按下列规定进行检查：

（1）铁路局对重要线路的平面及纵断面复测、限界检查，技术复杂及重要的桥梁、隧道鉴定，每五年至少一次；对其他线路、桥梁、隧道，每十年至少一次。对牵出线、驼峰及峰下线路的纵断面，每年至少检查一次。

凡进行变更线路平面及纵断面的工作，于竣工后，应由施工单位立即检查，并标记于竣工图内，移交负责维修和使用单位。

（2）铁路局每季度用轨道检查车对正线检查一次。工务段段长、领工员每月登乘机车或旅客列车尾部全面检查一次。

（3）登乘机车检查信号显示距离和机车信号显示状态，电务段段长每半年不少于一次；信号领工员每季不少于一次；信号工长每月不少于一次。

（4）对各种检查车、试验车，应由铁路局主管处长每半年检查一次。对探伤器，由所属单位负责人每月检查一次。

二、防洪、防寒、防暑、防火

1. 对防洪工作，应根据历年洪水规律，由铁路局发布防洪命令，及早做好一切准备。有关单位应按时完成防洪工程，储备足够的料具及车辆，组织抢修队伍并进行训练，依靠当地政府建立群众性的防洪组织。加强雨前、冒雨、雨后的检查制度。对于可能危及行车安全的地点，应通知司机和运转车长注意运行，在危险处所应派人看守，有条件时，可安装自动报警装置，防止发生灾害事故。

一旦发生灾害，积极组织抢修，尽快修复，争取不中断行车或减少中断行车时间。设备修复后，要达到规定标准。

对流量大、河床不稳定的桥梁，要建立观测制度，掌握桥梁水文及河床变化情况，及时提出预防和整治措施。

2. 防寒工作，应提前做好准备。铁路局应抓好以下工作：

（1）对有关人员进行防寒过冬教育，对缺乏冬季作业经验的人员要进行考试；

（2）对铁路技术设备进行防寒过冬检查、整修，并做好包扎管路、更换冬油等工作；

（3）做好易冻的设备、物资的防冻解冻工作；

（4）储备足够的防寒过冬材料、燃料和工具，检修好除冰雪机具和防雪设备，组织好除冰雪队伍。

三、给水、供电及其他设备

（一）电力、给水

1. 给水设备及建筑物，应包括水源、扬水、配水、软水及净水消毒等设备。

给水能力及水源，在任何季节应保证列车密度最大时的机车、车辆供水和车站及其他重要用水。水鹤安装位置，有出站信号机的，在出站信号机的前方；无出站信号机的，在警冲标内方或尖轨尖端前不少于 50 m 处。

扬水管路一般设置一条，管网布置一般为枝状。仅在Ⅰ、Ⅱ级铁路配属蒸汽机车的机务段所在地，扬水管路设置两条，配水管可布置成环状。Ⅰ、Ⅱ级铁路的枢纽站（运输用水），扬水管路可考虑两条。客车给水站应有足够的给水栓，给水栓间的距离一般不大于 25 m。给水地点应设灰坑、运灰平交道和必要的照明。

2. 机车和固定动力锅炉用水，应根据国家和中国铁路总公司规定的水质标准进行炉外或炉内软水处理。水质混浊时，还须进行净水处理。

3. 铁路各车站都应有电力供应，原则上通过电力贯通线供电。在电力贯通线未开通时，附近又无地方电源或地方电源不能满足要求，铁路应自备发电所或发电机组。

铁路变电所、配电所和电力线路，应保证对运输生产和职工生活全部负荷的供电。为保证运输生产不间断供电，满足设备检修需要，铁路局应配备发电车，电力试验车。

4. 铁路供电设备应做到：

（1）级负荷应有两个独立电源，保证不间断供电；二级负荷应有可靠的专用电源。铁路供电设备不应向路外转供电力。

（2）受电电压根据用电容量、可靠性和输电距离，可采用 35 kV（66 kV）、10 kV 或 380/220 V。

（3）用户受电端电压波动幅度应不超过额定电压的：

① 35 kV 及其以上高压供电线路，±5%；

② 10 kV 及其以下高压供电线路和低压电力设备，±7%；

③ 室内外一般工作场所照明、电气集中、通信电源室等受电盘，±5% ~ ±10%；

④ 35 kV 及其以下电力线路跨越铁路（非电力牵引区段）时，其导线最大驰度至钢轨顶面的距离不少于 7 500 mm。

电力线路与铁路交叉或平行时，电杆外缘至线路中心的水平距离：

（1）380 V 及其以下低压线路，不少于 2 450 mm；

（2）10 kV 高压线路，不少于 3 000 mm；

（3）5 kV 及其以上的高压线路，不少于杆高加 3 000 mm。

（二）牵引供电

1. 牵引供电设备应有牵引变电所、接触网、远动装置，以及牵引供变电检测、试验设备，接触网检修、检测设备，绝缘子冲洗设备等。牵引供电调度系统应具备对牵引供电设备状况实时远程监控的条件，并纳入调度系统集中统一管理。

2. 牵引供电设备应保证不间断行车可靠供电。牵引供电设备能力应与线路运输能力匹配，并留有余地。接触网电压不低于 21 kV，当行车速度为 140 km/h 时，应保持 23 kV。牵引变电所需具备双电源、双回路受电。当一个牵引变电所停电时，相邻的牵引变电所能越区供电。接触网的分段应考虑检修停电方便和缩小故障停电范围。在编制运行图时，应考虑预留接触网停电检修时间，双线电化区段应具备反方向行车条件。

禁止由馈电线、区间接触网引接非牵引负荷，确需由车站接触网引接小容量非牵引负荷时，需经铁路局批准。

3. 接触网导线最大驰度距钢轨顶面的高度不超过 6 500 mm；在区间和中间站，不少于 5 700 mm（旧线改造不少于 5 330 mm）；在编组站、区段站和个别较大的中间站站场，不少于 6 200 mm。在电气化铁路施工时，由施工单位在接触网支柱内缘或隧道边墙标出接触网设计的轨面标准线，开通前铁路局供电段、工务段要共同复查确认，以后每年复测一次。接触网分组分段的位置，应能保证电力机车牵引的列车正常运行，便于调车作业和列车起动。

4. 接触网带电部分至固定接地物的距离，不少于 300 mm，距机车车辆或装载货物的距离，不少于 350 mm。当海拔超过 1 000 m 时，上述数值应按规定相应增加。在接触网支柱及距接触网带电部分 5 000 mm 范围内的金属结构物必须接地。天桥及跨线桥跨越接触网的地方，应按规定设置安全栅网。

5. 架空电线路（包括通信线路）跨越接触网时，与接触网的垂直距离：110 kV 及其以下电线路，不少于 3 000 mm；220 kV 电线路，不少于 4 000 mm；330 kV 电线路，不少于 5 000 mm；500 kV 电线路，不少于 6 000 mm。

为避免低压线路跨越高压线路，便于设备维修管理，10 kV 及其以下的电线路，尽量由地下穿过铁路。

6. 为保证人身安全，除专业人员执行有关规定外，其他人员（包括所携带的物件）与牵引供电设备带电部分的距离，不得少于 2 000 mm。

7. 在设有接触网的线路上，严禁攀登车顶及在装载货物的车辆上作业；如确需作业时，须在指定的线路上，将接触网停电接地后，方准进行。

8. 接触网的分相、分段的位置应考虑检修停电方便和缩小故障停电范围，并充分考虑电力机车牵引的列车（电力动车组）正常运行和调车作业的需要。双线电化区段应具备反方向行车条件。确需由车站接触网引接小容量非牵引负荷时，需经铁路局批准。枢纽及较大区段站应设开闭所。枢纽及较大区段站的负荷开关和电动隔离开关应纳入远动控制。

（三）线路标志及信号标志

1. 线路标志：公里标、半公里标、曲线标、圆曲线和缓和曲线的始终点标、桥梁标、坡度标及铁路局、工务段、领工区、养路工区和供电段、电力段的界标。

2. 信号标志：警冲标、站界标、预告标、引导员接车地点标、放置响墩地点标、司机鸣笛标、作业标、减速地点标、补机终止推进标、机车停车位置标、机车清炉地点标、机车放水地点标和电气化区段的断电标、合电标、接触网终点标、准备降下受电弓标、降下受电弓标、升起受电弓标，以及除雪机用的临时信号标志等。

线路、信号标志设在距钢轨头部外侧不少于 2 m 处（警冲标除外）。不超过钢轨顶面的标志，可设在距钢轨头部外侧不少于 1.35 m 处。

线路标志，按计算公里方向设在线路左侧。双线区段须另设线路标志时，应设在列车运行方向左侧。

（1）公里标、半公里标，设在一条线路自起点计算每一整公里、半公里处。

（2）曲线标，设在曲线中点处，标明曲线中心里程、半径大小、曲线和缓和曲线长度。

（3）圆曲线和缓和曲线始终点标，设在直缓、缓圆、圆缓、缓直各点处，标明所向方向为直线、圆曲线或缓和曲线。

（4）桥梁标，设在桥梁中心里程（或桥头）处，标明桥梁编号和中心里程。

（5）坡度标，设在线路坡度的变坡点处，两侧各标明其所向方向的上、下坡度值及其长度。

（6）铁路局、工务段、领工区、养路工区和供电段、水电段的管界标，设在各该单位管辖地段的分界点处，两侧标明所向的单位名称。

信号标志，设在列车运行方向左侧（警冲标除外）。

① 警冲标，设在两会合线路线间距离为 4 m 的中间。线间距离不足 4 m 时，设在两线路中心线最大间距的起点处。在线路曲线部分所设道岔附近的警冲标与线路中心线间的距离，应按限界的加宽增加。

② 站界标，设在双线区间列车运行方向左侧最外方顺向道岔（对向出站道岔的警冲标）外不少于 50 m 处，或邻线进站信号机相对处。

③ 预告标，设在进站信号机外方 900、1 000 及 1 100 m 处，但在设有预告信号机及自动闭塞的区段，均不设预告标。在双线区间，退行的列车看不见邻线的预告标时，在距站界外 1 100 m 处特设一个预告标。

④ 引导员接车地点标，列车在距站界 200 m 以外，不能看见引导人员在进站信号机或站界标处显示的手信号时，须在列车距站界 200 m 外能清晰地看见引导人员手信号的地点设置。

⑤ 放置响墩地点标，在未装设机车信号的区段，无预告信号机的车站，设在进站信号机外的制动距离起点处。

⑥ 司机鸣笛标，设在道口、大桥、隧道及视线不良地点的前方 500~1 000 m 处。司机见此标志，须长鸣笛。

⑦ 断电标、合电标、禁止双弓标，设置位置。在双线电气化区段，按规定组织反方向行车时，为引起司机注意，在"合""断"电标背面，可分别加装"断""合"字标，作为反方向行车的"断""合"电标使用。

⑧ 接触网终点标，设在站内接触网边界。

⑨ 准备降下受电弓标、降下受电弓标、升起受电弓标。

⑩ 作业标，设在施工线路及其邻线距施工地点两端 500~1 000 m 处。司机见此标志须提高警惕，长声鸣笛。

⑪ 减速地点标，设在需要减速地点的两端各 20 m 处。正面表示列车应按规定限速通过地段的始点，背面表示列车应按规定限速通过地段的终点。

任务 5 接触网作业车管理规则

【知识目标】
1. 掌握总则和管理知识；
2. 掌握运用和安全知识；
3. 掌握检修和路外作业车的管理知识。

【技能目标】
1. 熟记作业车的管理、运用、安全、检修知识；
2. 能够操纵接触网作业车；
3. 会检修接触网作业车。

一、总　则

1. 接触网作业车（含接触网架线车、接触网放线车、接触网检修车、接触网巡检车、接触网轨道超重车、接触网立杆作业车、接触网高空作业车、接触网专用平板车、绝缘子水冲洗车等。下同）是电气化铁路接触网日常维修、大修、事故抢修和电气化铁路施工的重要机具。为加强接触网作业车运用、检修、安全管理工作，保证电气化铁路运输安全畅通，根据《铁路运输安全保护条例》《铁路技术管理规程》《铁路机车车辆设计生产维修进口许可管理办法》《铁路机车和自轮运转车辆驾驶员资格许可办法》等有关法规和规程，特制定本规则。

2. 接触网作业车管理工作应贯彻执行国家相关方针政策、命令法规，坚持"安全第一、预防为主、修养并重、服务生产"的原则，健全管理组织，规范技术措施，实施逐级负责、专业化管理，确保行车安全。

3. 为适应运输生产，提高作业效率，接触网作业车应满足铁标 TB/T 2180—2006《电气化铁道接触网综合检修作业车技术条件》的相关条款，合理配置、适时更新。使用单位应按 10%的检备率配置接触网作业车。

接触网作业车的设计、生产、维修、进口行政许可按中国铁路总公司相关规定办理。严禁使用不符合国家铁路相关标准的老、旧、杂型设备及部件，以确保接触网作业车的先进性、安全性、科学性和实用性。

4. 接触网作业车须装设机车用"机车信号、列车运行监控装置（LKJ，下同）、列车无线调度通信设备"（以下简称行车安全装备），并保持状态良好。行车安全装备应按 10%的备用率配置。

5. 按照《铁路机车和自轮运转车辆驾驶员资格许可办法》的规定，接触网作业车司机、学习司机经中国铁路总公司指定的专门机构进行培训、考试合格后，分别发给"中华人民共和国铁路机车驾驶证（E 类）""中华人民共和国铁路机车学习司机证（E 类）"。

6. 接触网作业车司机作为铁路主要行车工种，必须严格执行国家铁路行业和相关规定，牢固树立"安全第一、服务生产"的思想，努力钻研技术，提高业务水平。接触网作业车司机的定员和配备，由铁路局按照生产和各种预备率的需求确定。

7. 本规则适用于铁路机务（牵引供电）系统的接触网作业车管理工作。

二、管　理

1. 中国铁路总公司运输局对接触网作业车实行归口管理。铁路局应设置或明确专门的管理机构和专职管理人员，站段应根据需要和设备数量设置专门的管理机构和专职管理人员、指导司机。

2. 中国铁路总公司接触网作业车管理部门职责：

（1）贯彻执行国家设备管理的方针、政策和法规，制定全路接触网作业车的技术和管理规章制度。

（2）监督、检查全路接触网作业车管理工作。

（3）掌握全路接触网作业车的技术、数量和运用状态，组织路内接触网作业车调拨管理。

（4）组织全路接触网作业车的安全检查评估工作。

（5）监督接触网作业车年度检查鉴定工作。

（6）组织接触网作业车司机资格许可考试，监督驾驶人员年审工作。

（7）参与接触网作业车一般B类及以上事故的分析处理工作。

（8）组织实施对接触网作业车的设计、生产、维修、进口行政许可工作。

（9）指导接触网作业车的验收工作。

3. 铁路局接触网作业车主管部门的管理职责：

（1）贯彻执行上级下达的有关设备管理的方针、政策和规章制度，制定相应的管理细则、办法。

（2）掌握全局接触网作业车的技术状态、数量及安全管理动态，按规定向上级主管部门呈报接触网作业车有关报表。

（3）监督全局接触网作业车运用、检修和安全管理工作，检查考核相关规章制度、命令和安全措施的执行情况，协调解决接触网作业车运用过程中出现的问题。

（4）掌握接触网作业车行车安全装备的数量、状态；配合相关部门对接触网作业车运行监控装置基础数据和控制模式的修订更新，并对行车安全装备的运用进行考核。

（5）组织全局接触网作业车年度检查鉴定及司机年审工作。

（6）负责组织在本局范围内路外单位接触网作业车的管理，按照委托协议进行接触网作业车的年度检查鉴定及司机年审工作。

（7）向中国铁路总公司呈报接触网作业车年度检查鉴定、司机年审统计表，根据接触网作业车年检和安全运用考核情况，向中国铁路总公司运输局申请接触网作业车年检合格证。

（8）负责接触网作业车的安全管理工作，定期组织安全检查评估。

（9）制定接触网作业车司机年度技术业务培训计划，每年按规定组织司机脱产培训学习。

（10）根据使用单位需求，合理配置接触网作业车；负责管内接触网作业车固定资产调拨；制定接触网作业车购置申请计划和分配方案；根据（TB/T 2180—2006）《电气化铁道接触网综合检修作业技术条件》对接触网作业车进行选型、采购，并参与出厂交接验收工作。

（11）根据接触网作业车大修周期及安全技术状态，制订（申请）接触网作业车大修计划，并组织实施。

（12）根据接触网作业车的运用周期和技术状态完成接触网作业车更新、改造和报废审批工作。

（13）参与接触网作业车发生一般事故及其以上行车事故的调查、分析和处理工作。

4. 接触网作业车使用单位和管理职责：

（1）贯彻执行上级下达的有关设备管理的方针、政策和规章制度，制定细化措施。

（2）建立接触网作业车管理档案，掌握接触网作业车的技术动态、日常检修和安全运用情况，按时统计和上报相关报表。

（3）负责编制、提报本单位接触网作业车更换改造和大修计划，参与接触网作业车大修出厂和质量检查和交接验收工作。

（4）负责行车安全装备日常运用质量状态管理，确保出段运用质量状态良好。

（5）按期完成接触网作业车日常、定期和换季保养工作，接触网作业车防守过冬工作；组织实施接触网作业车小修、项修工作。

（6）组织实施接触网作业车报废前的技术状态鉴定工作，按规定向铁路局提报接触网作业车报废申请。

（7）及时提报接触网作业车司机培训、晋升考试申请，并完成接触网作业车司机年审及车辆年检合格证的申报工作。

（8）负责接触网作业车的运用安全管理工作，制定本单位接触网作业车各级管理部门的岗位责任制和相关考核办法；对接触网作业车的技术状态、维修保养和安全运用情况进行季度考核评定；组织接触网作业车年度检查鉴定前的各项例行检查、检测，确定接触网作业车年检质量达标。

（9）督促检查接触网作业车司机的日常技术业务学习，定期对司机进行技术业务、行车规章、作业标准、非正常情况下行车及事故救援工作的培训、考核，每年定期组织接触网作业车司机的实作技术演练。

（10）按要求完成接触网作业车行车事故、设备故障的调查分析和处理工作，及时向上级主管部门呈报详细、准确的报告。

5. 使用单位要建立健全接触网作业车各项管理制度，并将接触网作业车管理工作纳入本单位安委会工作内容，明确各级机构管理范围和职责。

6. 铁路局主管部门每半年对管内接触网作业车的安全运用进行检查评定，内容为：

（1）对接触网作业车技术状态进行检查鉴定，督促检查不合格接触网作业车的整改工作。

（2）对接触网作业车质量、行车安全装备及日常管理工作进行考核评定。

（3）定期组织有关单位召开接触网作业车安全管理、运用检修工作会议，总结、交流、推广先进经验。

7. 接触网作业车司机年审主要内容：

（1）审查司机身体健康状况，对不适于继续驾驶的司机提出意见和建议。

（2）考核司机技术业务能力。实作重点内容为：一次出乘作业标准，行车安全知识积累运用，接触网作业车机械、电气、液压、系统故障排除和事故应急处理；理论考试重点内容为《铁路交通事故应急救援和调查处理条例》《铁路交通事故调查处理条例》《铁路技术管理规程》《行车组织规则》《接触网安全工作规程》（简称《安规》）《接触网运行检修规程》（简称《检规》）及本规则等规章制度和接触网作业车基础专业理论，行车安全装备使用操作知识。

（3）考核司机行车安全及各项规章制度的执行情况，对存在违章行为的司机提出意见。

8. 使用单位须制定接触网作业车行车安全装备管理制度，建立行车安全装备使用、管理考核办法，对行车安全装备的记录文件须及时转储分析、考核，运行监控记录数据须保留不小于 6 个月，非正常情况和事故、故障情况的数据须保留一年。

9. 接触网作业车实行包乘、包检、包养制度。包乘是指接触网作业车的使用定人、定车，出乘时，司机和学习司机必须到齐，共同出乘；包检是指司机和学习司机出乘前诉定期检查车辆技术状态及时提出修程建议；包养是指司机和学习司机必须负责做好车辆的日常保养、走合期保养和换季保养等工作。

10. 接触网作业车必须按规定实施报废更新，对限制接触网作业车高速运行、低速作业（双向自行速度 2.5‰ 坡度时低于 100 km/h，双自行作业速度不满足 0～10 km/h，尾挂速度低于 120 km/h）、功率低于 216 kW 的接触网作业车、须逐渐淘汰、新置接触网作业车须具备出厂合格证，且须符合（TB/T 2180—2006）《电气化铁道接触网综合检修作业车技术条件》要求，其生产厂家应具备中国铁路总公司颁发的生产许可证。禁止使用违反国家铁路行业相关的非标、过期、老、旧、杂型设备及部件。

接触网作业车报废由鉴定小组鉴定，鉴定小组由铁路局业务主管及配属单位专业人员组成。对通过鉴定的报废车辆，站段编制"固定资产拆除、报废申请单"上报。由于事故造成车辆报废的，应另附有关明确事故责任人的资料上报。

11. 新购接触网作业车必须选购具有型号合格证和生产许可证或进口许可证，并经中国铁路总公司验收合格的产品。

12. 上线运行的接触网作业车必须安装行车安全装备，行车安全装备的型号及安装要求按中国铁路总公司规定执行。未安装行车安全装备或行车安全装备不良的接触网作业车禁止上线运行。

13. 接触网作业车应进行编号（管理编号）、登记并喷涂标志和最高运行速度。新接触网作业车，运用前须向铁路局主管部门申请管理编号。

接触网作业车的标志应喷涂在驾驶室两端前方左侧车体的正下方，接触网作业车的最高运行速度喷涂在两端前方右侧车体的正下方。

接触网作业车专用平板车的标志应喷涂在车体两端前方左侧车体上，接触网作业车专用平板车的最高运行速度喷涂在两端前方右侧车体上。

14. 管理档案。

（1）铁路局主管部门应备资料：

① 接触网作业车统计台账；

② 接触网作业车年检合格证申报表；

③ 接触网作业车司机统计表；

④ 接触网作业车司机年审表；

⑤ 接触网作业车行车安全装备台账。

（2）设备配属单位应备资料：

① 网作业车设备履历簿；

② 接触网作业车修理台账；

③ 接触网作业车年检合格证申报表；

④ 接触网作业车年检鉴定表；

⑤ 接触网作业车专用平板车年检鉴定表；

⑥接触网作业车司机登记表；
⑦接触网作业车检修记录；
⑧接触网作业车探伤及自重车车轴报告，接触网作业车车轴、钩探伤记录；
⑨接触网作业车行车安全装备修理、监控数据变更记录；
⑩控数据分析记录及考核台账。
（3）车资料：
①文电及安全规章；
②接触网作业车行车日志；
③接触网作业车技术说明书；
④接触网作业车随车工具和常用备品备件表；
⑤接触网作业车年检合格证；
⑥接触网作业车运行检修保养记录；
⑦安全装备操作手册；
⑧接触网作业车行车安全装备检修、维护保养记录；
⑨接触网作业车基本状况表；
⑩时刻表。

15. 主管部门和安监部门有责任对接触网作业车安全、运用进行检查监督，发现隐患有权制止。

16. 接网作业车出租由租用单位向铁路局主管部门提出申请，批准后，与承租单位签定租用合同，办理交接。具体管理办法，由铁路局自定。租用单位指铁路局所属运营单位和路外企业，运营单位间采取调拨方式。

三、运 用

1. 接触网作业车上线运行按列车办理。

2. 接触网作业车使用单位应根据需要，按规定打提报《接触网作业车运行计划》；部门须将接触网作业车运行计划纳入调度行车日（班）计划中。

3. 接触网作业车出车时，司机和学习司机同时在岗，司机、学习司机的驾驶证、接触网作业车年审合格证齐全、有效。

4. 路局应制定多台接触网作业车连挂、解体、运行安全管理办法。接触网作业车司机应认真执行"一次出乘作业标准"，使用单位结合情况制定具体的实施细则。

5. 接触网作业车司机出乘前须熟知、抄、阅运行揭示，运行时，须严格执行调度命令和行车凭证；途中折返或临时变更运行区间、作业种别时，须持有新的调度命令；多台车编组运行时，调度命令应由第一位车司机接受并传达到每一位司机。

6. 接触网作业车在本单位管辖范围内以外担当任务时，须有熟悉线路的司机带道，按工作计划预先安排写入所运行区段的监控数据，并运用正确。

7. 接触网作业车须配备通信信号装备、安全防护用品、复轨器、灭火器、常用工具和备品备件，并应具备有效的合格证。接触网作业车配备的止轮器段进行编号的防盗管理，并制定相应的防溜措施。

8. 接触网作业车出车、途中运行及作业停车时，应遵守以下规定：

（1）出库前，按规定开启安全装备，并确认状态良好；由司机和学习司机共同确认行车凭证、动车信号或发车信号正确无误，确认仪表显示正常，且制动系统风压符合规定。

（2）车辆起步要平稳，应减少不必要的冲击和振动；运行中，乘务售货员须精神集中，按规定速度行驶，严禁超速；严格使用车机联控和呼喊应答标准用语，做到"彻底了望、确认信号、高声呼喊、手比眼看"，呼喊应答标准用语由铁路局根据部颁标准制定。

（3）运行中使用非常制动后，须检查车辆状态，如有零部件损坏，经确认不能继续运行时，应按设置防护，并立即请求救援。

（4）运行过程中，须注意各仪表指示状态，确保准确无误；发现车辆出现异响异味等异常情况时须及时处理。

（5）接触网作业车作业过程中（包括停车时），司机和学习司机不得擅离岗位。

（6）现场施工、检修作业时，司机时刻注意作业人员安全；操作轨道起重设备时，应严格执行起重设备操作规程。

9. 接触网作业车出、入库或专用线行驶，须严守规定速度，执行一度停车制度，车辆须停在警冲标内。

10. 接触网作业车入库后，司机和学习司机须对车辆进行例行检查，做到故障不过夜不隔班，未及时处理的带病车辆不准上线运行。

11.《接触网作业车行车日志》是记录车辆运用状态的原始记录，是车辆检修、故障修理及分析事故的重要依据，司机须真实准确填写，并存档3年备查。

12. 接触网作业车牵引质量、接触网专用平板车载重、集重，应严格执行产品技术说明书规定。接触网专用平板车的偏载限度，执行铁路货车装载的规定。严禁超载、偏载和超速。

13. 接触网作业车与平板车联挂推进运行时，速度不得超过 30 km/h，并不得跨区间运行。车站转线，须严格按调车作业办理。在区间及"天窗"内作业需要推进运行时，须由学习司机进行引导，引导时要注意运行前方情况，确保行车安全。

14. 学习司机不得单独操纵接触网作业车。学习司机须在安全乘务一年以上，在司机指导下方可学习操纵车辆。学习司机在下列情况下禁止驾驶接触网作业车：运送易燃易爆危险品、夜间行车、事故救援、站场调车、反方向行车、区间内施工作业。接触网作业车作业平台的操纵人员须经站段培训、考试合格，并持有上岗作业证，方准操纵。

15. 接触网作业车停放地点须建专用线和车库，车库应能停放两台以上接触网作业车和一台专用平板车，并具有检查坑、待班室、材料室、卫生间、取暖装置等必备设施。

16. 司乘人员须熟知行车安全装备的基本结构和技术要求，严格按操作程序熟练运用行车安全装备，并应掌握运行监控装置的数据转储和分析方法。

四、安　全

1. 接触网作业车司机应及时反映车辆不良状态及行车中的安全隐患，使用单位及时组织相关人员采取措施，消除隐患。

2. 接触网作业车具有下列情况之一者，禁止上线运行：

（1）发动机无力或有异响，油压、水温显示异常。

（2）传动不良、有异响、保安装置失效，液力传动系统压力异常。

（3）车轴有异响、裂纹或车轴箱温升超过规定要求。

（4）车轴有裂痕、碾堆、踏面有剥离、掉块、擦伤超限；接触网作业车轮辋厚度、轮缘厚度不足。

（5）轮对内侧距离超过（1.353±3）mm 允许范围或轮轴发生相对位移。

（6）车架任何部位出现裂纹或弯曲。

（7）制动系统或基础制动装置不良。

（8）前后照明、雨刷、风笛失效。

（9）自动车钩"三态"作用不良，车钩座、舌、销磨损超限、有裂纹。

（10）行车安全装备故障，通信信号及安全防护用品失效。

（11）螺栓松动、销子脱落、机件弯曲、裂纹，危及行车安全。作业平台，随机小吊作用不良，影响行车安全。

3. 走车前须按规定进行制动机试验，均衡风缸、列车管压力为 500 kPa，总风缸压力为 700~800 kPa；运行中，不得关闭发动机，严禁空档溜放；车站停车时超过 20 min，动车前须进行制动机简略试验。

4. 出库前，须对列车运行监控装置进行自检，确保行车安全装备技术良好；定期对机车信号进行检测，并在《接触网作业车行车日志》上做好记录。

5. 接触网作业车运行中，司机要加强瞭望，确认信号，当地面信号与机车信号不一致时，以地面信号为准。

6. 接触网作业车运行中，严禁关闭行车安全装备。行车安全装备发生故障时，须及时向车站值班员和列车调度员报告，严格执行调度命令，并在《接触网作业车运行日志》上做好记录，保证行车安全。

7. 接触网作业车内乘坐人员须听从司机指挥，操纵端严禁非驾驶人员入座；车未停稳，严禁搭乘人员上下。

8. 使用平板车运送材料时，应注意以下事项：

（1）按规定载重、集重要求装载。

（2）装载稳固，不偏载，不超载。

（3）卸车时，卸下物品不得侵入限界，注意平衡装卸，大件物料不得边走边卸。

（4）跨装长大物件时，应使用货物转向架。

（5）装载接触网支柱、线盘及维修、施工材料时，按规定捆绑牢固。

（6）相邻线路有车辆通过时，禁止进行装卸作业。

9. 接触网作业车编组运行时，不超过 10 辆，前方第一位接触网作业车为本务机，整列车须按规定进行制动机试验，确认制动性能良好。

10. 接触网作业车严禁使用明火预热发动机、油箱、油管，严禁不关机时用油棉丝布擦拭发动机；车内须固定配备灭火器，灭火器应置于便于摘取的位置；使用单位须按消防部门规定，对灭火器具定期进行检查，并粘贴检验合格证，严禁超期使用。

11. 接触网作业车内严禁使用明火，车内取暖应采用有安全装置的取暖设备，并固定牢靠。

12. 接触网作业车在站内等、会列车时，须进行保压制动，严禁关闭发动机，按规定及时检查走行部。

13. 接触网作业车在车站停放时，须有人留守，同时在列车前、后两端进行防护和防溜处理。

14. 接触网作业车走车前，学习司机按规定撤除止轮器，经司机确认，并将止轮器放于指定位置后方可动车。

15. 接触网作业车运行中，如制动、走行部及行车安全有关的总成、部件发生异常，须立即停车检查处理。

16. 接触网作业车故障或因其他原因在区间被迫停车不能继续运行时，应立即向车站和列车调度员报告，及时请求救援，并按《铁路技术管理规程》要求对车辆进行安全和防溜；已请求救援的列车，不得再行移动。

17. 电气化线路是使用接触网作业车，未确认停电和采取安全措施前，须遵守下列规定：

（1）不得攀登接触网作业车及作业平台。

（2）任何人员及所携带的物品与接触网设备带电设备部分，须保持 3 m 以上的距离。

（3）装卸长大材料时，只能平移，不得高抬翻转，严禁竖立；不得用木（竹）杆等物进行货物装卸高度的测量，不得进行接近带电接触网的作业。作业人员如必须在距离接触网不足 2 m 处作业时，接触网必须停电，具体按《电气化铁路有关人员电气安全规则》的有关规定办理。

18. 200 km/h 及以上线路、区段安全注意事项：

（1）列车交会时，必须关闭相邻线路侧车窗，司乘人员及作业人员要远离通过列车的车窗玻璃，防止玻璃破碎伤人。

（2）平板车装载货物须严格落实货物装载加固规定，应能适应 200 km/h 及以上列车交会时产生的气动力，确保货物装载加固质量和全程运输安全。

（3）接触网作业车在双线区段作业时，作业平台不得向邻线方向转动；作业人员须与邻线保持 2 m 以上的安全距离；利用"V"型天窗作业时，各种施工和检修人员须在高速列车到达前 10 min 停止作业，人、物不得侵入限界，且作业车平台须旋转至正常行驶位，确保安全。

19. 轨道起重设备操作人员须持有起重设备操作证上岗，轨道起重设备进行装卸作业时，须指派有经验的施工负责人做现场指挥，并设专人防护，严格执行起重作业的相关规定。

五、检　修

1. 接触网作业车的检修以日常保养基础，采取临时修理和计划修理相结合的原则进行。

2. 接触网作业车使用单位设备管理人员，应根据本规则制定保养和检修计划，切实做好监督、检查、验收工作。

3. 接触网作业车的保养。

（1）日常保养以清洁、紧固、调整、润滑为主要内容，保证接触网作业车各部工作正常，延长车辆使用寿命。日常保养的时机应掌握在出车前、入库后，应根据车辆技术标准要求进行。

（2）新制、大修后有接触网作业车应进行走合期保养。走合期保养由包乘司机负责。接触网作业车走合期内的牵引质量可降低 30%，运用中应适当减速和短距离运行。长大坡道上行驶应降低牵引质量，走合期内运行要随时注意运转部件的状况。车辆运行时司机要时刻注意发动机工作状态，停车后，应及时检查变速箱、换向箱、车轴齿轮箱和轴箱的温升情况。走合期满后，要对车辆进行一次定期保养，清洗曲轴箱、机油滤清器，更换润滑油和机油滤清器芯等，确保正常使用。

（3）定期保养以全面检查、调整和排除不正常技术状态为主要内容（包括各项日常保养项目）。定期保养由包乘司机负责实施，内容按照车辆技术标准规定的保养项目进行。

（4）换季保养根据季节变化进行。北方地区一般在四月份进行夏季保养，十月份进行冬季保养，南方地区可根据气候变化确定保养周期。

4. 接触网作业车每半年对车轴、车钩进行探伤。探伤工作由具备探伤资质的单位进行；探伤后应出具"接触网作业车车轴、车钩探伤报告"。发现有车轴重伤时，填写"接触网作业车重伤车轴、车钩探伤报告"，探伤合格的车辆发给"接触网作业车探伤合格证"。

5. 接触网作业车分为小修、项修、大修三种修程。

（1）接触网作业车小修周期为 6 个月。小修是指对发动机、走行部及制动系统进行检护性修理工作。

（2）接触网作业车项修是根据接触网作业车的实际技术状态，有针对性地对某些总成进行修理和更换工作。

（3）接触网作业车大修周期为 5~6 年。大修是对接触网作业车全部总成进行彻底修理。局部改造和更换必要部件的修理工作可结合大修一并进行。

6. 行车安全装备的维护、修理，须由具备资质和承修能力的专业单位承担。行车安全装备的检测、校验周期，按中国铁路总公司相关规定办理。

7. 接触网作业车大修，须由经中国铁路总公司行政许可、具备资质和能力的单位承担。送修单位与承修单位应按规定签订修理合同，合同中明确修理内容、项目及应达到的设备标准。对需要改造的项目，由生产厂设计部门出具文件，论证其改造内容的合理性后方可进行。大修车辆入厂修理，双方须共同填写入厂交接记录，并由司机携带《接触网作业车设备履历簿》及日常运用、检修记录入厂监修。

8. 接触网作业车新制或大修完成后，承制（修）方须通知铁路局主管部门和设备使用单位，经中国铁路总公司验收部门按照有关标准和验收程序进行验收，对验收合格产品出具验收证明。未经验收合格的车辆，不准上道运行。

9. 新制或大修完成的接触网作业车交接前，行车安全装备须安装、调整到位。并按规定写入行驶区段的监控数据。

10. 新制或大修完成的接触网作业车单机紧急制动距离不大于 400 m（平直线路，制动初速度 80 km/h，制动距离误差不得超过 10%。

11. 接触网作业车大修或因探伤不合格而更换车轴、车钩时，须按规定再次进行探伤，并出具探伤报告。

12. 新制或大修完成的接触网作业车出厂前应进行不少于 100 km 的各种工况下的试运行，试运行中，如主要部件出现故障，或运行中未能达到规定标准，工厂对车辆进行处理、更换或调整后，须再次进行不少于 100 km 的试运行。

13. 接触网作业车各种登记表、制动部件的校验，须由具备资质的单位承担，校验项目和周期应符合中国铁路总公司相关规定及"接触网作业车制动部件年检鉴定表"的要求。

六、路外接触网作业车的管理

1. 铁路局以外（简称路外）拥有接触网作业车和单位应遵照执行本规则并参照制定相应

的管理办法。路外单位应接受所在地铁路局相关部门的指导。

2. 路外单位接触网作业车年度鉴定及司机年度培训、年审可按照属地管理原则,协议委托当地铁路局实施。

3. 路外单位接触网作业车过轨运行,应到铁路局相关部门办理过轨技术检查,取得过轨技术检查合格证。

4. 接触网作业车使用单位持过轨检查合格证,与所在地铁路局相关部门联系,办理过轨事宜。

5. 其他有关事项按《铁路技术管理规程》《接触网安全工作规程》《接触网运行检修规程》等有关规定相关条款执行。

任务 6 电气化铁路接触网器材管理办法

【知识目标】
1. 掌握接触网器材的分类及接触网关键受力零件;
2. 掌握电气化铁道接触网器材检验细则。

【技能目标】
1. 根据接触网器材的分类熟记接触网关键受力零件;
2. 依据接触网器材检验细则能检验接触网零件。

为规范电气化铁路接触网器材(以下简称接触网器材)的设计、制造、采购、验收和使用管理,提高接触网器材的产品质量,保证电气化铁路接触网系统的工作性能和行车安全,特制定本办法。

1. 电气化铁路设计、建设、施工、运营及接触网器材设计、制造单位在从事接触网器材研究设计、技术审查、生产制造、工程采购和安装使用时,必须遵守本办法。

2. 接触网器材必须满足电气化铁路运输需要,具有较高的可靠性、安全性、耐久性,不断提高少维护、免维修的程度,接触网器材应具备通用互换性。

3. 接触网器材按其重要程度分为两大类,即重要器材和一般器材。

重要器材包括:

(1) 接触线及承力索;

(2) 接触网关键零部件(见表1.6.1);

表1.6.1 接触网关键受力零件一览表

产品分类	产品名称
悬吊	钩头鞍子、杵座鞍子、承力索支撑线夹(承力索座)、接触线吊弦线夹、承力索吊弦线夹、悬吊滑轮、横承力索线夹、双横承力索线夹、定位环线夹、整体吊弦(含载流与非载流、可调与不可调)、隧道用刚性悬挂及附件
定位	定位装置、支持器、长支持器、定位线夹、定位器、软定位器、特型定位器、压管、定位管、线岔、定位环、长定位环、定位管卡子、锚支定位卡子

续表 1.6.1

产品分类	产品名称
连接	D型连接器、双耳连接器、套管铰环、套管双耳、腕臂支撑线夹、承力索接头线夹、接触线接头线夹
锚固	杵座楔形线夹、双耳楔形线夹、承力索终端锚固线夹、接触线终端锚固线夹、接触线中心锚结线夹、承力索中心锚结线夹
补偿	补偿滑轮装置、补偿棘轮、弹簧补偿器、气液补偿器
支撑	旋转腕臂底座、特型旋转腕臂底座、腕臂（含绝缘腕臂、隧道用弓型腕臂及底座）、腕臂支撑、上腕臂底座、下腕臂底座、隧道及站场硬横梁用吊柱
电连接	接触线电连接线夹、承力索电连接线夹、铜铝过渡电连接线夹

（3）绝缘子（包括棒式及悬式绝缘子）；
（4）分相、分段绝缘器；
（5）接触网负荷开关、隔离开关；
（6）支柱及硬横梁。

除上述6种之外的接触网器材为一般器材。主要包括：
（1）电力金具；
（2）关键零部件之外的其他零件及接触网零件用螺栓；
（3）铝绞线、铝包钢芯铝绞线。

4. 接触网器材改变设计、工艺和材质以及新产品的研制开发，应按照技术设计审查、型式试验、运行考核、产品鉴定的程序进行。其中重要接触网器材由中国铁路总公司运输局组织技术评审，一般器材由中国铁路总公司运输局（装备部）委托相关单位组织技术评审，评审结果报中国铁路总公司核备。

5. 接触网器材中实行生产企业认定管理的产品，生产企业必须取得中国铁路总公司颁发的认定资格证书。各单位不得采购和使用未获得认定资格或总公司公布的监督抽查不合格的接触网器材。

6. 新建、改造、大修工程用接触网器材，上网安装前必须经过检验验收，合格后方可上网使用，对未经检验验收或经检验验收不合格的器材禁止上网使用（具体要求见本任务后附件1）。

7. 建设工程中重要接触网器材上网前必须依据相关标准、技术条件及合同规定进行验收，需进行检验试验的，其检验试验应由中国铁路总公司授权、并取得国家"计量认证"及"实验室认可"资质、具备检验项目所需的检验设备及能力的第三方实验室承担，承担检验试验的实验室应与生产及使用企业无任何利益关系。

8. 建设单位在编制接触网器材招标技术规格书时，将接触网器材检验验收的要求写入相关条款中。

9. 条接触网器材生产和供应单位，应对其制造的接触网器材在使用寿命期内的产品质量负全部责任。

10. 接触网器材的验收单位对其验收结果负责，检验单位对其检验结论负责。

11. 本办法适用于国铁所有研究设计、技术审查、制造、工程采购和使用接触网器材的单位。

附件1 电气化铁道接触网器材检验细则

一、适用范围

适用于电气化铁道新建、改造以及大修工程用接触网器材检验，不适用于对产品的监督检查。

二、检验依据

TB/T 2073—2003《电气化铁道接触网零部件技术条件》；
TB/T 2074—2003《电气化铁道接触网零部件试验方法》；
TB/T 2075—2002《电气化铁道接触网零部件》；
TB/T 2809—2005《电气化铁道用铜及铜合金接触线》；
TB/T 3111—2005《电气化铁道用铜及铜合金绞线》；
TB/T 3036—2002《25 kV电气化铁道接触网分段绝缘器》；
TB/T 3037—2002《25 kV电气化铁道接触网分相绝缘器》；
TB/T 2076—1998《电气化铁道接触网用棒形瓷绝缘子》；
GB 11030—2000《交流牵引线路用棒形瓷绝缘子》；
GB/T 1001.1—2003《标称电压高于1 000 V的架空线路绝缘子第1部分：交流系统用瓷或玻璃绝缘子元件——定义、试验方法和判定准则》；
GB/T 19519—2004《标称电压高于1 000 V的交流架空线路用复合绝缘子——定义、试验方法及验收准则》；
TB/T 3068—2002《电气化铁道接触网用棒形悬式复合绝缘子》；
GB/T 13264—1991《不合格品率的小批计数抽样检查程序及抽样表》。
备注：以上检验依据如有新标准发布，则按新标准要求执行。

三、抽样办法

1. 试样从经生产厂家出厂检验合格后准备发往施工现场的产品中抽取。半成品或未组装好的产品不得参加抽样。

2. 抽样地点为生产企业成品库。由于工期原因已发往施工现场的产品，抽样地点为施工现场临时料库。抽样人员由检验单位、工程所在铁路局以及施工单位的相关人员组成，抽样人员应持有效证件。抽样时工厂应派员参加。

3. 对半成品供货的零件（比如需要现场压接的接触线电连接线夹、整体吊弦），抽样地点为施工现场，施工人员按照工厂提供的压接工艺进行压接合格后，由抽样人员进行抽样，抽样时生产厂家须派员参加，并签字确认。

4. 抽样时，按照设计好的编号规则对产品逐批编号（接触线与承力索逐盘编号），再按照协商好的供货批（供货批与抽样批相同）进行随机抽样，抽样后对试样装箱打包，并当场对试样及抽检产品进行铅封。填写抽样登记表，记录铅封号及产品编号等信息，双方确认无误后签字和/或盖章。抽样登记表一式六份，一份交工厂保存，一份由检验单位保存，其余四份交检验委托单位相关部门。

四、检验项目及抽样数量

1. 检验项目按现有铁标规定进行，铁标与招标技术规格书不一致时，可适当考虑招标技术规格书规定。

2. 除本款1所要求的检验项目外，还需进行如下检验项目见表1.6.2。

表1.6.2　特殊检验项目及数量

序号	产品分类及检验项目		检验次数及数量（每千条公里中每个供货厂家的产品）
1	接触网零部件	残余应力	仅限铜合金零件，每种零件每2 000件做1次，每次2件（不足2 000件时按2 000件计算）。
2		无损探伤	详细见本条款第3条。
3		短路热循环	仅限接续类零件，只做一次，每种2件。
4	接触线承力索	氧、银、镁、锡含量	接触线仅限高温软化不合格时；承力索仅限单丝力学性能不合格时。
5		横向晶粒尺寸	仅限接触线。
备注：不足1 000条公里时按1 000条公里计。			

3. 接触网零部件中铸件（无论国产还是进口）应进行无损探伤，具体要求如下：

（1）生产厂按照TB/T 2073—2003要求对铸造件逐件进行无损探伤。

（2）工程无损探伤验收检验是在工厂探伤合格的基础上随机抽检，抽检比例为1%（每500件抽检5件）。

（3）铸钢件关键受力部位铸造缺陷一级为合格级，非关键受力部位二级为合格级，铸造缺陷按GB 5677—85《铸钢件射线及底片等级分类方法》分级评定。

（4）铸造铝合金件关键受力部位二级为合格级，非关键受力部位三级为合格级。铸造缺陷按HB 5480—90《高强度铝合金优质铸件》分级评定。

（5）抽检零件探伤全部通过时，该批通过。若发现有一件及以上不合格时，加倍抽样。加倍抽样合格后该批通过。若仍有一件及以上不合格时，该批不通过，须逐件进行探伤。

4. 抽样数量。

产品按进口器材与国产器材分类，抽样数量详见表1.6.3及表1.6.4。

表1.6.3　进口器材（含国外独资企业在国内生产的器材）

序号	产品分类		抽样比例	抽检批量及样本数量	
				批量	样本
1	接触网零部件	铸钢件	0.5%	1 000件	5件
2		锻钢件	0.5%	1 000件	5件
3		铜合金件	1%	500件	5件
4		铝合金件	1%	500件	5件

续表 1.6.3

序号	产品分类		抽样比例	抽检批量及样本数量	
				批量	样本
5	接触网零部件	不锈钢件	0.5%	1 000 件	5 件
6		限位定位装置	0.5%	1 000 件	5 件
7		整体吊弦	0.1%	5 000 件	5 件
8		补偿装置	0.1%	2 000 件	2 件
9	接触线承力索	接触线	5%	20 盘	1 盘（4.5 m）
10		承力索	5%	20 盘	1 盘（4.5 m）

备注：抽样时应考虑疲劳与振动所需试样。

表 1.6.4　国产器材（含合资企业在国内生产的器材）

序号	产品分类		抽样比例	抽检批量及样本数量	
				批量	样本
1	接触网零部件	铸钢件	1%	500 件	5 件
2		锻钢件	0.5%	1000 件	5 件
3		铜合金件	1%	500 件	5 件
4		铝合金件	1%	500 件	5 件
5		不锈钢件	1%	500 件	5 件
6		限位定位装置	1%	500 件	5 件
7		整体吊弦	0.2%	2 500 件	5 件
8		补偿装置	0.2%	1 000 件	2 件
9	接触线承力索	接触线	10%	10 盘	1 盘（4.5 m）
10		承力索	10%	10 盘	1 盘（4.5 m）
11	绝缘器材	悬式绝缘子	0.16%	5 000 片	8 片
12		棒式绝缘子	0.5%	1 200 根	6 根
13		分段绝缘器	0.5%	500 台	2 台
14		分相绝缘器	0.5%	500 台	2 台

备注：抽样时应考虑疲劳与振动所需试样。

五、判断依据

1. 根据接触网新建、改造以及大修工程招标技术规格书确定。招标技术规格书规定不详时，按现有铁标规定。

2. 产品质量判断。

（1）根据检验结果先进行单件判定，判断条件为：

A 类项点：

$$[n_A; 0, 1]$$

其中，n_A 为 A 类项点个数。

B 类项点：

$$[n_B;\ A_{cb},\ R_{cb}]$$

其中，n_B 为 B 类项点个数，A_{cb} 为合格判定数，R_{cb} 为不合格判定数。

n_B	A_{cb}	R_{cb}
5	1	2
6	2	3
8	3	4

（2）单件产品判断合格后，再对同类所有产品进行判断，判断条件为：

$$[n;\ 0,\ 1]$$

其中，n 为同类所有零件数。

（3）只有同类产品全部满足以上判断条件后，该类产品才能判为合格，否则为不合格。

（4）半成品供货的零件判为不合格时，由生产厂家负责。

3. 不合格品处置。

（1）接触网零部件生产厂家对经检验不合格的产品，对照不合格的项目，按如下原则处理：

破坏强度不合格或振动、疲劳中出现断裂时，该批零件不合格。

滑动荷重不合格时，由厂家对该批零件全部做滑动试验，剔除未满足标书要求零件后组成新的批进行复检。

材质不符合要求时，该批零件不合格。

螺栓性能不符合要求时，由厂家更换全部螺栓，组成新的批后进行复检。

探伤不符合要求时，剔除未满足标书要求零件后组成新的批进行复检。

铜合金零件残余应力不符合要求时，该批零件不合格。

复检零件再次出现不合格时，该批零件全部不合格。

同种零件连续两批出现破坏强度、振动及疲劳中断裂、材质、探伤、铜合金零件残余应力不符合要求时，应加严检查。加严检查抽样数量如表 1.6.5 所示。

表 1.6.5

正常检查时样本大小	2	4	6	8	10
加严检查时样本大小	3	6	10	13	16

加严检验开始后，如果连续五批经检验均合格，从下一批开始转入正常检查。如果连续五批经检验均不合格，暂停验收。

（2）接触线与承力索。

检验不合格时所代表的批均视为不合格，为减小损失需对该批盘盘检验，对发现的不合格盘应予以报废，严禁出厂使用。

接触线高温软化后拉断力不合格时，应补做银含量。当银含量符合要求时，该盘线视为合格；当银含量不符合要求时，该盘线视为不合格，应予以报废，严禁出厂使用。

（3）绝缘器材。

生产厂家对经检验不合格的产品，对照不合格的项目，按如下原则处理：

分段、分相绝缘器电气性能、破坏强度不合格或振动、疲劳中出现断裂时该台不合格。应加严检查，加严时抽检数量加倍，抽检次数加倍，合格后该批分段、分相绝缘器通过。加严检查仍有不合格时应逐台检验。

棒式绝缘子及分段、分相绝缘器滑动荷重不合格时,由厂家对该批全部做滑动试验,剔除未满足标书要求的棒式绝缘子及分段、分相绝缘器后组成新的批进行复检。复检再次出现不合格时,该批全部不合格。

绝缘子连续两批出现同一项目不合格时,应加严检查。加严检查抽样数量如表 1.6.6 所示。

表 1.6.6

正常检查时样本大小	6（8）
加严检查时样本大小	12（16）
注：括弧内为悬式绝缘子抽检数量。	

加严检验开始后,如果连续五批经检验均合格,则从下一批开始转入正常检查。如果连续五批经检验均不合格,则暂停验收,交由建设方处理。

复习思考题

一、填空题

1. 为保证人身安全,除专业人员按规定作业外,任何人员所携带的物件(包括长杆、导线等)与接触网设备的带电部分需保持(　　)m 以上的距离。

2. 在接触网支柱及接触网带电部分(　　)m 范围以内的金属结构上均须装设接地线。天桥及跨线桥靠近跨越接触网的地方,必须设置(　　)。

3. 隔离开关操作前,操作人必须穿戴好规定的(　　)和(　　),确认开关及其传动装置正常,接地线良好,方准按程序操作。操作要准确迅速,一次开闭到底,中途不得(　　)和(　　)。操作过程中人体各部不得与支柱及其构件相接触。

4. 汽车和兽力车通过铁路平交道口时,货物装载高度(从地算起,下同)不得超过(　　)m 和触动道口限界门的活动横板或吊链。

5. 根据事故的性质和损失,供电事故分为(　　)、(　　)、(　　)和(　　)4 种。根据发生事故的原因,分为(　　)、(　　)及(　　)3 种。

6. 对每一件供电事故都要按照"三不放过""四查"即(　　)不放过,(　　)不放过,(　　)不放过";"查(　　),查(　　),查(　　),查(　　)"的要求,认真组织调查,弄清原因,确定责任者,制定出有效的防范措施。

7. 造成 30 人以上死亡,或者 100 人以上重伤(包括急性工业中毒,下同),或者 1 亿元以上直接经济损失的属于(　　)事故。

8. 特别重大事故由(　　)组织事故调查组进行调查。重大事故由(　　)组织事故调查组进行调查。较大事故和一般事故由(　　)组织事故调查组进行调查。

9. 接触网导线最大驰度距钢轨顶面的高度不超过(　　)mm;在区间和中间站,不少于(　　)mm(旧线改造不少于 5 330 mm);在编组站、区段站和个别较大的中间站站场,不少于(　　)mm。

10. 减速地点标,设在需要减速地点的两端各(　　)m 处。正面表示列车应按规定限速通过地段的(　　),背面表示列车应按规定限速通过地段的(　　)。

11. 接触网作业车（含接触网架线车、接触网放线车、接触网检修车、接触网巡检车、接触网轨道超重车、接触网立杆作业车、接触网高空作业车、接触网专用平板车、绝缘子水冲洗车等。下同）是电气化铁路接触网日常（　　）、（　　）、（　　）和电气化铁路施工的重要机具。

12. 接触网作业车实行（　　）、（　　）、（　　）三级管理。

13. 走车前须按规定进行制动机试验，均衡风缸、列车管压力为 500 kPa，总风缸压力为（　　）kPa；运行中，不得关闭发动机，严禁空档溜放；车站停车时超过（　　）min，动车前须进行制动机简略试验。

14. 接触网作业车的检修以（　　）基础，采取（　　）和（　　）相结合的原则进行。

15. 接触网作业车小修周期为（　　）个月。小修是指对发动机、走行部及制动系统进行检护性修理工作。

16. 接触网器材必须满足电气化铁路运输需要，具有较高的（　　）、（　　）、（　　），不断提高少维护、免维修的程度，接触网器材应具备通用互换性。

17. 加严检验开始后，如果连续五批经检验均（　　），则从下一批开始转入正常检查。如果连续五批经检验均不合格，则暂停验收，交由（　　）处理。

二、问答题

1. 什么系接触网中断供电？
2. 事故报告应当包括哪些内容？
3. 什么系中断铁路行车？
4. 接触网作业车司机年审主要内容有哪些？
5. 生产厂家对经检验不合格的产品，对照不合格的项目，应如何处理？
6. 电力设备维修必须遵守哪些规定？
7. 制定电气化铁路有关人员电气安全规定的目的？
8. 符合何种情况之一者列为重大事故？
9. 什么系作业人员？
10. 给水设备应包括哪些？

单元二　铁路牵引供电调度规则

任务1　总则、组织机构及职责范围

【知识目标】
1. 了解供电调度员的任务；
2. 了解供电调度组织机构及职责范围。

【技能目标】
1. 能正确、果断地指挥故障处理；
2. 能正确指挥牵引供电系统的运行，统一安排设备的停电检修。

一、总　则

供电调度是指挥电气化铁路运输的重要组成部分，各级供电调度是牵引供电设备运行、检修和事故抢修的指挥中心，也是电气化铁路安全供电的信息中心。供电调度员是供电运行的指挥者，其主要任务是正确指挥牵引供电系统的运行；统一安排设备的停电检修；协调有关部门千方百计提高"天窗"时间兑现率和利用率；正确、果断地指挥故障处理，最大限度地缩小故障范围，减少事故损失，迅速恢复供电和行车；进行供电设备故障分析，提供准确的分析报告。各级供电调度员必须具备供电专业知识，熟悉管辖范围内供电设备的状况，密切联系群众，严肃认真、实事求是，不断提高指挥水平。

为加强供电调度管理，充分发挥供电调度的作用，特制定本规则。

二、组织机构及职责范围

1. 供电调度系统由中国铁路总公司、铁路局供电调度和供电段生产调度组成，实行统一管理分级负责。

中国铁路总公司供电调度指导各铁路局调度的工作。

铁路局供电调度直接指挥管内牵引供电设备的运行、检修和故障处理。

供电段生产调度的业务受铁路局供电调度的指导。

2. 各级供电调度台的设置及人员配备标准、班制由各级根据工作需要自行确定。
3. 各级供电调度的职责范围。

【中国铁路总公司供电调度】

（1）掌握全路牵引供电设备及信号电源的安全运行状况；指导各局供电调度业务；协调各局之间的有关调度事宜。

（2）审批牵引变电所跨局越区供电的方案；下达跨局使用移动变压器的命令，并督促有关部门尽快运达目的地和投入运行。

（3）及时掌握接触网和信号电源非正常停电以及供电、电力人员重伤及以上的工伤情况。督促有关部门抓紧抢修，尽快恢复供电并迅速查清原因、落实责任、制定防范措施，尽早见诸实效。

（4）负责指导涉及两个及以上铁路局的牵引供电设备故障抢修。根据铁路局请求或部内安排会同有关部门解决检修或处理故障所需跨局停、送电的有关事宜。当发生行车重大、大事故时指导铁路局做好抢修工作中涉及牵引供电业务的有关工作，促其尽快恢复供电，并立即通知主管领导和安监司值班人员。

（5）当外部电源非正常停电时，及时与能源部电力调度联系（必要时报国家计委、国务院等）迅速恢复供电。

（6）督促各局按时上报各种供电报表和供电段履历簿，及时汇总分析供电指标及"天窗"率的完成情况并提出改进措施。

（7）对全路牵引供电设备故障跳闸、弓网故障进行月、季、年度总结、分析，提出改进措施，必要时向全路通报。

（8）掌握运行图编制中"天窗"时间的安排情况，及时提出改进意见。

（9）根据铁路局要求，联系协调有关部门尽快安排跨局使用的接触网检测车、发电车等供电、电力有关车辆的运送。

（10）领导交办的其他事项。

【铁路局供电调度】

（1）贯彻执行有关规章制度，上级命令和指示。

（2）掌握全局牵引供电设备及信号电源的安全运行状况，指导各供电段生产调度业务。

（3）审批牵引变电所跨供电段越区供电的方案，下达跨供电段使用移动变压器的命令并组实施。

（4）及时掌握接触网和信号电源非正常停电及与牵引供电有关的行车事故的详细情况（包括故障发生的时间、地点、原因、设备损坏、人身伤亡、影响行车及抢修处理情况等），对抢修方案、组织实施等提出指导性意见，同时将故障情况立即报告中国铁路总公司供电调度及路局安监室。

（5）负责指导涉及两个及以上供电段的牵引供电故障抢修工作，当发生重大、大事故时，做好涉及牵引供电业务的各项有关工作，促其尽快恢复供电和行车。

（6）当地方电源故障影响牵引供电时，负责与有关电业部门联系，组织恢复供电并及时报告中国铁路总公司供电调度。

（7）定时收取供电设备及人身安全情况并及时报告中国铁路总公司供电调度。随时掌握设备跳闸情况、"天窗"和检修任务执行情况、汇总并按时上报有关供电报表。负责全局月、季、年度故障跳闸和弓网故障分析、总结，针对存在问题及时提出改进措施。

（8）参加运行图"天窗"时间及每月停电计划的编制，掌握、分析图定"天窗"和计划停电时间的实施情况，及时提出改进措施。

(9)根据路局要求,联系和安排需跨供电段运行的试验车、接触网检测车等车辆的调动和运行。

(10)领导交办的其他事项。

【供电段生产调度】

(1)掌握牵引供电设备(有电力业务者应包括电力)大、中、小修进度及改造工程的完成情况,对存在问题要及时报告主管段长并通知有关科室,促其尽快解决。

(2)掌握管内电气化区段的安全情况和主要设备的质量状况,对影响安全运行的设备缺陷主管科,要及时通知有关车间、领工区抓紧处理,对防止事故的好人好事要及时报告主管段长和路局。

(3)当电气化区段发生故障时要立即报告路局供电调度及有关部门和主管段长,同时协助路局电调度组织抢修和做好记录。

(4)负责办理检测、化验、试验、检修车辆和移动变压器的运送手续,掌握工区检修车辆的使用、运行和技术状态。

(5)参加段生产例会,经常和定期分析供电、电力(有电力业务者)设备检修任务完成情况,针对存在问题及时提出改进措施并报告主管段长通知有关科室、领工区组织实施。

(6)有电力业务段的生产调度应掌握电力设备运行情况,当发生故障时要立即组织抢修。

(7)领导交办的其他事项。

任务2 各级供电调度应具备的条件和要求

【知识目标】

1. 了解供电调度室应具备的设备和资料;
2. 了解各级供电调度应具备的条件和要求。

【技能目标】

1. 掌握供电调度室应具备的设备和资料;
2. 各级供电调度能够建立原始记录,分析资料并保存。

一、供电调度员

1. 供电调度员必须树立为运输服务的思想,具有全局观念、指挥决策的素质和独立处理问题的能力,有一定的技术理论及专业知识,应具有大专及以上文化水平。供电调度员应在具有一定实践工作经验的牵引变电所值班员或接触网工中选拔,也可由技术人员担任。供电调度员必须熟悉牵引供电设备的运行、检修工作。中国铁路总公司、铁路局和有电力业务的供电段调度员还应掌握一定的电力专业知识。

2. 供电调度员在上岗之前必须经过培训、实习并考核通过后方能独立担当调度员工作。培训期一般不少于5个月,除学习有关规章制度和专业理论外,还应到管内牵引变电所、接触网工区（有电力业务者还应到电力变、配电所和工区）熟悉设备运行情况和检修业务。

各级供电调度员每年至少有一个月的时间深入牵引变电所和接触网工区（有电力业务者还应到电力变、配电所和工区）熟悉情况。

3. 经培训并考试合格后可以聘为实习调度员，实习调度员在调度主任指定的调度员监护指导下，实习值班调度工作，两个月后经考核合格方能独立担当调度员工作。实习调度员在跟班实习期间发布命令和处理故障需在指定的调度员监护下进行，监护人员应对其所进行的工作负责。

4. 路局供电调度员中断调度工作一个月以上者，至少见习3天，经调度主任（或主任调度员，下同）批准方可继续值班，中断调度工作三个月以上者除至少见习7天外，还应进行安全考试，考试合格后经调度主任批准方可继续值班。

5. 新建的电气化区段在投入运行前，应提前六个月配足定员，路局供电调度至少提前二个月介入，并参加工程部门供电调度的值班工作，熟悉设备，为投入运营做好准备。

6. 调度员值班期间，应坚守岗位，严守国家机密，严禁做与值班无关的事。

7. 中国铁路总公司供电调度员应了解和掌握：

（1）掌握牵引供电各项规章制度和全国供、用电规则以及事故管理、行车事故处理规则等安全管理上的规章制度，了解铁路和电业部门有关的规章制度。

（2）熟悉牵引供电专业理论，掌握保护装置、远动装置原理及远动装置使用方法。

（3）了解行车组织、信集闭及轨道电路有关知识，能看懂列车运行图。

（4）掌握全路牵引供电设备概况及外部电源供电接线图和供电方式，熟悉调度协议和供、用电协议中铁路与电业部门的分工原则（包括调度权限、设备分界、检修分工等）。

（5）熟悉各局分界点两侧牵引供电设备概况及跨局供电的条件。

（6）了解各条电气化区段接触线的最低高度及其所在区间，以便掌握允许通过的超限货物列车的高度。

（7）随时掌握路内移动变压器、电力发电车的容量及所在区段。

（8）了解电力专业知识，掌握铁路信号电源的供电方式和原理。

8. 铁路局供电调度员应了解和掌握：

（1）掌握牵引供电各项规章制度和全国供、用电规则；掌握行车组织规则的有关部分。了解铁路电力管理规则、安全工作规程和事故管理规则以及铁路和电业部门的有关规章制度。

（2）掌握牵引供电专业理论，熟悉管内各种保护装置、远动装置的原理和操作方法。

（3）了解行车组织、信集闭及轨道电路的有关知识，能看懂列车运行图。

（4）掌握全局牵引供电设备概况及外部电源供电接线图和供电方式。

（5）熟悉各供电段分界点两侧牵引供电设备概况及跨供电段越区供电的条件。

（6）了解管内各条电气化区段接触线的最低高度及其所在区间，以便掌握允许通过的超限货物列车的高度。

（7）随时掌握管内移动变压器、电力发电车的容量，接触网抢修列车功能及这些车的停放地点及其状况。

（8）了解电力专业知识，掌握管内信号电源的供电方式、原理。

9. 供电段生产调度应了解和掌握：

（1）熟悉牵引变电所接触网运行、检修规程和安全工作规程，了解铁路和电业部门有关规章制度和管内主要设备的检修工艺。

（2）掌握牵引供电专业知识、管内各种保护装置的原理、整定值及远动装置的原理、结构和操作方法。

（3）了解行车组织知识，能看懂列车运行图，掌握行车组织规则的有关部分。

（4）熟悉管内设备情况及外部电源接线和供电方式，掌握调度协议和供、用电协议；掌握管内各工区抢修材料、零部件、工具的储备及夜间、节假日抢修人员的值班情况；掌握各牵引变电所、接触网工区的地理环境、道路设施等外部条件。

（5）随时掌握段内汽车、轨道车及管内接触网抢修列车的状态，移动变压器容量及上述车辆的动态。

（6）有电力业务者，应掌握有关的电力业务知识，安全运行检修规章，以及信号电源、电力贯通线的供电方式和发电车容量及其存放地点。

二、供电调度室

1. 供电调度室应光线充足、隔音、湿度适宜、通风、防尘良好。

2. 各级供电调度室均应配备录音电话，还应有直接呼叫管内各牵引变电所、接触网工区、车站的直通电话及与有关电业部门的自动电话或直通电话。

3. 各级供电调度室均应有显示管内牵引供电设备状况的模拟图（有电力业务者还应有自闭电源供电的分段图），供电调度室的模拟图应显示出牵引变电所、开闭所、分区亭、ＡＴ所的位置、容量及主接线、接触网分段，领工区、工区的位置，管辖范围等，并能正确适时地反映出变电设备和接触网设备的带电状态。

4. 各级供电调度室应具有的资料。

（1）中国铁路总公司供电调度。

① 各电气化区段各牵引变电所的外部电源接线图和接触网供电分段图。

② 全路各牵引变电所及枢纽所在地开闭所的主结线图。

③ 全路各电气化区段各领工区和接触网工区管辖范围示意图。

④ 全路各电气化区段接触线距轨面的最低高度及所在区间。

⑤ 接触网抢修列车的功能和所在段。

⑥ 全路移动变压器的容量、并联运行的条件及所在段。

⑦ 全路自动闭塞电源及电力贯通线供电分段图。

⑧ 跨局越区供电的有关技术资料。

（2）铁路局供电调度。

① 管内电气化区段各牵引变电所的外部电源接线图和接触网供电分段图。

② 管内各牵引变电所、分区亭、开闭所、AT所的主接线图，二次结线图。

③ 管内电气化区段各领工区和接触网工区管辖范围示意图。

④ 管内各电气化区段接触线距轨面最低高度及所在区间。

⑤ 管内接触网抢修列车的功能、组成和存放地点。

⑥ 管内各移动变压器的容量，并联运行的条件及所在区间。

⑦ 管内各区间和车站的接触网平面布置图，每个电气化区段中典型的接触网支柱和隧道

内悬挂安装图以及设备安装图。

⑧管内各调度区段的调度协议，供、用电协议。

⑨跨局和供电段越区供电的有关技术资料。

⑩有电力业务者尚应有自动闭塞区段及电力贯通线的供电分段图，及相应的变、配电所主接线图。

（3）供电段生产调度。

①管内各牵引变电所外部电源接线图及接触网供电分段图。

②管内牵引变电所、分区亭、开闭所、AT所的主接线图。

③管内各领工区、接触网工区管辖范围示意图。

④管内接触网抢修列车的功能、组成和存放地点。

⑤管内各电气化区段接触线距轨面的最低高度及所在区间。

⑥管内所有接触网用作业车、轨道车、汽车等的功能及其停留地点。

⑦管内各移动变压器的容量、并联运行的条件及所在地点。

⑧管内各区间和车站的接触网平面布置图，每个电气化区段中各类接触网支柱和隧道内悬挂图以及设备安装图。

⑨跨段越区供电的有关技术资料。

⑩管内各电气化区段的调度协议和供、用电协议。

⑪管内牵引供电主要设备的检修计划。

⑫段承担主要工程的施工计划。

⑬有电力业务者尚应有电力贯通线、自闭电源线的供电分段图及相应的变、配电所的主接线图。

5. 各级供电调度应建立的原始记录，分析资料及其保存期限。

（1）中国铁路总公司供电调度（见表2.2.1）。

表 2.2.1

内容	保存期限
值班日志（包括交接班记录）	五年
机电报1、2、3、4	长期
各局弓网故障统计表及全路弓网故障情况汇总表	长期
弓网故障及供电跳闸分析	十年
"天窗"三率分析	五年

（2）铁路局供电调度（见表2.2.2）。

表 2.2.2

内容	保存期限
值班日志（包括交接班记录）	五年
牵引变电所倒闸操作和作业命令记录	五年
接触网倒闸操作和作业命令记录	五年

续表 2.2.2

内容	保存期限
断路器自动跳闸记录（按跳闸顺序排列，应记录日期、跳闸时间和所别、断路器名称、编号、动作的保护名称、故测仪指示值、停电区段、故障地点及跳闸原因、复送时间、停电时间）	长期
故障速报（机电报4），其故障类别、跳闸过程、故障原因和抢修处理情况，影响列车的种类、数量、时间均应详细记录，必要时绘图说明	长期
各段弓网故障统计表及全路局弓网故障汇总表	长期
全路局弓网故障及跳闸分析	十年
各工区及牵引变电所、亭提报的停电作业计划	五年
路局下达的日施工计划的有关部分	十年
"天窗"三率分析	五年

（3）供电段生产调度（见表2.2.3）。

表 2.2.3

内容	保存期限
值班日志（包括交接班记录）	五年
故障速报（机电报4）	长期
"天窗"时间、上网率分析	五年
牵引供电（有水电业务者包括水电）主要设备检修计划完成情况分析	五年
段承担的主要工程完成情况分析	三年
路局下达的月施工计划的有关部分	五年

所有原始记录均不得用铅笔填写，对长期保存的记录应使用钢笔填写，不得使用圆珠笔，填写要认真，字迹要清楚、工整、不得涂改。

任务3　工作制度、计划停电与故障处理

【知识目标】
1. 掌握值班、交接班的内容；
2. 掌握计划停电及故障处理内容。

【技能目标】
1. 会填写交接班记录；
2. 能够按计划进行停电；
3. 能够进行故障处理。

一、工作制度

1. 值班。

（1）供电调度员是牵引供电系统运行、操作、故障处理等调度命令的唯一发布人，所有牵引供电运行、检修人员必须服从供电调度的指挥。各级领导发布的命令、指示等凡涉及电调度的职权者均应通过供电调度下达。

（2）供电调度员在发布命令和通话时应口齿清楚、简练、用语准确并力求讲普通话，在发布命令和通知时应先拟后发，先将命令和通知的内容填写在相应记录中，认真审核确认无误后方可发出，每个命令必须有编号和批准时间，否则无效。供电调度员向一个受令人同时只能发布一个命令，该命令完成后方可发布第二个命令，当发布的命令因故不能执行完毕时，应注明原因，立即消除该命令，但不得涂改并及时报告调度主任。

（3）使用远动装置的调度台，每个台、每班应设正、副两名调度员值班，操作时副值班员在正值班员监护下执行。

（4）调度命令发布后，受令人若对命令有疑问应向值班调度员提出，弄清命令内容后方可执行，受令人若对调度命令持不同意见，可以向发令人提出，若发令人仍坚持执行时，受令人必须执行。如执行该项命令时危及人身和设备安全时，受令人有权拒绝执行，但应立即向调度员和主管领导说明理由，并做好记录备查。

（5）属各级供电调度管辖的供电设备，没有值班调度员的命令，不得改变原运行状态，遇有危及人身或设备安全紧急情况可不经值班调度员同意先断开有关断路器和隔离开关，但操作后应立即报告值班调度员，恢复供电时则必须有调度命令。

2. 交接班。

（1）交班人员应在下班前 30 min 做好准备，填好交接班记录，见表 2.3.1 记清应交接的事项，如供电分段的变化，故障情况及运行和检修班组的申请和要求、图纸、资料、通话工具的变更等。

表 2.3.1 交接班记录填写表

日期	内容	交接班签字
2014 年 10 月 20 日	锦州接触网工区申请锦百区间停电，处理 10 月 19 日巡视时发现的电连接线有断股	

（2）交接班时，交班人员根据各级供电调度的职责应向接班人员交清下列有关事项：

① 尚未结束的作业，作业组要令人姓名、作业地点和内容、恢复供电时应注意的事项。

② 与接班人员共同核对模拟图，应与实际运行方式相符。

③ 设备缺陷及其处理情况。

④ 设备运行方式及供电分段的变更情况、原因及注意事项。

⑤ 故障处理情况，应将当班期间的情况详细记录清楚，必要时可绘图说明。

⑥ 对照交接班记录向接班人员逐条说明，对遗留工作应详细交清，对接班人员提出的疑问应解释清楚，否则接班人员有权拒绝接班。

（3）接班人员应按规定提前 15 min 到班，做好下列工作：

① 阅读值班日志（对两班制以上者）至少阅读两个班的日志。

② 看模拟图，掌握设备运行状态。

③ 路局供电调度员还应查阅接触网、牵引变电所作业命令及倒闸记录，掌握接班后的倒闸和作业情况。

④ 交接班手续完毕后由接班调度员签字，此后值班工作由接班者负责，在签字前班中工作均由交班者负责。接班调度员未到班，交班调度员应继续执行调度任务并报告调度主任。

⑤ 供电调度员接班后，应了解下一级调度的工作情况，了觧管内各牵引变电所、接触网工区、开闭所、有人值班的分区亭、AT所值班人员情况，核对模拟图，核对时钟。

⑥ 正在进行操作和处理故障时，不得交接班，只有在故障处理告一段落并有详细记录时方可进行交接班。

3. 报告。

（1）每日6时30分~7时30分、18时~20时铁路局供电调度向中国铁路总公司供电调度报告：

① 影响行车的供电设备故障（接触网非正常停电及供电设备损坏使列车不能继续运行；由于供电原因需降低列车牵引重量或速度，限制列车运行或降弓运行，改变列车或机车的运行方式等）和电力设备故障或人员误操作影响信号电源的详细情况。凡发生行车事故，均应立即填事故登记簿（安监统-1），按《铁路交通事故调查处理规则》条例要求，逐级上报有关部门。

② 供电段、大修段发生人员重伤以上的事故（发生时间、地点、人员姓名）原因及抢救情况。

③ 牵引供电重要设备异常现象，虽未影响行车但严重威胁供电、行车安全，例如：主变压器故障被迫停运，断路器爆炸，牵引变电所馈出线全部停电等。

④ 接触网供电分段及主变压器运行方式的变更及跳闸情况（件数、原因、停时）。

⑤ 各区段危及正常供电、正常行车时的最大负荷和接触网的最低电压（时间、地点、数值、持续时间，当时列车车次、牵引重量及运行区间）。

⑥ 防止事故的好人好事。

（2）中国铁路总公司当班调度员参加机务局每日交班会，在交班会上应报告：

① "报告"第（1）条第①款。

② "报告"第（1）条第②款。

③ 引变压器故障情况（发生时间、地点、变压器编号、动作的保护名称、故障原因、设备损坏情况、供电及影响行车情况）。

④ 防止事故的好人好事。

（3）供电段生产调度向铁路局供电调度报告的时间和内容由各局自行制定。

二、计划停电

1. 凡涉及供电调度权限的停电作业，必须有供电调度发布的停电作业命令，方准进行作业。

对计划性的检修应由接触网工区、牵引变电所、开闭所、分区亭、AT所的值班人员（无人值班的所、亭可由检修班组）于作业前一天16时以前向路局供电调度提出停电计划。路局供电调度将停电作业计划进行综合安排确定拟停电的区段及时间，于18时以前与行车调度共同研究，争取按计划兑现，并在作业前2h告知作业的所、亭或班组使之做好准备。

在作业前还需由作业组按接触网和牵引变电所安全工作规程的有关规定申请停电作业命令。

当遇有危及人身、行车和供电安全的故障需立即进行停电作业时，可随时向供电调度申请停电作业命令。

2. 凡大修、改造、科研项目的施工应由上级部门批准后，并在作业前3天向路局供电调度提报安全、技术组织措施。

3. 接触网的停电计划，应指明作业地点和内容、停电范围、工作领导人姓名以及与其相距较近的其他导线的运行状态，若该作业在站区，还应指明调车机不能通过的线路和道岔。

4. 需纳入铁路局的月施工计划，其停电计划请各局自行制定申请程序，铁路局下达的月施工计划，凡有涉及供电、电力者应报供电调度。

5. 供电段、大修段应将年、季、月供电检修计划中与供电调度有关部分报路局供电调度。

6. 设备检修完毕，作业组要令人应向分局供电调度汇报工作情况及设备状态。

7. 当进行接触网和牵引变电设备停电作业时，工作领导人应加强组织领导，千方百计在规定的时间内完成任务，遇有特殊情况，确实不能完成者，要令人应提前15 min向路局供电调度申请延长停电时间，供电调度同意后方可延长作业时间，未经同意不得擅自晚消令。

8. 各级供电调度的原始记录，包括远动装置的微机自动打印记录应保持完整，尤其故障过程中的各种记录更要注意保持原有状态，严禁随意撕毁或涂改，以备查用。

三、故障处理

1. 遇有牵引供电系统发生跳闸或其他故障造成接触网停电或影响运输时，供电调度员要迅速组织查找原因，并立即上报；同时通知供电段（大修段），对于造成设备损坏和影响行车或造成行车重大、大事故时，铁路局供电调度要立即报告行车调度员、供电处和各级安监室，并按本节"报告"第（1）条或本节"报告"第（2）条要求报告中国铁路总公司供电调度。

2. 事故抢修时，供电调度应在事故调查处理小组的领导下，负责本部门的事故指挥，要与行车调度密切配合，掌握供电和行车两方面的具体情况，及时制定事故抢修方案和下达救援列车或抢修组出动命令。果断地采取有效措施，最大限度地减少故障损失，尽快恢复供电行车。

3. 抢修事故或危及人身、设备、行车安全的紧急情况时，供电调度可发布口头命令进行单项操作（不超过3个倒闸步骤），口头命令必须经受令人复诵，确认无误后方可执行，并做好记录（记录发令人和受令人的姓名、命令内容和发布时间）。

4. 在故障情况下，路局供电调度有权调动管内所有供电段（水电、大修段）的所属交通工具、材料、人员等，事后要及时通知相应段的生产调度。

5. 在事故抢修中，抢修组要指定专人与路局供电调度时刻保持联系，抢修完毕后应将事故概况、处理结果、遗留问题、尚须继续处理的项目及时报告路局供电调度。路局供电调度应及时整理，逐级上报铁路局供电处和中国铁路总公司供电调度，以及有关部门。

6. 故障抢修过程中的原始记录如传达领导指示、发布调度命令、现场故障情况录音等，待故障调查处理后一个月方准消除。

附件1 供电调度交班日志填报说明

1. 《供电调度交班日报表》（见书后附表1）统计的时间为前一日6时至当日6时，每日7时之前填写完成并上报中国铁路总公司电调。

2. 各局供电调度应从总公司供电调度网页上下载《供电调度交班日报表》标准格式模板，然后填报数据。填报时，不允许破坏模板格式，除"故障情况描述"可以按实际情况增加"行"外，其他"行""列"均不得擅自"增""删""改"。

3. 模板中白色区域是各局进行数据填写的区域。

4. 铁路局名称、日期、交班人、接班人为必须填写项。

5. 高速栏对应的每行应填写局管内一条线路每日概况，多余行予以保留，不得删除。合计栏为公式栏，自动生成，不需填写。

6. 普速栏对应的每行应填写局管内一条普速线路每日概况，多余行予以保留，不得删除。合计栏为公式栏，自动生成，不需填写。

7. 高速栏、普速栏填写的线路均为远动系统可控线路，由电调填写。

8. 其他栏填写非远动线路运行数据，以供电段为单位汇总统计，每日上报，合计栏为公式栏，表示路局汇总数据，自动生成，不需填写。

9. 局总计为全局运行情况汇总，自动生成。

10. 每日电调概况分为"牵引供电"与"电力"两部分进行真写。

11. "牵引供电""电力"栏目下的"总数量"为每条线路总数量，除线路设备发生变化外，维持不变。"正常运行"栏目下数量为全天除"天窗"外均按照铁路局文件规定运行方式下运行的数量。以上数据应与供电SCADA系统中的"开关动作记录"相对应，凡"天窗"外正常运行方式下发生开关动作均属于进入"非正常运行"状态。"非正常运行"中牵引供电按照"重合成功"和"故障"统计，电力按照"一路停电"和"二路电源同时停电"统计。"重合成功"填写重合成功牵引所的总数量。"故障影响"填写铁路局/线路内因故障造成停电的各类所、供电臂的数量以及累计停电时间（小时，分钟）。

12. "天窗"栏目"兑现率""未兑现原因"按线路、每天统计。

13. "作业情况"统计当日上线作业情况。

14. "天气"栏填写铁路局管内天气概况。

15. "设备变化情况"填写新设备投运及既有设备变化情况，填写已发生但未处理完及不正常行方式的情况。

16. "安全信息及其他"填写管内人身、作业车等需要重点说明的信息。

17. "故障情况描述"与"非正常运行"中"故障影响"对应，对每件故障进行描述，每件故障填写一行。同时，每件故障的"故障速报"一并提报。

复习思考题

一、填空题

1. 供电调度是指挥电气化铁路运输的重要组成部分，各级供电调度是牵引供电设备（　　）、（　　）和（　　）的指挥中心，也是电气化铁路安全供电的信息中心。

2. 供电调度员在上岗之前必须经过（　　）、（　　）并考核通过后方能独立担当调度员工作。培训期一般不少于（　　）个月，除学习有关规章制度和专业理论外，还应到管内（　　）、（　　），有电力业务者还应到电力变、配电所和工区熟悉设备运行情况和检修业务。

3. 新建的电气化区段在投入运行前，应提前（　　）个月配足定员，并参加工程部门供电调度的值班工作，熟悉设备，为投入运营做好准备。

4. 调度员值班期间，应（　　），严守国家机密，严禁（　　）无关的事。

5. 供电段生产调度应了解（　　）知识，能看懂（　　），掌握（　　）的关部分。

6. 所有原始记录均不得用（　　）填写，对长期保存的记录应使用（　　）填写，不得使用圆珠笔，填写要认真，字迹要（　　）、（　　）、不得（　　）。

7. 各级供电调度室均应有显示管内（　　）的模拟图，有电力业务者还应有（　　）图。

8. 中国铁路总公司供电调度员应熟悉各局分界点两侧（　　）及（　　）的条件。

9. 供电调度员是牵引供电系统（　　）、（　　）、（　　）等调度命令的唯一发布人，所有牵引供电运行、检修人员必须服从（　　）的指挥。

10. 电调度员在发布命令和通话时应（　　）、（　　）、（　　）并力求讲普通话，在发布命令和通知时应先拟后发，先将命令和通知的内容填写在相应记录中，认真审核，确认无误后方可发出，每个命令必须有（　　）和（　　），否则无效。

11. 交班人员应在下班前（　　）分钟做好准备，填好交接班记录，记清应交接的事，如供电分段的变化，故障情况及运行和检修班组的申请和要求、图纸、资料、通话工具的变更等。

12. 凡涉及供电调度权限的停电作业，必须有供电调度发布的（　　），方准进行作业。

13. 故障抢修过程中的原始记录如传达领导指示、发布调度命令、现场故障情况录音等，待故障调查处理后（　　）方准消除。

14. 当遇有危及（　　）、（　　）和（　　）的故障需立即进行停电作业时，可随时向供电调度申请停电作业命令。

15. 各级领导发布的命令、指示等凡涉及供电调度的职权者均应通过（　　）下达。

二、问答题

1. 供电调度员的主要任务是什么？
2. 铁路局供电调度室应具有哪些资料？
3. 铁路局供电调度应建立的原始记录，分析资料有哪些？保存期限为多少？
4. 接班人员应按规定提前 15 min 到班，做好哪些工作？
5. 供电段生产调度应了解和掌握哪些业务？

单元三　接触网安全工作规程

电气化铁道有节省能源，提高运输效率和减少对环境的污染等优越性，但对维修电气化铁道接触网的工人来说存在"三高"的危险：

1. 高空，在高达 5 m 以上的梯车或检修车上作业，在超过 30 m 高的桥支柱上作业。一般支柱作业都在 8 m 以上，一旦从高空掉落不是亡就是伤。

2. 高压，接触网电压高达 25 kV，比民用电压高一百多倍，只要触电必定死亡，放电也会致伤、致残。

3. 高速，在复线上，一般情况是一股道停电检修，而另一股道则维持正常行车，列车速度一般都在 70 km/h 以上，如果麻痹大意，撞上列车就是伤亡事故。

虽有以上"三高"危险，但对经过培训的接触网工人来说，并不可怕，只要认真执行《铁路技术管理规程》和《接触网安全工作规程》，对接触网工人的安全就有保障。

任务 1　总则及一般规定

【知识目标】
1. 掌握制定《接触网安全工作规程》的适用范围和目的；
2. 掌握《接触网安全工作规程》中一般规定的内容。

【能力目标】
1. 能严格按照《接触网安全工作规程》中一般规定的要求进行防护；
2. 能严格按照《接触网安全工作规程》中一般规定的要求进行作业。

一、总　则

1. 在接触网运行和检修工作中，为确保人身、行车和设备安全，特制定本规程。
本规程适用于既有线工频、单相、25 kV 交流及提速 200~250 km/h 接触网的运行和检修。

2. 牵引供电各单位（包括牵引供电设备管理、维修单位和从事既有线电气化牵引供电施工单位，下同）在接触网作业中要贯彻"施工不行车，行车不施工"的原则，经常进行安全技术教育，组织有关人员认真学习和熟悉本规程，不断提高安全技术管理水平，切实贯彻执行本规程的规定。

3. 各级管理部门要认真建立健全各级岗位责任制，抓好各项基础工作，依靠科技进步，积极采用新技术、新工艺、新材料，不断提高和改善接触网的安全工作和装备水平，提高接触网运行与检修管理工作质量，确保人身和设备安全。

各铁路局应根据本规程规定的原则和要求，结合具体情况制定细则，报总公司核备。

二、一般规定

1. 所有的接触网设备,自第一次受电开始即认定为带电设备。之后,接触网上的一切作业,均必须按本规程的规定严格执行。

侵入建筑限界的接触网作业,必须在封锁的线路上进行。

2. 从事接触网作业的有关人员,必须实行安全等级制度。经过考试评定安全等级(安全等级考试委员会见表 3.1.1),取得安全合格证之后(安全合格证格式见表 3.1.2,接触网工作人员安全等级的规定见表 3.1.3),方准参加与所取得的安全等级相适应的接触网运行和检修工作。每年定期按下表进行年度安全考试和签发安全合格证。

表 3.1.1 安全等级考试委员会

应试人员	主持考试单位和签发安全合格证部门	考试委员会成员
单位的主管负责人和专业负责人	各单位上级业务主管部门	主管负责人
其他从事接触网工作人员	各单位	单位的主管负责人

表 3.1.2 电气化铁道安全合格证

(封面)

电气化铁道

安 全 合 格 证

×××铁 路 局

(第 1 页)

单　位:＿＿＿＿＿＿
专　业:＿＿＿＿＿＿
姓　名:＿＿＿＿＿＿
职　称:＿＿＿＿＿＿
发证日期:＿＿年＿＿月＿＿日
发证单位:＿＿＿＿＿(盖章)
合格证
号　码:＿＿＿＿＿＿

(第 2 至第 6 页)

日期	考试原因	职称	安全等级	评分	主考人(签章)

(第 7 页)

注 意 事 项

1. 执行工作时,要随时携带本证。
2. 本证只限本人使用,不得转让或借给他人。
3. 无考试成绩、无主考人签章者,本证无效。
4. 本证如有丢失,补发时必须重新考试。

说明:合格证尺寸为宽 65 mm、长 95 mm,配以红色塑料封皮。

表 3.1.3　接触网工作人员安全等级的规定

等级	允许担当的工作	必须具备的条件
一级	地面简单的作业（如推扶车梯、拉绳、整修基础帽等）。	1. 新工人经过教育和学习，初步了解电气化铁道安全作业的基础知识。 2. 了解接触网地面作业的规定和要求。
二级	1. 各种地面上的作业。 2. 不拆卸零件的高空作业（如清扫绝缘子、支柱涂漆、涂号码牌、验电、装设接地线等）。	1. 参加接触网运行和检修工作 3 个月以上。 2. 掌握接触网高空作业一般安全知识和技能。 3. 掌握接触网停电作业接地线的规定和要求，熟悉作业区防护信号的显示方法。
三级	1. 各种高空和停电作业。 2. 间接带电作业。 3. 隔离（负荷）开关倒闸作业。 4. 防护人员的工作。 5. 进行巡视工作。 6. 要令人及倒闸作业、停电作业、验电接地监护人。	1. 参加接触网运行和检修工作 1 年以上；具有技工学校或相当于技工学校及以上学历（供电专业）的人员可以适当缩短。 2. 熟悉接触网停电和间接带电作业的有关规定。 3. 具有接触网高空作业的技能，能正确使用检修接触网用的工具、材料和零部件。 4. 具有列车运行的基本知识，熟悉作业区防护的规定及信联闭知识。 5. 能进行触电急救。
四级	1. 各种停电和间接带电作业的工作票签发人、工作领导人及监护人。 2. 间接带电作业的要令人、操作人。 3. 工长。	1. 担当三级工作 1 年以上。 2. 熟悉本规程。 3. 能领导作业组进行停电和间接带电作业。
五级	1. 车间主任、供电调度员。 2. 技术科长（主任）、副科长（副主任），接触网技术人员。 3. 段长、副段长、总工程师、副总工程师。	1. 担当四级工作 1 年以上。对技术人员及正副段长具有中等专业学校（或相当于中等专业学校）及以上的学历（供电专业）可不受此限。 2. 熟悉本规程、接触网运行检修规程，以及接触网主要的检修工艺。 3. 能领导作业组进行停电和间接带电作业。

3. 各单位除按"一般规定第 3 条"规定组织从事接触网运行和检修工作的有关现职人员每年进行一次安全等级考试外，对属于下列情况的人员，还应在上岗前进行安全等级考试：

（1）开始参加接触网工作的人员；

（2）开始参加接触网间接带电工作的人员；

（3）接触网供电方式改变时的检修工作人员；

（4）接触网停电检修方式改变时的检修工作人员；

（5）安全等级变更，仍从事接触网运行和检修工作的人员；

（6）中断工作连续 6 个月以上仍继续担任接触网运行和检修工作的人员。

4. 参加接触网作业人员应符合下列条件：
（1）作业人员每两年进行一次身体检查，符合作业所要求的身体条件；
（2）受过接触网作业培训，考试合格并取得相应的安全等级；
（3）熟悉触电急救方法。

5. 雷电时（在作业地点可见闪电或可闻雷声）禁止在接触网上进行作业。

遇有雨、雪、雾或风力在 5 级及以上恶劣天气时，一般不进行 V 型天窗作业。若必须利用 V 型天窗进行检修和故障处理或事故抢修时，应增设接地线，并在加强监护的情况下方准作业。

6. 在接触网上进行作业时，除按规定开具工作票外，还必须有值班供电调度员批准的作业命令。

除遇有危及人身或设备安全的紧急情况，供电调度发布的倒闸命令可以没有命令编号和批准时间外，接触网所有的作业命令，均必须有命令编号和批准时间。

7. 在进行接触网作业时，作业组全体成员须按规定穿戴工作服、安全帽。作业组有关人员应携带通信工具并确保联系畅通。

所有的工具和安全用具，在使用前均须进行检查并记录，符合要求方准使用。

8. 接触网的步行巡视工作要求：
（1）巡视不少于两人，其中一人的安全等级不低于三级；
（2）巡视人员应戴安全帽，穿防护服，携带望远镜和通信工具，夜间巡视还要有照明用具。
（3）任何情况下巡视，对接触网都必须以有电对待，巡视人员不得攀登支柱并时刻注意避让列车。
（4）在 160～200 km/h 区段巡视时，应事先告知供电调度，并在车站设置驻站联络员进行行车防护。在 200 km/h 以上区段，一般不进行步行巡视，必须进行巡视时，各铁路局制定具体办法。在 160～200 km/h 区段长大桥梁、隧道巡视时，比照 200 km/h 以上区段巡视办理。

9. 新研制及经过重大改进的作业工具应由铁路局及以上部门鉴定通过，批准后方准使用。

10. 在有轨道电路的区段作业时，不得使长大金属物体（长度大于或等于轨距）将线路两根钢轨短接。

11. 夜间进行接触网作业时，必须有足够的照明灯具。

任务 2　作业制度

【知识目标】
1. 掌握接触网检修作业的种类；
2. 掌握接触网工作票的相关规定；
3. 了解作业人员的职责。

【能力目标】
会填写接触网第一种工作票。

一、作业分类

接触网的检修作业分为三种:

1. 停电作业——在接触网停电设备上进行的作业。
2. 间接带电作业——借助绝缘工具间接在接触网带电设备上进行的作业。
3. 远离作业——在距接触网带电部分 1 m 以外的附近设备上进行的作业。

二、工作票

(一)工作票的相关规定

1. 工作票是进行接触网作业的书面依据,填写时要字迹清楚、正确,需填写的内容不得涂改和用铅笔书写。

工作票填写 1 式 2 份,1 份由发票人保管,1 份交给工作领导人。

事故抢修和遇有危及人身或设备安全的紧急情况,作业时可以不开工作票,但必须有供电调度命令。

2. 根据作业性质的不同,工作票分为三种:

(1)接触网第一种工作票(见表 3.2.1),用于停电作业。

表 3.2.1　接触网第一种工作票

_____接触网工区　　　　　　　　　　　第　　号

作业地点				发票人	
作业内容				发票时间	
工作票有效期	自　　年　　月　　日　　时　　分至 年　　月　　日　　时　　分止				
工作领导人	姓名:		安全等级:		
作业组成员姓名及安全等级(安全等级写在括号内)	(　)	(　)	(　)	(　)	(　)
	(　)	(　)	(　)	(　)	(　)
	(　)	(　)	(　)	(　)	(　)
	(　)	(　)	(　)	(　)	共计:　人
需停电的设备					
装设接地线的位置					
作业区防护措施					
其他安全措施					
变更作业组成员记录					
工作票结束时间	年　　月　　日　　时　　分				
工作领导人(签字)			发票人(签字)		

说明:本票用白色纸印绿色格和字。规格:A4。

（2）接触网第二种工作票（见表 3.2.2），用于间接带电作业。

表 3.2.2　接触网第二种工作票

_____接触网工区　　　　　　　　　　　　　　　　　　　　　第　号

作业地点				发票人	
作业内容				发票时间	
工作票有效期	自　年　月　日　时　分至 　年　月　日　时　分止				
工作领导人	姓名：			安全等级：	
作业组成员姓名及安全等级（安全等级写在括号内）	（　）	（　）	（　）	（　）	（　）
	（　）	（　）	（　）	（　）	（　）
	（　）	（　）	（　）	（　）	（　）
	（　）	（　）	（　）	（　）	（　）
	（　）	（　）	（　）	（　）	共计：　人
绝缘工具					
安全距离					
作业区防护措施					
其他安全措施					
变更作业组成员记录					
工作票结束时间	年　月　日　时　分				
工作领导人（签字）			发票人（签字）		

说明：本票用白色纸印红色格和字。规格：A4。

（3）接触网第三种工作票（见表 3.2.3），用于远离作业即距带电部分 1 m 及其以外的高空作业、较复杂的地面作业（如安装或更换火花间隙和地线、补偿装置、开挖和爆破支柱基坑、未接触带电设备的测量等）。

表 3.2.3　接触网第三种工作票

_____接触网工区　　　　　　　　　　　　　　　　　　　　　第　号

作业地点				发票人	
作业内容				发票时间	
工作票有效期	自　年　月　日　时　分至 　年　月　日　时　分止				
工作领导人	姓名：			安全等级：	
作业组成员姓名及安全等级（安全等级写在括号内）	（　）	（　）	（　）	（　）	（　）
	（　）	（　）	（　）	（　）	（　）

续表 3.2.3

作业组成员姓名及安全等级（安全等级写在括号内）	( )	( )	( )	( )	( )
	( )	( )	( )	( )	( )
	( )	( )	( )	( )	共计：　人
安全措施					
变更作业组成员记录					
工作票结束时间	年　　　月　　　日　　　时　　　分				
工作领导人（签字）			发票人（签字）		

说明：本票用白色纸印黑色格和字。规格：A4。

3. 第一种、第三种工作票有效期不得超过 3 个工作日。第二种工作票有效期不得超过 2 个工作日。

作业结束后，工作领导人要将工作票和相应命令票（接触网停电作业命令票见表 3.2.4，接触网间接带电作业命令票见表 3.2.5）交工区统一保管。在工作票有效期内没有执行的工作票，须在右上角盖"作废"印记交回工区保管。所有工作票保存时间不少于 12 个月。

表 3.2.4 接触网停电作业命令票

_____接触网工区　　　　　　　　　　　第　　　号

命令编号：	
批准时间：	年　　月　　日　　时　　分
命令内容：	
要求完成时间：	年　　月　　日　　时　　分
发令人：	受令人：
消令时间：	年　　月　　日　　时　　分
消令人：	供电调度员：

说明：本票用白色纸印绿色格和字。规格：半幅 A4。

表 3.2.5　接触网间接带电作业命令票

_____接触网工区　　　　　　　　　　　　　第　　号

命令编号：					
批准时间：	年	月	日	时	分
命令内容：					
发令人：		受令人：			
消令时间：	年	月	日	时	分
消令人：		供电调度员：			

说明：本票用白色纸印红色格和字。规格：半幅A4

4. 工作票签发人和工作领导人安全等级不低于四级。同一张工作票的签发人和工作领导人必须由两人分别担当。

5. 发票人一般应在工作的前一天将工作票交给工作领导人，使之有足够的时间熟悉工作票中的内容并做好准备工作。

工作领导人对工作票内容有不同意见时，要向发票人提出，经认真分析，确认无误后，签字确认。

每次作业一名工作领导人同时只能接受一张工作票。一张工作票只能发给一名工作领导人。

6. 工作票中规定的作业组成员一般不应更换。若必须更换时，应由发票人签认；若发票人不在可由工作领导人签认。工作领导人更换时，必须由发票人签认。

当变更作业方式、内容、地点时，必须废除原工作票，签发新的工作票。

7. 作业前，工作领导人应组织作业组成员列队点名，宣讲工作票并进行分工。分工时要将本次作业任务和安全措施逐项分解落实到人，然后方准作业。

8. 对接触网的巡视、较简单的地面作业（如支柱培土、清扫基础帽等）可以不开工作票，由工区负责人向工作领导人布置任务和安全防护措施，说明作业的时间、地点、内容，并记入值班日志中。

9. V型天窗接触网检修作业使用的工作票右上角应加盖"上行"或"下行"印记。工作票中要有针对V型天窗接触网检修作业的特殊性提出的安全措施。主要是：

（1）写明上行（下行）停电，下行（上行）有电，人员机具不得侵入下行（上行）限界；

（2）防止误触有电设备的安全措施；

（3）防止感应电伤害的安全措施；

（4）防止穿越电流伤害的安全措施；

（5）防止电力机车将电带入作业区段的安全措施。

在设备较复杂的区段作业，应附页画出作业区段简图，标明停电作业范围、接地线位置，并用红色标记带电设备。

（二）接触网第一种工作票填写标准

1. "V"停作业时，工作票右上角加盖"V停上行"或"V停下行"红色印记，垂直天窗作业时加盖"垂直天窗"红色印记（印章字体为二号宋体、标准可距）。

2. 已执行的工作票在工作票左上角加盖"已执行"红色印记，未执行的加盖"作废"印记。

3. "接触网领工区"栏：填写×××接触网领工区。

4. "第　　号"栏：工作票编号格式为"领工区名称第1个字头+月份（两位数）+工作票序号（三位数）"，如：第长03-001号，表示长春领工区3月份第1张工作票，相对应的接触网停电作业命令票的编号与工作票号一致。不管工作票是否执行，均按顺序号编排。

如果一张工作票填记不下时，可以附票，在工作票编号格式在原来编号基础上加-1(2、…)，表示该号工作票的第1页、第2页、…，如第长03-001-1号，表示长春领工区3月份第一张工作票的第1页。

5. "作业地点"栏：区间具体到××~××区间×行××km×× m××#柱~×× km×× m××#柱；站场具体到××站场××场××股道。若作业在上行，区间两端站名按两站在上行方向上的顺序填写，反之，则按两站在下行方向上的顺序填写。为保证作业的人身安全，作业地点范围必须小于地线封锁范围、地线封锁范围必须小于停电范围。

6. "发票人"栏：填写发票人本人姓名。

7. "作业内容"栏：根据月度施工计划或维修计划作业时，按照月度施工计划或维修计划中所列的种别填写。临时天窗作业时，根据实际作业内容填写。

8. "发票日期"栏：填写当时发票时的日期，且比"工作票有效期起始日期"提前两天。

9. "工作票有效期"栏：自计划作业开始时间前3 h始至计划作业结束时间3 h止，计划作业时间填记施工计划或维修天窗批准的实际作业时间。如：计划作业时间为"2005年08月22日07时30分至2005年08月22日09时00分"，那么工作票有效期为"2005年08月22日4时30分至2005年08月22日12时00分"。

10. "工作领导人"栏：填写工作领导人的姓名及安全等级。

11. "作业组成员姓名及安全等级"栏，填写所有作业组成员姓名及安全等级，如果作业组成员较多时应填写在工作票附票上，共计人数为作业组成员，不含工作领导人。若发票人为作业组成员时，须在"作业组成员姓名及安全等级栏"内填写。

12. "需停电的设备"栏：应填写需要断开或闭合的开关，注明停电范围（具体到杆号和公里标）。例如，断开××站××#开关、××站××#开关、××站××#开关、闭合××站××#开关，××站（××~××区间）上（下）行××柱（×× km×× m）~××柱（×× km×× m）接触网无电。支柱号为隔离开关所在支柱的号码。

13. "装设接地线位置"栏：装设接地线的位置必须具体到支柱号和该支柱所在的车站、区间、上下行。（站场作业装设地线时还要具体到××股道）。例如：××站××场（××~××区间）××道（××行）××柱、××柱接挂接触线（加强线）地线×条。

14. "作业区防护措施栏"栏主要填写作业组的行车防护措施。主要填记以下几项：

（1）××站设驻站联系人兼行车防护人员1名，并向车站值班员说明停电范围和限制行车条件。

（2）封锁××～××区间××行线（或封锁××站××场××股道），接触网作业车进入封锁区段进行检修作业。如果需要封锁或占用车站岔区的渡线或道岔时，必须写明封锁（占用）××～××号渡线或封锁（占用）××号道岔。

（3）严禁电力机车通过××～××号渡线、××号道岔。在区间作业时，如果不涉及到渡线和道岔时，也要封锁区间两端与车站连接的道岔，例如：严禁电力机车通过××站××号道岔、××站××号道岔。

15."其他安全措施"栏，根据具体作业地点和实际情况填写，主要填写以下几项：

（1）作业组成员必须与邻线带电部分保持1 m以上安全距离。

（2）验电接地时要听从工作领导人指挥，接好的地线不得侵入行车限界。

（3）高空作业人员要扎好安全带，安全带要扎在牢固可靠位置。

（4）轨道车司机起停车及操纵作业平台必须听从平台负责人的指挥。

（5）在安全关键点或重点部位作业时（要填记具体部位），必须由监护人员监护。

（6）平台摆动时严禁侵入邻线。

如遇特殊情况或环境，可视具体情况另行增加安全事项。例如：在回流线接续，隔离开关、分段绝缘器维修时，要增加牢固连好短接线，防止人身感电伤害。

16."变更作业组成员记录栏"：填写工作票有效期内作业成员变更的情况，即：××（　）因故离去，增加×××（　）、×××（　）为工作组员，工作领导人签字。如变更工作领导人，则由发票人签字。如工作领导人、作业组员同时变更，则工作领导人和发票人共同签字。

17."交接时间"栏：为发票人将票送到工作领导人时，双方共同审核无误后正式交接票的时间。

18."工作领导人、发票人签字"栏：应由工作领导人、发票人在工作票交接审核无误后签字。

19."领工区审核人、供电段审核人签字"栏：应由审核人在审核后签字。领工区审核人为领工员、技术员、安全员其中任何一人审核后签字，供电段审核人为段生产调度审核后签字。

20."工作票结束时间"栏：填写本张工作票作业任务结束后申请消令的时间，要与接触网停电作业命令票的消令时间一致，此栏由工作领导人填写。

【事故案例】1996年9月20日，京广线某网工区利用下行"V型"天窗处理某车站55#～59#13道跨中拉出值和13道55#～49#承力索缺陷时，因中途撤出地线，感应电电死人造成责任职工伤亡事故。

【事故经过】某站场13道55#～59#跨中拉出值因设计原因严重超标达586 mm，工区利用9月20日上午下行"V型"天窗在13道55#～59#跨中立铁塔和顺便调整13道55#和49#承力索，地线位置在43#隔离开关分段绝缘器南侧与45#锚柱之间接触线上。10时32分接触网工区接到停电命令并按接地线位置接好地线后，开始作业。作业组成员在立完55#～59#跨中铁塔后，按分工由监护人带领3人调整55#承力索，10时55分座台人员通知作业组13道有调车机通过，由于地线接在接触线上，所以工作领导人通知高空作业人员撤离（其中调整55#承力索高空操作人上到55#钢柱上），车梯下道，撤除了43#～45#支柱间接触线上地线。当调车机通过后，还没有接地线前，55#柱操作人某某在没有接到可以开始上网作业命令情况下沿着55#～57#软横跨从接地侧跨越分段绝缘子串向接触网侧移动，监护人发现制止已为时过晚，某某跨越分段绝缘子串触及到接触网瞬间触电死亡从软横跨坠落地面。

【事故原因】某某触电死亡直接原因是作业过程中,调车机通过时撤出地线,在没有重新接接地线的情况下,跨越分段绝缘子串及到接触网,短接分段绝缘子串,因感应电通过人身而触电死亡。

从这次感应电触电死亡事故看,违章违纪情况很严重,违反规程的地方很多,单从感应电方面看,虽然接触网已停电,但是,采用"V型"天窗检修作业时,已停电的接触网在没有接接地线的情况下,感应电在3 000 V以上。因此,在"V型"天窗检修作业时,必须加强防护措施。作业区两端与作业区相连的线路上均接地(不含通过绝缘件相连的线路),两组接地线间距不得大于1 000 m,当作业范围超过1 000 m时,须增设接地线。另外,为了更好地防护感应电,在"V型"天窗作业时,要做到:无论在任何情况下,人员必须撤离到安全地带才能撤除地线,人员必须在地线安全接好后,才能上网作业。特别是检修作业过程中,地线因某种原因而临时撤除,人员需上网作业时,必须在地线重新接好,安全措施完备才能重新作业。

三、作业人员的职责

(一)工作票签发人

工作票签发人在安排工作时,要做好下列事项:
1. 所安排的作业项目是必要和可能的;
2. 所采取的安全措施是正确和完备的;
3. 所配备的工作领导人和作业组成员的人数和条件符合规定。

(二)工作领导人

工作领导人在安排工作时,要做好下列事项:
1. 确认作业内容、地点、时间、作业组成员等均符合工作票提出的要求;
2. 确认作业采取的安全措施正确而完备;
3. 时刻在场监督作业组成员的作业安全;
4. 检查落实工具、材料准备,与安全员(安全监护人)共同检查作业组成员着装、工具、劳保用品齐全合格。

(三)作业组成员

作业组成员要服从工作领导人的指挥、调动,遵章守纪。对不安全和有疑问的命令,要及时果断地提出,坚持安全作业。

任务3 受力工具、绝缘工具及高空作业

【知识目标】
1. 掌握受力工具和绝缘工具的相关规定及试验标准;
2. 掌握高空作业的一般规定的内容;
3. 掌握各类高空作业要求。

【能力目标】
1. 会用兆欧表测量绝缘工具的绝缘电阻；
2. 能正确的使用安全带。

一、受力工具和绝缘工具

1. 各种受力工具和绝缘工具应有合格证并定期进行试验，作好记录，禁止使用试验不合格或超过试验周期的工具。
2. 各单位应制定受力工具和绝缘工具管理办法，专人负责进行编号、登记、整理，并监督按规定试验和正确使用。与试验记录对应的受力工具和绝缘用具上应有统一制定的编号标记（常用工具机械试验标准见表3.3.1，常用绝缘工具电气试验标准见表3.3.2，受力工具机械试验记录见表3.3.3，绝缘工具电气试验记录见表3.3.4）。

表3.3.1　常用工具机械试验标准

顺号	名称	试验周期（月）	额定负荷（kg）	试验负荷（kg）	试验时间（min）	合格标准
1	车梯： 1. 工作台 2. 工作台栏杆 3. 每一级梯蹬	12	200 100 100	300 200 200	5 5 5	无裂损和永久变形
2	梯子：每一级梯蹬	12	100	200	5	无裂损和永久变形
3	绳子（尼龙、棕、麻绳）钢丝绳	12	PH	2 PH	10	无破损和断股
4	安全带	12	100	225	5	无破损
5	金属工具	12	PH	2.5 PH	10	无破损和永久变形
6	非金属工具	12	PH	2 PH	10	
7	起重工具	12	PH	1.2 PH	10	

注：PH为额定负荷。

表3.3.2　常用绝缘工具电气试验标准

顺号	名称	试验周期（月）	使用电压（kV）	试验电压（kV）	试验时间（min）	合格标准
1	绝缘车梯	6	25	120	5	无发热、击穿和变形
2	绝缘硬挂梯	6	25	120	5	
3	绝缘棒、杆	6	25	120	5	
4	绝缘挡板	6	25	80	5	
5	绝缘绳、线	6	25	105/0.5 m	5	
6	验电器	6	25	105	5	
7	绝缘手套	6	辅助	8	1	
8	绝缘靴	6	辅助	15	1	
9	接地用的绝缘杆	6	25	90	5	
10	专用除冰杆	12（入冬前）	25	120	5	

表 3.3.3 受力工具机械试验记录

班组：_____

名称：		规格、型号				编号：		
试验日期（年月日）	试验周期（月）	额定负荷（kg、kN）	试验负荷（kg、kN）	试验时间（min）	结论	试验人	审核人	保管人

说明：本记录用白色纸印黑色格和字，双面印制。规格：半幅 A4。

表 3.3.4 绝缘工具电气试验记录

班组：_____

名称：		规格、型号		编号：			
试验日期（年月日）	试验周期（月）	试验电压（kV）	试验时间（min）	结论	试验人	审核人	保管人

说明：本记录用白色纸印黑色格和字，双面印制。规格：半幅 A4。

3. 绝缘工具应具有良好的绝缘性、绝缘稳定性和足够的机械强度，轻便灵活，便于搬运。绝缘工具应按下列要求进行试验：

（1）新购、制作（或大修）后，在第一次投入使用前进行机械和电气强度试验；

（2）使用中的绝缘工具要定期进行试验；

（3）绝缘工具的机、电性能发生损伤或对其怀疑时，进行相应的试验。绝缘工具的机械强度试验应在组装状态下进行。间接带电作业用的绝缘工具一般不做机械强度试验。绝缘工具的电气强度试验一般在机械强度试验合格后进行。

绝缘工具材质的电气强度不得小于 3 kV/cm，间接带电作业的绝缘杆等其有效长度大于 1 000 mm。

4. 绝缘工具每次使用前，须认真检查有无损坏，并用清洁干燥的抹布擦拭有效绝缘部分后，再用 2 500 V 兆欧表分段测量（电极宽 2 cm，极间距 2 cm）有效绝缘部分的绝缘电阻，不得低于 100 MΩ，或测量整个有效绝缘部分的绝缘电阻不低于 10 000 MΩ。

5. 绝缘工具要放在专用的工具室内；室内要保持清洁、干燥、通风良好。对绝缘工具要有防潮措施。

6. 绝缘工具在运输和使用中要经常保持清洁干燥，切勿损伤。使用管材制作的绝缘工具，其管口要密封。

二、高空作业

（一）一般规定

1. 凡在距离地面 3 m 以上的处所进行的作业均称为高空作业。
2. 高空作业必须设有专人监护，其监护要求如下：
（1）间接带电作业时，每个作业地点均要设有专人监护，其安全等级不低于四级。
（2）停电作业时，每个监护人的监护范围不超过 2 个跨距，在同一组软（硬）横跨上作业时不超过 4 条股道，在相邻线路同时作业时，要分别派监护人各自监护；当停电成批清扫绝缘子时，可视具体情况设置监护人员。监护人员的安全等级不低于三级。
3. 高空作业使用的小型工具、材料应放置在工具材料袋内。作业中应使用专门的用具传递工具、零部件和材料，不得抛掷传递。
4. 高空作业人员作业时必须将安全带系在安全可靠的地方。
5. 进行高空作业时，人员不宜位于线索受力方向的反侧，并采取防止线索滑脱的措施。在曲线区段进行接触网悬挂的调整工作时，要有防止线索滑跑的后备保护措施。
6. 冰、雪、霜、雨等天气条件下，接触网作业用的车梯、梯子以及检修车应有防滑措施。

安全带事故案例分析：

【事故经过】1996 年 11 月 5 日，京广线某接触网工区在某车站利用 15 时 30 分～17 时 05 分"垂直"天窗大点施工。接触网停电后，地线监护人在 58#钢柱处监护操作人接地线。操作人挂完 58#柱正馈线地线后，下移至地面 5 m 左右地方，准备加挂下部固定绳上第二根接地线，由于安全带扣未扣牢，加挂地线时身体后仰，手握地线杆斜身坠落路肩道砟上，经过医院及时抢救，脱离生命危险，但第一腰脊骨折。由于高空坠落，构成职工重伤事故。

【事故原因】操作人员扎完安全带后，没有确认是否扎牢，造成身体后仰安全带失去保护作用而高空坠落。

（二）攀杆作业

1. 攀登支柱前要检查支柱状态，观察支柱上有无其他设备，选好攀登方向和条件。

2. 攀登支柱时要手把牢靠，脚踏稳准，尽量避开设备并与带电设备保持规定的安全距离。用脚扣和踏板攀登时，要卡牢和系紧，严防滑落。

（三）登梯作业

1. 接触网作业用的车梯和梯子必须符合下列要求：
（1）结实、轻便、稳固。
（2）在有轨道电路的区段上，车梯的车轮必须采取可靠的绝缘措施。
（3）按常用工具机械试验标准和常用绝缘工具电气试验标的规定进行试验。

2. 用车梯进行作业时，应指定车梯负责人，工作台上的人员不得超过两名。所有的零件、工具等均不得放置在工作台的台面上。

3. 作业中推动车梯应服从工作台上人员的指挥。当车梯工作台面上有人时，推动车梯的速度不得超过 5 km/h，并不得发生冲击和急剧起、停。工作台上人员和车梯负责人要呼唤应答，配合妥当。

4. 工作领导人和推车梯人员，要时刻注意和保持车梯的稳定状态。当车梯在曲线上或遇大风时，对车梯要采取防止倾倒的措施；当车梯在大坡道上时，要采取防止滑移的措施；当车梯放在道床、路肩上或作业人员超出工作台范围作业时，作业人员要将安全带系在接触网上，不得系在车梯工作台框架上；车梯在地面上推动时，工作台上不得有人停留。

5. 为避让列车需将车梯暂时移至建筑限界以外时，要采取防止车梯倾倒的措施。当作业结束，车梯需要就地存放时，须稳固在建筑限界以外不影响了望信号的地方。

6. 当用梯子作业时，作业人员要先检查梯子是否牢靠；要有专人扶梯，梯脚要放稳固，严防滑移；梯子上只准有 1 人作业（硬梯比照上述有关规定执行）。

登梯作业事故案例分析：

【事故案例】1999 年 6 月 23 日京广线某车站上行线一离去信号机出现红光带造成部级重点特快列车 30 次晚点 21 min 的一般行车事故。

【事故经过】6 月 23 日，某接触网工区利用停电点处理巡视中发现的黄——广区间 96#支柱定位管低头缺陷，地线位置 94#和 100#，作业地点 96#支柱处，地线无短接轨道电路的可能性。接触网检修作业组 10 时 14 分接到电调发布停电作业命令，作业组接好地线后车梯上道开始作业。10 时 30 分座台人员通知作业组有列车通过，要求车梯、作业组人员下道（其中 10 时 21 分车站已出现红光带，座台防护人员并没有引起重视）。10 时 32 分座台人员认为（误认）列车待避，重新通知现场可继续作业，10 时 33 分电务通知出现红光带，并到作业地点了解情况，10 时 40 分红光带消失，车站发车，10 时 42 分列车通过作业地点，检修作业组 11 时 00 分消令。

【事故原因】接触网检修作业组在检修作业时，车梯绝缘轮上固定轮毂的铁线松脱短接了其中一个绝缘车轮上的绝缘板，从而使车梯底座通过被短接的绝缘轮短接轨道电路，形成红光带，影响 30 次旅客列车，构成一般行车事故。

（四）检修作业车作业

1. 接触网检修作业车出车前，司机应认真检查车辆和行车安全装备，确保状态良好，并与作业人员检查通信工具，确保联络畅通。

2. 作业平台不得超载。工作领导人必须确认地线接好后，方可允许作业人员登上检修作业车作业平台。

3. 检修作业车移动或作业平台升降、转向时，严禁人员上、下。人员上、下作业平台应征得作业平台操作人或监护人同意。所有人员禁止从未封锁线路侧上、下作业车辆。

4. 检修作业车工作平台防护门关闭时应有闭锁装置。作业时须关好作业平台的防护门。

5. 作业人员在作业平台防护栅外作业时，必须将安全带系在牢固可靠部位。

6. 司机和学习司机须精力集中，密切配合，在移动车辆前应注意检修作业车及作业平台周围的环境、设备、人员和机具等情况，与附近的设备保持规定的安全距离，以保证人员、设备安全。作业平台上的作业人员在车辆移动中应注意防止接触网设备碰剐伤人。

7. 作业平台上有人作业时，检修作业车移动的速度不得超过 10 km/h，且不得急剧起、停车。

8. 作业人员与司机之间的信息传递应及时、准确、清楚、呼唤应答。作业中检修作业车的移动应听从作业平台上操作人员的指挥。

9. 为防止检修作业车作业平台侵入未封锁线路的限界，作业平台严禁向未封锁的线路侧旋转。

10. 160 km/h 及以上区段应采用检修作业车作业。当邻线有 160 km/h 及以上运行列车通过时，作业人员应提前停止作业，并在作业平台远离邻线侧避让，列车通过后方可继续进行作业。

任务 4　停电作业

【知识目标】
1. 掌握停电作业一般规定的内容；
2. 掌握命令程序规定的内容；
3. 掌握验电接地的相关规定；
4. 了解作业结束的相关规定。

【能力目标】
能完成验电接地的工作。

一、一般规定

1. 双线电化区段，接触网停电作业按停电天窗方式分为垂直天窗作业和 V 型天窗作业。
（1）垂直天窗作业——双线电化区段，上、下行接触网同时停电进行的接触网作业。
（2）V 型天窗作业——双线电化区段，上、下行接触网一行停电进行的接触网作业。

2. 停电作业时，作业人员（包括所持的机具、材料、零部件等）与周围带电设备的距离不得小于下列规定：220 kV 为 3 000 mm；110 kV 为 1 500 mm；25 kV 和 35 kV 为 1 000 mm；10 kV 及以下为 700 mm。进行 V 型天窗作业应具备的条件：
（1）上、下行接触网带电设备间的距离大于 2 m，困难时不小于 1.6 m。
（2）上、下行接触网带电设备距下、上行电力机车受电弓瞬时距离大于 2 m，困难时不小于 1.6 m。

（3）距上、下行或由不同馈线供电的设备间的分段绝缘器其主绝缘爬电距离不小于 1.2 m。

（4）所有上、下行线间横向分段绝缘子串，爬电距离必须保证在 1.2 m 及以上，污染严重的区段要达到 1.6 m。

（5）同一支柱上的设备由同一馈线供电。

不能采用 V 型天窗进行的停电检修作业，须在垂直天窗内进行，其地点应在接触网平面图上用红线框出，并注明禁止 V 型天窗作业字样。

3. 利用 V 型天窗停电作业时，应遵守下列要求：

（1）接触网停电作业前，必须撤除向邻线供电馈线的重合闸，相应所、亭可能向作业线路送电的开关应断开。

（2）作业人员作业前，工作领导人（监护人员）应向作业人员指明停、带电设备的范围，加强监护，并提醒作业人员保持与带电部分的安全距离，确保人员、机具不侵入邻线限界。

（3）为防止电力机车将电带入停电区段，有关车站应确认禁止电力机车通过的限制要求。

（4）利用 V 型天窗在断开导电线索前，应事先采取旁路措施。更换长度超过 5 m 的长大导体时，应先等电位后接触，拆除时应先脱离接触再撤除等电位。

（5）V 型天窗检修吸上线、回流线（含架空地线与回流线并用区段）时不得开路，如必须进行断开回路的作业，则必须在断开前使用不小于 25 mm² 铜质短接线先行短接后，方可进行作业。在变电所、分区亭、AT 所处进行吸上线检修时必须利用垂直天窗。吸上线与扼流变中性点连接点的检修，不得进行拆卸，防止造成回流回路开路。确需拆卸处理时，必须采取旁路措施，必要时请电务部门配合。

（6）V 型天窗更换火花间隙、检修支柱下部地线，可在不停电情况下进行，执行第三种工作票并做好行车防护，不得侵入限界；开路作业时要使用短接线先行短接后，方可进行作业。雷、雨、雪、雾天气时，不得进行更换火花间隙和检修支柱地线的作业。

（7）检修隔离开关、电分段锚段关节、关节式分相和分段绝缘器等作业时，应用不小于 25 mm² 的等位线先连接等位后再进行作业。

4. 160 km/h 以上区段且线间距小于 6.5 m 时，一般不进行车梯作业。必须进行车梯作业时，若邻线有 160 km/h 以上列车通过，车梯和人员必须提前下道避让。

5. V 型天窗停电作业接地线设置还应执行以下要求：

（1）两接地线间距大于 1 000 m 时，需增设接地线。

（2）一般情况下，接触悬挂和附加导线及同杆架设的其他供电线路均需停电并接地。但若只在接触悬挂部分作业，不侵入附加导线及同杆架设的其他供电线路的安全距离时，附加悬挂及同杆架设的其他供电线路可不接地。

（3）在电分段、软横跨等处作业，中性区及一旦断开开关有可能成为中性区的停电设备上均应接地线，但当中性区长度小于 10 m 时，在与接地设备等电位后可不接地线。

（4）接地线应可靠安装，不得侵入限界，并有防风摆措施。

二、命令程序

1. 每个作业组在停电作业前由工作领导人指定一名安全等级不低于三级的作业组成员作为要令人员，向供电调度申请停电命令，并说明停电作业的范围、内容、时间、安全和防护措施等。

几个作业组同时作业时,每一个作业组必须分别设置安全防护措施,分别向供电调度申请停电命令。

2. 供电调度员在发布停电作业命令前,要做好下列工作:

(1)将所有的停电作业申请进行综合安排,审查作业内容和安全防护措施,确定停电的区段;

(2)通过列车调度员办理停电作业的手续,对可能通过受电弓导通电流的分段绝缘部位采取封闭措施,防止从各方面来电的可能;

(3)确认有关馈电线断路器、开关及接触网开关均已断开,作业区段的接触网已经停电,方可发布停电作业命令。

【事故案例】1992年9月15日京广线某接触网工区,利用某某车站下行接触网停电"V型"天窗检修下行接触网设备时,拆地线操作人触电死亡事故。

【事故经过】9月15日上午9时55分,某某接触网工区检修作业组根据电力调度下达的接触网停电作业命令,在站场南头检调线岔,地线位置在139#和303#(两组接地线间距虽然大于1 000 m,由于当时还没有公布有关"V型"天窗作业规定,中间并没有增设接地线)。

接触网检修作业于10时40分完成,作业组工作领导人通知撤除两端接地线,当南头139#接地线通知已经撤除后,仍未得知北头303#接地线是否撤除。工作领导人多次联系并命令座台防护人员多次联系,仍未得到回信(以后才得知303#接地线监护人所持无线对讲机电池耗尽),11时05分地线监护人徒步跑到信号楼才知操作人触电。当有关人员跑到事故地点时,操作人已经触电死亡。

【事故原因】地线操作人员在撤除正馈线上地线时(此时接触网303#腕臂上地线已撤),违反"验电接地"拆除地线程序规定,擅自在地线没有脱离接触网设备情况下,先行拆除地线的接地端,并在撤除地线且地线还没有脱离接触网设备过程中,手触及地线(由于303#支柱上AP线肩架高且距303#支柱距离较远。在撤除地线时手够不着接地杆,操作人右手抓住接地线去抖接地杆)又违反"验电接地相关规定第6条"人体不得触及接地线,造成因电力机车闯无电区,使下行接触网瞬间带电,拆地线操作人员触电造成职工死亡事故。

3. 供电调度员发布停电作业命令时,受令人认真复诵,经确认无误后,方可给命令编号和批准时间。在发、受停电命令时,发令人要将命令内容等记入"作业命令记录"(见表3.4.1)中,受令人要填写"接触网停电作业命令票"。

表 3.4.1 作业命令记录

命令号	月日	命令内容	发令人	受令人	要求完成时间	批准时间	消令时间	消令人	供电调度员

说明:本表应装订成册。用白色纸印黑色格和字。规格:A4。

三、验电接地

（一）相关规定

1. 作业组在接到停电作业命令后须先验电接地，然后方可作业。
2. 使用抛线法验电时按下列顺序进行：
(1) 检查所用抛线的技术状态，抛线须用截面面积 6~8 mm² 的裸铜软绞线做成；
(2) 接好接地端；
(3) 抛线时要使之不可能触及其他带电设备，抛线抛出后人本随即离开抛线，抛出的抛线不得短接钢轨；
(4) 抛线的位置应在作业区两端接地线的范围内；
(5) 接地线装设完毕后，方准拆除抛线。
3. 使用验电器验电的有关规定：
(1) 验电器的电压等级为 25 kV；
(2) 验电器具有自检和抗干扰功能。自检时具有声、光等信号显示。
(3) 验电前自检良好后，先在同等电压等级有电设备检查其性能，确认声、光信号显示正常，然后方可在停电设备上验电。
(4) 在运输和使用过程中，应确保验电器良好。
4. 接地线应使用截面积不小于 25 mm² 的裸铜绞线制成并有透明护套保护。接地线不得有断股、散股和接头。
5. 在有轨道电路的区段作业时，两组地线应接在同一侧钢轨上，且不应跨接在钢轨绝缘两侧。必须跨接在钢轨绝缘两侧时，应封闭线路。地线穿越钢轨时，必须采取绝缘措施。
6. 当验明确已停电后，须立即在作业地点的两端和与作业地点相连、可能来电的停电设备上装设接地线；如作业区段附近有其他带电设备时，按"按一般规定第 2 条"规定，在需要停电的设备上也装设接地线。在装设接地线时，将接地线的一端先行接地；再将另一端与被停电的导体相连。拆除接地线时，其顺序相反。接地线要连接牢固，接触良好。
装设接地线时，人体不得触及接地线，接好的接地线不得侵入建筑限界。连接或拆除接地线时，操作人要借助于绝缘杆进行。绝缘杆要保持清洁、干燥。
7. 验电和装设、拆除接地线必须由两人进行，一人操作，一人监护。
8. 在停电作业的接触网附近有平行带电的电线路或接触网时，为防止感应危险电压，除按规定装设接地线外，还要增设接地线。
9. 关节式分相检修时，除在作业区两端工作支接地线外，还应在中性区导线上加挂一组地线，并将两断口进行短接封线。

（二）接挂地线流程

1. 检查材料工具。验电器、接地线、绝缘杆、绝缘手套、绝缘靴、接地靴（钩钉+钢刷）、个人工具、通信工具、防护用品。
2. 确认支柱。线路封锁后，地线操作人员和地线监护人员确认接挂地线的支柱是否正确。
3. 确认命令。工作领导人向地线监护人下达验电命令，地线监护人复诵，确认无误。
4. 验电。地线监护人，通知地线操作人员进行验电。

5. 除锈。地线操作人员将接地体除锈。

6. 安装接地端。地线接地端牢固安装于接地体，站内接地端接钢轨时，应在电务人员的指导下进行。

7. 接挂地线。地线操作人员接到接挂地线命令后，确认接地端已接地良好，将另一端与被停电的导体相连。接地线要连接牢固，接触良好，人体不得触及接地线，接好的接地线不得侵入行车限界。

8. 报告接挂情况。接挂完毕后，地线监护人员立即通知工作领导人"××区间（站场）×××"号地线接挂完毕。

【事故案例】1992年9月15日，某某接触网工区，接地线操作人某某就是在撤除地线时违反撤地线程序，手触地线被电击死亡案例。某某在撤除地线时，将接地线接地端先行拆除。上支柱撤地线时，绝缘杆距支柱较远，不借助其他绝缘件而用右手抓地线去料接地杆，恰好此时电力机车闯无电区将高压电带入停电作业区，操作人手触地线，且地线接地端先行拆除，人身也成了主导电回路，使操作人右手掌心被电击烧伤呈黑色，电流从右手流经左膝盖处接地，左膝盖处裤腿烧糊，皮肤烧伤。高电压、大电流通过躯体致使操作人被电击死亡。

四、作业结束

1. 工作票中规定的作业任务完成后，由工作领导人确认具备送电、行车条件，将作业人员、机具、材料撤至安全地带，拆除接地线，宣布作业结束，通知要令人向供电调度请求消除停电作业命令；坐台要令人向车站值班员请求消除线路封闭命令。停电命令和行车封锁命令消除后，人员、机具不得再次上网和侵入建筑限界。

几个作业组同时作业，当作业结束时，每个作业组要分别向供电调度申请消除停电作业命令。

2. 当供电调度送电时须按下列顺序进行：

（1）确认整个供电臂所有作业组均已消除停电作业命令。

（2）按照规定进行倒闸作业。

（3）通知列车调度员接触网已送电，可以开行列车。

任务5　间接带电作业、倒闸作业

【知识目标】

1. 掌握间接带电作业的相关规定；
2. 掌握道闸作业的相关规定；

【能力目标】

会正确进行倒闸作业。

一、间接带电作业

（一）一般规定

1. 遇有雨、雪、雾、气温在-15℃~37℃之外、风力在5级及以上等恶劣天气或相对湿度大于 85% 时，不得进行间接带电作业。

2. 间接带电作业人员在接触工具的绝缘部分时应戴干净的手套，不得赤手接触或使用脏污手套。

3. 间接带电作业时，作业人员（包括其所携带的非绝缘工具、材料）与带电体之间须保持的最小距离不得小于 1 000 mm，当受限制时不得小于 600 mm。

（二）命令程序

1. 每个作业组作业前，由工作领导人指定安全等级不低于四级的作业组成员作为要令人员向供电调度申请作业命令。在申请间接带电作业命令时，要说明间接带电作业的范围、内容、时间和安全防护措施。

几个作业组同时作业时，每一个作业组必须分别设置安全防护措施，分别向供电调度申请作业命令。

2. 供电调度在发布间接带电作业命令前，要做好下列工作：

（1）将所有的间接带电作业申请进行综合安排，审查作业内容和安全防护措施，确定作业地点、范围和安全防护措施。

（2）在作业过程中如果发现馈电线的断路器跳闸，供电调度员在未弄清作业组情况前不得送电。作业组如果发现接触网无电时，要立即向供电调度员报告。

（3）供电调度员在发布间接带电作业命令时，受令人要认真复诵，经确认无误后，方可给命令编号和批准时间。每次间接带电作业，发令人将命令内容填写在"作业命令记录"中，受令人要填写"接触网间接带电作业命令票"。

（三）作业结束

1. 工作票中规定的作业任务完成，全部作业人员、机具、材料撤至安全地带后，由工作领导人宣布结束作业，通知要令人向供电调度申请消除间接带电作业命令。

几个作业组同时作业时，要分别向供电调度申请消除间接带电作业命令。

2. 供电调度员确认作业组已经结束作业，不妨碍正常供电和行车后，给予消除作业命令时间，双方均记入记录中，整个间接带电作业方告结束。供电调度员确认供电臂内所有的作业组均已消除间接带电作业命令，方能恢复接触网正常的分段状态和有关馈电线重合闸。

3. 无论停电与否，作业组开展间接带电作业时均应按间接带电作业程序及要求进行作业。

（四）安全技术措施

1. 间接带电作业工作领导人不得直接参加操作，必须在现场不间断地进行监护。

2. 工作领导人在作业前检查工具良好，确认坐台要令人和行车防护人员已全部就位，通信联络工具状态良好，间接带电作业命令程序办理完毕，所采取的安全及防护措施全部落实后，方能向作业组下达作业开始的命令。

3. 间接带电作业项目的具体要求由各铁路局制定。

二、倒闸作业

1. 接触网作业人员进行隔离开关、负荷开关倒闸时，必须有供电调度的命令；对车站、机务段或路外厂矿等单位有权操作的隔离开关,在向供电调度申请倒闸命令之前,要令人须向该站、段、厂、矿等单位主管负责人办理倒闸手续。

从事隔离开关倒闸作业人员按要求每年进行考试,其安全等级不得低于三级。对车站、机务段或路外厂矿等单位有权操作的隔离开关的人员应经供电段培训、考试合格,发给合格证后方可担任此项工作。

2. 在申请倒闸命令时,先由安全等级不低于三级的要令人向供电调度提出申请,供电调度员审查后,发布倒闸命令;要令人受令复诵,供电调度员确认无误后,方可给命令编号和批准时间;每次倒闸作业,发令人要将命令内容等记入"倒闸操作命令记录"(见表 3.5.1)中,受令人要填写"隔离开关倒闸命令票"(见表 3.5.2)。

表 3.5.1　倒闸操作命令记录

命令号	月日	命令内容	发令人	受令人	操作卡片	批准时间	完成时间	报告人	倒闸完成报告单	供电调度员

说明:本表应装订成册。用白色纸印黑色格和字。规格:A4。

表 3.5.2　隔离开关倒闸命令票

隔离开关倒闸命令票　　　　　第＿＿＿＿号

1. 把＿＿＿＿＿＿车站(或区间)第＿＿＿＿＿＿号隔离开关＿＿＿＿＿＿闭合或断开。

2. 再将＿＿＿＿＿＿车站(或区间)第＿＿＿＿＿＿号隔离开关＿＿＿＿＿＿闭合或断开。

发令人:＿＿＿＿＿＿＿＿＿　　　　　　受令人:＿＿＿＿＿＿＿＿＿

批准时间:＿＿＿＿时＿＿＿＿分　　　　日期:＿＿＿＿年＿＿＿＿月＿＿＿＿日

说明:本票用白色纸印黑色格和字。规格:半幅 A4。

3. 倒闸人员接到倒闸命令后，必须先确认开关位置和开合状态无误后，再迅速进行倒闸。倒闸时操作人必须戴好安全帽和绝缘手套，穿绝缘靴，操作准确迅速，一次开闭到位，中途不得停留和发生冲击。

4. 倒闸作业完成后，确认开关开合状态无误后，操作人向要令人通报倒闸结束，由要令人向供电调度员申请消除倒闸作业命令。供电调度员要及时发布完成时间和编号并记入"倒闸操作命令记录"中，要令人填写"隔离开关倒闸完成报告单"（见表 3.5.3），至此倒闸作业方告结束。

表 3.5.3　隔离开关倒闸完成报告单

```
隔离开关倒闸完成报告单          第_____号

根据第_____号倒闸命令，已完成下列倒闸：

1._____车站或区间第_____号隔离开关已于_____时_____分_____闭合或断开。

2._____车站或区间第_____号隔离开关已于_____时_____分_____闭合或断开。

倒闸操作人：_____  受令人：_____  发令人：_____

完成时间：_____时_____分            日期：_____年_____月_____日
```

说明：本票用白色纸印黑色格和字。规格：半幅 A4。

5. 遇有危及人身和设备安全的紧急情况，可以不经供电调度批准，先行断开断路器或有条件断开的负荷开关、隔离开关，并立即报告供电调度。但再闭合时必须有供电调度员的命令。

6. 严禁带负荷进行隔离开关倒闸作业。隔离开关可以开、合不超过 10 km（延长公里）线路的空载电流，超过时，应经过试验，报铁路局批准。

7. 要加强对带接地闸刀的隔离开关使用管理的检查，其主闸刀应经常处于闭合状态，因工作需要断开时，当工作完毕须及时闭合。主闸刀和接地闸刀分别操作的隔离开关，其断开、闭合必须按下列顺序进行：

（1）闭合时要先断开接地闸刀，后闭合主闸刀；

（2）断开时要先断开主闸刀，后闭合接地闸刀。

8. 各隔离开关的传动机构必须加锁。钥匙不得相互通用并有标签注明开关号码，存放于固定地点由专人保管。

9. 电动隔离开关、负荷开关倒闸作业的具体办法由各铁路局根据具体情况制定。

【事故案例】1991 年 5 月 21 日 21 时 40 分，陇海线某车站，车站调车员在站场 12 道货线，进行隔离开关倒闸操作时，烧损隔离开关，引起牵引变电所跳闸事故。

【事故经过】5 月 21 日白天，12 道货线进行装卸作业，并于 18 时 30 分装卸完毕。21 时 30 分电力机车要进入 12 道调车作业，车站调车员 21 时 25 分闭合了 66 号带接地闸刀常开隔离开关，21 时 39 分调车连接完毕并开始开行，车站调车员臆测行车，在电力机车受电弓还没有离开 32 号支柱处的分段绝缘器的情况下，强行断开 66 号隔离开关，造成隔离开关刀闸、接地刀闸烧损，接地火花间隙爆炸并烧坏轨道电路设备事故。

【事故原因】车站调车员在电力机车还没有驶离无电区,还在取流情况下,带负荷强行断开隔离开关,产生电弧,电弧烧损主刀闸和接地刀闸,电弧电流使接地火花间隙爆炸,烧坏轨道电路设备并造成牵引变电所保护动作,设备跳闸。

任务6 作业区防护

【知识目标】
1. 掌握作业区防护的相关规定;
2. 掌握驻站联络员作业流程。

【能力目标】
能正确使用各类行车手信号。

一、作业区防护的相关规定

1. 在线路上进行接触网检修作业可能影响列车正常运行时,除对有关区间、车站办理封锁手续外,还要对作业区采取防护措施。

2. 凡从事可能影响列车正常运行的作业,除在车站设置驻站联络员外,作业组两端必须根据作业内容按《铁路技术管理规程》的规定设置现场防护员。行车防护人员安全等级不低于三级。其设置要求如下:

(1)区间作业时,驻站联络员设在能控制列车运行相邻车站的运转室(或信号楼);车站作业时,驻站联络员设在该站运转室(或信号楼)。

(2)作业时,每个作业组在作业区段两端,必须按规定距离设置行车防护人员,并不得侵入建筑限界。

3. 在复线区段进行V型天窗作业时,现场防护员除按规定做好本线行车防护外,还应监视邻线列车运行情况并及时报告工作领导人。

4. 在160 km/h及以上区段间接带电作业时,必须在车站行车室及作业现场分别设置行车防护人员。邻线有160 km/h及以上的列车时,现场防护人员、作业人员和机具应提前下道避让。

5. 不同作业组分别作业时,不准共用行车防护人员。在未设好行车防护前不得开始作业,在人员、机具未撤至安全地点前不准撤除行车防护。

6. 行车防护人员在执行任务时,要坚守岗位,思想集中,要与作业组保持联系,认真、及时、准确地进行联系和显示各种信号,一旦中断联系,须立即通知工作领导人,必要时停止作业撤离现场。

7. 行车防护人员须做到:
(1)熟悉有关行车防护知识,驻站联络员还应熟悉运转室的有关设备显示;
(2)熟悉有关防护及通信工具的使用方法及各种防护信号的显示方法,每次出工前应检查通信工具是否良好;
(3)及时、准确、清晰地传递行车信息和信号;
(4)认真负责、坚持呼唤应答和复诵制度;

（5）不得影响其他线路上列车的正常运行。

二、驻站联络员作业流程

1. 根据天窗时间，按规定着装，携带工作票、停送电作业命令票、供电分段示意图、防护员上岗证（含胸卡）、安全等级证、通信工具等，提前 1 h 到车站指定地点。

2. 填写《行车设备施工登记簿》。

3. 向车站值班员说明停电范围，向车站值班员讲解供电示意图，并与车站值班员共同确认签字后，通知工作领导人做好开工前准备工作。

4. 与电调核对工作票。向车站值班员办理接触网作业车出库申请手续，联系接触网作业车的准备情况；接触网作业车进站前，与车站值班员共同确认进路是否正确。

5. 受令。驻站联络员认真复诵供电调度员下达的停电作业命令编号和批准时间，确认无误后，填写停电作业命令票。待线路停电封锁后，监控列车运行、行车防护通知工作领导人停电命、封锁令已下达，可以开始作业。

6. 监控列车运行、行车防护。

7. 消令送电。接到工作领导人命令后，驻站联络员向供电调度请求消除停电作业命令，并通知车站值班员向列车调度员请求消除封锁命令，并在《行车设备施工登记簿》运统-46 号登记簿上签字。

8. 认真复诵供电调度员下达的送电命令内容、编号和批准时间，确认无误后，填写送电命令。与车站值班员联系作业车入库事宜。线路送电开通后，与车站值班员共同确认线路封锁已解除、接触网已送电。将送电时间、命令编号及线路开通命令报告工作领导人。

三、行车防护手信号

1. 停车信号。

昼间——展开的红色信号旗果，无红色信号旗时，两臂高举头上向两侧急剧摇动，如图 3.6.1 和图 3.6.2 所示。

图 3.6.1　停车信号（昼间）　　图 3.6.2　停车信号（昼间）

停车信号：夜间——红色灯光，无红色灯光时，用白色灯光上下急剧摇动，如图 3.6.3 和图 3.6.4 所示。

图 3.6.3　停车信号（夜间）　　图 3.6.4　停车信号（夜间）

2. 减速信号。

昼间——展开的黄色信号旗，无黄色信号旗时，用绿色信号旗下压数次，如图 3.6.5 和图 3.6.6 所示。

图 3.6.5　减速信号（昼间）　　图 3.6.6　减速信号（昼间）

夜间——黄色灯光，无黄色灯光时，用白色或绿色灯光下压数次，如图 3.6.7 和图 3.6.8 所示。

图 3.6.7　减速信号（夜间）　　图 3.6.8　减速信号（夜间）

3. 发车指示信号：要求运转车长显示发车信号。

昼间——高举展开的绿色信号旗靠列车方面上下缓动，夜间——高举绿色灯光上下缓动，如图 3.6.9 和图 3.6.10 所示。

图 3.6.9　发车指示信号（昼间）　　图 3.6.10　发车指示信号（夜间）

4. 通过手信号：准许列车由车站（场）通过。

昼间——展开的绿色信号旗，夜间——绿色灯光，如图 3.6.11 和图 3.6.12 所示。

图 3.6.11　通过手信号（昼间）　图 3.6.12　通过手信号（夜间）

5. 降弓信号。

昼间——左臂垂直高举，右臂前伸并左右水平重复摇动；夜间——白色灯光上下左右重复摇动，如图 3.6.13 和图 3.6.14 所示。

图 3.6.13　降弓信号（昼间）　图 3.6.14　降弓信号（夜间）

6. 升弓信号.

昼间——左臂垂直高举，右臂前伸并上下重复摇动；夜间——白色灯光作圆形转动，如图 3.6.15 和图 3.6.16 所示。

图 3.6.15　升弓信号（昼间）　图 3.6.16　升弓信号（夜间）

复习思考题

一、填空题

1. 所有的接触网设备，自（　　）开始即认定为带电设备。之后，接触网上的一切作业，均必须按本规程的规定严格执行。

2. 从事接触网运行和检修工作的有关现职人员（　　）进行一次安全等级考试。

3. 在接触网上进行作业时，除按规定开具工作票外，还必须有（　　）批准的作业命令。

4. 接触网的检修作业分为（　　）、（　　）、（　　）。

5. 工作票签发人和工作领导人安全等级不低于（　　）。同一张工作票的签发人和工作领导人必须由（　　）人分别担当。

6. 绝缘工具材质的电气强度不得小于（　　），间接带电作业的绝缘杆等其有效度大于

( )。

7. 凡在距离地面（　　　）以上的处所进行的作业均称为高空作业。

8. 当车梯工作台面上有人时，推动车梯的速度不得超过（　　　），并不得发生冲击和急剧起、停。

9. 作业平台上有人作业时，检修作业车移动的速度不得超过（　　　），且不得急剧起、停车。

10. 双线电化区段，接触网停电作业按停电天窗方式分为（　　　）天窗作业和（　　　）天窗作业。

11. 接地线应使用截面积不小于（　　　）的裸铜绞线制成并有透明护套保护。接地线不得有（　　　）、（　　　）和（　　　）。

12. 验电和装设、拆除接地线必须由（　　　）进行，一人（　　　），一人（　　　）。

13. 几个作业组同时作业，当作业结束时，每个作业组要分别向（　　　）申请消除停电作业命令。

14. 遇有危及人身和设备安全的紧急情况，可以不经供电调度批准，先行（　　　）或有条件断开的负荷开关、隔离开关，并立即报告（　　　）。但再闭合时必须有供电调度员的命令。

15. 凡从事可能影响列车正常运行的作业，除在（　　　）设置驻站联络员外，作业组两端必须根据作业内容按《铁路技术管理规程》的规定设置（　　　）。

二、问答题

1. 参加接触网作业人员应符合哪些条件？
2. 工作领导人在安排工作时，要做好哪些事项？
3. 工作票签发人在安排工作时，要做好哪些事项？
4. 进行V型天窗作业应具备哪些条件？
5. 利用V型天窗停电作业时，应遵守哪些要求？
6. V型天窗停电作业接地线设置应执行哪些要求？
7. 供电调度员在发布停电作业命令前，要做好哪些工作？
8. 供电调度应按什么顺序进行送电？
9. 行车防护人员须做好哪些工作？
10. 带有主闸刀和接地闸刀的隔离开关，如何进行倒闸操作？

单元四　接触网运行检修规程

任务 1　总则、运行与管理

【知识目标】
1. 掌握制定《接触网运行检修规程》的目的；
2. 了解接触网运行检修工作的原则；
3. 掌握接触网接管与运行的相关规定；
4. 了解新产品试运行的相关规定。

【能力目标】
会填写接触网工区值班日志。

一、总　则

1. 接触网是电气化铁路重要行车设备。为保证接触网运行安全可靠，特制订本规程。
2. 牵引供电各单位（包括牵引供电设备管理、维修单位和从事既有线电气化牵引供电施工单位，下同）要建立健全各项规章制度，切实贯彻本规程的规定。各单位要结合具体情况制定实施细则，报上级业务主管部门和业主单位核备。
3. 接触网的运行与维修，坚持"预防为主、修养并重"的方针，按照"周期检测、状态维修、寿命管理"的原则，遵循精细化、机械化、集约化的检修方式，依靠科技进步，积极采用接触网自动化检测手段和机械化维修手段，提升接触网维修技术参数的精准度，不断提高接触网运行品质和安全可靠性。
4. 本规程的技术标准作为接触网运行与检修的质量验收依据。
5. 本规程适用于既有线工频、单相、25 kV 交流及提速 200～250 km/h 接触网的运行和检修。

二、运行与管理

（一）统一领导和分级管理

接触网运行检修工作遵循统一领导、分级管理的原则，充分发挥各级组织的作用。

中国铁路总公司：负责全路接触网运行管理工作，统一指导、统一规划，监督、检查；制定有关规章。

铁路局：贯彻执行中国铁路总公司有关规章、命令和标准，组织制定本局有关细则、办法和工艺；制定牵引供电设备管理单位的管理职责和范围；监督、检查、指导、协调全局的接触网运营管理工作；审批局管的新产品试运行和重要的设备变更；适时地安排好大修改造工程，增强供电能力，改善设备的技术状态，适应运输发展的需要。

供电（维管）段：贯彻执行上级的有关规章、制度和标准；补充制定相关的管理标准、工作标准和技术标准；制定各部门、车间的管理职责和范围；下达接触网工作计划并组织实施，组织好日常维修和大修改造工程；定期检查分析设备运行状态，制定改进措施，组织检查、评比和考核；组织技术革新和职工培训，提高设备运行质量，保证安全可靠地供电。督促施工单位按相关规定签订安全施工协议。

（二）接管和运行

1. 电气化铁路工程开通运行前，应按规定进行检查验收，接触网验收应进行动态检测，符合下列条件方可接管运行：

（1）牵引变电所、接触网经过验收，具备供电条件。

（2）牵引变电所具备双电源，并能自动投切。

（3）各级调度、供电（维管）段及沿线所亭、工区的房屋（包括抢修值班人员宿舍）和水、电、通信、路（段总公司及工区的专用线、段总公司及所亭的公路）已竣工，并能交付使用。

（4）牵引供电设备管理单位、沿线工区及所亭的检修和检测所需的机具、交通工具、通信工具和安全用具，检修及抢修材料、配件、备品及消防用具配齐、到位，并能交付使用。每个接触网工区应配备充足的夜间照明用具及接触网几何参数激光测量装置，照明用具应满足夜间 200 m 范围内照明充足，4 个小时内连续使用。160 km/h 及以上干线的接触网工区应配备 2 台接触网快速多功能综合检修作业车。200 km/h 及以上区段的接触网工区应配备适用于高速电气化铁路检修的接触网接续、矫正机具。铁路局应按管内接触网检修工作量集中配备接触网恒张力放线车和绝缘子水冲洗车。

（5）铁路局、牵引供电设备管理单位收到开通必需的竣工文件和图纸。

2. 在接触网工程交接的同时，施工单位应向运营部门交付下列电子版（1、2、3 项）和书面竣工资料：

（1）竣工工程数量表；

（2）接触网供电分段示意图；

（3）接触网车站、区间平面布置竣工图；

（4）接触网装配图、设备零件图及安装曲线，接触线磨耗换算表；

（5）工程施工记录（含隐蔽工程记录和确认后的轨面标准线、侧面限界、外轨超高记录）；

（6）设备试验报告；

（7）主要设备、零部件、金具、器材的技术规格、合格证、出厂试验记录、使用说明书，对在产品上显示不出工厂标志的器材（例如各种线索），应按生产厂家列出具体安装地点；

（8）设计变更通知书；

（9）跨越接触网的架空线路（主要包括架空线路位置、电压等级、导线高度、规格型号、产权单位及联系方式等）和跨线桥（主要包括跨线桥位置、最近的桥墩距线路中心的距离、跨线桥净高、接触网带电部分距跨线桥最小距离、产权单位及联系方式等）有关资料。

3. 接触网投入运行前，接管部门要做好运行准备工作，配齐并培训运行检修人员，组织学习有关规章制度，熟悉即将接管的设备；配合有关部门共同做好电气化铁路安全知识的宣传教育工作。

4. 在接触网投入运行时，牵引供电设备管理单位要建立起正常的生产秩序，制定各项制度并具体落实；备齐技术文件和资料；建立各项原始记录和报表，并按时填报。牵引供电设备管理单位技术主管部门应有下列技术文件和资料：

（1）"接管与运行第 2 条"规定的竣工资料；
（2）承力索、接触线的技术规格和接触线磨耗换算表；
（3）接触网零部件的技术条件、试验方法及图册；
（4）接触网有关标准（司标和国标）；
（5）总公司、局颁发的有关规章和牵引供电设备管理单位自定的有关制度、办法和措施；
（6）与相关单位的设备分界协议；
（7）管内各车间、工区之间的设备分界及设备中各工种分工的规定；
（8）轨面标准线（俗称"红线"）测量记录；
（9）管内设备大修设计文件、设计审查意见及竣工报告；
（10）本单位设备技术履历簿。

5. 为保证接触网与线路的相对位置，在接触网支柱的线路侧或隧道一侧的边墙上标出轨面标准线，并在其上方依次标注设计的线路超高、设计的接触网导线高度，在其下方标注设计的侧面限界。

实际轨面标准线与标明的轨面标准线高差不得大于 30 mm；实际侧面限界与标明的侧面限界之差不得大于 30 mm，且实际侧面限界不得小于《铁路技术管理规程》规定的最小值；实际超高和标明的超高之差不得大于 7 mm。以此作为线路和接触网维修时共同遵守的标准。

工务线路大修、改造必须变更轨面标高、超高以及侧面限界者，大修、改造的设计文件必须经铁路局批准。施工前供电和工务部门应共同按批准文件测量复核，竣工后供电和工务部门共同重新测定，测量资料经双方签认各持一份，长期保存。

新建电气化铁路，由施工单位标出轨面标准线及相关参数，开通前由供电、工务部门共同确认。牵引供电设备管理单位负责轨面标准线的日常管理，保持其清晰醒目。牵引供电设备管理单位每年与工务部门共同对轨面标准线复核一次，轨面标准线、侧面限界、外轨超高每次测量后应填写《轨面标准线测量记录》（格式各铁路局自定），共同签认。

6. 每个接触网工区要有安全等级不低于三级的接触网工昼夜值班。值班人员应及时传达和执行供电调度的命令和要求，每天按规定时间向供电调度报告次日工作计划，认真填写《接触网工区值班日志》（格式见表 4.1.1）。

7. 值班人员要按时做好交接班工作。交班人员要向接班人员说明值班期间设备的运行、天窗兑现、检修任务完成情况和其他有关事项。接班人员要认真审阅值班日志，明确上一班的情况并在值班日志上签字后，交班人方能下班。

工长要每天确认工具、备品、安全用具、抢修机具是否完备，认真审阅值班日志并签字。因特殊情况工长不能履行上述职责者，由工长指定的负责人完成。

8. 供电车间、接触网工区应备有下列技术资料：
（1）全段的供电分段示意图；
（2）管辖范围内的接触网平面布置图、装配图、安装曲线、接触线磨耗换算表；
（3）电分段、电分相结构图；
（4）管内跨越接触网的架空线路、跨线桥有关资料；
（5）隔离（负荷）开关、避雷装置、绝缘器等设备的安装调试、使用说明等；

单元四 接触网运行检修规程

表 4.1.1 接触网工区值班日志

天气：＿＿＿＿　　　　　　　　　　　　　　　　　　　　　　　　　　　　　　　　　月＿＿日

作业类别	作业时间 起	作业时间 止	工作票编号	工作领导人	作业组成员数	作业地点 区间、车站、隧道	作业地点 支柱号	作业内容 作业项目	作业内容 完成数量	考勤
									填写	现员：＿＿人 病假：＿＿人 事假：＿＿人 出差：＿＿人 调休：＿＿人 其他：＿＿人 出勤：＿＿人 出工：＿＿人 上网：＿＿人 出勤率：＿＿% 出工率：＿＿% 上网率：＿＿%

次日工作计划			交通、检修机具
作业地点	作业内容	工作领导人	类别： 车号： 停留地点： 状态：

记 事

值班者：＿＿＿＿　　　　　　　　　　　　　　　　　　　　　　　　　　　　工长：＿＿＿＿

（6）有关的隐蔽工程记录；

（7）设备和工具的试验记录；

（8）管内设备大修、改造情况记录（包括时间、地点、大修改造内容、质量评定等）；

（9）管内的设备技术履历。

9. 为保证电气化区段的可靠供电，禁止由供电线、正馈线和区间接触网上引接非牵引负荷。对当地车站无电源，只能利用接触网供电者，经铁路局批准可允许由车站接触网引接少量的非牵引负荷，牵引供电设备管理单位与使用单位应明确分界，各自对分管设备加强管理，认真维护保养，确保接触网的正常供电。

10. 运行中的接触网有变更者，应按以下规定逐级报批：

（1）属下列情况之一者，由铁路局报总公司审批：

① 由于接触网变化而降低带电或停电通过超限货物列车的高度和宽度；

② 变更接触网局界。

（2）属下列情况之一者，由牵引供电设备管理单位报铁路局审批：

① 正线变更悬挂类型；

② 变更接触线、承力索材质；

③ 拆除或长期停用接触网；

④ 变更附加导线材质和截面；

⑤ 变更绝缘水平或侧线变更悬挂类型；

⑥ 变更接触网分段（相）位置和开关的操作方式；

⑦ 非铁路产权专用线架设接触网的供电和开通方案；

⑧ 改变供电方式。

11. 对位于轨道侧的回流装置，其设备维修分工规定如下：吸上线与扼流变压器连接时，连接钣属电务段，连接钣上的螺丝和吸上线属牵引供电设备管理单位。吸上线与钢轨相连接时，吸上线及其与钢轨连接的附件属牵引供电设备管理单位。牵引供电设备管理单位作业时，必要时工务、电务部门要派人配合。

（三）新产品试运行

1. 凡需在运营的接触网上安装新产品进行试运行时，研制单位应事先提出书面申请，按"新产品试运行第 2 条"规定的权限报有关部门，经批准并与承接试运行任务的牵引供电设备管理单位签订协议后方可安装。

2. 试运行的申请报告应报送铁路局、牵引供电设备管理单位，属中国铁路总公司审批者还应报总公司。新产品试运行的申请报告应包括下列内容：

（1）产品的生产及管理条件；

（2）产品的研制报告；

（3）产品的技术条件及型式试验报告；

（4）安装维修及使用说明；

（5）拟安装的地点、试运行期限，以及在试运行中需检查监测的内容。

3. 新产品试运行期一般不少于 1 年。

4. 承力索、接触线的试运行由中国铁路总公司审批，其余设备及零部件由铁路局审批。

5. 牵引供电设备管理单位承接试运行任务后，应及时安装，试运行期间要按规定进行维修，加强检查监测，认真记录和定期分析运行情况，注意积累资料，试运行期满后写出运行报告。

牵引供电设备管理单位出具的试运行报告需经铁路局审批后，方能交给研制单位，未经铁路局审批的运行报告无效。

6. 新产品安装后，一般不应轻易拆除。遇有产品质量缺陷危及安全时必须立即拆除，同时做好记录报铁路局备查，并通知研制单位。对暂时拆除的试运行产品，由承接试运行任务的牵引供电设备管理单位妥善保管。

7. 新产品试运行期满后，应抓紧组织鉴定。

任务2　接触网设备监测和质量鉴定

【知识目标】
1. 掌握接触网各类巡视工作的相关规定；
2. 掌握接触网检测工作的相关规定；
3. 了解接触网设备质量鉴定的相关规定。

【能力目标】
能进行接触网巡视工作。

一、设备监测

1. 为贯彻"预防为主、修养并重"的方针，使检修具有针对性，必须按规定周期对接触网进行监测。监测分巡视、检测、全面检查和非常规检查4个部分。

2. 巡视是对接触网外观及电力机车的取流情况进行检查，其周期和主要内容如下：

1）步行巡视。

（1）昼间：每十天不少于1次。观察的主要内容：

① 有无侵入限界、妨碍机车车辆运行的障碍；

② 各种线索（包括供电线、回流线、正馈线、保护线、加强线、吸上线和软横跨的线索等）、零部件等有无烧伤和损坏；

③ 补偿装置有无损坏，动作是否灵活；

④ 绝缘部件（包括避雷器）有无破损和闪络；

⑤ 吸上线及下部地线的连接是否良好；

⑥ 支柱有无破损或变形；

⑦ 限界门、安全挡板或网栅、各种标志是否齐全、完整；

⑧ 有无因塌方、落石、山洪水害、爆破作业及其他周边环境等危及接触网供电和行车安全的现象；

⑨ 电力机车自动过分相装置的地面传感器有无缺损、破裂或丢失。

（2）夜间：每季不少于1次。观察的主要内容：零部件有无过热变色、绝缘件有无闪络放电现象以及电力机车受电弓运行情况。

（3）200 km/h 及以上区段一般不进行步行巡视。每月应利用检修作业车进行一次巡视，运行速度不高于 40 km/h。

2）登乘机车巡视：每月不少于 1 次。观察的主要内容：接触悬挂及其支撑装置和定位装置的状态。遇有大风、大雨、大雪、大雾等恶劣天气时，要适当地增加步行和登乘机车巡视次数。

3）全面检查：每年 1 次。

全面检查具有巡视检查和保养维护的双重职能。巡视检查的内容包括无法或不易通过间接测量手段掌握设备运行状态的所有项目，如接触悬挂、附加悬挂、支撑装置的内在质量，螺栓是否紧固等；保养维护的内容主要是巡视过程中必要的防腐处理、注油和零部件的紧固、更换等。全面检查可以在轨道作业车的作业平台上、车梯或支柱上进行。

3. 接触网的巡视检查应由安全等级不低于三级的人员进行。车间主任每半年对管内所有设备至少巡视检查 1 次，供电（维管）段长每年对管内的关键设备至少巡视检查 1 次。

4. 对巡视检查中发现的危及安全的缺陷，应及时安排处理；对一般性缺陷要纳入月度检修计划。每次巡视检查发现的缺陷及处理情况，均应认真填入"接触网巡视检查记录"（格式见表 4.2.1）中。

5. 接触网检测包括静态检测和动态检测两部分。

静态测量：用测量仪器和工具等手段，在静止状态下测量接触网的技术状态。

动态检测：用接触网检测车、巡检车、机车弓网动态检测装置等手段，在运行中测量接触网的技术状态。

6. 接触网静态检测的周期和项目：

1）半年检测 1 次的项目：

（1）补偿装置；

（2）线岔；

（3）锚段关节及关节式分相；

（4）分段、器件式分相绝缘器；

（5）常动隔离开关。

2）1 年 1 次的检测项目：

（1）接触线的位置（定位点拉出值和曲线处跨中偏移值，悬挂点及跨中距轨面的高度）；

（2）接触悬挂、支撑定位装置及附加导线（通过全面检查方式进行）；

（3）避雷装置（雷雨季节前）；

（4）非常动隔离开关；

（5）接触线重点磨耗测量；

（6）对有怀疑的重点部位弹性测量（必要时）。

3）3 年 1 次的检测项目：

（1）承力索相对于线路中心的位置；

（2）软（硬）横跨；

（3）接触线全面磨耗测量；

（4）接地电阻。

表 4.2.1 接触网巡视检查记录

站场（区间）：

巡视检查日期	巡视检查方式	缺陷地点	缺陷内容	要求完成时间	巡视检查人	工长	处理措施	处理结果	处理缺陷领导人	处理缺陷操作者	处理日期	备注

负责人：

上述未明确的设备和项目，均纳入巡视检查的内容。接触网静态检测后，应及时将检测结果填入相应的记录（具体格式由各铁路局自定）。实际检测周期不应超过规定时间的30%（按天计算）。

7. 铁路局每季对接触网质量进行不少于一次的动态检测。200 km/h及以上区段每月进行一次动态检测，并在检测后1周内将检测结果反馈到牵引供电设备管理单位。对危及安全的缺陷立即通知所在牵引供电设备管理单位处理。处理结果填写相应记录并按规定时间报铁路局机务处。

接触网动态检测主要包括以下项目：
（1）接触线高度、坡度；
（2）接触线拉出值、跨中偏移值；
（3）冲击力（硬点）；
（4）接触压力；
（5）接触网电压。

8. 非常规检查是指在特殊情况下所进行的状态检查。一般用于接触网发生故障后或在自然灾害（暴风、洪水、火灾、冰凌、极限温度等）出现后对相应接触网设备的状态变化、损伤、损坏情况进行检查。非常规检查的范围和手段根据检查的目的确定。

9. 根据监测结果，对设备的运行状态用三种量值来界定。

标准值：该值一般根据设计规定的技术条件及本规程规定的标准值来确定。

安全值：该值一般根据技术条件规定的允许偏差范围来确定。

限界值：该值为一临界值，当设备运行状态超过安全值，但仍在限界值内运行时，其出故障的概率应小于事先规定的值。在没有充分依据的条件下，该值一般由运行实践来确定。

二、质量鉴定

1. 为全面掌握设备运行状态，牵引供电设备管理单位应于每年10月底前对设备进行一次整体质量鉴定并报铁路局。

2. 鉴定的范围应包括所有的接触网设备。但下列设备可不作鉴定：
（1）已封存的设备。
（2）本年度新建或已列入当年大修计划的设备。对本年度新建或大修的设备，其质量状况可按工程竣工验收质量评定结果统计。

3. 鉴定后的质量等级分为以下三种：
（1）优良：绝缘部件（含空气绝缘间隙）、接触线几何参数和主导电回路的设备状态达到安全值者。
（2）合格：设备状态超过安全值，但在限界值以内者；
（3）不合格：设备状态超过限界值者。

优良率、合格率、不合格率分别按下列公式计算：

$$优良率 = \frac{优良设备数量(换算条公里)}{设备鉴定总数量(换算条公里)} \times 100\%$$

$$\text{不合格率} = \frac{\text{不合格设备数量(换算条公里)}}{\text{设备鉴定总数量(换算条公里)}} \times 100\%$$

$$\text{合格率} = 1 - \text{不合格率}$$

4. 质量等级的评定按单项设备和整体设备分别进行。接触悬挂、附加导线以条公里为单位；隔离（负荷）开关、避雷器等以台为单位；线岔、绝缘器（含关节式分相）等以组为单位；限界门等以架为单位；整体设备以换算条公里为单位。

$$\text{换算条公里数量} = \sum (\text{设备鉴定数量} \times \text{换算系数})$$

各设备及部件的换算系数为：
（1）正、站线悬挂　　　　　　1.00
（2）隧道内悬挂　　　　　　　1.30
（3）附加导线　　　　　　　　0.40
（4）限界门　　　　　　　　　0.15
（5）线岔　　　　　　　　　　0.12
（6）隔离（负荷）开关　　　　0.12
（7）绝缘器　　　　　　　　　0.12
（8）避雷器　　　　　　　　　0.05
（9）软（硬）横跨　　　　　　0.13

接触悬挂以跨距为鉴定单元。若在被鉴定的跨距内有一处不合格，即视为该跨距不合格（在悬挂点及定位点处，跨距长度按相邻跨距的平均值计算）。

对一个锚段的接触线、承力索、附加导线等，当接头及补强数量超过规定值后，该锚段即视为不合格设备。

5. 鉴定结果应详细记录，并以整体设备质量评定结果作为当年的设备质量运行状态填入牵引供电履历簿。牵引供电设备管理单位要针对鉴定存在的问题进行分析总结，提出整改措施并组织实施。

6. 鉴定中发现的设备缺陷，在鉴定期间将缺陷处理者，可按整修后的质量状态进行评定。

任务3　接触网检修

【知识目标】
1. 掌握接触网检修的分类及范围；
2. 了解接触网检修计划及实施的相关规定；
3. 掌握接触网检查验收的相关规定；
4. 掌握绝缘部件清扫的相关规定。

【能力目标】
1. 会填写接触网大修竣工验收报告；
2. 能进行绝缘部件清扫工作。

一、修　程

1. 接触网检修分维修和大修两种修程。

维修是指在接触网系统的实际状态与安全运行状态之间出现不允许的误差或发生事故时，对接触网系统进行的必要的修复，以重新建立接触网系统的正常功能。

维修分为维持性修理和故障修复。维持性修理主要是处理定期监测发现后未处理的缺陷，保持接触网的正常技术状态。维持性修理可以按计划进行。故障修就是对导致接触网功能障碍的故障立即进行修复，或采取临时替代措施。故障修是一种须立即投入施工的，无事先计划的维修方式。

大修是恢复性的彻底修理。主要是整锚段的更换接触网（含附加导线），并通过新设备、新技术的采用，改善接触网的技术状态，增强供电能力，适应运输发展的需要。

2. 故障修范围。

（1）材质缺陷；

（2）安装缺陷；

（3）铁路运营事故；

（4）异物影响；

（5）天气影响；

（6）由其他部门进行工作引起的损坏；

（7）其他原因或不明原因对接触网设备的损坏。

二、检修计划及实施

1. 接触网检修计划分年度监测计划和月度维修计划两部分。年度监测计划由牵引供电设备管理单位于前一年的11月底以前下达到车间和班组，同时报铁路局。月度维修计划下达方式各局自定。鉴于各地区的设备性能及运行条件不尽相同，铁路局可根据实际情况，调整监测的项目、周期和范围，并报总公司核备。

2. 对定期监测和巡视发现的设备缺陷，要求在规定的期限内处理。根据设备缺陷性质，对超过限界值的缺陷应立即组织处理；对超过安全值和一般性缺陷处理时间各局自定。

3. 接触网整体大修周期一般为20～25年。对繁忙干线和腐蚀严重的区段，根据接触线磨耗和锈蚀情况，可适当缩短。具体时间由实际的设备质量鉴定结果确定。

4. 年度大修计划由铁路局组织编制。在编制大修计划前，铁路局要对设备认真组织鉴定，确定大修项目。对不适应当前运输需要的设备应结合大修进行改造，铁路局应在下达大修计划的同时报总公司核备。

5. 为保证定期检查和对设备缺陷的及时处理，在列车运行图中须预留接触网检修"天窗"。

（1）单线区段不少于60 min，双线区段不少于90 min。

（2）对较大的车站（如枢纽、区段站等）和必须利用垂直"天窗"作业的双线区段应根据设备状况定期安排"天窗"进行停电检修。

（3）检修"天窗"的计划、申请和使用按照中国铁路总公司综合"天窗"修有关规定执行。

6. 在安排日班计划时，列车调度员和供电调度员要密切配合，共同维护规定的"天窗"时间，按时组织接触网停电检修。如因运输需要必须取消"天窗"时，应按照中国铁路总公司综合"天窗"修实施办法的有关规定执行。

遇有危及安全的故障或缺陷必须立即停电检修时，供电调度员应于停电前通知列车调度员，列车调度员根据供电调度员停电通知及时发布相关行车调度命令。

7. 凡可以在"天窗"时间以外进行的工作，各单位均不得占用"天窗"时间。

8. 各单位要做好检修组织工作，各工区各工种（包括变电设备检修、试验等）在同一停电范围内的作业，应尽量创造条件同时进行，以免重复停电。

三、检查验收

1. 为保证检修质量，维修用料必须经过鉴定和运行实践证明是安全可靠的产品，入库前应按规定进行检验。

2. 铁路局要建立接触网设备检测、检修记录，记录格式由各铁路局自定。

3. 接触网维修要认真执行"记名检修"制度，保证检修质量。每次检测（修）完成后，检测（修）负责人或操作人应及时填写相应的检测（修）记录并签字。

4. 工长和车间主任要每月检查 1 次检测（修）和巡视检查任务的完成情况，并在相应的记录上签字。

5. 接触网大修由铁路局制定具体技术标准，审批设计文件，安排好质量监督和竣工验收。

6. 每项大修竣工验收后，施工和验收单位应写出"接触网大修竣工验收报告"（格式见表 4.3.1），并由验收单位将"接触网大修竣工验收报告"送交有关铁路局和牵引供电设备管理单位。

7. 在接触网维修和大修中，凡有更换线索、零部件、支柱者，应将更换后的设备名称、材质、型号、厂家等记入相应记录中。

四、绝缘部件清扫

1. 在目前绝缘污秽程度尚无有效监测手段的情况下，对绝缘部件仍采用周期清扫的方式。绝缘部件清扫周期：

（1）一般污区 2 年；

（2）重污区 1 年；

（3）1 000 m 以上的长大隧道 1 年；

（4）分段、分相绝缘器 3 年。

对一般污区和重污区范围（管理群）的界定，由牵引供电设备管理单位根据运行实际确定（不受原设计污区的限制）。对个别污染严重区段，要视具体情况缩短清扫周期。

2. 对有机绝缘部件实行寿命管理。产品有明确规定的，按出厂规定使用年限执行；没有明确规定的，暂按有效使用寿命不超过 10 年执行（见表 4.3.1）。

表 4.3.1 接触网大修竣工验收报告

编号：

项目		任务依据			
地点		设计单位		设计文件编号	
				批准设计文件编号	
费用（万元）	工费：	材料：	其他：	合计：	
检修内容					
消耗主要材料部件的名称和数量					
检查验收情况					
质量评定				验收负责人（签字）	主持验收单位
					验收组成员

施工单位负责人：_____ 接收单位负责人：_____

任务 4　接触网维修技术标准

【知识目标】

掌握接触线及承力索、吊弦（索）、软（硬）横跨、电分段锚段关节及关节式分相、中心锚结、线岔、电联结器、定位装置、支撑装置、受电弓动态包络线、补偿装置、支柱、隔离（负荷）开关、吸上线、附加导线、保安装置及标志、绝缘、防雷、接地、零件的维修技术标准。

【能力目标】

能够进行接触线及承力索、吊弦（索）、软（硬）横跨、电分段锚段关节及关节式分相、中心锚结、线岔、电联结器、定位装置、支撑装置、受电弓动态包络线、补偿装置、支柱、隔离（负荷）开关、吸上线、附加导线、保安装置及标志、绝缘、防雷、接地、零件的维修工作。

一、接触线及承力索

1. 160 km/h 及以上区段正线承力索和接触线应采用恒张力架设。接触线架设张力应根据线材材质、额定张力等因素选取，且不应小于绕线张力，架设张力偏差不得大于 8%。

2. 承力索和接触线的技术状态应满足下列要求：

（1）容许载流量符合运能需要，承力索和接触线应采用铜合金线材质。

（2）机械强度安全系数符合表 4.4.1 的规定。

表 4.4.1　接触网线索及绝缘件机械强度安全系数

序号	接触网线索及绝缘件机械强度安全系数
1	铜或铜合金接触线在最大允许磨耗面积 20% 的情况下，其强度安全系数不应小于 2.0。
2	承力索的强度安全系数，铜或铜合金绞线不应小于 2.0。钢绞线不应小于 3.0，钢芯铝绞线、铝包钢和铜包钢系列绞线不应小于 2.5。
3	软横跨横向承力索中的钢绞线安全系数不小于 4.0，定位索的强度安全系数不应小于 3.0。
4	供电线、加强线、正馈线、回流线等接触网附加导线的强度安全系数不应小于 2.5。
5	绝缘部件机械强度的安全系数应不小于： （1）瓷及钢化玻璃悬式绝缘子（受机电联合负载时抗拉）2.0。 （2）瓷棒式绝缘子（抗弯）2.5。 （3）针式绝缘子（抗弯）2.5。 （4）合成材料绝缘元件（抗弯）5.0。
6	耐张的零件强度安全系数不应小于 3.0。

（3）接触线和承力索的张力和弛度。

标准值：符合安装曲线的规定。

安全值：半补偿链形悬挂和简单悬挂弛度允许误差为 15%；全补偿链形悬挂弛度允许误差为 10%。弛度误差不足 15 mm 者按 15 mm 掌握。

限界值：同安全运行值。

（4）承力索位置。

标准值：半斜链型悬挂，直线区段位于线路中心的正上方；直链型悬挂，位于接触线正上方。曲线区段承力索与接触线之间的连线垂直于轨面连线。

安全值：直线区段允许误差 150 mm；曲线区段允许向曲线内侧偏移 100 mm。

限界值：标准值±200 mm。

（5）接触线之字值、拉出值（含最大风偏时跨中偏移值）。

160 km/h 及以下区段：

标准值：直线区段 200～300 mm；曲线区段根据曲线半径不同在 0～350 mm 选用。

安全值：之字值≤400 mm；拉出值≤450 mm。

限界值：之字值 450 mm；拉出值 450 mm。

160 km/h 以上区段：

标准值：设计值。

安全值：设计值±30 mm。

限界值：同安全值。

（6）接触线高度。

标准值：区段的设计采用值。

安全值：标准值±100 mm。

限界值：小于 6 500 mm；任何情况下不低于该区段允许的最低值。

当隧道间距不大于 1 000 m 时，隧道内、外的接触线可取同一高度。

（7）接触线坡度（工作支）。

标准值：120 km/h 及以下区段≤3‰；120～160 km/h 区段≤2‰；200km/h 区段≤2‰，坡度变化率不大于 1‰；200～250 km/h 区段≤1‰，坡度变化率不大于 1‰。

安全值：120 km/h 及以下区段≤5‰；120～160 km/h 区段≤4‰。其他同标准值。

限界值：120 km/h 及以下区段≤8‰；120～200 km/h 区段≤5‰；200 km/h 及以上区段同安全值。

160 km/h 及以上区段，定位点两侧第一根吊弦处接触线高度应相等，相对该定位点的接触线高度允许误差±10 mm，但不得出现 V 字形。

（8）接触线偏角（水平面内改变方向）。

标准值：160 km/h 及以下区段≤6°；160 km/h 以上区段≤4°。

安全值：160 km/h 及以下区段≤12°；160 km/h 以上区段≤6°。

限界值：同安全值。

（9）接触线、承力索磨耗及损伤。

① 承力索、接触线磨耗和损伤后不能满足该线通过的最大电流时，若是局部磨耗和损伤，可以加电气补强线，若是普遍磨耗和损伤则应更换；

② 承力索、接触线磨耗和损伤后不能满足规定的机械强度安全系数时，若是局部磨耗和损伤，可以加补强线或切除损坏部分重新接续，若是普遍磨耗和损伤则应更换；

③ 承力索用钢芯铝绞线或铝包钢绞线时，其钢芯若断股，必须切断重新接续。

④ 接触线接头、补强处过渡平滑。该处接触线高度不应低于相邻吊弦点，允许高于相邻

吊弦点 0~10 mm，必要时加装吊弦。

（10）一个锚段内接触线和承力索接头、补强和断股的总数量应符合表 4.4.2 的规定（不包括分段、分相及下锚接头）。

表 4.4.2　接头、补强和断股的数量表

接触线：

项目 运行速度 （km/h）	标准值	安全值		限界值	
		锚段长度在 800 m 及以下	锚段长度在 800 m 以上	锚段长度在 800 m 及以下	锚段长度在 800 m 以上
$v \leqslant 120$	0	3	4	3	4
$120 < v \leqslant 160$	0	2	4	2	4
$v > 160$	0	2	4	2	4

承力索：

项目 运行速度 （km/h）	标准值	安全值		限界值	
		锚段长度在 800 m 及以下	锚段长度在 800 m 以上	锚段长度在 800 m 及以下	锚段长度在 800 m 以上
$v \leqslant 120$	0	4	5	4	5
$120 < v \leqslant 160$	0	3	4	3	4
$v > 160$	0	2	4	2	4

接头距悬挂点应不小于 2 m，同一跨距内不允许有两个接头。

（11）接触线硬点、弓网接触力的技术标准参照表 4.4.3。

表 4.4.3　接触网动态检测项目评定暂行标准

接触线平顺性指标：

序号	项目	160 km/h 等级线路			200 km/h 等级线路		
		1 类	2 类	3 类	1 类	2 类	3 类
1	硬点（g）	30	40	50	40	50	60
2	一跨内接触线高差（mm）	—	150	200	—	—	150

弓网受流性能指标：

序号	项目	1 级	2 级
1	弓网接触力	>200 N 或 <40 N	>250 N 或 ≤0 N
2	离线	参考项目、不作评估	

注：250 km/h 等级线路的评定标准暂时参考 200 km/h 等级线路。

承力索断线事故案例分析：

【事故案例 1】1995 年 3 月 28 日 6 时 35 分，京广线大桥车站，因接触网承力索断线，构成接触网故障。引起谢集变电所 211 开关保护动作，重合、强送失败，中断京广线下行供电 1 h 20 min。

【事故原因】从现场设备分析，主要是由于大桥站接触网设备 67# 开关引线上网点方式不

合理。造成承力索载流，而且，此外距离 AT 所较近，下行方向又为上坡段，机车爬取流较大，使因承力索载流较大而使 67#开关引线处承力索烧伤拉断。引起变电所跳闸，中断供电。

【事故案例 2】1992 年 11 月 29 日 6 时 18 分，郑州枢纽上直通，因接触网承力索断线，构成接触网故障。引起郑北变电所 216 开关保护动作跳闸，中断郑州枢纽上到场与上直通供电 1 h 59 min。

【事故原因】郑州枢纽上直通线 52#~62#支柱间郑北机务段蒸汽机车入段前经常减压喷汽的地段。因此，此外接触网设备长期受到污染，尤其绝缘子和承力索腐蚀现象严重。上直通 54#支柱处，钩头鞍子内承力索，因涂不上油，该处承力索腐蚀现象更严重，此承力索断口处有钢绞线腐蚀后拉断旧痕，内层钢绞线呈拉断。接触网工区在处理事故时，因承力索断线原因是由于钩头鞍子内承力索没有涂油，腐蚀严重造成。断线后承力索引起变电所跳闸，中断供电。

接触线断线事故案例分析：

【事故案例 1】1995 年 1 月 3 日 17 时 26 分，襄渝线花果—黄龙间，SS_1-891 电力机车牵引 1626 次列车，因接触网导线拉断，受电弓钻入接触网，构成弓网故障。引起小花果变电所 2#馈线跳闸，重合失败，中断襄渝线供电 5 h 29 min。

【事故原因】襄渝线花黄区间 116#~117#跨中导线磨耗严重超限，因气温变化大，温度明显降低，张力突然变化，致使导线拉断。当电力机车通过时，受电弓钻入接触网中，引起变电所保护动作跳闸，中断供电。花黄区间 116#~123#支柱 9 个定位全部打掉，吊弦刮掉，腕臂打弯 3 根，导线落地并缠绕在列车上。SS_1-891 电力机车受电弓刮坏。

【事故案例 2】1990 年 6 月 5 日 0 时 55 分，郑州枢纽机北库闸线，因接触网导线断线，构成接触网故障。引起郑北变电所 214 开关保护动作跳闸，重合、强送失败，中断供电 1 h 23 min。

【事故原因】该处导线经常摆动，疲劳过度发生劲缩而拉断。

【事故案例 3】1992 年 5 月 23 日 12 时 45 分，京广线新郑—宫亭间 K727+305 处，因 SS_4-009 电力机车受电弓降弓地点未降弓，再次刮坏接触网设备，同时受电弓也被刮坏，构成弓网故障。引起薛店变电所 214 开关保护动作跳闸，中断京广线上行供电 4 h 30 min。

【事故原因】京广线新郑—宫亭间 140#支柱，因拖拉机于 5 月 22 日碰撞而折断。为了保证线高度，在接触网上打上了紧线器，在事故区设置了升、降弓标志。5 月 23 日，当 SS_4-099 电力机车通过事故区时，未按规定降弓。当列车高速通过事故区间，升起的受电弓打到网上设备及紧线器，打坏受电弓，造成接触网导线刮伤拉断。断线落到机车上，引起变电所跳闸，中断京广线上行供电。

【事故案例 4】1996 年 1 月 14 日 7 时 21 分，京广线宁英站，因接触网导线烧伤拉断，构成接触网故障。引起宁英变电所 214 开关保护动作跳闸，临时处理，降弓运行，中断京广线上行供电 1 h 33 min。

【事故原因】从现场设备分析，宁英站 6 道 26#~28#跨中靠近 26#支柱 14 m 处，导线断线。断口呈烧伤拉断状。断线点北侧落到机车车顶上，南侧悬中空中。SS_4-207 电力机车大顶上有多处烧伤痕迹，受电弓中心靠西侧 100 mm 有烧伤。因此，分析认为：大雾阴雨天气，造成接触网导线和受电弓覆冰，弓网接触不良，机车启动取流时（该处电力机车经常停车待闭），电弧烧伤导线（导线断口处，有明显烧伤旧痕迹），由于长期电弧烧伤，使导线拉伸。1 月 14

日，当电力机车再次在此启动取流时，又由于阴雨天气，弓网覆冰，接触不良，产生电弧，使导线终于烧伤而拉断。

【事故案例 5】1996 年 2 月 8 日 2 时 43 分，京广线永安站，因接触网导线断线，构成接触网故障。引起宁英变电所 213 开关保护动作跳闸，临时处理，降弓运行，中断京广线下行供电 1 h 27 min。

【事故原因】从现场设备调查分析，永安站 3 道 55#～57#跨中靠近 57#支柱约 9 m 处，导线断线。断线北侧悬吊于空中。SS_4-124 电力机车前弓支持瓷瓶有闪络痕迹，后弓靠中心西侧 80mm 处有烧伤痕迹。因此，分析为大雾阴雨低温天气，造成电力机车瓷瓶、受电弓及接触网导线覆冰，机车瓷瓶覆冰闪络跳闸。同时，导线与受电弓因覆冰不良，故障跳闸电流烧断导线中断京广线下行供电。

【事故案例 6】1996 年 1 月 14 日 5 时 34 分，京广线长葛站，因接触网导线断线，构成接触网故障。引起薛店变电所 213 开关保护动作跳闸，临时处理，降弓运行，中断京广线下行供电 1 h 28 min。

【事故原因】从现场设备调查分析，长葛站 3 道 57#～59#跨中，接触网导线烧断。断线北侧悬吊空中，南侧落在电力机车顶上。SS_4-128 电力机车受电弓支持瓷瓶闪络，机车顶部有烧伤痕迹。受电弓中心西侧 140 mm 处有烧伤痕迹，因此，分析认为：大雾阴雨天气，湿度大且易结冰，结冰的电力机车受电弓支持瓷瓶闪络，引起变电所跳闸。跳闸后电力机车司机不及时汇报，多次升弓试电，引起变电所多次跳闸，导致故障电流烧断接触网导线，中断京广线下行供电。

二、吊弦（索）

1. 吊弦分环节吊弦和整体吊弦两种，其技术状态应符合下列要求：

（1）吊弦的长度要能适应在极限温度范围内接触线的伸缩和弛度的变化，否则应采用滑动吊弦。

环节吊弦：至少应由两节组成，每节的长度以不超过 600 mm 为宜。吊弦回头应均匀迂回，长度为 150～180 mm。吊弦环直径应为其线径的 5～10 倍。吊弦磨耗的面积不得超过原面积的 50%。

整体吊弦：吊弦预制长度应与计算长度相等，误差应不大于±2 mm。吊弦截面损耗不得超过 20%。

吊弦线夹在直线处应保持铅垂状态，曲线处应与接触线的倾斜度一致。

（2）吊弦偏移。

标准值：在无偏移温度时处于铅垂状态。

安全运行值：在极限温度时，顺线路方向的偏移值不得大于吊弦长度的 1/3。

限界值：同安全运行值。

（3）吊弦间距。

标准值：设计值。

安全运行值：160 km/h 及以下区段≤12 m；160 km/h 以上区段≤10 m。

限界值：160 km/h 及以下区段≤15 m；160 km/h 以上区段≤12 m。

（4）吊弦高差。

标准值：相邻吊弦高差≤10 mm。

安全运行值：v≤120 km/h 时，相邻吊弦高差≤50 mm。

120 km/h＜v≤160 km/h 时，相邻吊弦高差≤20 mm。

160 km/h＜v≤250 km/h 时，相邻吊弦高差≤10 mm。

限界值：同安全运行值。

2. 弹性吊弦辅助绳和简单悬挂吊索的技术状态应符合下列要求：

（1）辅助绳和吊索须用绞线制成并保持一定的张力。

（2）在无偏移温度时两端的长度应相等，允许相差不超过 400 mm。

（3）辅助绳和吊索不得有断股和接头。

（4）弹性吊弦辅助绳两端与承力索的连接符合设计规定。

三、软（硬）横跨

（一）软横跨的技术状态应符合下列要求

1. 软横跨横向承力索（双横承力索为其中心线）和上、下部定位索应布置在同一个铅垂面内。双横承力索两条线的张力应相等，V形连接钣应垂直于横向承力索。

2. 横向承力索的弛度应符合规定，最短吊弦的长度为 400 mm，允许误差+50 mm，-200 mm。上、下部定位索应呈水平状态，允许有平缓的负弛度，5 股道及以下者负弛度不超过 100 mm，5 股道以上者不超过 200 mm。

3. 横向承力索和上、下部定位索不得有接头、断股和补强，其机械强度安全系数应符合表 4.4.1 的规定。

4. 下部定位索距工作支接触线的距离不得小于 250 mm。

（二）硬横跨的技术状态应符合下列要求

1. 硬横梁的安装高度应符合设计要求，允许误差不超过+50 mm。
2. 硬横梁呈水平状态，各段之间及其与支柱应连接牢固，螺栓紧固力矩应符合设计要求。
3. 硬横梁锈蚀面积超过 20%时应除锈涂漆。
4. 吊柱在安装后应处于竖直状态，限界满足要求。锚段关节及关节式分相。

【事故案例】1994 年 9 月 17 日 5 时 29 分，陇海线欢河站，因接触网软横跨下部固定绳松弛，6K-059 电力机车在欢河站Ⅱ道发生弓网事故。后又因机车未及时停车且在北西到线盲目升弓，造成郑北变电所 213 开关保护动作跳闸，后经郑北领工区三个网工区联合抢修，于 6 时 30 分恢复供电，中断郑州枢纽北西到供电 1 h 1 min。7 时 25 分，调车机将 6K-059 电力机车拉走，恢复北西到正常行车，耽误列车时间 1 h 56 min。

【事故原因】经现场调查分析，6K-059 电力机车在欢河站发生弓网事故后，盲目升弓运行到西北到线，引起变电所跳闸，使 6K-059 电力机车停车在北西到线 36#支柱处。经巡视检查，北西到线设备正常。在扩大范围巡视时，发现欢河站 40#～39#软横跨下部固定绳松弛，欢河站 5#线岔处吊弦刮移，造成限制管处导线弯曲。40#～39#软横跨处，曾经多次有电力机车司机反映，接触网晃动。因此，综合上述，弓网故障原因是：40#～39#软横跨下部固定绳松弛，刮坏受电弓，造成受电弓故障。受损的受电弓带病运行，进一步受到破坏，终于在北西到线引起变电所跳闸，6K-059 电力机车被迫停车。

四、电分段锚段关节及关节式分相

（一）电分段锚段关节及关节式分相的技术状态应符合下列要求

1. 转换柱处两悬挂的垂直距离、水平距离。

标准值：设计值。

安全值：设计值+50 mm。

限界值：同安全值。

2. 中心柱处两悬挂的垂直距离、水平距离。

（1）垂直距离。

标准值：等高（设计值）。

安全值：20 mm（设计值+50 mm）。

限界值：20 mm（设计值+50 mm）。

注：括号外为接触线的值，括号内为承力索的值。

（2）水平距离：同转换柱。

（3）中心柱处接触等高点接触线高度不应低于相邻吊弦点，允许高于相邻吊弦点 0～10 mm。

3. 两接触悬挂接触线工作支过渡处接触线调整符合运行要求。

4. 锚段关节式电分相中性区长度符合设计要求，地面传感器的纵向距离应符合设计要求，允许误差±1 m。

（二）机械分段锚段关节的技术状态应符合下列要求

1. 两悬挂各部分（包括零部件）之间的距离在设计极限温度下应保持 50 mm 以上。

2. 转换柱处两接触线的水平距离

标准值：设计值。

安全值：50～250 mm。

限界值：50～300 mm。

3. 转换柱处两接触线的垂直距离。

标准值：设计值。

安全值：设计值±30 mm。

限界值：同安全值。

4. 中心柱处两接触线水平距离为设计值，误差不超过 30 mm；两接触线距轨面等高，误差不大于 20 mm。

两接触悬挂接触线工作支过渡处接触线调整符合运行要求。

（三）锚支接触线

锚支接触线在其垂直投影与线路钢轨交叉处，应高于工作支接触线 300 mm 以上。

锚段关节事故案例分析：

【事故案例】1997 年 7 月 24 日 0 时 38 分，陇海线予灵站，SS_6-20 电力机车牵引 1903 次列车，因锚段关节承力索断线而被迫停车，构成接触网故障。引起太要变电所 211 保护动作跳闸，重合、强送均失败。中断陇海线下行供电 3 h 49 min，影响 6 列货车、6 列客车。

【事故原因】陇海线予灵站 73#～79#支柱间为三跨绝缘锚段关节，77#支柱悬挂工作支腕臂上管套绞坏，因材质（铸铁件）不良造成折断（断口处有就裂纹），承力索失去固定，导致绝缘锚段关节内两支接触悬挂间失去正常的空气绝缘间隙后而发生放电，放电电流烧断承力索。当 SS_6-20 电力机车牵引 1903 次列车通过时，机车司机了望发现而立即停车。予灵站 75#支柱至予太区间 17#支柱 10 个跨距承力索 400 m；腕臂 3 根，定位器 5 个、套管绞环 4 个、吊弦 30 根损伤。

五、中心锚结

1. 中心锚结按其作用分为防断和防窜两种。其设置位置要使两边接触悬挂的补偿条件基本相等。

2. 防断式中心锚结的技术状态应符合下列要求：

1）承力索中心锚结绳。

（1）中心锚结绳范围内承力索不得有接头和补强。

（2）中心锚结绳的弛度应等于或略高于该处承力索的弛度。

（3）中心锚结绳位置、中心锚结绳与承力索、悬挂点固定线夹的设置和间距符合设计要求。

2）接触线中心锚结绳。

（1）中心锚结所在的跨距内接触线不得有接头和补强。

（2）中心锚结绳范围内不得安装吊弦和电联结器。

（3）中心锚结绳不应松弛、不得触及弹性吊弦辅助绳，两边的长度和张力力求相等。

（4）中心锚结绳两端与承力索固定线夹的设置和间距符合设计要求。

3）中心锚结线夹。

（1）中心锚结线夹应安装牢固，在直线上应保持铅垂状态，在曲线上应与接触线的倾斜度一致。

（2）中心锚结线夹处的接触线高度比两侧吊弦点高出 0～20 mm。

3. 防窜式中心锚结的技术状态应符合下列要求：

（1）防窜绳两端固定线夹的设置和间距符合设计要求。

（2）接触线中心锚结绳与防断式相同。

中心锚结事故案例分析：

【事故案例】1992 年 10 月 28 日 15 时 52 分，京广线苏桥—许昌间下行 K751+950 处，SS_3-350 电力机车牵引 1491 次列车，因中心锚结故障，刮坏受电弓构成弓网故障。引起临颍变电所 211、许昌开闭所 231 开关保护动作跳闸。中断京广线下行供电 1 h 49 min。

【事故原因】从现场设备情况分析，苏许区间 21#～23#支柱间中心锚结辅助绳在 19#柱硬锚，因施工单位施工时，紧固下锚角钢不够（其东北角还少一个顶丝），又运行后不断受振动和线索张力变化等外界因素影响，下锚角钢下滑约 160 mm，且 19#支柱下锚斜拉线松弛。辅助绳在19#~21#支柱间驰度增大,最大驰度处低于接触线线面。当 SS_3-350 电力机车牵引 1491 次列车通过时,从受电弓左导角开始,辅助绳刮碰受电弓,将受电弓呈左低右高状态刮翻,使受电弓左导角对机车车顶接触跳闸。受伤受电弓继续向南运行至21#、23#支柱处,打坏定位,刮伤导线之后,弓网脱离接触,机车运行到 K753+500 处停车。电力机车受电弓运行左侧导角多处擦伤,导角有接地短路后,故障电流烧损缺口,滑板左半部分有多处打碰痕迹,综上所述:弓网故障原因是中心锚结辅助绳松弛刮碰受电弓造成。

六、线 岔

1. 由正线与侧线组成的交叉线岔,正线接触线位于侧线接触线的下方;由侧线和侧线组成的线岔,距中心锚结较近的接触线位于下方。

2. 对单开和对称(双开)道岔的交叉线岔,其技术状态应符合以下要求:

1)道岔定位支柱的位置。

160 km/h 及以下区段,道岔定位支柱应位于道岔起点轨缝至线间距 700mm 的范围内;160 km/h 以上区段,道岔定位支柱应按设计的定位支柱布置,定位支柱间跨距误差±1m。

2)交叉点位置。

标准值:横向距两线路任一线路中心不大于 350 mm,纵向距道岔定位大于 2.5 m。

安全值:160 km/h 及以下区段,交叉点位于道岔导曲线两内轨距 630~1 085 mm 内的横向中间位置;160 km/h 以上区段的线岔交叉点位于道岔导曲线两内轨距 735~1 085 mm 内的横向中间位置。横向位置允许偏差 50 mm。

限界值:同安全值。

3)两接触线相距 500 mm 处的高差。

标准值:当两支均为工作支时,正线线岔的侧线接触线比正线接触线高 20 mm,侧线线岔两接触线等高;当一支为非工作支时,160 km/h 及以下区段的非工作支接触线比工作支接触线抬高 80 mm。160 km/h 以上区段非工作支接触线按设计要求延长一跨并适当抬高后下锚。

安全值:当两支均为工作支时,正线线岔侧线接触线比正线接触线高 10~30 mm;侧线线岔两接触线高差不大于 30 mm。当一支为非工作支时,160 km/h 及以下区段的非工作支接触线比工作支接触线抬高 50~100 mm。160 km/h 以上区段延长一跨并抬高 350~500 mm 后下锚。

限界值:同安全值。

4)限制管长度符合设计要求,应安装牢固,并使两接触线有一定的活动间隙,保证接触线自由伸缩。

5)始触区。

160 km/h 及以下区段的线岔两工作支中任一工作支的垂直投影距另一股道线路中心 550~800 mm 内,不得安装任何线夹。

160 km/h 以上区段,对于宽 1 950 mm 的受电弓,在距受电弓中心 600~1 050 mm 的平面和受电弓仿真最大动态抬升高度(最大 200 mm)构成的立体空间区域为始触区范围,该区域内不得安装除吊弦线夹(必需时)外的其他线夹或零件。

6）其他。

（1）道岔定位器支座不得侵入受电弓动态包络线。否则应使定位器加长，并采用特殊弯形定位器，并保证定位器的端部不侵入其他线的受电弓限界。

（2）160 km/h 及以下区段的线岔定位拉出值不大于 450 mm。160 km/h 以上区段的线岔定位拉出值不大于 400 mm。

（3）160 km/h 以上区段的正线线岔在两工作支接触导线间距 550～600 mm 处宜设一组交叉吊弦，使两支接触导线等高。

（4）160 km/h 以上区段在始触区范围内，两支接触线位于受电弓中心同一侧。

（5）道岔开口方向上道岔定位后的第一个悬挂点设在线间距大于等于 1 220 mm 处，并应保证两线接触悬挂的任一接触线分别与相邻线路中心的距离不小于 1 220 mm。

（6）两支承力索间隙不应小于 60 mm。

3. 对复式交分和交叉渡线道岔的线岔，其技术状态应符合下列要求：

（1）交叉点位置。

标准值：复式交分道岔两接触线相交于中轴支距的中点；交叉渡线道岔两接触线相交于两渡线中心线的交点处。

安全值：交叉点的横向和纵向允许偏差为 50 mm。

限界值：同安全值。

（2）两接触线相距 500 mm 处的高差、限制管和始触区等，同单开道岔的线岔要求。

4. 线岔的编号应以其所在的道岔编号命名。

5. 无交叉线岔标准由各局按设计要求，根据设计文件、道岔型号及运行速度自行制定。

线岔事故案例分析：

【事故案例 1】1992 年 7 月 30 日 2 时 35 分，郑州枢纽上行出发场，SS_4-201 电力机车在上发单入库途中，因线岔超标，电力机车受电弓钻入接触网中，构成弓网故障。引起郑北变电所 212 开关保护动作跳闸，2 时 42 分强送成功，中断供电 7 min。

【事故原因】从事故后测量数据及电力机车受电弓检查情况分析，受电弓本体无异常状况，而 6110 线岔受刮后两交叉接触线工作支 500 mm 水平处高差为 40 mm（从检修记录查得：上午天窗点检修后该处两工作支 500 mm 水平高差仍为 15 mm）说明：该线岔事故前两工作支 500 mm 处水平技术数据超标，是构成本次弓网故障直接原因。由于，接触网送电已经成功，故当时没有停电处理接触网和受电弓。3 时 52 分，行调给点，电调发令停电配合机车司机处理受电弓，却未处理接触网，设立降弓标志，临时恢复供电，利用天窗点整修设备，恢复正常供电。

【事故案例 2】1992 年 2 月 1 日 11 时 11 分，京广线苏桥站，因线岔限制管脱落，构成接触网故障。未引起牵引变电所保护动作跳闸。但事故影响 4 h 33 min。

【事故原因】苏桥站 3 道 11#支柱 7#线岔限制管，因两接触线挤压限制管线夹，而使线夹挣脱，限制管脱落，被电力机车司机及时发现而停车。由于抢修工区抢修途中堵车，到达现场较晚，事故影响时间较长。

七、电联结器

1. 在锚段关节处装设 2 组、线岔处装设 1 组电联结器；在链形悬挂与简单悬挂的衔接处、加强线（载流承力索）的终端、车站电力机车经常起动处所的股道之间，应装设电联结器。

其他横向电联结的设置位置和数量符合设计要求。

极限温度条件下，交叉跨越线索间距不足 200 mm 的处所应加装等位线。等位线应与被连接线索材质相同，截面积不少于 10 mm^2。

2. 电联结器的技术状态应符合下列要求：

1）电联结线。

（1）电联结线均要用多股软线做成，其额定载流量不小于被连接的接触悬挂、供电线的额定载流量，且不得有接头。

（2）电联结线应留有一定的裕度，适应接触线和承力索因温度变化伸缩的要求。

（3）对于压接式的电联结线夹，电联结线不应有压伤和断股现象；对于并接式电连接线夹，电联结线应伸出线夹外 10～20 mm。

2）电联结线夹。

（1）电联结线夹的材质和规格必须与被连接线索相适应。

（2）电联结线夹与接触线、承力索、供电线之间的连接必须牢固，线夹内无杂物并涂导电介质。

（3）接触线电联结线夹在直线处应处于铅垂状态，在曲线处应与接触线的倾斜度一致。

（4）电联结线夹处接触线高度不应低于相邻吊弦点，允许高于相邻吊弦点 0～10 mm。

电联结器事故案例分析：

【事故案例】1993 年 5 月 5 日 19 时 15 分，京广线长源站，SS$_4$-094 电力机车因电联结脱落，发生弓网故障。引起薛店变电所 213 开关保护动作跳闸，中断京广线下行供电 1 h 23 min。

【事故原因】长源站 9#～14#柱软横跨 N5 号导线岔处电联结。因长期失修，电联结线夹螺栓、螺帽丢失或松动，造成电联结线夹松动。当 SS$_4$-094 电力机车通过时，振动使电联结线夹松脱，电联结器低于到线面，电力机车受电弓钻入电联结，刮坏受电弓构成弓网故障。电联结被受电弓刮伤。

八、定位装置

1. 定位装置的结构及安装状态应保证接触线工作面平行于轨面，定位点处接触线的弹性符合规定。当电力机车受电弓通过和温度变化时，接触线能上下、左右自由移动。

2. 定位装置的技术状态应符合下列要求：

1）定位器。

（1）定位器坡度。

标准值：160 km/h 及以下区段为 1/10～1/5，160 km/h 以上区段为设计值。

安全值：160 km/h 及以下区段为 1/10～1/5，160～200 km/h 区段 1/10～1/5，200 km/h 以上区段为设计值。

限界值：160 km/h 及以下区段为 1/10～1/3，160 km/h 以上区段与安全运行值相同。对于限位、弓形等定位器，安装应符合产品说明书及设计的要求。

（2）定位器偏移。

标准值：在平均温度时垂直于线路中心线，温度变化时沿接触线纵向偏移与接触线在该点的伸缩量相一致。

安全值：标准值±10%。

限界值：极限温度时其偏移值不得大于定位器管长度的 1/3。

（3）软定位器的定位拉线调整端在定位器侧，固定端在腕臂侧。

2）定位管及定位肩架。

反定位管、定位肩架及组合定位器的定位管的状态符合设计规定。反定位器主管两侧拉线的长度张力应相等，定位管卡子距定位环应保持 100～150 mm 的距离。各管口封堵良好，定位拉线受力适当且不应有严重锈蚀。

转换支柱处两定位器能分别自由转动，不得卡滞；非工作支和工作支定位器、管之间的间隙不小于 50 mm。

3）定位环应沿线路方向垂直安装。定位管上定位环的安装位置距定位管根部不小于 40 mm。定位装置各部件之间应连接可靠，定位钩与定位环的铰接状态良好。

4）防风支撑。

山谷口、高路堤（一般指高出自然地面 5 m）、高架桥等"风口"地段，应有防风措施（如在腕臂与定位管之间加设定位管支撑等）。

定位装置事故案例分析：

【事故案例 1】1997 年 6 月 24 日 6 时 06 分，陇海线太要—潼关间，SS_6-005 电力机车牵引 3351 次列车，因太潼区间 53# 支柱反定位器定位坡度过小，受电弓刮到定位器上而损伤受电弓滑板，构成弓网故障。引起太要变电所 211 开关保护动作跳闸，重合、强送均失败。临时将导线处理后，降弓行车，中断陇海线下行供电 1 h 32 min，影响 2 列货车和 1 列客车。

【事故原因】1997 年 6 月 22 日，盗贼偷盗列车货物砸断太潼区间下行 55# 支柱，使 55# 支柱向田野侧倾倒，压迫 53# 支柱反定位管，造成 53# 支柱反定位管弯曲。次日，更换 55# 支柱时，恢复不彻底，未将 55# 支柱弯曲的反定位器管更换。同时，55# 支柱处中心锚结也未恢复，当气温变化时，53# 支柱定位器坡度变小，当 SS_6-005 电力机车牵引列车通过时，受电弓打在定位上，定位器从定位线夹处被打掉，ϕ4.0 软尾巴铁线断一根，导线有较严重弯曲，发定位管弯曲，两根吊弦被拉脱，受电弓滑板条损伤。

【事故案例 2】1992 年 10 月 17 日 4 时 06 分，郑州马砦线路所 E37#～E38# 软横跨客联线下行线，因定位器脱落，构成接触网故障。当 93 次列车通过时，引起郑北变电所 221 开关保护动作跳闸，重合失败，4 时 11 分强送成功。5 时 19 分经要点停电处理，于 5 时 33 分钟恢复正常供电，整个事故影响时间 1 h 27 min。

【事故原因】从现场情况分析，马砦站 E37#～E38# 软横跨存在设计缺陷，该处少一组电联结。因此，当机车在此处附近故障跳闸或启动取流时，易将定位连接件烧损。经调查郑州南站机车通过情况可知：16 日 22 时 21 分，SS_4-234 电力机车牵引 7417 次列车由 B1 线通过时，由于机车故障，在马砦站 E37#～E38# 软横跨 B1 线定位处，造成郑北变电所 221 开关保护动作跳闸，故障电流使 E37#～E38# 软横跨客联线下行线定位器定位钩烧损，钩头变大。当时虽未脱落，但由于以后通过列车震动，造成定位器从定位环处脱落，成 70° 斜角在接触网导线上，当 93 次列车通过时，引起变电所跳闸。

【事故案例 3】1995 年 4 月 26 日 1 时 16 分，襄渝线老河口东—黄康间，SS_1-231 电力机车牵引 284 次列车，因定位脱落，导线偏移，电力机车受电弓钻入接触网，构成弓网故障。

引起石花变电所 1#馈线跳闸，重合、强送均失败，中断襄渝线供电 3 h 50 min。

【事故原因】襄渝线老黄区间加强线与导线间导流不畅，致使 17#支柱软定位器尾部软定位拉线（四股φ4.0 铁线），在运行中导流，不断发热拉伸，在设备检修中也没有发现，以至于最后烧红拉断。导线失去定位，跑向曲线内侧，拉出值得 650 mm。当 SS_1-231 电力机车牵引 284 次列车通过时，受电弓钻入接触网内，刮坏受电弓，将导线拉断，11#～17#支柱间吊弦全部刮掉，14#～16#支柱间棒式瓷瓶折断，接触线大部分缠绕在机车和机后第一位车上。

九、支撑装置

1. 腕臂底座、拉杆底座、压管底座应与支柱密贴。底座角钢（槽钢）应水平安装，两端高差不得大于 10 mm。

2. 结构高度。

标准值：区段的设计采用值。

安全值：标准值±200 mm。

限界值：（以跨距中最短吊弦长度为依据界定）在 160 km/h 及以下运行区段，最短吊弦长度为 250 mm；在 160 km/h 以上运行区段，最短吊弦长度不小于 500 mm，困难条件下不小于 300 mm。

3. 腕臂的技术状态应符合下列要求：

（1）腕臂及其安装位置。

腕臂的安装位置应满足承力索悬挂点（或支撑点）距轨面的距离（即导线高度加结构高度），允许误差±200 mm；悬挂点距线路中心的水平距离符合规定。

棒式绝缘子安装时滴水孔朝下，腕臂的各部件均应组装正确。腕臂上的各部件（不包括定位装置）应与腕臂在同一垂直面内，铰接处要转动灵活。腕臂不得弯曲且无永久性变形，顶部非受力部分长度为 100～200 mm。顶端管口封堵良好。

双线路腕臂应保持水平状态，其允许仰高不超过 100 mm，无永久性变形。定位立柱应保持铅垂状态。

（2）腕臂偏移。

标准值：无偏移温度时垂直于线路中心线，温度变化时腕臂顶部的偏移要和该处的承力索伸缩量相对应。

安全值：标准值±100 mm。

限界值：任何情况下不得超过腕臂垂直投影长度的 1/3。

4. 拉杆（压管）或水平腕臂的技术状态应符合下列要求：

（1）拉杆（压管）或水平腕臂的安装位置要满足承力索的悬挂需要，安装误差与腕臂相同。

（2）拉杆（压管）或水平腕臂应呈水平状态，允许悬挂点侧仰高不超过 100 mm。

（3）拉杆必须处于受拉状态。

5. 桥梁、隧道内埋入杆件的技术状态应满足下列要求：

（1）桥梁、隧道内的埋入杆件（包括立柱）应安装牢固，无断裂、变形，其填充物不得剥落和裂纹，对杆件要适时做好防腐处理。

（2）隧道内"V"形、"人"字形简单悬挂滑动环与滑动杆不卡滞。

（3）隧道立柱应保持铅垂状态，其倾斜角不得大于 1°；立柱地脚螺栓必须是双螺帽，拧紧螺帽后螺栓外露长度不得大于 30 mm；调整立柱用的垫片不得超过 3 片；立柱垂直线路的位置符合规定，允许偏差如无规定时，按 50 mm 执行。立柱底板与拱顶间隙的填充物符合规定。

十、受电弓动态包络线

1. 受电弓动态包络线是指运行中的受电弓在最大抬升及摆动时可能达到的最大轮廓线。动态包络线范围内不得有任何障碍影响受电弓运行。

2. 受电弓动态包络线应符合下列规定：

120 km/h 及以下区段，受电弓动态抬升量为 100 mm，左右摆动量为 200 mm。

120～160 km/h 区段，受电弓动态抬升量为 120 mm，左右摆动量为 250 mm。

200 km/h 区段，（导线高度为 6 m 时）受电弓动态抬升量为 160 mm，左右摆动量直线区段为 250 mm，曲线区段为 300 mm。

200～250 km/h 区段，受电弓动态抬升量暂按 200 mm，左右摆动量直线区段为 250 mm，曲线区段为 350 mm。

受电弓动态包络线如图 4.4.1 所示：

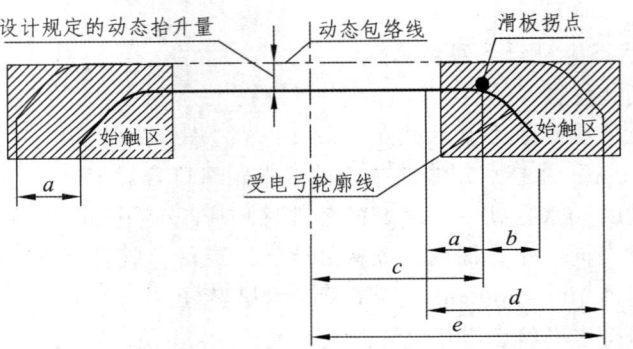

图 4.4.1 受电功动态包络线示意图

a——设计规定的受电弓横向摆动量；b——滑板拐点至受电弓诱导角端点的距离；
c——滑板拐点至受电弓中心线的距离；$d=2a+b$；$e=a+b+c$

十一、补偿装置

1. 补偿装置的技术状态应符合下列要求：

1）a 值（补偿绳回头末端至滑轮距离）、b 值（坠砣底部距地面距离）

标准值：符合安装曲线的要求。

安全值：安装曲线值±200 mm。

限界值：任何情况下 a、b 值均应大于 200 mm。

2）补偿坠砣及其重量。

（1）坠砣应完整，坠砣块叠码整齐其缺口相互错开 180°。

（2）坠砣串的重量（包括坠砣杆的重量）符合规定，允许误差不超过 2%。

（3）坠砣块自上而下按块编号，并标明重量。

3）补偿滑轮组。

（1）补偿滑轮完整无损、转动灵活（人力用手托动坠砣能上下自由移动），没有卡滞现象。对需要加注润滑油的补偿滑轮，应按产品规定的期限加注润滑油，没有规定者至少3年一次。定滑轮槽应保持铅垂状态，动滑轮槽偏转角度不得大于45°。同一滑轮组的两补偿滑轮的工作间距，任何情况下不小于500 mm。

（2）补偿绳不得有松股、断股和接头，不得与其他部件、线索相摩擦。

4）限制器及制动装置

（1）限制器的安装位置应满足坠砣升降变化要求，限制坠砣的摆动，不妨碍升降。

（2）制动装置应安装正确、作用良好。卡块式制动装置的制动角块在温度变化时，能在制动框架内上下自由移动；顶块式制动装置的制动顶块与大滑轮盘保持3~5 mm的间隙。

2. 棘轮、弹簧及液压等其他结构形式补偿装置，其技术状态应符合产品说明书要求。

十二、支柱

接触网支柱的技术状态应符合下列要求：

1. 支柱位置。

（1）支柱的侧面限界应符合规定，允许误差+100 mm、-60 mm，但最小不得小于《铁路技术管理规程》规定的限值。

（2）每组软横跨两支柱中心的连线应垂直于正线，偏角不大于3°；每组硬横跨两支柱中心的连线应垂直于正线，偏角不大于2°。

（3）支柱应尽量设在侧沟限界以外，若客观条件限制必须设在侧沟中，则应留有排水通道，支柱根部应用砂浆砌石加固。支柱埋设深度应符合设计要求，允许误差±100 mm。

2. 支柱本体。

（1）横腹杆式钢筋混凝土支柱表面应光洁、平整。横腹板破损应及时修补，翼缘破损和露筋不超过两根长度不大于400 mm应及时修补；露筋达两根以上但不超过4根且长度不超过400 mm者可以修补后降级使用；露筋超过4根或者露筋长度超过400 mm者，均应及时更换。支柱翼缘不得有横向、斜向和纵向裂纹。支柱翼缘与横腹板结合处裂纹及横腹板裂纹宽度不超过0.3 mm时，要及时修补，大于0.3 mm时应更换。

混凝土支柱破损不露筋者，可以用水泥砂浆修补后使用。

（2）环形等径预应力混凝土支柱表面应光洁平整，合缝处不得漏浆，不应有混凝土剥落、露筋等缺陷。

横向裂纹宽度不超过0.2 mm，长度不超过1/3圆周长，纵向裂纹宽度大于0.2 mm，不超过1 mm的支柱要及时修补；纵向裂纹宽度大于1 mm的支柱应更换。支柱弯曲度不大于2‰，杆顶封堵良好。

修补支柱破损部位的混凝土等级比支柱本身混凝土高一级。

（3）金属支柱及硬横梁各焊接部分不得有裂纹、开焊；主角钢弯曲不得超过5‰，副角钢弯曲不得超过2根；锈蚀面积不得超过10%。

整正支柱使用的垫片不得超过 3 块。每块垫片的面积不小于 50 mm×100 mm。

3. 支柱倾斜率。

接触网各种支柱，均不得向线路侧和受力方向倾斜。

安装在曲线外侧及直线上的支柱，在垂直线路方向要向受力的反向倾斜。腕臂柱的外倾斜率为 0 ~ 0.5%。软横跨支柱的倾斜率：高度 13 m 的支柱为 0.5 ~ 1%；高度 15 m 及以上的支柱为 1% ~ 2%。硬横跨支柱应保证垂直于地面。

曲线内侧的支柱、装设开关的支柱、双边悬挂的支柱、硬横跨支柱、均应直立，允许向受力的反向倾斜，其倾斜率不超过 0.5%。

支柱在顺线路方向应保持铅垂状态，其倾斜率不超过 0.5%。锚柱应向拉线方向倾斜，其倾斜率不超过 1%。

4. 支柱基础。

金属支柱基础面应高出地面（或站台面）100 ~ 200 mm。基础外露 400 mm 以上者应培土，每边培土宽度为 500 mm，培土边坡与水平面成 45°。

基础帽完整无破损，支柱根部和基础周围应保持清洁，不得有积水和杂物。

桥支柱的托架与接腿、支柱的连接应牢固可靠，螺栓应用双螺帽并涂油防护。

填方地段的支柱外缘距路基边坡的距离小于 500 mm 时应培土，其坡度应与原路基相同。高填方地段培土困难、流失严重或土质强度不够者，应采用干砌片石或砂浆砌石加固，片石应挤压紧密、堆砌整齐，砂浆应饱满、标号符合规定。

5. 杯形基础。

（1）杯形基础内杯底距基础面的距离为 1 500 mm；基础垂直于线路方向的中心线与线路中心线垂直，偏差不大于 3°。

（2）杯形基础面应与路基面平齐，不得高于路基面，杯形基础面平整，外形尺寸及限界符合设计要求。

（3）杯形基础田野侧的土层不得小于 600 mm，否则需进行边坡培土或砌石；路堑地段的基础外侧与水沟外侧的间距不得小于 300 mm。

（4）杯形基础采用 C15 级混凝土。

6. 支柱防护。

道口两侧、经常有机动车辆运行的场所、装卸货物站台上等易被碰撞的支柱，均应设置强度较高的防护桩。其中，道口两边支柱防护桩的高度为 2 m。

金属支柱不宜采用外围砖砌、内填石渣或砂土的封闭式防护方式，否则，应保证防护桩的防水处理质量，避免人为的防护桩内支柱锈蚀。

7. 支柱拉线。

拉线应位于接触悬挂下锚支的延长线上（附加导线单独下锚时，应位于下锚支导线的延长线上），在任何情况下不得侵入限界。拉线与地面夹角一般情况下为 45°，最大不得超过 60°。

拉线应绷紧，在同一支柱上的各拉线应受力均衡；锚板拉杆与拉线应成一条直线；拉线应采取防腐措施，埋入地下部分的地锚拉杆应涂防腐剂。拉线不得有断股、松股、接头及严重的锈蚀。UT 型线夹螺帽外露螺纹长度应有可调余量，UT 线夹不得埋入地中。各部螺栓紧固良好并涂油。拉线基础周围不得有积水。

设在挡土墙、隧道口、桥墩、坚石地带及砂浆砌石护坡上等处打孔灌注的地锚杆，其埋入深度应符合规定。受力后其周围水泥灌注部分不得有裂纹、破损及脱落现象。禁止将地锚杆设在孤石、风化石、次坚石上。

接触悬挂下锚、中心锚结下锚、附加导线下锚的拉线基础外形尺寸应符合设计要求。

拉线拉环应采用二级热浸镀锌防腐，拉线基础不得有积水。

十三、隔离（负荷）开关

隔离开关的技术状态应符合下列要求：

1. 隔离开关应动作可靠、转动灵活，合闸时触头接触良好，引线和连接线的截面与开关的额定电流及所连接的接触网当量截面相适应，引线不得有接头。

2. 隔离开关的触头接触面应平整、光洁无损伤，并涂以导电介质。

3. 隔离开关的分闸角度及合闸状态应符合产品的技术要求。

4. 隔离开关操作机构应完好无损并加锁，转动部分注润滑油。操作时平稳正确无卡阻和冲击。

5. 引线及连接线应连接牢固接触良好，无破损和烧伤。引线距接地体的距离应不小于 330 mm。引线的长度应保证当接触悬挂受温度变化偏移时有一定的活动余量并不得侵入限界，引线摆动到极限位置对接地体的距离符合规定。

6. 支持绝缘子应清洁无破损和放电痕迹，瓷釉剥落面积不超过 300 mm^2。

7. 新安装的隔离开关在投入运行前应做交流耐压试验，运行中每年用 2 500 V 的兆欧表测量一次绝缘电阻，与前一次测量结果相比不应有显著降低。

8. 负荷开关的技术状态应符合产品说明书的相关要求。

十四、吸上线

1. 吸上线电缆截面应满足回流要求，外露部分电缆护管应无损伤。

吸上线埋入地下时，埋深不少于 300 mm。穿过钢轨、桥台时应采取防护措施。

2. 吸上线的设置和安装还应符合以下要求：

（1）吸上线型号及安装位置应符合设计要求；

（2）在有轨道电路区段，采用截面满足要求的电缆接至扼流圈中性板。吸上线必须与支柱密贴连接牢固；

（3）吸上线与回流线连接时，距离悬挂点的距离应符合设计要求。

十五、附加导线

1. 附加导线是指牵引网中接触悬挂以外的架空导线。包括供电线、加强线、正馈线、回流线、保护线、架空地线等。

2. 附加导线的技术状态应符合以下规定：

1）附加导线的材质和截面积应满足通过的最大电流和表 4.4.1 中规定的机械强度安全系数。

2）张力和弛度。

标准值：符合安装曲线的要求。

安全值：标准值±10%。

限界值：同安全值。

支柱同一侧悬挂为不同线径及材质的导线时，导线的弛度应以其中弛度较大的导线为准。

3）接头及损伤。

（1）跨越铁路和一、二级公路以及重要的通航河流时，导线不得有接头。不同金属、不同规格、不同绞制方向的导线严禁在跨距内做接头；

（2）一个跨距内一根导线的接头不得超过 1 个。一个耐张段内附加导线接头、断股和补强线段的总数量不得超过下列规定，且接头距悬挂点的距离大于 500 mm：

① 耐张段长度在 800 m 及以下者：

标准值：零。

安全值：2 个。

限界值：4 个。

② 耐张段长度超过 800 m 者：

标准值：零。

安全值：4 个。

限界值：8 个。

（3）附加导线不得跨越屋顶为易燃材料的建筑物；对耐火屋顶的建筑物也要尽量避免跨越，若必须跨越时，其距建筑物的距离要符合表 4.4.4 的规定，且跨越的跨距内不得有接头、断股和补强；

（4）附加导线不得散股，安装牢固。导线采用钢芯铝绞线时，其钢芯不准折断。铝绞线和钢芯铝绞线的铝线断股、损伤截面积不得超过铝截面的 7%，且载流量和机械强度能满足要求时，可将断股处磨平用同材质的绑线扎紧，绑扎长度超出缺陷部分 30~50 mm；当断股损伤截面为 7~25%时，应进行补强；当断股截面超过 25%时，应锯断做接头或更换；

（5）附加导线跨越或接近铁路、公路、电力线、弱电线路、河流时应符合电业部门的有关规定；

（6）附加导线对地面及相互间的距离在任何情况下不应小于表 4.4.4 的数值：

表 4.4.4　附加导线对地面及相互距离　　　　　　　　　　　单位：mm

序号	有关情况		供电线、正馈线、加强线	保护线、回流线、架空地线
1	导线在最大弛度时距地面高度	居民区及车站站台处	7 000	6 000
		非居民区	6 000	5 000
		车辆、农业机械不能到达的山坡、峭壁和岩石	5 000	4 000
2	导线距离峭壁挡土墙和岩石	无风时	1 000	500
		计算最大风偏时	300	75
3	导线跨越铁路时	跨越非电化股道（对轨面）	7 500	7 500
		跨越不同回路电化股道（对承力索或无承力索时对接触线）	3 000	2 000

续表 4.4.4

序号	有关情况		供电线、正馈线、加强线	保护线、回流线、架空地线
4	不同相或不同供电分段两导线悬挂点间距离	水平排列	2 400	—
		垂直排列，上方为供电线，下方为供电线或回流线	2 000	—
5	与建筑物间的最小距离	导线与建筑物间最小垂直距离（计算最大弛度时）	4 000	2 500
		导线对建筑物最小水平距离（计算最大风速时）	3 000	1 000

（7）绝缘距离。

① 供电线、加强线、正馈线带电部分距接地体的最小距离。

标准值：设计值。

安全值：≥300 mm。

限界值：≥240 mm。

② 回流线、保护线、架空地线距接地体或桥梁及隧道壁的最小距离。

标准值：设计值。

安全值：≥150 mm。

限界值：≥75 mm。

当海拔高度超过 1 000 m 时，上述距离应按规定加大。

（8）当附加导线与接触网同杆合架时，其供电线、加强线、正馈线带电部分与支柱边沿的距离应不小于 1 m；回流线、保护线、架空地线应不小于 0.8 m。当附加导线与接触网分杆架设时，应符合电业部门架空送电线路的有关规定。

（9）肩架安装位置正确、安装牢固、呈水平状态。肩架位置的误差为+50 mm。

十六、保安装置及标志

1. 站内和行人较多的接触网每根支柱上，在距轨面 2.5 m 高的处所，以及安全挡板或细孔网栅均要有涂以白底用黑色书写"高压危险"字样和用红色画出闪电符号的警告标志。

2. 在接触网分相处应装设"禁止双弓""断（T 断）""合"等标志。绝缘锚段关节作为接触网电分段处宜装设"电力机车禁停"标，必要时还应根据反向行车需要设置。上述标志格式及装设位置各铁路局自定。

在接触网终端应装设"接触网终点"标。"接触网终点"标应装设于接触网锚支距受电弓中心线 400 mm 处接触线的上方。

上述标志均为白底黑框，黑字黑体，标志装设位置及规格符合《铁路技术管理规程》《铁路电力牵引供电施工规范》等规定。

3. 牵引供电设备管理单位的抢修列车、接触网工区均应备有临时"准备降弓""降（T 降）""升"弓标。当突然发现接触网故障或故障抢修先行送电开通时，按《铁路技术管理规程》规定在故障地点两端设置临时升、降弓标。临时"降（T 降）""升"弓标的规格可比照"断"、

"合"电标,"准备降弓"的规格可比照"禁止双弓"标。

4. 在机动车辆、兽力车通过的平交道口处铁路两侧的公路上,应设置限界门。限界门应设在沿公路中心线距最近铁路的线路中心不小于 12 m 的地方。

在限界门至铁路之间的公路两边各装设不少于 6 根防护桩,桩距不大于 1.4 m,防护桩埋深不小于 0.8 m。

限界门的宽度不得小于平交道口处公路路面的宽度,限界门的吊板应为活动吊链,吊板要平齐,吊板下缘距地面的高度为 4.5 m,限界门框柱涂以黑白色相间的漆条,漆条宽度为 200 mm。在限界门处应按《电气化有关人员电气安全规则》的规定悬挂揭示牌。

其他型式的限界门其技术状态应符合设计要求。

5. 各种标志和揭示牌应完整无损、安装牢固、字迹清晰、便于了望,不得侵入限界,与行车有关的标志应设于列车运行方向的左侧。

6. 在桥下及桥、涵、隧道、明洞等出口处的接触网承力索和供电线上采取绝缘防护措施。

十七、零件及其他

1. 接触网零件(包括附加导线的金具,下同)应符合国家及中国铁路总公司有关标准(附加导线的金具还应符合电业部门架空线路金具相应的有关标准),对早期建设的接触网,凡不符合标准的零件应分轻重缓急,结合检修和改造尽快达标。

2. 接触网零件要安装牢固,凡用螺母紧固者应有防松措施,零件上的各个螺栓均应受力均匀,其紧固力矩符合规定。各种调整螺丝的丝扣外露部分不得小于 50 mm。各种线索的紧固零件在温度变化时不应使线索往复弯曲,以防疲劳。应涂油的螺栓必须涂油。

3. 当用楔形线夹连接或固定各种线索时,线索的回头长度应为 300～500 mm,并用绑线扎紧。一处绑扎时绑扎长度为 80～120 mm,两处绑扎时每处绑扎长度不得小于 20 mm。

当用钢线卡子连接钢绞线时,不得少于 4 个卡子,其间距为 100～150 mm,每边最外方钢线卡子距绞线端头 100 mm,并用绑线扎紧。

4. 接触网和附加导线中用于电气连接的零件,其允许载流量不应小于被连接的导线。

5. 除螺栓等标准件外,所有接触网零件均应有明确的生产厂家标志,否则视为不合格零件严禁使用。

6. 各种材质的电连接线夹最高允许使用温度不得超过以下规定:

铜质为 95 ℃,铝合金为 90 ℃,铝质为 80 ℃,钢质及可锻铸铁为 125 ℃。

十八、绝缘、防雷、接地

1. 接触网绝缘部件的泄漏距离应符合下列规定:

一般地区(附盐密度 < 0.1 mg/cm^2,下同)不少于 960 mm;污秽地区(附盐密度 ≥ 0.1 mg/cm^2,下同)不少于 1 200 mm。

实行"V形"天窗的双线区段,上、下行间隔断绝缘子串的泄漏距离一般地区不少于 1 200 mm;污秽地区不少于 1 600 mm。在海拔超过 1 000 m 的地区,上述泄漏距离应按规定增大。

2. 绝缘部件不得有裂纹和破损,瓷绝缘子的瓷釉剥落面积不大于 300 mm^2,连接件不松动。

3. 在运输装卸和安装绝缘子时应避免发生冲撞，不得锤击与瓷体连接的铁帽和金属件，同时也不得对其进行机械加工和热处理，铁帽和金具无锈蚀。

4. 绝缘子裙边距接地体的距离应不小于如表 4.4.5 所示的数值。

表 4.4.5

绝缘子类型	距接地体距离 正常值（mm）	困难值（mm）
瓷及钢化玻璃绝缘子	≥100	≥75
棒式及有机合成材料绝缘子	≥50	

注：采用正常值确有困难时方可采用困难值。

5. 接触网带电部分距固定接地物、机车车辆装载货物的空气绝缘距离及电力机车受电弓上下左右摆动到极限位置，以及接触线抬高到最高位置距接地体的瞬时空气绝缘距离应符合如表 4.4.6 所示的规定。

表 4.4.6

项目	正常值（mm）	困难值（mm）
接触网带电部分距固定接地物	≥300	≥240
受电弓摆动到极限位置和接触线抬起到最高位置距接地体	≥200	≥160
接触线带电部分距机车车辆或装载货物	≥350	—
接触网带电部分距跨线建筑物底部的静态间隙	≥500	≥300

注：1. 上表中的困难值是指在已建成的低净空隧道、跨线桥等建筑物范围内，采用正常值确有困难时方可采用，应有相应的防护措施；
  2. 在海拔超过 1 000 m 的地区，其绝缘距离应按规定增大。

绝缘子事故案例分析：

【事故案例】1991 年 12 月 30 日 0 时 30 分，京广线长源站，因接触网正馈线悬式绝缘子闪络，正馈线从钩头鞍处烧断，引起薛店变电所 213 开关保护动作跳闸，中断京广线下行供电 1 h 50 min。

【事故原因】京广线长源站北侧地处水泥厂附近，水泥厂生产的水泥粉尘经常漂浮到接触网上，造成该上瓷瓶严重污染。由于停电天窗很难兑现，无法保证瓷瓶全部清扫。雾和阴雨天气，绝缘子放电闪络现象严重。12 月 30 日晚，天下小雨，污染严重的长源站 17#支柱正馈线悬式绝缘子闪络严重，电弧在钩头鞍子处烧伤正馈线若干股后，正馈线拉断并且电弧还烧伤了悬式绝缘子。正馈线断线落地，引起变电所开关跳闸中断供电。

6. 器件式分相绝缘器的技术状态应符合下列要求：

（1）绝缘器的主绝缘应完好，其表面放电痕迹应不超过有效绝缘长度的 20%。主绝缘严重磨损应及时更换。

（2）承力索分段绝缘子应采用重量较轻的有机绝缘子。

（3）双线区段，在列车运行方向为 1‰的上升坡度；单线区段，为 50 mm±10 mm 的负弛度。

（4）绝缘器应位于受电弓中心，一般情况下误差不超过 100 mm。

（5）绝缘器导线接头处过渡平滑。

（6）中性区的长度及断合电标的位置符合《铁路技术管理规程》规定。

分相绝缘器事故案例分析：

【事故案例】1993年3月27日17时21分，京广线石桥——临颍间，因分相绝缘器抽脱，构成接触网故障。引起临颍变电所211、213开关保护动作跳闸，重合、强送均失败。经临时处理，降弓行车，中断京广线下行供电2 h 59 min。

【事故原因】石临区间分相绝缘器，因长期失修，分相绝缘器偏磨严重。当电力机车受电弓通过时，打碰分相接头线夹顶丝，使顶丝松动，接触网导线从分相线夹中抽脱。

7. 分段绝缘器的技术状态应符合下列要求：

（1）绝缘器的主绝缘应完好，其表面放电痕迹应不超过有效绝缘长度的20%。主绝缘严重磨损应及时更换。

（2）绝缘器应位于受电弓中心，一般情况下误差不超过100 mm。

（3）滑道应平行于轨面，最大误差不超过10 mm。

（4）绝缘器相对于两侧的吊弦点具有5~15 mm的负弛度。

（5）绝缘器导线接头处过渡平滑。

（6）不应长时间处于对地耐压状态，尤其在雾、雨、雪等恶劣天气时，应尽量缩短其对地的耐压时间，即当作业结束后应尽快合上隔离开关，恢复正常运行。

分段绝缘器事故案例分析：

【事故案例】1992年11月26日0时20分，郑北枢纽折返段出口处，分段绝缘器，由于SS$_3$-484电力机车在分段绝缘器下启动取流，而发生烧断分段绝缘器主绝缘元件事故。虽未造成跳闸，但影响电力机车出入库，后经接触网工区组织停电处理，恢复正常供电，整个事故影响1 h 43 min。

【事故原因】郑北枢纽上发场与折返段交接处，在1986年电气化开通时，采用英国菱形分段，1988年因电力机车经常停车于分段绝缘器下取流，且蒸汽机车又经常对分段绝缘器喷汽，将其主绝缘元件烧损。随后，该处更换上了一台高铝陶瓷分段绝缘器。1992年6月份，上级通知更换有断口分段绝缘器要求，7月份，将此处更换上一台某科研所生产的TXK菱形分段绝缘器。由于该处电力机车经常在分段绝缘器下取流和蒸汽机车喷汽，曾于10月2日将分段绝缘器烧断。11月26日，当SS$_3$-484电力机车在此启动取流时，再一次又将主绝缘元件烧断。从断口分析，断口处有烧伤旧痕迹，说明该处电力机车多次启动取流。从两台分段绝缘器烧断间隔时间分析，说明该型号分段绝缘器在耐电弧烧伤方面，材质还有待进一步改良，综上所述：分段绝缘器主绝缘元件烧断是由于蒸汽机车喷汽污染，且电力机车多次在分段绝缘器下启动取流造成的。

8. 实行V型天窗的双线区段应满足下列要求：

（1）上、下行接触网带电部分之间的距离不小于2 000 mm，困难时不小于1 600 mm。

（2）上、下行接触网距下、上行通过的电力机车受电弓的瞬间距离应不小于2 000 mm，困难时不小于1 600 mm。

9. 避雷器安装牢固、无损伤，瓷套无严重放电，动作计数器完好，隔离（负荷）开关、避雷器等设备应单独设接地极。

开关、避雷器、架空地线接地电阻值不应大于10 Ω，零散的接触网支柱接地电阻值不应大于30 Ω。

10. 避雷器的检修、试验按产品说明书的规定进行。

隔离开关和避雷器事故案例分析：

【事故案例】1997年2月23日，太焦线白班桥—东关间，因避雷器击穿和吸流变器喷油，构成接触网故障。引起济成变电所213开关保护动作跳闸，中断太焦线供电6 h 45 min。

【事故原因】太焦线为晋煤外运的主要通道，接触网设备污染严重，2月23日，阴雨天气，污染严重的接触网设备绝缘子多出闪络，引起济成变电所213开关多次跳闸，由于设备多次跳闸，合闸时产生过电压多次冲击白东区间12#避雷器，造成避雷器多次击穿。管形避雷器长久失修，内部有机绝缘产气材料组成的产气管，绝缘性能下降，产气材料分解出的气体减少，又由于在短时间内多次动作，有机绝缘性能短时间内又很难恢复，产气过少，管内气压太低，不足以熄弧。电弧不能及时熄灭。持续高温电弧使支持绝缘子炸裂，引线落地，引起变电所跳闸，中断供电。排除避雷器故障后，济成变电所213开关仍继续跳闸，多次强送，均告失败。后经查东关—济成间141#吸流变压器高压套管因闪络，造成吸流变压器喷油，拉开141#吸流变压器隔离开关，故障全部排除，恢复太焦线供电。

任务5　接触网大修技术标准

【知识目标】
1. 掌握接触网大修一般规定的内容；
2. 掌握接触悬挂、平面布置、线材和零部件、绝缘、防雷的大修技术标准。

【能力目标】
能进行接触网大修工作。

一、一般规定

1. 大修是恢复性的彻底修理，应根据日常运行中存在的问题，有针对性地采取技术先进、安全可靠的有效措施，着重解决一些薄弱环节，使大修后的接触网在供电能力、供电质量、技术水平及安全可靠性方面有较大的提高。

2. 大修后的接触网要达到同时期新建工程的技术标准，至少要保证一个大修期内的正常运行。

3. 接触网大修技术标准应满足本规程维修标准的要求，本规程未作规定的参照铁路电力牵引供电设计、施工规范及电业部门有关规定执行。

二、接触悬挂

1. 接触网的悬挂类型应采用全补偿链形悬挂。受净空限制的隧道内，可采用弹性简单悬挂。采用简单悬挂时应适当增加接触线的张力，同时明确允许通达的列车速度。

2. 正线接触网的综合张力和正线接触线的张力不应低于如表4.5.1所示的数值。

表 4.5.1

区段内列车运行速度（km/h）	接触网综合张力（kN）	接触线张力（kN）
<120	25	10
120～160	28	13～15
160～250	30～35	15～20

3. 为保证电力机车的良好取流，应尽量减少接触线高度的变化。车站和区间的接触线高度宜取一致。

一般情况下，隧道内接触线高度不应低于大修前该隧道接触线的既有高度，并尽量向原设计高度靠近。

4. 正线接触线、承力索不应有接头，侧线接触线、承力索接头分别不超过一个。

三、平面布置

1. 直线区段接触线之字值为 200～300 mm。在最大设计风速条件下，当电力机车受电弓工作宽度不超过 1 250 mm 时，接触线距受电弓中心的最大水平偏移不应大于 450 mm。

2. 锚段长度不宜超过 1 600 m，最大跨距不得超过 65 m，对山口、谷口、高路堤和桥梁等风口范围内的跨距，应按设计标准选用值缩小 5～10 m，且最大跨距不宜超过 50 m。对达到上述标准确有困难时，原则上应保持修前锚段和跨距的长度。

3. 合理地布置电分段，对较大的车站应分场、分束供电，对机务段、折返段应保证不同进路的接触网能单独停电检修。

4. 在双线区段，应具备实行"V"形天窗检修的条件。

四、线材和零部件

1. 繁忙干线或腐蚀严重区段的接触线、承力索应采用铜合金线材。吊弦采用整体吊弦。

2. 接触网大修时，一般情况下零部件（包括附加导线的金具，下同）应随设备本体同时更新。特殊情况的个别零部件，经铁路局鉴定确认残余使用寿命期后可以不更新。

3. 接触网零部件应优先采用耐腐蚀、强度高的零部件，悬挂零件轻型化。

主要的受力件（如接头、下锚件等）不得使用可锻铸铁。

五、绝缘、防雷和其他

1. 绝缘部件的泄漏距离一般不应小于 1 200 mm；对隧道内及附加导线中的绝缘部件泄漏距离一般不应小于 1 400 mm；双线"V"形天窗作业区段上、下行线之间绝缘部件的泄漏距离一般不小于 1 600 mm。在海拔超过 1 000 m 的地区，上述泄漏距离应按规定增大。

2. 接触网大气及操作过电压保护宜采用氧化锌避雷器。

3. 应采用过渡平滑、耐弧性能好的分段、分相绝缘器。

4. 补偿装置宜采用大直径的滑轮组和柔韧性好、抗疲劳强的补偿绳。

5. 大修中检查支柱是否需要更新时，对金属支柱应全面打开基础帽检查和进行强度校验，需要更新时宜采用热浸镀锌钢支柱。更新的混凝土支柱容量不应低于 60 kN·m。

6. 支柱、设备接地符合现行设计规范。

复习思考题

一、填空题

1. 接触网的运行与维修，要坚持（　　　　）的方针。
2. 接触网运行检修工作遵循（　　　　）的原则，充分发挥各级组织的作用。
3. 每个接触网工区要有安全等级不低于（　　　　）的接触网工昼夜值班。
4. 接触网监测分（　　　）、（　　　）、（　　　　）和（　　　　）4个部分。
5. 接触网检测包括（　　　）和（　　　　）两部分。
6. 接触网检修分（　　　）和（　　　　）两种修程。
7. 接触网检修计划分（　　　　）和（　　　　）两部分。
8. 接触网整体大修周期一般为（　　　　）年。
9. 在目前绝缘污秽程度尚无有效监测手段的情况下，对绝缘部件采用（　　　　）的方式。
10. 中心锚结按其作用分为（　　　　）和（　　　　）两种。其设置位置要使两边接触悬挂的补偿条件基本相等。

二、问答题

1. 牵引供电设备管理单位技术主管部门应有哪些技术文件和资料？
2. 供电车间、接触网工区应备有哪些技术资料？
3. 对接触网设备的昼间步行巡视，要观察哪些主要内容？
4. 根据监测结果，对接触网设备的运行状态用哪三种量值来界定？
5. 对接触线高度的技术要求是什么？
6. 弹性吊弦辅助绳和简单悬挂吊索的技术状态应符合哪些要求？
7. 软横跨的技术状态应符合哪些要求？
8. 对接触线中心锚结绳有哪些要求？
9. 腕臂的技术状态应符合哪些要求？
10. 分段绝缘器的技术状态应符合哪些要求？
11. 接触网大修时，对接触悬挂的技术要求是什么？
12. 接触网大修时，对接触网平面布置有哪些要求？

单元五　牵引变电所安全工作规程

任务 1　总则及一般规定

【知识目标】
1. 掌握制定《牵引变电所安全工作规程》的目的；
2. 掌握《牵引变电所安全工作规程》中一般规定的内容。

【能力目标】
1. 能严格按照《牵引变电所安全工作规程》中一般规定的要求进行防护；
2. 能严格按照《牵引变电所安全工作规程》中一般规定的要求进行作业。

一、总　则

在牵引变电所（包括开闭所、分区所、AT 所、分相所，除特别指出外以下皆同）的运行和检修工作中，为确保人身、行车和设备安全，特制定本规程。本规程适用于电气化铁道牵引变电所的运行、检修和试验。

电气化铁道牵引变电所的运行工作即为满足变电所正常供电需要而进行的一般工作，如值守、设备巡视等。

电气化铁道牵引变电所的检修工作即为满足牵引变电所内供电设备正常运行需要，定期按要求对所内设备进行的检查修复工作。

电气化铁道牵引变电所设备的检修即为满足牵引变电所内供电设备正常运行需要，定期对按要求对所内设备进行电气试验，如电气设备绝缘试验等，以查找设备故障隐患。

牵引变电所带电设备的一切作业，均必须按本规程的规定严格执行。

各部门要经常进行安全技术教育，组织有关人员认真学习和熟悉本规程，不断提高安全技术水平，切实贯彻执行本规程的规定。

各铁路局应根据本规程规定的原则和要求，结合实际情况制定细则、办法，并报总公司核备。

二、一般规定

1. 牵引变电所的电气设备自第一次受电开始即认定为带电设备。

说明：牵引变电所的电气设备主要有高压侧的电源进线、母线、电流互感器、电压互感器、避雷器、隔离开关、断路器、牵引变压器、电缆；牵引侧的馈线、母线、电容器、电流互感器、电压互感器、避雷器、隔离开关、断路器、熔断器、所用变压器及二次回路的保护设备、测量设备、电源设备、控制设备等。

2. 从事牵引变电所运行和检修工作的有关人员，必须实行安全等级制度，经过考试评定安全等级,取得安全合格证之后(安全合格证格式和安全等级的规定,分别见表 5.1.1 和表 5.1.2),方准参加牵引变电所运行和检修工作。安全合格证签发的具体办法由铁路局制定。

表 5.1.1　电气化铁道安全合格证

（封面）

电气化铁道

安　全　合　格　证

×××铁　路　局

（第 1 页）

单　　位：_____
专　　业：_____
姓　　名：_____
职　　称：_____
发证日期：____年____月____日
发证单位：_____（盖章）
合　格　证
号　　码：_____

（第 2 至第 6 页）

日期	考试原因	职称	安全等级	评分	主考人（签章）

（第 7 页）

注　意　事　项

1. 执行工作时,要随时携带本证。
2. 本证只限本人使用,不得转让或借给他人。
3. 无考试成绩、无主考人签章者,本证无效。
4. 本证如有丢失,补发时必须重新考

说明:合格证尺寸为宽 65 mm、长 95 mm,配以红色塑料封皮。

表 5.1.2　牵引变电所工作人员安全等级的规定

等级	允许担当的工作	必须具备的条件
一级	进行停电检修较简单的工作	新工人经过教育和学习,初步了解在牵引变电所内安全作业的基本知识。
二级	1. 助理值班员; 2. 停电作业; 3. 远离带电部分的作业。	1. 担当一级工作半年以上; 2. 具有牵引变电所运行、检修或试验的一般知识; 3. 了解本规程; 4. 根据所担当的工作掌握电气设备的停电作业和助理值班员的工作;

续表 5.1.2

等级	允许担当的工作	必须具备的条件
二级		5. 能处理较简单的故障； 6. 会进行紧急救护。
三级	1. 值班员； 2. 停电作业和远离带电部分作业的工作领导人； 3. 进行带电作业； 4. 高压试验的工作领导人。	1. 担当二级工作一年以上； 2. 掌握牵引变电所运行、检修或试验的有关规定； 3. 熟悉本规程； 4. 根据所担当的工作掌握电气设备的带电作业和值班员的工作； 5. 能领导作业组进行停电和远离带电部分的业； 6. 会处理常见故障。
四级	1. 牵引变电所工长； 2. 检修或试验工长； 3. 带电作业的工作领导人； 4. 工作票签发人。	1. 担当三级工作一年以上； 2. 熟悉牵引变电所运行、检修或试验的有关规定； 3. 根据所担当的工作熟悉下列中的有关部分，并了解其他部分：值班员的工作，电气设备的检修和试验； 4. 能领导作业组进行高压设备的带电作业； 5. 会处理较复杂的故障。
五级	1. 领工员、供电调度人员； 2. 技术主任、副主任，有关技术人员； 3. 段长、副段长、总工程师。	1. 担当四级工作一年以上，技术员及以上的各级干部具有高等专业学校或相当于高等专业学校及以上的学历者（牵引供电专业可不受此限）； 2. 熟悉并会解释牵引变电所运行、检修和安全工作规程及有半检修工艺。

3. 从事牵引变电所运行和检修工作的人员，每年定期进行 1 次安全考试。属于下列情况的人员，要事先进行安全考试。

（1）开始参加牵引变电所运行和检修工作的人员。包括刚参加工作人员或者职务、工种、工作单位变更的人员。

（2）职务或工作单位变更时，仍从事牵引变电所运行和检修工作并需提高安全等级的人员。

说明："职务变更"：包括工种变更，例如值班员变更为检修人员或试验人员；"工作单位变更"：系指段及以上各单位之间的调动。

（3）中断工作连续 3 个月以上仍继续担当牵引变电所运行和检修工作的人员。

4. 对违反本规程受处分的人员，必要时降低其安全等级，需要恢复原来的安全等级时，必须重新经过考试。

5. 未按规定参加安全考试和取得安全合格证的人员，必须经当班的值班员准许，在安全等级不低于二级的人员监护下，方可进入的高压设备区。高压设备区包括 110 kV（或 220 kV）电源侧设备区及 27.5 kV 牵引侧设备区。

6. 牵引变电所的值班人员及检修工，要每 2 年进行 1 次身体检查，对不适合从事牵引变电所运行和检修作业的人员要及时调整。

7. 雷电时禁止在室外设备以及与其有电气连接的室内设备上作业。遇有雨、雪、雾、风（风力在五级及以上）的恶劣天气时，禁止进行带电作业。

8. 高空作业（距离地面 3 m 以上）人员要系好安全带（安全带的试验标准见表 5.1.3），戴好安全帽。在作业范围内的地面作业人员也必须戴好安全帽。高空作业时要使用专门的用具传递工具、零部件和材料等，不得抛掷传递。

说明："高空作业"即是凡在距离地面 3 m 以上的处所进行的所有做业均为高空作业。作业时工作领导人或由工作领导人指定的安全等级不低于该工作领导人应具备的安全等级人员进行监护。此外由于变电所设备相对比较复杂，所以只规定在地面的人员戴安全帽。

9. 作业使用的梯子要结实、轻便、稳固并按表 5.1.3 的规定进行试验。

当用梯子作业时，梯子放置的位置要保证梯子各部分与带电部分之间保持足够的安全距离，且有专人扶梯。登梯前作业人员要先检查梯子是否牢靠，梯脚要放稳固，严防滑移；梯子上只能有一人作业。使用人字梯时，必须有限制开度的拉链。

表 5.1.3 常用工具试验标准

序号	名称	周（月）	电压等级（kV）	试验电压（kV）	负荷（N）	时间（min）	泄漏电流（mA）	合格标准
1	绝缘棒	6	110	四位相电压				
	杆		27.5	120				
	滑轮		6~10	44				
2	绝缘绳	6	高压	105/0.5 m		5		无过热、击穿和变形
3	绝缘手套	6	高压	8		1	9	
			低压	2.5			2.5	
4	绝缘靴	6	高压	15		1	7.5	
5	绝缘梯	6		2.5/cm		5		
6	验电器	6	27.5	120		5		发光电压不高于额定电压的 25%
			6~10	40				
7	金属梯	12			2 205	5		任一级梯蹬加负荷后不得有裂损和永久变形
	竹木梯	6			1 765			
8	绳子	6			2 205	5		无破损和断股
9	安全带	6			2 205	5		无破损

10. 在牵引变电所内搬动梯子、长大工具、材料、部件时，要时刻注意与带电部分保持足够的安全距离（见表 5.1.4 和表 5.1.5）。

安全距离：是指空气中不同的相的带电部分之间或各带电部分对接地部分之间的空间最小安全净距。在此距离下，无论是处于正常最高工作电压之下，或处于内外过电压下，空气间隙均不致被击穿。

表 5.1.4 室内安全距离

符号	适应范围	额定电压（kV）				
		3	10	27.5	55	110J
A1	带电部分至接地部分之间	75	125	300	550	900
	网状和板状遮栏向上延伸线距地 2.3 m 处与遮栏上方带电部分之间					

续表 5.1.4

符号	适应范围	额定电压（kV）				
		3	10	27.5	55	110J
A2	不同相的带电部分之间	75	125	300	550	900
	断路器和隔离开关的断口两侧引线带电部分之间					
B1	栅状遮栏至带电部分之间	825	875	1 050	1 300	1 600
	交叉的不同时停电检修的无遮栏带电部分之间					
B2	网状遮栏至带电部分之间	175	225	400	650	950
C	无遮栏裸导体至地楼面之间	2 500	2 500	2 600	2 850	3 150
D	平行的不同时停电检修的无遮栏裸导体之间	1 875	1 925	2 100	2 350	2 650
E	通向屋外的出线套管至屋外通道的路面	4 000	4 000	4 000	4 500	5 000

注：110J 系指中性点有效接地电网。

表 5.1.5 室外安全距离

符号	适应范围	额定电压（kV）					
		3~10	15~20	27.5	55	110J	110
A1	带电部分至接地部分之间，网状遮栏向上延伸线距地 2.5 m 处与遮栏上方带电部分之间	200	300	400	650	900	1 000
A2	不同相的带电部分之间，断路器和隔离开关的断口两侧引线带电部分之间	200	300	400	650	1 000	1 100
B1	设备运输时，其外廓至无遮栏带电部分之间；交叉的不同时停电检修的无遮栏带电部分之间；栅状遮栏至绝缘体和带电部分之间	950	1 050	1 150	1 400	1 650	1 750
B2	网状遮栏至带电部分之间	300	400	500	750	1 000	1 100
C	无遮栏裸导体至地面之间；无遮栏裸导体至建筑物、构筑物顶部之间	2 700	2 800	2 900	3 100	3 400	3 500
D	平行的不同时停电检修的无遮栏带电部分之间，带电部分与建筑物、构筑物的边沿部分之间	2 200	2 300	2 400	2 600	2 900	3 000

11. 使用携带型火炉或喷灯时，不得在带电的导线、设备以及充油设备附近点火。作业时其火焰与带电部分之间的距离：电压 10 kV 及下者不得小于 1.5 m；电压为 10 kV 以上者不得小于 3 m。

牵引变电所内要有足够的防火设备，防火设备要满足消防部门的要求，所内值班人员要会正确使用消防设备。

12. 每个高压分间及室外每台隔离开关的锁均应有两把钥匙，由值班员保管 1 把，交接班时移交下一班；另一把放在控制室内固定的地点。

各高压分间以及各隔离开关的钥匙均不得相互通用。

当有权单独巡视设备的人员或工作票中规定的设备检修人员需要进入高压分间巡视或检修时，值班员可将其保管的高压分间的钥匙交给巡视人员或作业组的工作领导人，巡视结束和每日收工时值班员要及时收回钥匙，并将上述过程记入值班日志中。

除上述情况，高压分间钥匙，不得交给其他人员保管或使用。

13. 在全部或部分带电的盘上进行作业时，应将有作业的设备与运行设备以明显的标志隔开。隔开标志一般有禁止合闸牌、禁止分闸牌、止步高压危险牌、防护栏栅等。

14. 供电调度员下达的倒闸和作业命令除遇有危及人身及设备安全的紧急情况外，均必须有命令编号和批准时间；没有命令编号和批准时间的命令无效。

牵引变电所内的任何倒闸和作业必须按供电调度员下达的有效的倒闸和作业命令进行，没有供电调度的命令不许进行任何所内倒闸和作业，但遇有危及人身及设备安全的紧急情况时除外，可根据当时具体情况应急处理。

15. 牵引变电所自用电变压器、额定电压为 27.5 kV 及以上的设备，其倒闸作业以及撤除或投入自动装置、远动装置和继电保护，除特殊情况外，均必须有供电调度的命令方可操作。

额定电压为 27.5 kV 以下的设备，其倒闸作业以及撤除或投入自动装置和继电保护，须经牵引变电所工长或值班员准许方可操作，并将倒闸作业（撤除或投入自动装置、远动装置和继电保护）的时间、原因、准许人的姓名记入值班日志中。对供给非牵引负荷用电的设备，在倒闸作业前还要由值班员通知用户，必要时办理停送电手续（具体办法由铁路局制定）。

16. 停电的甚至是事故停电的电气设备，在断开有关电源的断路器和隔离开关并按规定做好安全措施前，任何人不得进入高压分间或防护栅内，且不得触及该设备。

所有电气设备即使在断开有关电源的断路器和隔离开关后，因为残留电容电压及感应电压的存在，此设备还应认为是带电设备，只有在采取验电并挂接接地线后，方能认为此段电气设备停电。

17. 牵引变电所发生高压（对地电压为 250 V 以上，下同）接地故障时，在切断电源之前，任何人与接地点的距离：室内不得小于 4 m；室外不得小于 8 m。必须进入上述范围内作业时，作业人员要穿绝缘靴，接触设备外壳和构架时要戴绝缘手套。作业人员进入电容器组围栅内或在电容器上工作时，要将电容器逐个放电并接地后方准作业。

说明：牵引变电所发生高压接地故障时，不仅接地电流在地中扩散时存在跨步电压，而且高压电气设备外壳和构架有可能带电。此时，人站在发生接地短路故障的设备旁边，距设备水平距离 0.8 m，人手接触设备金属外壳或架构，手与脚两点之间呈现电位差，即接触电压 U_j。因此，当发生高压设备接地故障时，任何人与接地点保持以上规定的安全距离，以防跨步电压伤人。并且，任何人不得接触设备外壳，以防接触电压伤人。当人员必须进入上述范围时，要做好防护措施，必须穿试验合格的绝缘靴，接触设备外壳或架构时，必须戴绝缘手套。因此，绝缘靴和绝缘手套分别是防跨步电压和接触电压的有效手段。

18. 牵引变电所要按规定配备消防设施和急救药箱。当电气设备发生火灾时，要立即将该设备的电源切断，然后按规定采取有效措施灭火。在牵引变电所内作业时，严禁用棉纱（或人造纤维织品）、汽油、酒精等易燃物擦拭带电部分，以防起火。

【事故案例】×××触电伤害重伤事故

【事故概况】1997 年 6 月 25 日上午，段工厂试验班在太要配电所调试设备，工长潘××安排刘××等人调整潼铁电源电压互感器柜开关触头等工作，其他人按指派任务作业。中午 13 时

10分作业完毕后，潘××与太要所工长朱××联系后，经车间调度同意，将潼铁电源送进所内，试验母联机构完好后，作业人员回去吃饭。下午14时，工长渊××把作业人员带到配电所值班室，布置下午工作内容，由刘××、王××、赵××三人调整东贯通柜开关触头、潘××在柜前向柜内推手车柜，以便确认触头是否到位。王××推不进去，赵××从柜后去柜前帮助一起往柜内推。此时，刘××擅自离开作业设备进入上午作业过的潼铁电源电压互感器柜内，用手测量触头距离，导致高压触电，造成刘××右手臂触电烧伤，右手大拇指截去的人身重伤事故。

【原因分析】

1. 作业人员刘××安全意识不强，思想麻痹，自控能力差，擅自离开工长指定的作业设备，误入有电柜，是造成这次事故的主要原因。

2. 车间施工组织者安全意识不强，施工组织不严密，作业安全预想不够，严重违反了《铁路电力安全工作规程》有关工作票制度，组织措施和技术措施规定，是造成这次事故的重要原因。

3. 车间干部未能发挥控制作用，导致现场失控，是造成这次事故的又一个原因。

任务2 运 行

【知识目标】

1. 掌握牵引变电所值班员和助理值班员应具备的条件及工作责任；
2. 掌握变电所巡视人员应具备的条件及对巡视工作的要求；
3. 掌握牵引变电所倒闸作业的程序和要求。

【能力目标】

1. 能进行牵引变电所值班；
2. 能进行牵引变电所巡视；
3. 能进行牵引变电所内倒闸作业。

一、值 班

牵引变电所值班是为确保变配电设备完好运行，保障生产正常运行，预防各类事故的发生，同时观察设备运行情况，提交设备运行数据，以便管理部门根据运行数据及时调整负荷，使设备经济、合理运行。为此变电所值班人员应做到：

1. 牵引变电所值班员的安全等级不低于三级，助理值班员的安全等级不低于二级。

2. 当班值班员不得签发工作票和参加检修工作，当班助理值班员可参加检修工作，但必须根据值班员的要求能随时退出检修组。助理值班员在值班期间受当班值班员的领导，当参加检修工作时，听从作业组工作领导人的指挥。

说明：因为工作票签发人与该项作业许可人不得相互兼任。因此当班的值班员和助理值班员均不得签发工作票。当班的助理值班员参加作业时应征得值班员和工作领导人的同意，退出作业组时要告知工作领导人和值班员。当助理值班员参加作业时，可不填入工作票，但有的铁路局另有归定时可填入。

3. 采用远动系统并具备无人值班条件的开闭所、分区所、AT 所可无人值班，具体办法由铁路局制定。

二、巡视

牵引变电所巡视检查工作的目的是为了及时发现设备存在的问题，并及时作出反应和处理。所内巡视检查的周期的频次要求分为日常检查：每班巡检一次，夜间熄灯检查一次；交接班巡检：在交接班时巡检一次；特殊巡视检查，特殊天气情况下，如：雷雨、暴风雨、雨夹雪以及浓雾、高温等天气，设备异常情况下（过负荷运行、温度异常、运行出现可疑情况）的检查，事故情况下的检查，新投运的设备，频繁启动的设备，线路附近有施工等作业任务。

在这些巡视工作中，值班人员应做到：

1. 除有权单独巡视的人员外，其他人员无权单独巡视。

有权单独巡视的人员是：牵引变电所值班员和工长，安全等级不低于四级的检修人员、技术人员和主管的领导干部。

2. 值班员巡视时，要事先通知供电调度或助理值班员，其他人巡视时要经值班员同意，在巡视时不得进行其他工作。

当 1 人单独巡视时，禁止移开、越过高压设备的防护栅或进入高压分间。如必须移开高压设备的防护栅或进入高压分间时，要与带电部分保持足够的安全距离，并要有安全等级不低于三级的人员在场监护。

人体与电气设备带电部分的安全距离：10 kV 带电设备为 0.7 m；27.5 kV 带电设备为 1.0 m；110 kV 带电设备为 1.5 m；220 kV 带电设备为 3.0 m。

3. 在有雷、雨的情况下必须巡视室外高压设备时，要穿绝缘靴、戴安全帽，并不得靠近避雷针和避雷器。

三、倒闸

牵引变电所内主接线运行方式的改变需要一系列的倒闸操作才能完成，例如倒换电源，倒换变压器，断路器的投入和退出都属于倒闸作业。倒闸作业是一种很重要的工作，若发生误操作，会导致设备损坏，危及人身安全及造成大面积停电，给国民经济带来巨大损失。

在倒闸操作过程中要保证不影响牵引变电所的穿越功率通过，不中断对牵引负荷的供电。由于隔离开关没有灭弧装置，不能切断负荷电流，所以倒闸作业的主要原则是隔离开关不能带负荷操作。万一发生误操作也应将影响面降到最小，为此在倒闸作业时要做到下列几个方面：

1. 明确主接线倒闸作业前后的运行方式，特别掌握电源的供电情况和各开关设备的通断情况。

2. 明确倒闸操作中相应的继电保护及自动装置调整和转换。

3. 停电时，从负荷侧开始，先分断负荷侧开关，后分电源侧开关；送电时，先合电源侧开关，后合负荷侧开关。这样使开合的电流最小，万一发生操作失误，可以将影响面降到最小。

4. 隔离开关与断路器串联时，隔离开关应先合后分。隔离开关与断路器并联时，隔离开关应先分后合，隔离开关无论是分闸还是合闸都是在断路器闭合状态下进行。从而保证了隔离开关不带负荷操作。

5. 隔离开关带接地刀闸时，送电时应先断接地刀闸，后合主刀闸；停电时应先断主刀闸，后合接地刀。否则将造成接地短路。

对于每次倒闸作业要注意将以上几点综合考虑，例如对于两侧均具有断路器和隔离开关的双绕组变压器，在送电时综合考虑第 3 条、第 4 条，就是先合电源侧隔离开关、合负荷侧隔离开关，再合上电源侧断路器，最后是负荷侧断路器。

在牵引变电所安全规则中，对倒闸作业还有如下规定：

1. 需供电调度下令倒闸的断路器和隔离开关，倒闸前要由值班员向供电调度提出申请，供电调度员审查后发布倒闸命令；值班员受令复诵，供电调度员确认无误后，方准给予命令编号和批准时间；每个倒闸命令，发令人和受令人双方均要填写倒闸操作命令记录（格式见表 5.2.1）。

供电调度员对 1 个牵引变电所 1 次只能下达 1 个倒闸作业命令，即 1 个命令完成之前，不得发出另 1 个命令。

对不需供电调度下令倒闸的断路器和隔离开关，倒闸完毕后要将倒闸的时间、原因和操作人、监护人的姓名记入值班日志或有关记录中。

说明：

（1）"需供电调度下令倒闸的断路器和隔离开关"是：牵引变电所自用电压器、额定电压为 27.5 kV 及以上的设备，其倒闸作业须有电力调度的命令。不需要由电力调度下令倒闸的断路器和隔离开关是：额定电压为 27.5 kV 以下的设备，其倒闸作业不须要电力调度下令。

（2）"供电调度员对 1 个牵引变电所 1 次只能下达 1 个倒闸作业命令"指一张卡片、一张倒闸表或工作票所具备的项目。

表 5.2.1　　倒闸作业命令记录

　　　　　　　　　　　　　　　　　　　　　　　　　　　　　　　　　　年

命令号	月日	命令内容	发令人	受令人	要求完成时间	批准时间	消令时间	消令人	供电调度员

说明：本表应装订成册。用白色纸印黑色格和字。规格：A4。

倒闸操作命令记录填写方法和要求如下：

（1）"命令号"栏：倒闸操作命令编号，牵引变电所的操作命令。

（2）"月日"栏：发生作业的日期。

（3）"命令内容"栏：一般按倒闸卡片的倒闸内容填写。如：××变电所 2 号电源 2T 主变代 1 号电源 1T 主变运行倒闸操作。

2. 倒闸作业必须由助理值班员操作，值班员监护。

值班员在接到倒闸命令后，要立即进行倒闸。用手动操作时操作人和监护人均必须穿绝缘靴，戴安全帽，同时操作人还要戴绝缘手套。

说明：作业人员操作隔离开关时必须戴绝缘用套，但当操作前后进行开锁、闭锁、拔锁作业时，可以不戴绝缘手套，但操作倒闸过程中，不允许人体直接接触有关金属体。

3. 倒闸作业完成后，值班员立即向供电调度报告，供电调度员及时发布完成时间，至此倒闸作业结束。

说明："倒闸作业完成后""供电调度员及时发布完成时间"是发布命令到倒闸完成，是严肃认真贯彻执行安全倒闸作业的全部过程，虽然完成时间是根据值班的报告，但也要按电力调度发布的时间为准。

4. 倒闸作业按操作卡片进行，没有操作卡片的倒闸作业由值班员编写倒闸表并废值班日志中，由供电调度下令倒闸的设备，倒闸表要经过供电调度员审查同意。

5. 编写操作卡片及倒闸表要遵守下列原则：

（1）停电时的操作程序：先断开负荷侧后断开电源侧；先断开断路器后断开隔离开关。送电时，与上述操作程序相反。

（2）隔离开关分闸时，先断开主闸刀后闭合接地闸刀；合闸时，与上述程序相反。

（3）禁止带负荷进行隔离开关的倒闸作业和在接地闸刀闭合的状态下闭合主闸刀。

说明：对第（1）条规定的倒闸操作程序是指一般接线型式所应遵守的原则，即倒闸顺序应以当发生误操作时，影响面最小为原则。

停电的操作程序是针对馈线停送电而言。在停电时，可能出现的误操作情况有：断路器开关尚未断开电源，先断开隔离开关刀闸，造成带负荷断开隔离开关，弧光短路点在断路器内侧，将可能造成母线短路，造成上级保护跳闸。但如先断开负荷侧隔离开关，则弧光短路点在断路器外侧，断路开关保护动作跳闸，切除故障，缩小了事故范围。送电时，可能出现的误操作的情况有：断路器误在合闸位置，便去合隔离开关。如断路器误在合闸位，便去合隔离开关，此时，若先合负荷隔离开关，后合电源侧隔离开关，等于用电源侧隔离开关带负荷送电，一旦发生弧光短路，便造成母线故障，人为扩大事故范围。若先合电源侧隔离开关，后合负荷侧隔离开关，等于用负荷侧隔离开关带负荷送电，发生弧光短路时，断路器保护动作跳闸，切除故障，缩小了事故范围。

针对编写操作卡片及倒闸表而言：当一张卡片或倒闸表涉及几个及更多高压倒闸操作时，也应按照停电时：先断开负荷侧开关（断路器和隔离开关），后断开电源侧开关（断路器和隔离开关），送电时与上述程序相反。也就是停电时，靠负荷侧越近的断路器及隔离开关越先断，后断开距负荷侧较远的开关，按负荷侧到电源侧方向顺序先后断开关，送电时与上述程相反。

6. 与断路器并联的隔离开关，只有当断路器闭合时方可操作隔离开关。

当回路中未装断路器时可用隔离开关进行下列操作：

（1）开、合电压互感器和避雷器。

（2）开、合母线和直接接在母线上的设备的电容电流。

（3）开、合变压器中性点的接地线（当中性点上接有消弧线圈时，只有在电力系统没有接地故障的情况下才可进行）。

（4）用室外三联隔离开关开、合 10 kV 及以下，电流不超过 15 A 的负荷。

（5）开合电压 10 kV 及以下电流不超过 70 A 的环路均衡电流。

说明：对"回路中未装断路器时可用隔离开关进行操作"是指根据开、合励磁电流不超过2A的空载变压器和电容电流不5A的无负荷线路，但当电压在20 kV及以上时，应使用室外垂直分合式的三联隔离开关。

7. 拆装高压熔断器必须由助理值班员操作，值班员监护。操作人监护人均要穿绝缘靴、戴防护眼镜，操作人还要戴绝缘手套。

8. 带电更换低压熔断器时，操作人要戴防护眼镜，站在绝缘垫上，并要使用绝缘夹钳或绝缘手套。

9. 正常情况下，不应操作脱扣杆进行断路器分闸。电动操作的断路器，除操作机构中具有储能装置者外，禁止手动合闸送电。

10. 需供电调度下令进行倒闸作业的断路器和隔离开关，遇有危及人身安全的紧急情况，值班人员可先行断开有关的断路器和隔离开关，再报告供电调度，但再合闸时必须有供电调度员的命令。

【事故案例】××供电段××变电所苏××触电轻伤事故。

【事故概况】

××年××月××日，××供电段××变电所组织休班签员乘火车到所属分区亭进行设备清扫维护作业，当值班员办理工作票，做好安全措施后，工作领导人在工作票上签字时，高压室传出一声响，断路器跳闸。当人们赶到现场，发现苏××倒在××分间内设备的地面上，急忙将其送往医院救治。构成触电轻伤事故。

【原因分析】

1. 未执行标准化作业程序，严重违反《牵引变电所安全工作规程》规定，在未宣讲工作票、布置安全措施前，作业人员擅自进入高压分间。

2. 班组管理混乱，人员随意拿钥匙打开分间且当日乘火车到分区亭作业，对所要进行作业的内容不熟悉，造成人员误入分间触电。

任务3 检修作业制度

【知识目标】

1. 掌握牵引变电所内检修作业的种类；
2. 掌握牵引变电所工作票的填写；
3. 了解安全监护的要求。

【能力目标】

1. 能进行牵引变电所第一种工作票填写；
2. 能进行牵引变电所第二种工作票填写；
3. 能进行牵引变电所第三种工作票填写。

一、作业分类

电气设备的检修作业分五种：

1. 高压设备停电作业——在停电的高压设备上进行的作业及在低压设备和二次回路上进行的需要高压设备停电的作业。

对牵引变电所内电气设备带电部分进行检查维修，一般需对高压设备进行停电，如清扫高压设备的绝缘套管、调整高压隔离开关触头、调整维休高压母线及引线等。

2. 高压设备带电作业——在带电的高压设备上进行的作业。

对于一些无法停电，或停电带来的政治、经济损失过大的高压带电设备的检修，只能是作业人员依靠绝缘工具在高压带电体上进行检修作业，这种带电作业，对于作业工作人员的安全等级要求非常高，需特殊培训及考试，合格后方能进行此种作业。现今铁路牵引变电所高压设备备用情况好，每个牵引变电所都有一主一备两套供电系统，检修时，停用一路，另有一路对接触网正常供电，不存在所内哪一个设备无法停电的情况，所以，现在铁路牵引变电所内设备检修不进行高压设备带电作业。

3. 高压设备远离带电部分的作业（简称远离带电部分的作业，下同）——当作业人员与高压设备带电部分之间保持规定的安全距离条件下，在高压设备上进行的作业。

例如对牵引变压基座处进行除锈刷油作业。

4. 低压设备停电作业——在停电的低压设备上进行的作业。

例如对所用变压器进行停电检修、更换交流屏内的低压熔断器等。

5. 低压设备带电作业——在带电的低压设备上进行的作业。

在牵引变电所内，因为设备备用条件高，考虑到作业人员的安全，故不允许进行此种作业。

二、工作票

1. 工作票是在牵引变电所内进行作业的书面依据，填写要字迹清楚、正确、不得用铅笔书写。工作票要1式2份，1份交工作领导人，1份交牵引变电所值班员。值班员据此办理准许作业手续，做好安全措施。

2. 事故抢修、情况紧急时可不开工作票，但应向供电调度报告概况，听从供电调度的指挥；在作业前必须按规定做好安全措施，并将作业的时间、地点、内容及批准人的姓名等记入值班日志中。

"事故抢修"包括紧急情况下需立即处理的故障。

在必须立即改变继电保护装置整定值的紧急情况下，可不办理工作票，由当班的供电调度员下令，值班员更改定值，事后供电调度员和值班员应将上述过程记录入值班日志。

3. 根据作业性质的不同，工作票分三种：

（1）第一种工作票，用于高压停电作业。

（2）第二种工作票，用于高压设备带电作业。

（3）第三种工作票，用于远离带电部分的作业、低压设备上作业以及在二次回路上进行的不需高压设备停电的作业。

工作票由发布工作命令的人员填写，一式二份。一般在开工前一天交到运行值班处，并通知施工负责人。

一个工作班在同一时间内，只能布置一项工作任务，发给一张工作票。工作范围以一个电气连接部分为限。电气连接部分是指接向汇流母线，并安装在某一配电装置室、开关场地、变压器室范围内,连接在同一电气回路中设备的总称。包括断路器、隔离开关、电压互感器和电流互感器等。若几项任务需要交给同一工作班执行时,为防止将工作的时间、地点和安全措施搞错而造成事故,只能先布置其中的一个任务,发给工作负责人一张工作票。待任务完成将工作票收回后,再布置第二个任务和发给第二张工作票。值班人员接到工作票后,要审查工作票上所提出的安全措施是否完备。发现有错误或疑问时,应向签发人提出。施工负责人在接受工作任务后,应组织有关人员研究所提出的任务和安全措施并按照任务要求在开工前作好必要的准备工作。

第一种工作票适用于一切高压(即对地额定电压在 250 V 以上的设备)设备的停电作业。凡须电力调度下令倒闸的设备,应由电力调度审查安全措施,其余高压设备的停电作业,可不经过电力调度审查,但仍使用第一种工作票,其中凡涉及电力调度的内容均不填在表中,根据电力调度的命令准予开始工作的后面增加一项即电力调度要求完成的时间。

牵引变电所第一种工种票样式(见表 5.3.1),填写方法和要求如下:

(1)"第　号栏":按工作票分别按所(亭)、种类、月份编写原则填写第一种工作票编号,编号按月工作票顺序编号,若该票是当月(如 9 月份)第 6 张第一种工作票,那么编号为:"9-6"(编号方法和接触网工作票类同);

(2)"作业地点及内容":填写应具体,地点应具体到室外、室内配电盘、高压室高压分间等,内容应具体到设备运行编号及修程,必要时还应注明作业的部位;如:"室外 102 断路器小修";

(3)"工作票有效期"栏:填写计划的作业时间,如:"1977 年 9 月 19 日 8 时 00 分至 1997 年 9 月 19 日 18 时 30 分止";

(4)"作业组成员姓名及安全等级"栏:填写参加作业组成员姓名全称和其安全等级,牵引变电所高压设备停电作业作业组成员安全等级最低可以是一级;

(5)"共计　人"栏:包括工作领导人在内作业组成员,若发票人参加作业组,在作业组成员栏内应填入其姓名和安全等级,如:"共计 5 人";

(6)"必须采取的安全措施"栏。

①"断开的断路器和隔离开关"栏:按照"作业人员的职责"和本单元"高压设备停电作业""停电范围"规定应按运行编号逐台写清,断路器小车的拉出和隔离开关加锁在本栏内注明;

②"安装接地线的位置"栏:装设位置应具体到设备的进、出线侧或靠某设备侧,并注明几组多少根;

③"装设防护栅、悬挂标示牌的位置"栏:根据本单元"高压设备停电作业""标示牌和防护栅"已经断开的所有断路器和隔离开关的操作手柄上挂"有人工作,禁止合闸"标示牌规定、应具体到手表、把手等位置,标示牌可简写成"禁止";

④"注意作业地点附近有电的设备"栏:指高压及其二次设备,应指明设备的运行编号及有电范围;

⑤"其他安全措施"栏:指针对工作任务应采取的有关安全措施及注意事项,安全措施一般包括断开设备的操作能源,断开二次来电方向并短封接地,高压设备放电,撤出自动装置,断开或短接连动回路,将选择开关打至"当地"位等,当进行二次回路带电作业、高空作业、有危险液体、气体的作业及易引起误动的作业时,应注明有关注意事项;

单元五 牵引变电所安全工作规程

表 5.3.1 牵引变电所第一种工作

_____ 所（亭）   第　　号

作业地点及内容								
工作票有效期	自　年　月　日　时　分至　年　月　日　时分止							
工作领导人	姓名：　　　　　　　　安全等级：							
作业组成员姓名及安全等级（安全等级填在括号内）	（　）		（　）		（　）		（　）	
	（　）		（　）		（　）		（　）	
	（　）		（　）		（　）		（　）	
	（　）		（　）		（　）		（　）	
	共计　　　　人							

必须采取的安全措施 （本栏由发票人填写）	已经完成的安全措施 （本栏由值班员填写）
1. 断开的断路器和隔离开关：	1. 已经断开的断路器和隔离开关确认：□
2. 安装接地线的位置：	2. 接地线装设的位置及其号码确认：□
3. 装设防护栅、悬挂标示牌的位置：	3. 防护栅、标示牌装设的位置确认：□
4. 注意作业地点附近有点的设备是：	4. 注意作业地点附近有电的设备确认：□
5. 其他安全措施：	5. 其他安全措施确认：□ 值班员 _____（签字）

发票日期：____年____月____日　　发票人：____（签字）
根据供电调度员的第__号命令准予在___年__月__日__时__分开始工作。 值班员：___（签字）
经检查安全措施已做好，实际于___年__月__日__时__分开始工作。 工作领导人：___（签字）
变更作业组成员记录：_____

　　　　　　　　　　　　　　　　　　　　　　　　　　发 票 人：_____（签字）
　　　　　　　　　　　　　　　　　　　　　　　　　　工作领导人：_____（签字）

经供电调度员_____同意工作时间延长到_____年___月___日____时____分

　　　　　　　　　　　　　　　　　　　　　　　　　　值 班 员：_____（签字）
　　　　　　　　　　　　　　　　　　　　　　　　　　工作领导人：_____（签字）

工作已于____年___月___日____时____分全部结束。

　　　　　　　　　　　　　　　　　　　　　　　　　　工作领导人：_____（签字）

接地线共_____组和临时防护栅、标示牌已拆除，并恢复了常设防护栅和标示牌，工作票于____年___月___日____时____分结束。

　　　　　　　　　　　　　　　　　　　　　　　　　　值 班 员：_____（签字）

说明：1. 本票用白色纸印绿色格和字。2. "已完成的安全措施"栏，每完成一项在方框内打√确认，所有措施完成后签字确认。

（7）"已经完成安全措施"栏；

①"已经断开的断路器和隔离开关"栏：按运行编号逐台填写清楚；

②"接地线装设的位置及其号码"栏：应填写装设地线的编号，装设位置打"√"号；

③"防护栅、标示牌装设的位置"栏：与"必须采取的安全措施第3条"相同时可打"√"号；

④"注意作业地点附近有电的设备"栏：与"必须采取的安全措施第4条"相同时可打"√"号；

⑤"其他安全措施"栏：与"必须采取的安全措施第5条"相同时可打"√"号；

（8）"发票日期"栏：填写发票日期，牵引变电所第一种工作票没有向接触网工作票要求发票人在工作前1天将工作票交给工作领导人，而是要求尽早将工作票交给工作领导人和值班员，因此牵引变电所第一种工作票既可以提前1天或几天，也可以当天发票。如："1997年9月19日"；

（9）"根据供电调度员的第__号命令准予在_年_月_时_分开始工作"和"要求在_年_月_日_时_分结束工作"栏：按本单元"作业命令的办理"由值班员填写供电调度员发布的准予停电作业命令，停电工作命令501~1000循环使用，如"57506"；后面日期填写电力调度发布的准予开始工作日期和时间和要求结束的日期和时间，如："1997年9月19日10时20分"和"1997年9月19日14时30分"；

（10）"实际于_年_月_日_时_分开始工作"栏：值班员和工作领导人共同检查安全措施已做好后，由工作领导人填写实际开始工作日期和时间，如："1997年9月19日10时25分"；

（11）"变更作业组成员记录和发票人、工作领导人签字"栏：当作业组成员变更时填写变更人员姓名和安全等级并由发票人和工作领导人共同签字，当变更工作领导人时，由新工作领导人签名；否则不填不签字；

（12）"经供电调度员____同意工作时间延长到_年_月_日_时_分"栏：若在规定的工作时间内作业不能完成，应在规定结束时间前，根据工作领导人的请求，值班员向电力调度办延期手续，分别填写供电调度员姓名全称和同意延长的日期和时间，如："1997年9月19日16时30分"；

（13）"已于_年_月日_分全部结束"栏：由工作领导人填写工作全部结束时间，如"1997年9月19日16时30分"；

（14）"工作票于_年_月_日_时_分结束"栏：由值班员填写工作票结束时间，如"1997年9月19日16时35分"。

牵引变电所第二种工作票样式（见表5.3.2），填写方法和要求如下：

（1）"第　　号"栏：本张工作票编号，按月份第二种工作票顺序编号，如"9-6"表示9月份第6张第二种工作票。

（2）"作业地点及内容"栏：地点应具体到室外、室内配电盘、高压分间，内容具体设备运行编号和内容，如"更换室外1号主变110 kV侧引线与母线连接线夹"。

（3）"工作时间"栏：第二种工作票有效时间最长为1个工作日，不得延长。"工作时间"最长为24 h，即"1997年9月26日8时00至1997年9月27日8时00分止""工作时间"栏只能填比24 h短的时间，如"1997年9月26日8时00分至1997年9月26日16时00分止"。

表 5.3.2　牵引变电所第二种工作票

_____所（亭）　　　　　　　　　　　　　　　　　　　　第　　号

作业地点及内容	
工作时间	自　年　月　日　时　分至　年　月　日　时　分止
工作领导人	姓名：　　　　　　安全等级：
作业组成员姓名及安全等级（安全等级填在括号内）	×× （　）　×× （　）　×× （　）　×× （　） ×× （　）　×× （　）　×× （　）　×× （　） ×× （　）　×× （　）　×× （　）　×× （　） ×× （　）　×× （　）　×× （　）　×× （　） 共计　　　人

必须采取的安全措施 （本栏由发票人填写） 1. 装设防护栅、悬挂标示牌的位置： 2. 注意作业地点附近接地或带电的设备是： 3. 注意作业地点附近不同电压的设备是： 4. 绝缘工具状态： 5. 其他安全措施：	已经完成的安全措施 （本栏由值班员填写） 1. 已装设 确认：□ 2. 已明确 确认：□ 3. 已明确 确认：□ 4. 状态良好 确认：□ 5. 已做好 确认：□ 值班员_____（签字）

发票日期：____年____月____日　　　　　　　　　　发票人：_____（签字）
根据供电调度员的第___号命令准予在___年___月___日___时___分开始工作。
　　　　　　　　　　　　　　　　　　　　　　　　值班员：_____（签字）
经检查安全措施已做好，实际于____年___月___日___时___分开始工作。
　　　　　　　　　　　　　　　　　　　　　　　工作领导人：_____（签字）
变更作业组成员记录：_____
　　　　　　　　　　　　　　　　　　　　　　　　发 票 人：_____（签字）
　　　　　　　　　　　　　　　　　　　　　　　工作领导人：_____（签字）
工作已于____年___月___日____时____分全部结束。
　　　　　　　　　　　　　　　　　　　　　　　工作领导人：_____（签字）
临时防护栅及标示牌已拆除，并恢复了常设防护栅和标示牌，工作票于____年___月___日____时___分结束。
　　　　　　　　　　　　　　　　　　　　　　　　值班员：_____（签字）

说明：1. 本票用白色纸印红色格和字。2. "已完成的安全措施"栏，每完成一项在方框内打√确认，所有措施完成后签字确认。

（4）"共计　人"栏：填写作业组成员数，包括工作领导人在内；当发票人参加作业时，应在作业组成员中加入发票人姓名和其安全等级。

（5）"必须采取的安全措施"栏。

① "装设防护栅、悬挂标示牌的位置"栏：填写需要装设防护栅和悬挂标示牌位置，如："在1号主变1B和高压侧箱体上和断路器101DL靠主变侧网栅上挂'禁攀'牌；101DL进、出线带电；1号主变1B外壳和断路器101DL底座上接地"；

② "注意作业地点附近接地或带电的设备"栏：填写作业地点附近接地或带电的设备名称，如："1号主变1B高低压侧引线和断路器101DL进、出线带电；1号主变1B外壳和断路器101DL底座接地"；

③ "注意作业地点附近不同电压的设备"栏：填写作业地点附近不同电压等级、相别和设备名称，如："1号主变1B高，低压侧引线"；

④ "绝缘工具状态"栏：填写所用绝缘工具状态，如："绝缘绳和绝缘挂梯电气强度不得小雨3 kV/cm，用2 500 V兆欧表测量其绝缘电阻不得小于10 000 MΩ，有效绝缘度不得小于1 300 mm，并须用清洁干燥的抹布擦拭有效绝缘部分"；

⑤ "其他安全措施"栏：填写其他安全措施和注意事项。如："必须保证人员上下梯子时，有效绝缘被短接后，剩余部分仍能满足要求，撤除自投装置"。

（6）"发票日期和发票人签字"栏：分别填写发票日期和发票人签自己姓名全称；带电作业发票人安全等级应为四级及以上。

（7）"根据供电调度员的第_员命令准予在_年_月_日_时_分开始工作"和"要求在_年_月_日_时_分结束工作"栏，分别填写带电作业命令编号和准予开始工作日期和时间以及电力调度要求结束时间，带电作业命令编号有四位数字，前三位是撤除重合闸的操作命令编号如"300"；第四位是作业组序号，如："6"则带电作业命令编号为"573006"。

（8）"变更作业组成员记录和发票人、工作领导人签字"栏：若作业组成员变更则填变更人员姓名和其安全等级，发票人和工作领导人双方签字，否则不填不签。

牵引变电所第三种工作票样式（表5.3.3），填写方法和要求如下：

（1）"第　号"栏：第三种工作票当月发票编号，如"9-2"为9月份第二张第三种工作票。

（2）"作业地点及内容"栏：地点应具体到室外、室内配电盘、高压室高压分间等，内容应具体到设备运行编号，必要时具体到作业部位。

（3）"工作票有效期"栏：第三种工作票有效时间最长为1个工作日，即"1977年9月12日8时00分至1997年9月13日18时00分止"，"工作票有效期的"在24小时1个工作日之内，如"1977年9月12日8时00分至1997年9月12日18时00分止"。

（4）"工作领导人姓名和安全等级"栏：分别填写工作领导人姓名和其安全等级办理，第三种工作票工作领导人安全等级应为三级及以上。

（5）"变更作业组成员记录和发票人、工作领导人签字"栏：当作业组成员变更时填人变更人员姓名全称和其安全等级并由发票人和工作领导人双方签字确认，没有变更则不填。

牵引变电所高压设备停电作业者可不经过电力调度审查，仍使用第一种工作票时，工作票填写方法和要求如下：

（1）"第　号"栏：第一种工作票编号，如"9-7"。

表 5.3.3　牵引变电所第三种工作票

_____所（亭）　　　　　　　　　　　　　　　　　　　　　第　　号

作业地点及内容		发票人	（签字）
		发票日期	
工作票有效期	自　年　月　日　时　分至　年　月　日　时　分止		
工作领导人	姓名：	安全等级：	
作业组成员姓名及安全等级（安全等级填在括号内）	××（　）　　××（　）　　××（　）　　××（　） ××（　）　　××（　）　　××（　）　　××（　） ××（　）　　××（　）　　××（　）　　××（　） ××（　）　　××（　）　　××（　）　　××（　）		
	共计　　　人		
必须采取的安全措施 （本栏由发票人填写）		已经完成的安全措施 （本栏根据内容分别由值班员和工作领导人填写） 已完成，确认：□ 值班员（工作领导人_____（签字）	
已做好安全措施准予在___年___月___日___时___分开始工作。 　　　　　　　　　　　　　　　　　　　　　　　值班员：_____（签字） 经检查安全措施已做好，实际于___年___月___日___时___分开始工作。 变更作业组成员记录：_____ 　　　　　　　　　　　　　　　　　　　　　　　发票人：_____（签字） 　　　　　　　　　　　　　　　　　　　　　　　工作领导人：_____（签字） 工作已于___年___月___日___时___分全部结束。 　　　　　　　　　　　　　　　　　　　　　　　工作领导人：_____（签字） 作业地点已清理就绪，工作票于___年___月___日___时___分结束。 　　　　　　　　　　　　　　　　　　　　　　　值班员：_____（签字）			

说明：1. 本票用白色纸印黑色格和字。2. "已完成的安全措施"栏，完成后在方框内打√确认、签字。

（2）"作业地点及内容"栏：填写应具体，地点应具体到室内、室外配电盘、高压室高压分间等，内容应具体到设备运行编号及修程，必要时应说明作业的部位。

（3）"工作票有效期"栏。

第三种工作票有效时间最长为一个工作日。

（4）"工作领导人姓名和安全等级"栏。

分别填写工作领导人姓名和其安全等级。

（5）"变更作业组成员记录和发票人、工作领导人签字"栏：当作业组成员变更时填入变更人员姓名和安全等级并由发票人和工作领导人双方签字。

4. 第一种工作票的有效时间，以批准的检修期为限。若在规定的工作时间内作业不能完成，应在规定的结束时间前，根据工作领导人的请求，由值班员向供电调办理延期手续。第二种、第三种工作票有效时间最长为 1 个工作日，不得延长。因作业时间较长，工作票污损影响继续使用时，应将该工作票重新填写。

说明：对"因作业时间较长，工作票污损……，应将该工作票重新填写"说明规定：此时原工作票应与重新填写的工作票一并保存。

5. 发票人在工作前要尽早将工作票交给工作领导人和值班员，使之有足够的时间熟悉工作票中内容及做好准备工作。

6. 工作领导人和值班员对工作票内容有不同意见时，要向发票人及时提出，经过认真分析，确认正确无误，方准作业。

7. 工作票中规定的作业组成员，一般不应更换；若必须更换时，应经发票人同意，若发票人不在，可经工作领导人同意，但工作领导人更换时必须经发票人同意，并均要在工作票上签字。工作领导人应将作业组成员的变更情况及时通知值班员。

说明：对"……，工作领导人应将作业组成员的变更情况及时通知值班员"说明规定：工作领导人和作业组成员变更后除通知值班员外，还应及时通知电力调度。

8. 非专业人员在牵引变电所工作时须遵守下列规定：

（1）若需设备停电，要按停电性质和范围填写相应的工作票，办理停电手续，并须在安全等级不低于三级人员的监护下进行工作，工作票 1 张交给当班值班员，另 1 张交给监护人，监护人负责有关电气安全方面的监护职责。

（2）若设备不需停电，由值班员负责做好电气方面的安全措施（如加设防护栅、悬挂标示牌等），向有关作业负责人讲清安全注意事项，并记录在值班日志或有关记录中，双方签认后方准开工。必要时可派安全等级不低于二级的人员进行电气安全监护。

对不属于以上两条规定的非专业人员在牵引变电所工作时须遵守的规定补充说明：如非本段的专业人员（如供电局和其他单位的牵引变电所专业人员）作业时原则上由担当作业的单位签发工作票和监护，由值班员根据工作票的要求经审查后，办理停电，做安全措施。关于开工、工作间断、结束工作票等均按本规程有关条款执行。本段的接触网和电力人员在变电所内的牵引供电设备上作业时，签发工作票、监护等应比照本节"工作票"第 9 条规定执行。

9. 一个作业组的工作领导人同时只能接受 1 张工作票。1 张工作票只能发给 1 人作业组。同 1 张工作票的签发人和工作领导人不得由同 1 人担任。

三、作业人员的职责

1. 工作票签发人签发工作票时要做到：
（1）安排的作业项目是必要和可能的；
（2）采取的安全措施是正确和完备的；
（3）配备的工作领导人和作业组成员的人数和条件符合规定。

工作票签发人：工作票上的签发人具有审核工作负责人在工作票上所写内容的权利与责任，参加工作人员是否合理，是为安全施工措施所设置的一道审核"关卡"。工作票签发人是电力安全生产中很重要的职能负责人。担任工作票签发人，不仅要熟悉设备和生产运行情况，熟悉专业班组人员的状况、技术水平，还要熟悉《牵引变电所安全工作规程》和现场运行管理规程，能正确把握工作的必要性。工作票签发人是否合格，应由企业主管生产的领导批准，生产部门按专业门类用行文公布。这既是对工作人员的安全负责，也是对工作票签发人本人负责。应提醒注意的是，即使是工作票签发的有权人，也只能按所批行权，而不得签发非专业其他工作的工作票而形成越权签发。工作票由设备运行管理单位签发，也可由经设备运行管理单位审核合格且经批准的修试及基建单位签发。修试及基建单位的工作票签发人、工作负责人名单应事先送有关设备运行管理单位备案。

一般由车间技术员、副主任担任工作票签发人。

2. 工作领导人要做好下列事项：

（1）作业范围、时间、作业组成员等符合工作票要求；

（2）复查值班员所做的安全措施，要符合规定要求；

（3）时刻在场监督作业组成员的作业安全，如果必须短时离开作业地点时，要指定临时代理人，否则停止作业，并将人员和机具撤至安全地带。

3. 值班员要做好下列工作：

（1）复查工作票中必须采取的安全措施符合规定要求；

（2）经复查无误后，向供电调度（或用电主管单位）申请（联系）停电或撤除重合闸；

（3）按照有关规定和工作票的要求做好安全措施，办理准许作业手续。

变电所值班员的任职条件：

在取得助理值班员岗位合格证基础上，具有二年以上助理值班员工作经历，安全等级三级以上，并经值班员岗位培训合格。其文化程度及专业理论为技工学校毕业或高中文化程度并经中级技术培训合格。对其实际技能要求为熟知本所所有的各种规程，制度及标准化作业程序。熟知本所一次系统，所用电系统及本所直流系统的正常运行方式，并了解非正常运行方式对设备和系统影响。

熟悉本所二次回路结线图，熟知所辖继电保护装置及各类保护相互间的配合，正确进行倒闸操作。

能识别判断本所电气设备的异常状况，正确布置电气设备的安全措施，准确地进行各种事故处理，完成本所设备的定期切换。掌握设备的一般检修技能。

成为牵引变电所值班员后，其岗位职责如下：

值班员在所长的领导下，全面负责本班的工作，是当值全所安全生产运行、操作和处理事故等工作的直接指挥者和当值的生产指挥者，当所长不在变电所时，暂时代理所长工作。

严格执行《牵引变电所运行检修规程》《牵引变电所安全工作规程》和有关各项规章制度。负责正确进行本所的倒闸操作，认真监护助理值班员的具体倒闸操作。

负责本班需使用的操作票、工作票的审查工作，有疑问时及时向工作票签发人询问；认真做好规定由值班员负责的各种技术原始记录，负责办理交接班手续。认真负责地按时进行巡回检查，监视设备运行状况，发现异常或发生事故及不安全运行情况，应迅速采取措施正确处理事故及异常，并立即向所长、生产调度和供电调度汇报。

认真审理停电作业工作票的正确性，具体组织布置安全措施，检修完毕后，主持现场验收检查工作。

对本班发生的事故及其他一切不正常的情况，认真分析查找原因，制定措施，做到"三不放过"值班期间因故离开岗位时，应取得所长或上级领导的批准，并指定专人代替。

4. 作业组成员服从工作领导人的安排，要确认各自的职责，对不安全和有疑问的命令要果断及时地提出意见。

5. 发票人和值班员填写工作票时在"断开的断路器和隔离开关"及"已经断开的断路器和隔离开关"栏内，须将作业前所有将要断开和已经断开的断路器和隔离开关分别按编号全部填写清楚。

四、准许作业的规定

1. 值班员在做好安全措施后，要到作业地点进行下列工作：

（1）会同工作领导人按工作票的要求共同检查作业地点的安全措施。

（2）向工作领导人指明准许作业的范围、接地线和旁路设备的位置、附近有电（停电作业时）或接地（直接带电作业时）的设备，以及其他有关注意事项。

（3）经工作领导人确认符合要求后，双方在两份工作票上签字后，工作票一份交工作领导人，另一份值班员留存，即可开始作业。

说明：准许作业命令由工作领导人下达，作业组成员接到工作领导人的准许作业命令后方能进行作业，做业前，本书建议工作组成员最好自己确认一下所采取的作业安全措施能否满足自身作业安全，当不能满足作业安全时，作业组中任何成员都可以拒绝进行作业。如果作业途中发现所采取的安全措施不能满足自身作业安全时，作业组中任何成员都可以在采取必要措施后，停止继续作业，远离危险。（这里的必要措施是保证自己和旁人安全撤离的必要工作）此项为作业人员的紧急避险权。

2. 每次开工前，工作领导人要在作业地点向作业组全体成员宣讲工作票，布置安全措施。

3. 停电作业时，在消除命令之前，禁止向停电的设备上送电。在紧急情况下必须送电时要按下列规定办理：

（1）通知工作领导人，说明原因，暂时结束作业，收回工作票。对非牵引负荷，在送电前必须通知有关用户。

（2）拆除临时防护栅、接地线和标示牌，恢复常设防护栅和标示牌。

（3）属供电调度管辖的设备，由供电调度发布送电命令；其他设备由牵引变电所工长批准送电。

（4）值班员将送电的原因、范围、时间和批准人、联系人的姓名等记入值班日志。

4. 停电作业的设备，在结束作业前需要试加工作电压时，要按下列规定办理：

（1）确认作业地点的人员、材料、部件、机具均已撤至安全地带。

（2）由值班员将该停电范围内所有的工作票收回，拆除妨碍送电的临时防护栅、接地线及标志牌，恢复常设防护栅和标示牌。

（3）按照设备停、送电的所属权限，值班员将试加工作电压的时间分别报告供电调度和通知有关用户，并将供电调度和接到通知的人员的姓名、所属单位及时间记入有关记录。

（4）工作领导人与值班员共同对有关部分进行全面检查，确认可以送电后，在牵引变电所工长或工作领导人的监护下，由值班员进行试加工作电压的操作。

（5）试加工作电压完毕，值班员要将其开始和结束的时间及试加电压的情况记入有关记录。试加工作电压结束后如仍需继续作业，必须由值班员根据工作票的要求，重新做安全措施、办理准许作业手续。

五、安全监护

为了确保人身安全及操作正确，使工作人员在工作过程中有人监护、指导，以便及时纠正一切不安全的动作和错误做法，在作业过程中需设专人对作业人员进行安全监护。

1. 当进行电气设备的带电作业和远离带电部分的作业时，工作领导人主要是负责监护作业组成员的作业安全，不参加具体作业。

当进行电气设备的停电作业时，工作领导人除监护作业组成员的作业安全外，在下列情况下可以参加作业：

（1）当全所停电时。

（2）部分设备停电，距带电部分较远或有可靠的防护设施，作业组成员不致触及带电部分时。

对本条第（2）款规定的情况补充说明：工作领导人视情况参加作业，其主要职责仍是监护作业组成员的作业安全。考虑牵引变电所与接触网不同，有的作业例如作业的设备引线已拆除，距离带电设备又较远，工作领导人可以参加一些力所能及的作业，当对作业安全不太把握时，工作领导人又必须参加作业，此时不在作业中指定合乎条件的人（安全等级不低于本作业工作领导人应具备的安全等级）进行监护。所谓作业组成员（包括所执的工具和材料）不致触及带电部分，均指不侵入规定的安全距离。

2. 当作业人员较多或作业范围较广，工作领导人监护不到时，可设监护人。设置的监护人员由工作领导人指定安全等级符合要求的作业组成员担当。

3. 当作业需要时可以派遣作业小组（包括监护人）到作业地点以外的处所作业。作业人员的安全等级：停电作业不低于二级，带电作业不低于三级；监护人的安全等级：停电作业不低于三级，带电作业不低于四级。

禁止任何人在高压分间或防护栅内单独停留和作业。

说明："……到作业地点以外的处所作业时，……"，是指作业组成员可能同时分别几处作业，工作领导人所在的作业地点以外。

4. 牵引变电所工长和值班员要随时巡视作业地点，了解工作情况，发现不安全情况要及时提出，若属危及人身、行车、设备安全的紧急情况时，有权制止其作业，收回工作票，令其撤出作业地点；必须继续进行作业，要重新办理准许作业手续，并将中断作业的地点、时间和原因记入值班日志。

除以上《牵引变电所安全工作规程》规定项目外，监护人员还应做到：

完成工作许可手续后，工作负责人（监护人）应向工作班人员交代现场安全措施、带电部位、和其他注意事项；工作负责人（监护人）必须始终在工作现场对工作班人员的安全认真监护。

所有工作人员（包括工作负责人）不许单独留在高压室内和室外变电所高压设备区内，如工作需要（如测量、试验等）且现场允许时，可准许有经验的一人或几人同时在他室进行工作，但工作负责人在事前应将有关安全注意事项予以详尽的指示。

带电或部分停电作业时，应监护所有工作人员的活动范围，使其与带电部分保持安全距离，监护工作人员使用的工具是否正确，工作位置是否安全，操作方法是否正确等。

工作负责人或工作票签发人，应根据现场的安全条件、施工范围、需要等具体情况增设专人监护和批准被监护的人数；专责监护人不得兼做其他工作。

工作期间，工作负责人若因故必须离开工作点时，应指定代替人，交代清楚，并告知工作班人员；返回时，也应履行同样的交接手续；工作负责人需长时间离开，应由原工作票签发人变更新的工作负责人，两工作负责人应做好必要的交接。

六、作业间断和结束工作票

工作间断是指在执行工作票期间，因故暂时停止工作，然后又复工或当日收工，次日再进行工作，即工作中间有间断。

1. 作业中需暂时中断工作离开作业地点时，工作领导人负责将人员撤至安全地带，材料、零部件和机具要放置牢靠，并与带电部分之间保持规定的安全距离，将高压分间的钥匙和工作票交给值班员。继续工作时，工作领导人要征得值班员的同意，取回钥匙和工作票，重新检查安全措施，符合工作票要求后方可开工。在作业中断期间，未征得工作领导人同意，作业组成员不得擅自进入作业地点。每日开工和收工除按上述规定执行外，在收工时还应清理作业场地，开放封闭的通路，开工时工作领导人还要向作业组成员宣讲工作票，布置安全措施后方可开始作业。

说明：对"在作业中断期间，作业组成员进入作业地点"补充说明：除征得工作领导人同意外，还须征得当班值班员的同意。

作业期间如遇雷雨等威胁工作人员安全时，应中断作业，中断作业后，工作领导人应使全体工作班人员从工作场地撤出，所有安全措施保持不动，每次收工应清扫工作地点，开放已封闭的通道，并将工作票交回值班员保管；次日复工时，必须重新履行工作许可制度。工作负责人必须重新认真检查安全措施，符合工作票的要求后方可工作；若无工作负责人或监护人带领，工作人员不得进入工作地点。

在同一电气连接部分，用同一张工作票依次在几个地点转移工作时，全部安全措施由值班员在开工前一次做完，不需再办理转移手续，但工作负责人在转移到下一个工作地点时，应向工作人员交代停电范围、安全措施和注意事项。

在未办理工作票终结手续以前（交回工作票），值班员不准将施工设备合闸送电；但应先将工作班全班人员已经离开工作地点的确切根据通知工作负责人或电气分场负责人在得到他们可以送电的答复后方可执行，并应采取下列措施：

（1）拆除接地线、标示牌、恢复遮栏、换挂"止步，高压危险！"的警告牌。

（2）专人现场守候，工作票未交回以前不得离开守候地点。

检修工作结束前若需将设备试送电，可按下列条件进行：

（1）全体工作人员撤离工作地点。

（2）将该系统的所有工作票收回，拆除接地线、标示牌、恢复遮栏。

（3）应在工作负责人、值班员进行全面检查无误后，由值班员试送电；若需继续工作时，应重新履行工作许可制度。

在同一电气连接部分用同一工作票依次在几个工作地点转移工作时（同一线路几个不同

点），全部安全措施由值班员在开工前一次做完，不需再办理转移手续；但工作负责人在转移工作地点时，应向工作班人员交代带电范围、安全措施及注意事项。

2. 作业全部完成时，由作业组负责清理作业地点，工作领导人会同值班员检查作业中涉及的所有设备，确认可以投入运行，工作领导人在工作票中填写结束时间并签字，然后值班员即可按下列程序结束作业：

（1）拆除所有的接地线，点清其数目，并核对号码。
（2）拆除临时防护栅和标示牌，恢复常设的防护栅和标志。
（3）必要时应测量设备状态。

在完成上述工作后，值班员在工作票中填写结束时间并签字，作业方告结束。

3. 使用过的工作票由发票人和牵引变电所工长负责分别保管。工作票保存时间不少于3个月。

任务4 高压设备停电作业

【知识目标】
1. 掌握作业命令记录的填写方法；
2. 掌握验电接地的程序；
3. 掌握牵引变电所标示牌和防护栅的设置。

【能力目标】
1. 能进行验电接地；
2. 会填写作业命令记录；
3. 会设置牵引变电所标示牌和防护栅。

一、停电范围

1. 当进行停电作业时，设备的带电部分距作业人员小于表5.4.1规定者均须停电。

表5.4.1 设备带电部分距作业人员的距离

电压等级	无防护栅	有防护栅
27.5～110 kV	1 500 mm	1 000 mm
27.5和35 kV	1 000 mm	600 mm
10 kV及以下	700 mm	350 mm

在二次回路上进行作业时，引起一次设备中断供电或影响安全运行的有关设备须停电。

2. 对停电作业的设备，必须从可能来电的各方向切断电源，并有明显的断开点。运用中的星形接线设备中性点应视为带电部分。

断路器和隔离开关断开后，及时断开其操作电源。

停电操作说明：进行检修设备停电时，必须将各方面的电源完全断开。禁止在只经断路器断开电源的设备上工作，断路器断开后，还必须拉开隔离开关，使各方面至少有一个明显的断开点。与停电设备有关的变压器和电压互感器，必须从高、低压两侧断开相应的断路器及隔离开关，防止向停电检修设备反送电。断开后的断路器与隔离开关还要切断其的操作电源。隔离开关的操作把手也必须锁住。在各个电源方向都有明显断开点并在各电源方向都挂接接地线后，方能认为此作业设备已停电。

二、作业命令的办理

对牵引变电所有权停电的设备，值班人员可按规定自行验电、接地，办理准许作业手续；对牵引变电所无权自行停电的设备要按下列要求办理：

1. 属供电调度管辖的设备，作业前由值班员向供电调度申请停电，申请时要说明作业内容、时间、安全措施、班组和工作领导人的姓名。供电调度员审查无误后发布停电作业命令。供电调度员在发布停电作业命令时，受令人要认真复诵，经确认无误后，方可给命令编号和批准时间，发令人和受令人同时填写作业命令记录，并由值班员将命令编号和批准时间填入工作票。

2. 对不属于供电调度管辖、给非牵引负荷供电的设备停电时，由值班员向用电主管单位办理停电作业的手续，并将准予停电的设备、时间、范围、作业内容及双方联系人的姓名记入值班日志或有关记录。

3. 在同一个停电范围内有几个作业组同时作业时，对每一个作业组，值班员必须分别办理停电作业申请。

高压设备停电作业"作业命令记录"（见表 5.4.2）填写方法和要求如下：

表 5.4.2　高压设备停电作业命令记录　　　　　　　　　　　　年

日期	命令内容	发令人	受令人	要求完成时间	命令号	批准时间	消令时间	报告人	供电调度员

注：本表应装订成册。

（1）"命令内容"栏：填写工作票的种类、编号、内容，如"批准××变电所9-6号第一种工作票室外102断路器小修"；

（2）"要求完成时间"栏：填写供电调度员下达的要求作业完成时间，如"14时30分"；

（3）"命令号"栏：停电作业命令501-1000循环，填写供电调度员给的命令号，如"57506"；

（4）"批准时间"栏：供电调度员下达的批准时间，如"10时20分"；

（5）"消除时间"栏：当办完结束工作票手续后，值班员向供电调度请求消除停电作业命令，供电调度员确认具备送电条件后，给予消除作业命令时间，如"16时37分"。

三、验电接地

设备被从电网中切除后，为确保设备或线路不再带有电压，应按该设备或线路的电压等级选用相应的验电器进行验电。验电前先检查验电器是否外观无损坏,再在带电设备上先进行试验,确认验电器完好后方可使用。验电时,不要用验电器直接触及设备的带电部分,而应逐渐靠近带电体,至灯亮或风轮转动或语音提示为止。应注意不要让验电器受邻近带电体影响。验电时,必须逐一验电,不可图省事。

验明设备或线路无电后,方可在来电侧悬挂临时接地线,并要使工作地点处在各组临时地线保护范围内。使用前要对临时地线进行检查,确认完好无损后方可使用。临时地线应用多股软铜线制成,其面积不低于 25 mm²,不得使用铝线作为临时地线。悬挂临时接地线应先接接地端,后接导体端,装拆时应戴安全帽,使用绝缘棒,天气恶劣时应穿绝缘靴、戴绝缘手套。在开关柜间隔内悬挂临时地线后,应装设"已接地"标示牌。凡带有电容器的设备,未放电前不允许装设接地线。

1. 高压设备验电及装设或拆除接地线时,必须由助理值班员操作,值班员监护。操作人和监护人须穿绝缘靴、戴安全帽,操作人还要戴绝缘手套。

2. 验电前要将验电器在有电的设备上试验,确认良好方准使用。验电时,对被检验设备的所有引入、引出线均须检验。表示设备断开和允许进入间隔的信号以及常设的测量仪表显示无电时,不得作为设备无电压的根据;若指示有电,则禁止在该设备上工作,应立即查明原因。

3. 对于可能送电至停电作业设备上的有关部分均要装设接地线,在停电作业的设备上如可能产生感应电压危及人身安全时应增设接地线。所装的接地线与带电部分应保持规定的安全距离,并应装在作业人员可见到的地方。

注意:作业人员未见所挂接的接地线时,有权拒绝工作领导人下达的作业命令。

4. 变电所全所停电后,在可能来电的各路进出线均要分别验电和装设接地线。当部分停电时,若作业地点分布在电气上互不相连的几个部分时(如在以断路器或隔离开关分段的两段母线上作业),则各作业地点应分别验电接地。当变压器、电压互感器、断路器、室内配电装置单独停电作业时,应按下列要求执行:

(1)变压器和电压互感器的高、低压侧以及变压器的中性点均要分别验电接地。

说明:在变压器和电压互感器的高、低压侧以及变压器的中性点均要分别验电接地是为了防止变压器和电压互感器的低压侧、中性点因误操作串入低压电源,在高压侧感应出高压,从而危及作业人员的人身安全。

(2)断路器进、出线侧要分别验电接地。

说明:因断路器的动、静触头被封装在装置内而无明显断开点,从断路器本身无法辨明断路器的开、关状态,在断路器进、出线侧要分别验电接地的目的是为防止断路器因拒动或误动使电路未停电或突然来电,从而危及作业人员的人身安全。

(3)母线两端均要装设接地线。

说明:这样做可以封闭母线各出口,防止因误操作而使高压电串入作业区危及作业人员的人身安全。

(4)在室内配电装置上,接地线应装在该装置导电部分的规定地点,这些地点的油漆应刮去并标出记号。

配电装置的接地端子要与接地网相连通,其接地电阻须符合规定。

说明:对"变压器和电压互感器的高、低压侧以及变压器的中性点均要分别验电接地"，在一般情况下中性点可以不接地线，但当两台变压器共用一个消弧线圈时，中性点应接地线。

5. 当验明设备确已停电，则要及时装设接地线。装设接地线的顺序是先接接地端，再将其一端通过接地杆接在停电设备裸露的导电体（此时人体不得接触接地线）；拆除接地线时，其顺序与装设时相反。

接地线须用专用的线夹，连接牢固，接触良好，严禁缠绕。

说明：如果不先接接地端，那么如果一旦线路上未停电，那么接地线就挂在有电设备上了，接地引线将串入高压电，这时必将危及挂接地线操作人员的人身安全，反之亦然。

6. 每组接地线均要编号并放在固定的地点。装设接地线时要做好记录，交接班时要将接地线的数目、号码和装设地点逐一交接清楚。接地线要采用截面积不小于 25 mm² 的裸铜软绞线，且不得有断股、散股和接头。

7. 根据作业的需要（如测量绝缘电阻等）必须拆除接地线时，经过工作领导人同意，可以将妨碍工作的接地线短时拆除，该作业完毕要立即恢复。拆除和恢复接地线仍需由牵引变电所值班人员进行。当进行需拆除接地线的作业时，必须设专人监护，其安全等级：作业人员不低于二级，监护人不低于三级。

四、标示牌和防护栅

标示牌又叫警告牌，用来警告工作人员不得接近设备的带电部分或禁止操作设备，标示牌还用来指示工作人员何处可以工作及提醒工作时必须注意的其他安全事项。标示牌根据共用途可分为警告类、提示类等两种，标准化的标示牌有："止步，高压危险！""有人工作，禁止合闸""禁止合闸，线路有人工作！""有人工作""在此工作！""从此上下！"等。标示牌的数目和布置地点应根据具体条件和安全工作的要求来决定，标示牌的悬挂和拆除应按以下要求进行。

1. 在工作票中填写的已经断开的所有断路器的隔离开关的操作手柄上，均要悬挂"有人工作，禁止合闸"的标示牌。若接触网和电线路上有人作业，要在有关断路器和隔离开关操作手柄上悬挂"有人工作，禁止合闸"的标示牌。

2. 在室外设备上作业时，在作业地点附近，带电设备与停电设备要有明显的区别标志。

3. 在室内设备上作业时，与作业地点相邻的，分间栅栏上要悬挂"止步，高压危险！"标示板，并在检修的设备上和作业地点悬挂"有人工作"的标示牌。在禁止作业人员通行的过道或必要的处所要装设防护栅，并悬挂"止步，高压危险！"的标示牌。

说明：防护栅指的是为防止作业人员误入带电间隔或接近带电设备等而发生危险，而在带电间隔、带电设备外设置的栅栏。

4. 在部分停电作业时，当作业人员可能触及带电部分时，要装设防护栅，并在防护栅上悬挂"止步，高压危险！"的标示牌。装设防护栅要考虑发生火灾、爆炸等事故时，作业人员能迅速撤出危险区。

防护栅距带电体要有足够的安全距离，要求见表 5.4.3 和表 5.4.4。

表 5.4.3　室内安全距离

适应范围	额定电压（kV）				
	3	10	27.5	55	110J
栅状遮栏至带电部分之间（mm）	825	875	1 050	1 300	1 600
网状遮栏至带电部分之间（mm）	175	225	400	650	950

表 5.4.4　室外安全距离

适应范围	额定电压（kV）					
	3～10	15～20	27.5	63（55）	110J	110
栅状遮栏至带电部分之间（mm）	950	1 050	1 150	1 400	1 650	1 750
网状遮栏至带电部分之间（mm）	300	400	500	750	1 000	1 100

5. 在结束作业之前，任何人不得拆除或移动防护栅和标示牌。

五、消除作业命令

1. 当办完结束工作票手续后，值班员即可向供电调度请求消除停电作业命令，电力调度员询问，确认该作业已经结束，具备送电条件时，给予消除作业命令时间，双方记入变电设备作业命令记录中。在同 1 个停电范围内有几个作业组同时作业时，对第 1 个作业组，值班员必须分别向电力调度请求消除停电作业命令。只有当在停电的设备上所有的停电作业命令全部消除完毕，值班员方可按下列要求办理送电手续：

（1）属电力调度管辖的设备，按电力调度命令送电；

（2）对不属电力调度管辖的供电给非牵引负荷的设备要与用电主管单位联系，确认作业结束，具备送电条件，方准合闸送电。并将双方联系人的姓名、送电时间，记入值班日志或有关记录中；

（3）对牵引变电所有权自行倒闸设备，值班员确认所有的工作票已经结束、具备送电条件后方可合闸送电。

对于电力调度管辖的设备，按电力调度命令送电。送电时倒闸作业要填写倒闸操作命令记录，送电倒闸操作命令记录（见表 5.4.5）填写方法和要求如下：

表 5.4.5　送电倒闸操作命令记录

_____年

日期	命令内容	发令人	受令人	操作卡片	命令号	批准时间	完成时间	报告人	供电调度员

说明：本表应装订成册。

（1）"命令内容"按倒闸卡片的倒闸目的填写，如针对检修作业工作票而进行的停电倒闸操作命令，在检修作业完成，消除作业命令后，要恢复原来运行方式而进行的送电倒闸操作命令内容，2号电源2号变代2号电源1号变；

（2）"操作卡片"栏：填写"2号电源2号变代2号电源1号变"操作卡片号，如"111"；

（3）"批准时间"栏：当工作票结束，供电调度员给予消除作业命令时间后，进行办理送电手续，供电调度员给予允许倒闸操作命令批准时间，如"16时38分"；

（4）"完成时间"栏：当倒闸操作任务完成后，供电调度员立即给予完成时间，如："16时44分"。

供电调度员确认该作业已经结束，具备送电条件时，给予消除作业命令时间，双方记入作业命令记录中。

同一个停电范围内有几个作业组同时作业时，对每一个作业组，值班员必须分别向供电调度请求消除停电作业命令。

说明：

（1）供电调度：是指挥电气化铁路运输的重要组成部分，各级供电调度是牵引供电设备运行、检修和事故抢修的指挥中心，也是电气化铁路安全供电的信息中心。

（2）供电调度员：是供电运行的指挥者，其主要任务是正确指挥牵引供电系统的运行；统一安排设备的停电检修；协调有关部门千方百计提高"天窗"时间兑现率和利用率；正确、果断地指挥故障处理，最大限度地缩小故障范围，减少事故损失，迅速恢复供电和行车；进行供电设备故障分析，提供准确的分析报告。

2. 只有当在停电的设备上所有的停电作业命令全部消除完毕，值班员方可按下列要求办理送电手续：

（1）属供电调度管辖的设备，按供电调度命令送电。

（2）对不属供电调度管辖的供电给非牵引负荷的设备要与用电主管单位联系，确认作业结束，具备送电条件，方准合闸送电。并将双方联系人的姓名、送电时间记入值班日志或有关记录中。

（3）对牵引变电所有权倒闸的设备，值班员确认所有的工作票已经结束、具备送电条件后方可合闸送电。

任务5 高压设备带电作业、其他作业

【知识目标】

1. 掌握高压设备带电作业的规定；
2. 掌握远离设备带电部分作业的规定；
3. 掌握低压设备作业的规定。

【能力目标】

1. 会填写带电作业命令记录；
2. 能正确使用绝缘工具。

带电作业是指在高压电工设备上不停电进行检修、测试的一种作业方法。电气设备在长期运行中需要经常测试、检查和维修。带电作业是避免检修停电，保证正常供电的有效措施。带电作业的内带电作业容可分为带电测试、带电检查和带电维修等几方面。带电作业的对象包括发电厂和变电所电气设备、架空输电线路、配电线路和配电设备。带电作业的主要项目有：带电更换线路杆塔绝缘子，清扫和更换绝缘子，水冲洗绝缘子，压接修补导线和架空地线，检测不良绝缘子，测试更换隔离开关和避雷器，测试变压器温升及介质损耗值，检修断路器，滤油及加油，清刷导线及避雷线并涂防腐油脂等。根据人体所处位置，带电作业时，应加强绝缘工具的现场检查和带电作业人员的地面监护，监护人要有实际带电工作经验的人员担任。电气设备带电作业应退出自动重合装置（除特殊要求外），在雨、雷及风力大于5级等不良天气条件下，不宜带电作业。

一、作业分类

带电作业按作业方式分为直接带电作业和间接带电作业。

直接带电作业——用绝缘工具将人体与接地体隔开，使人体与带电设备的电位相同，从而直接在带电设备上作业。

间接带电作业——借助绝缘工具，在带电设备上作业。

二、命令程序

除了值班员有权自行倒闸的设备外，对属供电调度管辖的设备，在作业前由值班员向供电调度申请带电作业，申请时要说明作业的地点、内容、时间、安全措施、班组和工作领导人的姓名。供电调度员审查符合条件后，发布带电作业命令。供电调度员在发布带电作业命令时，受令人要认真复诵，经确认无误后，方可给命令编号和批准时间。发令人和受令人同时填写作业命令记录，并由值班员将其填写在工作票内。

值班员接到供电调度员发布的带电作业命令后，方可实施安全措施、办理准许作业手续。

作业结束后，值班员要向供电调度请求消除带电作业命令，曰供电调度给予消除作业命令时间，双方记入作业命令记录中。

牵引变电所带电作业命令记录（见表5.5.1）填写方法和要求如下：

表5.5.1 牵引变电所带电作业命令记录

日期	命令内容	发令人	受令人	要求完成时间	命令号	批准时间	消令时间	报告人	电力调度员

（1）"命令内容"填写工作票种类、编号、内容，如"允许郑北变电所9-6号第二种工作票室外更换主变110 kV侧引线与母线连接线夹"。

（2）"命令号"栏：带电作业命令编号有四位数字组成，前三位是撤除重合闸的操作命令编号，第四位是作业组序号。假设撤除重合闸的操作命令是300，作业组序列号为6，则带电作业命令号为"573006"。

三、安全距离

间接带电作业时，作业人员（包括所持的非绝缘工具）与带电部分之间的距离，均不得小于表5.5.2中所示的规定。

表5.5.2　作业人员与带电部分的距离

电压等级	安全距离
110 kV	1 000 mm
55 kV	700 mm
27.5 和 35 kV	600 mm
6～10 kV	400 mm

四、绝缘工具

1. 带电作业用的绝缘工具材质的电气强度不得小于 3 kV/cm；其有效绝缘长度不得小于表5.5.3中所示的规定。

表5.5.3　带电作业绝缘工具有效绝缘长度

电压等级	有效绝缘长度
110 kV	1 300 mm
55 kV	1 000 mm
27.5 和 35 kV	900 mm
6～10 kV	700 mm

2. 绝缘工具要有合格证并进行下列试验。
（1）对使用中绝缘工具定期进行试验。
（2）绝缘工具的机、电性能发生损伤或对其怀疑时，进行相应的试验。
禁止使用未经试验或试验不合格或超过试验期的绝缘工具。

3. 使用工具前应仔细检查其是否损坏、变形、失灵，并使用 2 500 V 绝缘摇表或绝缘检测仪进行分段绝缘检测（电极宽2 cm，极间宽2 cm），阻值应不低于700 MΩ。操作绝缘工具时应戴清洁、干燥的手套，并应防止绝缘工具在使用中脏污和受潮。

4. 带电作业工具应设专人保管，登记造册，并建立每件工具的试验记录。

5. 带电作业工具应置于通风良好、备有红外线灯泡或去湿设施的清洁干燥的专用房间存放。

6. 绝缘工具在使用中要经常保持清洁、干燥、切勿损伤。使用管材制作的绝缘工具，其管口要密封。

五、安全规定

1. 在进行带电作业前必须撤除有关断路器的重合闸（测量绝缘子的电压分布除外）。在作业过程中如果有关断路器跳闸或发现设备无电时，值班员均要立即向供电调度报告，供电调度员必须弄清情况后再决定送电。

　　说明：如果不撤除有关断路器的重合闸那么一旦作业过程中出现意外情况使断路器跳闸，那么重合闸装置会进行重合闸操作，会造成二次事故，扩大事故范围。

2. 在使用绝缘硬梯作业时，除遵守使用梯子作业的有关规定外，还要注意扶梯的部位要尽量靠近地面，以保持足够的有效绝缘长度。

六、远离带电部分的作业

1. 当作业人员与高压设备带电部分之间的距离等于或大于下表规定数值时，允许不停电在高压设备上进行下列作业：

（1）清扫外壳，更换整修附件（如油位指示器等），更换硅胶、整修基础等。
（2）补油。
（3）取油样。
（4）能保证人身安全和设备安全运行的简单作业。

2. 进行远离带电部分的作业时，必须遵守下列规定：

（1）作业人员在任何情况下与带电部分之间必须保持规定的安全距离（见表 5.5.4）。

表 5.5.4

电压等级	无防护栅	有防护栅
27.5～110 kV	1 500 mm	1 000 mm
27.5 和 35 kV	1 000 mm	600 mm
10 kV 及以下	700 mm	350 mm

（2）作业人员和监护人员的安全等级不得低于二级。
（3）在高压设备外壳上作业时，作业前要先检查设备的接地必须完好。

七、低压设备上的作业

对于牵引变电所电气设备来讲，习惯上将额定电压 1 kV 及以上的设备划为高压设备，如 27.5 kV 侧与 110 kV（220 kV）侧的开关、测量、防雷、变压、电容及母线等电气设备。所内额定电压为 1 kV 以下的设备为低压设备，如二次设备。而电力系统对于电压的划分为：1 kV 以下为低压，1～66 kV 为中压，66～330 kV 是高压，330～750 kV 为超高压，750 kV 以上是特高压。对于开关柜来讲，低压范围是 500 V 以下。在牵引变电所低压设备上做业需要遵循以下内容：

1. 在变压器至钢轨的回流线上作业时，一般应停电进行，填写第一种工作票，但对不断开回流线的作业且经确认回流线各部分连接良好时，可以带电进行。对断开作业的回流线，必须有可靠的旁路线。在回流线上带电作业时，要填写第三种工作票。严禁 1 人单独作业，作业人员的安全等级不低于三级。

说明:"对断开作业的回流线,必须有可靠的旁路线"是因为回路连接良好的回流线,对地电位处于安全状态,但断开的回流线会产生高压,危及作业人员的人身安全。当一回路接触网停电时,也不能在断开的回流线,因为其他回路还要通过回流线回流,如果断开一样会感应出高电压。

对"在回流线上带电作业时,要填写第三种工作票,至少有 2 人同时作业,且作业人员的安全等级不低于三级"补充说明:鉴于在回流线上带电作业危险性较大,所以安全等级要求高,作业人员和监护人员均不得低于三级。

2. 在低压设备上作业时一般应停电进行。若必须带电作业时,作业人员要穿紧袖口的工作服,戴工作帽,手套和防护眼镜,穿绝缘靴或站在绝缘垫上工作;所用的工具必须有良好的绝缘手柄;附近其他设备的带电部分必须用绝缘板隔开。在低压设备上作业时,严禁 1 人单独作业。带电作业时作业人员的安全等级不得低于三级;停电作业时至少有 1 人的安全等级不低于二级。

3. 严禁将明火或能发生火焰的物品带入蓄电池室。在蓄电池室进行作业时,作业前要先检查并确认室内无异常现象,在作业过程中禁止对蓄电池充电,室内所有的通风机均应开动,保持通风良好。在向蓄电池中注电解液或调配电解液时要戴防护眼镜。当稀释酸液(或碱液)时要将稀释酸液(或碱液)徐徐注入蒸馏水中,并用耐酸棒(或耐碱棒)不停地搅拌,严禁把蒸馏水倒入酸液(或碱液)中。

"在作业过程中禁止对蓄电池充电",一般是指在作业过程中禁止对蓄电池大电流充电。而蓄电池正常浮充电流只有 0.5~3 mA(150 Ah 额定容量蓄电池浮充电流数据要求为 75~450 mA),蓄电池小修不需断开蓄电池。对蓄电池核对性充放电若需解列蓄电池时,应备用一组蓄电池,接入直流母线中,避免因蓄电池撤除,接触网发生接地短路故障或其他故障时,交流高压母线电压陡降而失去直流保护电源,断路器无法跳闸,不能及时切断故障线路而烧损牵引供电设备或造成全所失压停电。

八、二次回路上的作业

牵引变电所的一次设备一般都是大容量、高电压的设备,为了实现运行维护人员对一次设备进行监控,就必须配置与一次设备保持电气隔离的低电压、小容量的相应设备,统称这些设备为二次设备,二次设备通过电压互感器和电流互感器与一次设备取得电的联系。二次设备是指对一次设备的工作状态进行控制、保护、监察和测量的一系列低压、弱电设备,又称为辅助设备,包括测量仪表、控制和信号器具、继电保护装置、自动远动装置、操作电源、控制电缆及熔断器等。二次设备按一定顺序相互连接而成的电路称为二次回路,二次回路是一个多功能复杂网络,包括监视测量回路、控制回路、信号回路、调节回路、继电保护和自动装置、自动和远动化装置以及操作电源系统等几个部分。

在牵引变电所二次回路的设备上作业时,应按以下要求进行:

1. 在确保人身安全和设备安全运行的条件下,允许有关的高压设备和二次回路不停电进行下列工作:

(1)在测量、信号、控制和保护回路上进行较简单的作业。

（2）改变继电保护装置的整定值，但不得进行该装置的调整试验，作业人员的安全等级不得低于三级。

（3）当电气设备有多重继电保护，经供电调度批准短时撤出部分装置时，在撤出运行的保护装置上作业。

2. 在二次回路上进行作业时必须遵守下列规定：

（1）人员不得进入高压分间或防护栅内，同时与带电部分之间的距离要等于或大于表5.5.5中规定的数值。

表 5.5.5

电压等级	无防护栅	有防护栅
27.5～110 kV	1 500 mm	1 000 mm
27.5 和 35 kV	1 000 mm	600 mm
10 kV 及以下	700 mm	350 mm

当作业地点附近有高压设备时，要在作业地点周围设围栅和悬挂相应的标示牌。

（2）所有互感器的二次回路均要有可靠的保护接地。

说明：电压互感器和电流互感器在运行中，一次绕组直接接在高压回路上，如果电压互感器和电流互感器的绝缘不良时，有可能高电压反映到二次绕组上；而二次绕组又连接着各种仪表和继电器，工作人员经常接触这些电器、仪表，可能要威胁到工作人员的人身安全。因此，为了保证运行中的安全，要求除了电压互感器和电流互感器的外壳接地外，同时在二次回路中也应该接地，这样才能保证一次回路上的高电压不致于影响到二次回路中来。万一发生故障，二次回路由于已经接地，就不会发生危险。

（3）直流回路不得接地或短路。

说明：直流和交流是两个独立的供电系统，当你把直流接地的话，就相当于给直流电源增加了一个电压，而这个电压不稳定，使得本来纯净的直流电，有了杂波，引起直流电源的不纯净，从而引起设备的工作不稳定。另外当直流回路接地后，有可能引起信号回路、控制回路、继电保护及自动装置回路的误动作，引起断路器的误分或误合，造成事故。

直流电源不允许短路是因为直流短路的短路电流很大，容易烧毁电源。

（4）根据作业要求需进行断路器的分合闸试验时，必须经值班员同意方准操作。试验完毕时，要报告值班员。

3. 在带电的电压互感器和电流互感器二次回路上作业时除按上一条执行外，还必须遵守下列规定：

（1）电压互感器。①注意防止发生短路或接地，作业时作业人员要戴手套，并使用绝缘工具，必要时作业前撤出有关的继电保护。②连接的临时负荷，在互感器与负荷设备之间必须有专用的刀闸和熔断器。

说明：电压互感器二次绕组短路或接地后，会产生很大的短路电流，损坏与之相连的二次设备，产生事故。

（2）电流互感器。

①严禁将其二次侧开路。

②短路其二次绕组时，必须使用短路片或短路线，并要连接牢固，接触良好，严禁用缠绕的方式进行短接。

③作业时必须有专人监护，操作人必须使用绝缘工具并站在绝缘垫上。

4. 当用外加电源检查电压互感器的二次回路时，在加电源之前须在电压互感器的周围设围栏，围栏上要悬挂"止步，高压危险！"的标示牌，且人员要退到安全地带。

注：防止在电压互感器一次侧产生高电压，危及作业员安全。

任务 6 试验和测量

【知识目标】

1. 了解高压试验的安全规定；
2. 掌握高压设备测量的安全规定。

【能力目标】

1. 能进行高压设备绝缘电阻测量；
2. 会使用钳形电流表测量电流。

一、高压试验

高压电气试验是试验电气设备绝缘性能好坏的电气方面试验。需要试验的部件有变压器、开关、避雷器、互感器。

众所周知，电力生产的特点是发电、供电、用电同时完成。任何一个环节发生故障都会使用户停电，给工农业生产人民的生活带来损失。尤其在当前构建和谐的社会大气氛中停电将会带来更巨大的损失，为此电力生产必须安全第一。

安全生产，防止事故发生。控制手段就两条。一是人的因素，二是设备质量可靠程度。电力系统内的发、供、用电设备除了长期在额定电压下运行之外，必须具备在过电压下的绝缘强度。过电压是指超过正常运行电压，它是电气设备或保护设备损坏的电压升高。在电力系统各种事故中，很大一部分是由于过电压造成设备的绝缘损坏引起的。当绝缘有缺陷时若不及时发现排除，最终导致设备损坏造成停电事故。影响了生产和人民的安居生活。而高压试验的目的就是通过一定的手段依靠相关的检测设备采用模拟的方法检验电气设备绝缘性能的可靠程度为安全发、供、用电提供可靠有力数据。

电气设备的绝缘的缺陷大致分为两类：一类是整体性缺陷如绝缘老化、变质、受潮和脏污等使绝缘性能完全下降；另一类是局部缺陷，如：绝缘局部受损、受潮和脏污等使绝缘性能下降。不论何类绝缘缺陷都能通过高压预防试验检查出来。所以电气设备在运行了一定时间都要进行定期检测试验。这是目前我国对电气设备安全运行采取的有力保证措施和重要措施。通过高压试验掌握电气设备绝缘变化规律及时发现缺陷。采取相应的维护和检修措施，避免电气设备绝缘在额定电压与过电压的作用下击穿而造成停电事故。

电气设备的绝缘预防试验一般分为绝缘性能的特性试验和强度试验两种。前者又称为非破坏性试验，是指在较低电压作用下或用其他不损伤绝缘的办法。从不同角度对设备绝缘各种特性进行的试验。如绝缘电阻试验，泄漏电流试验和介质损耗因数试验等。后者又称破坏性试验，是对电气设备的绝缘在较高电压作用下的一种耐压试验。如直流耐压试验和交流耐压试验等。高压试验是判断运行中的电气设备安全的重要措施。

对于新安装和大修的电气设备进行的试验，称为交接验收试验，其目的是鉴定电气设备本身及其安装和大修的质量。交接验收试验和预防性试验的目的是一致的。由于电力设备在设计和制造过程中，不免存在一些质量问题，而且在安装过程中也可能出现损坏，由此将造成一些潜伏性缺陷。电力设备在运行中经常处于热、化学、机械振动以及其他因素的影响，其绝缘易出现劣化，甚至失去绝缘性能，造成事故。

有关统计，电力系统60%以上的停电事故是由设备绝缘缺陷引起的。设备绝缘的劣化，都有一个发展期，在这个发展期，绝缘材料会发出一些物理，化学信息，这些信息反映出绝缘状态的变化情况。这就需要电气试验人员通过电气试验，了解掌握绝缘情况，以便在故障发展的初期就能够及时准确发现缺陷并处理。

（一）在进行牵引变电所高压设备高压试验作业时，要按如下要求进行

1. 当进行电气设备的高压试验时，工作领导人的安全等级不得低于三级。在作业地点的周围要设围栏，围栏上悬挂"止步，高压危险！"的标示牌（标示牌要面向作业场地外方），并派人看守。

若被试设备较长时（如电缆），在距离操作人较远的另一端还应派专人看守。

因试验需要临时拆除设备引线时，在拆线前应作好标记，试验完毕恢复后要仔细检查确认连接正确，方可投入运行。

2. 在一个电气连接部分内，同时只允许一个作业组且在一项设备上进行高压试验。

必要时，在同一个连接部分内检修和试验工作可以同时进行，作业时必须遵守下列规定：

（1）在高压试验与检修作业之间要有明显的断开点，且要根据试验电压的大小和被检修设备的电压等级保持足够的安全距离。

（2）在断开点的检修作业侧装设接地线，高压试验侧悬挂"止步，高压危险！"的标示牌，标示牌要面向检修作业地点。

3. 试验装置的金属外壳要装设接地线，高压引线应尽量缩短，必要时用绝缘物支持牢固。试验装置的电源开关应使用有明显断开点的双极开关。

试验装置的操作回路中，除电源开关外还应串联零位开关，并应有过负荷自动跳闸装置。

4. 在施加试验电压（简称加压，下同）前，操作人和监护人要共同仔细检查试验装置的接线、调压器零位、仪表的起始状态和表计的倍率等，确认无误后且被试设备周围的人员均在安全地带，经工作领导人许可方准加压。

5. 加压作业要专人操作、专人监护，其安全等级：操作人不低于二级，监护人不低于三级。加压时，操作人要穿绝缘靴或站在绝缘垫（试验周期和标准衅徽绝缘靴）上，操作人和监护人要呼唤应答。

在整个加压过程中，全体作业人员均要精神集中，随时注意有无异常现象。

6. 未装地线的具有较大电容量的设备应进行放电再加压。

当进行直流高压试验时，每告一段落或结束时应将设备对地进行放电数次，并进行短路接地。放电时操作人要使用放电棒并戴绝缘手套。

被试设备上装设的接地线,只允许在加压过程中短时拆除,试验结束要立即恢复原状。

7. 试验结束时,作业人员要拆除自装的接地线、短路线、检查被试设备、清理作业地点。

(二)进行牵引变电所高压设备高压试验作业的人员应具备如下素质

1. 认真细致地做好电气设备的绝缘预防性试验。

周期与标准是我国电力工业半个多世纪经验的积累与总结。对预防性试验具有重要的指导意义,必须认真学习和执行。

在试验项目行选择上应尽量全面,以防带有严重绝缘缺陷的设备投入运行。

由于电气设备的运行环境不同,绝缘的劣化速度也不一样。例如:经常操作的断路器需每年试验;正常运行的变压器在 5～10 年里需试验,发电机绕组由于在运行中受振动影响,也必须每年进行一次交流耐压试验。

2. 应具备较高的分析判断能力。

试验结果是分析判断的依据,正确地运用试验标准判断绝缘的优劣,估计出绝缘缺陷发展的趋势和严重程度的技术。

当个别的项目的试验结果达不到规程要求或此设备没有标准可参考时,应具备以下技能:

(1)应深入检修现场,了解此设备检修过程中有哪些缺陷,已处理了多少,还有哪些未消除,同时了解设备在运行过程中的负荷变化。温度及环境等资料供判断。

(2)对照往年试验结果并了解本年运行情况,以论证自己的判断结果。

(3)参照同类设备的各项参数,同时做同项目试验,得出结果对比,给出确切的试验报告。

3. 具备分析绝缘事故能力。

通过对设备试验结果的分析,得出绝缘事故产生原因。提出解决,防止再次发生绝缘事故的方案。

二、测量工作

在变电所内对电气设备进行绝缘电阻测量、电流测量作业时,要遵守下列要求:

1. 使用兆欧表测量绝缘电阻前后,必须将被测设备对地放电。放电时,作业人员要戴绝缘手套、穿绝缘靴。

对该条补充说明:对低压设备放电时,作业人员可以使用绝缘工具代替手套,用绝缘垫代替绝缘靴,但其绝缘水平必须符合相应的标准。

2. 在有感应危险电压的线路上测量绝缘电阻时,将造成感应危险电压的设备一并停电后进行。

3. 使用兆欧表测量绝缘电阻前,必须将被测设备从各方面断开电源,经验明无电且确认无人作业时方可进行测量。

测量时,作业人员站的位置、仪表安设的位置及设备的接线点均要选择适当,使人员、仪表及测量导线与带电部分保持足够的安全距离。作业地点附近不得有其他人停留。测量用的导线要使用相应电压的绝缘线。

在高压设备上作业时,应派遣作业小组,其中 1 人安全等级不低于三级。

4. 使用钳形电流表测量电流时,其电压等级应符合要求。测量时可以不开工作票,但在测量前，须经值班员同意，并由值班员与作业人员共同到作业地点进行检查，必须时由值班人员做好安全措施方可作业。测量完毕要通知值班员。

在高压设备上测量时，应派遣作业小组，其中一人的安全等级不得低于三级。

5. 使用钳形电流表测量需拆除防护才能作业时，应在拆除防护栅后立即测量；测量完毕要立即恢复。

6. 测量时，作业人员与带电部分之间的距离要大于钳形电流表的长度，读表时身体不得弯向仪表面上。

在高压设备上使用钳形电流表测量时，测量人员要戴好绝缘手套、穿好绝缘靴并站在绝缘垫上作业。

7. 当测量电缆盒处各相电流时，只有在相间距离大于 300 mm 且绝缘良好时方准进行；当电缆有一相接地时，严禁作业。

在低压母线上测量各相电流时，要事先用绝缘板将各相隔开，测量人员要戴绝缘手套。

8. 钳形电流表要存放在盒内且要保持干燥，每次使用前要将手柄擦拭干净。

9. 除专门测量高压的仪表外，其他仪表均不得直接测量高压。测量用的连接电流回路的导线截面积要与被测回路的电流相适应；连接电压回路的导线截面积不得小于 1.5 mm²。

10. 当使用携带型仪表、仪器是金属外壳时，其外壳必须接地。

在高压回路进行测量时，要在作业地点周围设围栅，悬挂相应的标示牌，人员与带电部分之间须保持足够的安全距离。

复习思考题

一、填空题

1. 在牵引变电所的运行和检修工作中，为确保（　　）、（　　）和（　　）安全，特制定本规程。

2. 牵引变电所的电气设备自（　　）始即认定为带电设备。

3. 从事牵引变电所运行和检修工作的有关人员，必须实行（　　）制度，经过考试评定安全等级，取得（　　）之后，方准参加牵引变电所运行和检修工作。

4. 从事牵引变电所运行和检修工作的人员，每年定期进行（　　）次安全考试。

5. 未按规定参加安全考试和取得安全合格证的人员，必须经（　　）准许，在安全等级不低于（　　）的人员监护下，方可进入高压设备区。

6. 牵引变电所巡视检查工作的目的是为了（　　），并及时作出反应和处理。

7. 在有雷、雨的情况下必须巡视室外高压设备时，要（　　）、（　　），并不得靠近避雷针和避雷器。

8. 倒闸作业必须由（　　）操作，（　　）监护。

9. 带电更换低压熔断器时，操作人要（　　），（　　），并要使用绝缘夹钳或绝缘手套。

10. 第一种工作票的有效时间，以（　　）为限。

11. 在作业中断期间，未征得（　　）同意，作业组成员不得擅自进入作业地点。

12. 使用过的工作票由发票人和（　　）负责分别保管。工作票保存时间不少于（　　）个月。

13. 在同一个停电范围内有几个作业组同时作业时,对每一个作业组,值班员必须(　　)办理停电作业申请。

14. 当进行需拆除接地线的作业时,必须设专人监护,其安全等级:作业人员不低于(　　),监护人不低于(　　)。

15. 在低压设备上作业时,严禁(　　)人单独作业。带电作业时作业人员的安全等级不得低于(　　);停电作业时至少有1人的安全等级不低于(　　)。

二、简答题

1. 牵引变电所的值班人员及检修工,多长时间进行1次身体检查?
2. 牵引变电所值班员的安全等级不低于几级?助理值班员的安全等级不低于几级?
3. 哪些人员有权单独巡视牵引变电所?
4. 编写操作卡片及倒闸表要遵守哪些原则?
5. 什么是高压设备停电作业?
6. 工作票签发人签发工作票时要做到哪些事项?
7. 工作领导人要做好哪些事项?
8. 值班员在做好安全措施后,要到作业地点进行哪些工作?
9. 当进行电气设备的停电作业时,工作领导人除监护作业组成员的作业安全外,在何种情况下可以参加作业?
10. 在牵引变电所二次回路的设备上作业时,应按哪些要求进行?

单元六　牵引变电所运行检修规程

任务1　总则、运行管理及修制

【知识目标】

1. 了解总则、运行管理的相关知识；
2. 掌握牵引变电所检修周期的相关规定；
3. 掌握牵引变电所检修验收的相关规定。

【能力目标】

1. 能填写牵引变电所设备大修申请书；
2. 能填写牵引变电所设备检修记录；
3. 会填写牵引变电所设备检修（改造）竣工验收报告。

一、总　则

牵引变电所（包括开闭所、分区所、AT所、分相所，除特别指出外，以下皆同）是向电化铁路供电的重要组成部分，与行车密切相关。为搞好牵引变电所的运行和检修工作，特制定本规程。

本规程适用于牵引变电所的运行、检修和试验。

本规程是按周期检测、状态维修（简称：周期修）编制的，牵引变电所的检修应贯彻"修养并重，预防为主"的方针。积极创造条件向周期检测、状态维修、限界值管理、寿命管理过渡。

为保证牵引变电所安全可靠的供电，各级部门要认真建立健全各级岗位责任制，抓好各项工作，科学管理，改革修制，依靠科技进步，积极采用新技术、新工艺、新材料，不断改善牵引变电所的技术状态，提高供电工作质量。

铁路局可根据本规程规定的原则和要求，结合具体情况制定细则、办法，并报总公司核备。

二、运行管理

1. 电气设备运行和检修工作实行规范管理、分级负责的原则，充分发挥各级组织的作用。

中国铁路总公司：统一制定全路牵引变电所运行和检修工作有关的规章及质量标准；调查研究，检查指导，总结和推广先进经验；掌握牵引变电所大修占全局牵引变电所总支出的比例。按规定对铁路局进行监督和管理，为铁路局提供服务。

铁路局：贯彻执行中国铁路总公司有关规章、标准和命令，组织制定本局实施细则、办法和工艺；领导全局的牵引变电所运营管理工作，制定本局管内各供电段的管理和职责范围；审批牵引变电所大修、科研、更新、改造及局管的基建计划，组织验收和鉴定；并报总公司核备。

2. 牵引变电所的增设、迁移、拆除由中国铁路总公司审批，封闭和启封由铁路局审批并报总公司备案。

3. 因牵引变电所的设备改造、变化而降低列车牵引重量、速度或引起邻局牵引供电设备运行方式变更时，须经中国铁路总公司审批。牵引变电所属于下列情况的技术改造，须经铁路局审批，并报总公司核备。

（1）改变电源和主接线时。

（2）变更主变压器、断路器的容量和型号时。

（3）变更保护型式、控制和测量方式时。

说明：变更主变压器、断路器的容量和型号时，主变压器是指一次侧额定电压为110 kV 以上的变压器（自用电变压器除外）包括与牵引变压器并联的动力变压器。

4. 为保证电气化区段的可靠供电，由牵引变电所引接非牵引负荷而引起设备改造和向路外供电时由铁路局审批。

三、修　制

（一）修　程

电气设备的定期检修分小修、中修和大修（部分设备只有小修和大修）。

小修：属维持性的修理。对设备进行检查、清扫、调整和涂油，更换或整修磨损到限的零部件，保持设备正常的技术状态。

中修：属恢复性修理。除小修的全部项目外，还需部分解体检修，恢复设备的电气和机械性能。

大修：属彻底性修理，对设备进行全部解体检修，更新不合标准的零部件，对外壳进行除锈涂漆，恢复设备的原有性能，必要时进行技术改造，提高电气和机械性能。

（二）周　期

1. 主要设备的检修周期如表 6.1.1 所示。

表 6.1.1　主要设备的检修周期

序号	设备名称	小修	中修	大修	备注
1	变压器	1 年	5～10 年	15～20 年	含油浸电抗器
2	空心电抗器	1 年		10～15 年	
3	单装互感器	1 年	5～10 年	15～20 年	是指单独装设的互感器
4	隔离开关	1 年	5 年	15～20 年	手动
5	隔离开关	半年	3～5 年	10～15 年	电动
6	直流电源装置	1 年	3～5 年	8～10 年	
7	电容器组	半年	—	5～10 年	
8	高压母线	1 年		10～15 年	

续表 6.1.1

序号	设备名称	小修	中修	大修	备注
9	电力电缆	1年	—	15~20年	
10	低压配电盘	1年		15~20年	
11	避雷针	每年雷雨季节前	—	15~20年	
12	避雷针	每年雷雨季节后		15~20年	
13	接地装置	1年	—	10~15年	回流线在内
14	油断路器	1年		10~15年	
15	气体断路器	1年		10~15年	
16	真空断路器	1年		15~20年	
17	负荷开关	1年	5年	15~20年	
18	接地放电装置	1年	动作10次	动作100次	
19	远动装置	1年	5年	10~12年	
20	保护及自动装置	1年		10~15年	

注：(1) 跨线随设备或母线同时检修。
(2) 在日常掌握中，小修、中修实际周期允许较以上规定伸缩10%。

2. 鉴于各地区的设备性能及运行条件不尽相同，铁路局可结合实际情况，经过调查研究、技术鉴定，适当调整小修、中修和大修周期和范围，并同时报总公司核备。

（三）检修计划

1. 设备大修应填写设备大修申请表如表 6.1.2 所示，经铁路局审定后，报总公司核备。
2. 设备大修要根据批准的计划由承修单位或设计施工文件（包括检修内容、质量标准、费用和工时等），报请铁路局批准后方准开工。

说明：年度小修、中修计划由供电段编制后，于前一年度 11 月末前下达各有关班组，同时报铁路局，小修和中修费用均列入供电段的生产财务计划。年度大修计划由供电段编制，并逐项（按件名）填写设备大修申请书并报铁路局审定后列入年度计划，并报总公司核备。

表 6.1.2　设备大修申请书

申请单位：×××供电段

设备名称及编号	电动隔离开关	运行时间	6年
设备编号	×××	承修单位	×××供电段
安装地点及运行编号	×××	要求大修时间	××年××月××日
规格	GW4-110	所需费用	
设备状态（即大修原因）	支持绝缘子破损 700 mm²		
大修范围（包括结合大修改造的项目）	更换破损的绝缘子		
铁路局意见			
备注			

年　月　日

设备大修申请书（见表 6.1.2）填写方法和要求如下：

（1）"设备名称及编号"栏：按年度设备大修编号，如："97-2"；

（2）"设备编号"栏：填写大修设备出厂编号，如："399-07-15"；

（3）"安装地点及运行编号"栏：填写安装所亭名称及室内或室外和运行编号，如："薛店变电所室外、2111"；

（4）"规格"栏：填写大修设备规格，如："GW-55"；

（5）"设备状态"栏：填写大修原因，如："绝缘子破损约 700 mm^2"；

（6）"大修范围"栏：填写需要大修范围包括结合大修改造的项目，如："更换破损绝缘子"。

3. 电气设备的停电检修应尽量利用"天窗"时间进行；若"天窗"时间不够，供电段应按时提出月份停电计划。行车调度和供电调度要密切配合，保证批准的停电计划按时实现。

供电段要合理安排检修计划、运行方式，作好检修组织工作，抓紧时间完成任务。

（四）检查验收

设备每次检修后，承修的班组均应填写设备检修记录（见表 6.1.3），设备小、中、大修及进行较大的设备发行后，还填写设备检修（改造）竣工验收报告（见表 6.1.4），并附检修试验记录，报请有关单位验收，经验收合格方准投入运行。

表 6.1.3　设备检修记录

设备名称及编号	电动隔离开关×××	承修班组	电器组	检修人	签字
安装地点及运行编号	薛店变电所	修程	小修	互检人	签字
修前状态	修中措施			修后结语	
绝缘子脏污，止钉间隙 5 mm	绝缘子清扫，调整止钉间隙			绝缘子清扫清洁止钉间隙 2 mm，合格	

设备检修记录填写方法和要求如下：

（1）按本节"周期"第 1 条规定的主要设备每台或每项设备填写一张，由设备检修负责人填写，如："薛店变电所 1001 隔离开关检修"；

（2）"设备名称及编号"栏：填写被检修设备名称及出厂编号，如："电动隔离开关（GK）399-07-01"；

（3）"安装地点及运行编号"栏：安装地点具体所亭及室内或室外，如："薛店变电所室外 1001"；

（4）"修程"栏：填写临修、小修、中修、大具备，如："小修"；

（5）"修前状态"栏：按《牵引变电所运行检修规程》（简称《检规》）要求填写各项内容的状态及存在的问题，并记录有关数据，如"绝缘子脏污、止钉间隙 5 mm"；

（6）"修中措施"栏：根据修前状态中存在的问题，逐项记录所采取的措施及更换的零配件，如"绝缘子清扫，调整止钉间隙"；

（7）"修后结语"栏：根据质量标准逐项填写检修后的质量状况，包括必要的测度数据和存在的问题，并注明是否合格，如"绝缘子清扫清洁止钉间隙 2 mm，合格"。

表 6.1.4　设备检修（改造）竣工验收报告

承修单位：　　　　　　　　　　　　　　　　　　　　　　　　　　　　编号：

设备名称及编号	电动隔离开关	大修申请书编号	
安装地点及运行编号	薛店变电所室外	检修任务依据	依据设备大修申请计划
实际修程及检修内容	大修、更换破损绝缘子		
消耗的主要材料和部件	棒形支柱绝缘子 材料费：1 200 元；工费：300 元；其他费用：10 元；合计 1 510 元		
质量评定	合格		
主持验收单位 及验收组成员	×××局供电处 　　　　　　　　　　　　　　　　　　　　　验收负责人：		

设备检修（改造）竣工验收报告填写方法和要求如下：

（1）"编号"栏：按年度设备检修（改造）竣工验收顺序编号，如："2014-5"；

（2）"设备名称及编号"栏：填写检修（改造）设备名称及出厂编号，如："电动隔离开关、399-07-15"；

（3）"大修申请书编号"栏：填写大修申请书的编号，如："2014-2"；

（4）"安装地点及运行编号"栏：安装的所亭名称及室内或室外和运行编号，如："薛店变电所室外、2111"；

（5）"检修任务依据"栏：填写检修根据，如："依据设备大修申请计划"；

（6）"实际修程及检修内容"栏：填写实际修程类别和内容，如'大修、更换破损绝缘子"；

（7）"消耗的主要材料和部件"栏：消耗的主要材料和部件，如："棒形支柱绝缘子"；

（8）"质量评定"栏：按《铁路电力工程质量评定验收标准》规定质量评定分为"合格"与"优良"，如"优良"；

（9）"主持验收单位及验收组成员"栏：根据〔82〕铁机字 1670 号文规定：设备大修由铁路局组织验收，如："沈阳铁路局供电处"。

2. 设备大修由铁路局组织验收，主变压器和额定电压为 110 kV 及以上的断路器中修由供电段验收，其余设备的中修和设备小修由牵引变电所验收。设备技术改造由批准计划的部门组织验收。

3. 设备每次检修后，承修的班组均应填写设备检修记录），设备小、中、大修及进行较大的技术改造后，还应填写设备检修（改造）竣工验收报告并附检修试验记录，报请有关单位验收，经验收合格方准投入运行。

4. 设备小、中、大修验收办法由铁路局自行制定。

任务 2　交接验收

【知识目标】

1. 掌握牵引变电所竣工验收的相关规定；
2. 掌握牵引变电所值班、巡视、倒闸的相关规定。

【能力目标】
1. 能参与牵引变电所竣工验收；
2. 能编制牵引变电所竣工验收技术档案；
3. 能够进行牵引变电所值班、倒闸作业及巡视。

牵引变电所是铁路运输重要的基础设施，其质量状态直接关系铁路运输生产安全。为加强铁路牵引供电验收工作，履行铁路牵引供电验收职责，适应铁路运输发展的需要，保障铁路运输安全需特别重视牵引变电所竣工交接验收工作。

铁路牵引变电所验收工作，是铁路运输安全保障体系的重要组成部分，是对铁路牵引供电新建、更新改造工程、检修以及准予许可生产或者进口的铁路牵引供电产品实施质量监督、技术认可和合格确认的职能。

铁路牵引变电所验收工作由铁路牵引供电验收部门负责，它是中国铁路总公司和铁路局对铁路牵引变电所新建、更新改造工程、检修及铁路牵引变电所产品行使质量监督、技术认可和合格确认的专职机构。铁路牵引供电验收人员是中国铁路总公司和铁路局对铁路牵引供电新建、更新改造工程、检修及铁路牵引供电产品行使质量监督、技术认可和合格确认的代表。

一、交接验收

（一）牵引变电所需要验收的重要设备

（1）变压器；（2）电抗器；（3）电压互感器；（4）电流互感器；（5）断路器；（6）电容器；（7）避雷器；（8）隔离开关及操作机构；（9）负荷开关及操作机构；（10）继电保护装置；（11）综合自动化装置；（12）远动装置；（13）故障测距装置；（14）交流配电装置；（15）直流配电装置；（16）设备在线监测装置；（17）组合电器；（18）动态无功补偿装置。

（二）牵引变电所验收依据

1. 国家、中国铁路总公司和相关行业的法规、规章、规程、规则、标准，有关技术文件及试验方法。
2. 规定程序认可的设计文件、产品设计图纸及合同中的技术条件、有关约定等。
3. 经中国铁路总公司鉴定同意批量生产的铁路牵引供电重要件，需要改变重要结构或设计时，须报中国铁路总公司审批；技术依据不足时，工厂可编暂行技术文件，报中国铁路总公司审批并作为暂行验收依据。

（三）牵引变电所交接验收工作还应遵循的内容

1. 牵引变电所竣工后，应按规定对工程进行检查和交接实验及全部馈线的短路试验，经验收合格方可投入运行。
2. 牵引变电所工程交接验收前10天，施工单位应向运行单位提交图纸、记录、说明书等竣工资料。

施工单位应向运行单位提交的图纸有一次接线图、室内外设备平面布置图、室外配电装置断面图、保护装置原理图、二次接线的展开图、安装图和电缆手册等，细则如下：

【图纸】

（1）铁路征用土地总平面图。
（2）变电所、亭给排水图。
（3）控制室、休息室、远动室房内照明布置图。
（4）高压室预埋件位置图。
（5）电源系统图。
（6）变电所、亭基础平面图。
（7）高压室、电容器室照明布置图。
（8）设备安装图（包括定型图、非定型图）。
（9）一次线图，其中应包括：主接线图，总平面布置图，房屋平面布置图，防布置图，屋外间隔断面图、高压室、电容器室母线、网册布置图。
（10）二次线图，其中包括：主接线展开图，控制室配电盘布置图，配电盘盘面布置图，设备数量汇总表，二次回路原理接线图（应含直流电源、开关机构成套保护原理图），端子排图，配电盘配线图（安装图），端子箱、电源箱配线图、接线图，室外照明动力布置图，检测车插座内容图册，电缆手册。

【记录】

（1）竣工文件清册。
（2）保护整定计算书。
（3）基础工程试验报表。
（4）所有电气设备的出厂试验报告、合格证、交接试验报告。
（5）一次、二次设备备品、备件采购清单。
（6）一次、二次设备装箱单。
（7）开工报告。
（8）工程竣工验收报告。
（9）工程小结。
（10）单位工程质量检验评定表。
（11）设备名称表。
（12）工程检查证。
（13）工程技术条件表。
（14）工程竣工数量详表。
（15）设计变更通知单。
（16）施工记录（全所及主要设备，少油断路器、主变、真空断路器、电容器组、电抗器、蓄电池组的安装调整，隐蔽工程记录等）。

【说明书】

（1）二次设备说明书，其中包括：
中间继电器、双位置继电器、信号继电器、时间继电器、电流、电压继电器、重合闸电器等一般继电器使用说明书；电容器差压继电器使用说明书；电容器高频过流继电器使用说明书；主变差动继电器使用说明书；馈线距离成套保护装置使用说明书；中央信号成套装置使用说明书；馈线故障点探测装置使用说明书；有功、无功电度表使用说明书；断路器状态仪使用说明书；高压带电器使用说明书；电压、电流变送器使用说明书；有功、无功功率及电度变送器使用说明书；镉镍蓄电池使用说明书；可控硅整流装置使用说明书；直流成套装置使用说明书；直流成套装置内逆变电源使用说明书；

（2）工程配试验仪器使用说明书。

（3）一次设备说明书，其中包括：

主变说明书。包括说明、安装运输图、吊弦图、铭牌、油位指示图、压力释放图、瓦斯计、温度计、分接开关、高压套管、隔膜式油枕、油位计、净油器等附件说明；动力变说明书；自用变说明书；电抗器说明书；电压互感器说明书；流互说明书；电容器说明书；并联补偿装置使用说明书；断路器安装使用说明书；手动隔离开关说明书；电动隔离开关使用说明书；电动隔离开关使用说明书；避雷器说明书；放电记录器说明书；放电电流记录器说明书；接地放电装置说明书。

一次接线图：牵引变电所的电气设备按作用不同可分为一次设备和二次设备。一次设备是指直接进行电能的生产、输送、分配的电气设备，包括发电机、变压器、母线、架空线路、电力电缆、断路器、隔离开关、电流互感器、电压互感器、避雷器等。由一次设备连接组成的电路称为一次接线或主接线。将牵引变电所的一次接线用规定的设备文字和图形符号按工作顺序排列，详细地表示电气设备或成套装置的全部组成和连接关系的单线接线图，称为牵引变电所的一次接线图。也可认为是模拟图。

牵引变电所投入运行前，接管部门要制定好运行方式，配齐并训练运行、检修人员，组织学习和熟悉有关设备、规章、制度并经考试合格；备齐检修用的工具、材料、零部件及安全用具等。

在牵引变电所投入运行时要建立各项制度和正常管理秩序；按规定备齐技术文件；建立并按时填写各项原始记录、台账、技术履历、表报等。

牵引变电所应有下列技术文件：

（1）一次接线图、室内外设备平面布置图、室外配电装置断面图、保护装置原理图、二次接线的展开图、安装图和电缆手册等。

（2）制造厂提供的设备说明书。

（3）电气设备、安全用具和绝缘工具的试验结果，保护装置的整定值等。

有人值班的牵引变电所应建立下列原始记录：

（1）值班日志：由值班人员填写当班期间牵引变电所的运行情况。

（2）设备缺陷记录：由巡视人员、发现缺陷的人员和处理缺陷负责人填写日常运行中发现的缺陷及其处理情况。

（3）蓄电池记录：由值班人员填写蓄电池运行及充、放电情况。

（4）保护装置动作及断路器自动跳闸记录：由值班人员填写各种保护装置（不包括避雷器）动作及断路器自动跳闸情况。

（5）保护装置整定记录：记录保护装置的整定情况。

（6）避雷器动作记录：由值班人员填写避雷器动作情况。

（7）主变压器过负荷记录：由值班人员按设备编号分别填写主变压器过负荷情况。上述各项记录应装订成册。

牵引变电所控制室内要有一次接线的模拟盘。模拟盘要能显示断路器和隔离开关的开、闭状态。

无人值班变电所的技术文件和原始记录，由维护班组负责填写与保管。巡视、维修记录的格式由铁路局制定。

为保证牵引变电所故障时能尽快地恢复正常供电，最大限度地减少对运输的影响，牵引变电所应配备满足事故处理时所需要的设备、零部件、材料和工具，并保持良好状态，使之能随时使用。

二、值 班

1. 牵引变电所要按规定的班制昼夜值班。

值班人员在值班期间要做好下列工作：

（1）掌握设备现状，监视设备运行。

（2）按规定进行倒闸作业，做好作业地点的安全措施，办理准许及结束作业的手续，并参加有关的验收工作。

（3）及时、正确地填写值班日志和有关记录。

（4）及时发现和准确、迅速处理故障，并将处理情况报告供电调度及有关部门。

（5）保持所内整洁，禁止无关人员进入控制室和设备区。

值班人员要及时、正确地填写值班日志，值班日志在《检规》当中没有统一规定格式，由接管部门自行制定。

值班日志包括"牵引变电所运行日志"（见表6.2.1），其填写方法如下：

（1）"时间"栏：年、月填写一个，在年月交替时填写两个，日、时、分均填写两个。开始时间记接班完毕时间，结束时间记交班完结时间。

（2）"电度计量"栏：每日24时、18时抄写主变有功、无功电度表及自用变、动力变有功电度表读数，并在18时计算用电量，停运的主变压器18时抄对表底，主变一次侧计量填入A相中，如："4日24点计量分别为：22 181.4、3 832.6、52 155.8、42 786.1、49 679.0、20 312.9；18时计量分别为：22 154.0、3 832.6、52 149.4、42 796.1、49 602.9、20 312.9"。

（3）"跳闸统计"栏：按"保护装置动作及断路器跳闸记录"要求填写，其中设备状态栏填写跳闸断路器及有关设备的运行状态，包括信号显示和短路电流的情况，跳闸统计栏填不下时可填入记事栏内。

① 跳闸时间：填写跳闸时间，如："10时42分"；

② 开关名称：跳闸开关运行编号，如："211"；

③ 保护名称：填写保护名称，如："距离Ⅰ、Ⅱ段"；

④ 重合情况：填写重合闸情况，如："重合失败"；

⑤ 故测仪指示：填写故测仪指示数，如："18"；

⑥ 设备状态：填写跳闸断路器及有关设备的运行状态，包括信号显示和短路电流的情况，如："正常，短路电流为1 800 A"；

表 6.2.1　牵引变电所运行日志

夜班 始至　年　月　日　时　分，值班员 A、B

白班 始至　年　月　日　时　分，值班员 C、D

星期三　气象 阴

时间	计量	受电量				电度计量				
		有功		无功		1#自用变	2#自用变	1#动力变	2#动力变	
		1变	2变	1变	2变					
24时	读数									
18时	读数									
合计										

跳闸统计							记事
跳闸时间	开关名称	保护名称	重合情况	故测仪指示	设备状态	跳闸原因	送电时间

日运行小结

外温		牵引电度	功率因数	电压（kV）			最大电流（A）			
最高	最低			最大	最小	一般	数值	出现时间	持续时间	馈电线号	牵引车次

一般计量						计划停电情况			
时间	室温	外温	1变油温	2变油温	27.5 kV 母线电压		停电设备	始停时间	终了时间	停电时分
					A	B				
12时										
18时										

⑦ 跳闸原因：填写跳闸原因，如："ss 426 牵引 3356 次在北西道过分相未断电"；
⑧ 送电时间：填写送电时间，如："10 时 52 分"。

（4）"日运行小结"：牵引电度栏不计算；电压栏填写当日正常运行电压，如："27.5 kV"，最大电流栏填写当日最大一条馈线电流，如："1 800 A、10 时 42 分 1#"；牵引车次及吨数可不填。

（5）"一般计量"栏：室温为控制室温度；27.5 kV 母线电压，分区亭、开闭所上行方向电压填入 A 相栏内，下行方向填入 B 相栏内，AT 变电所 M 座电压填入 A 相栏内，T 座入 B 相栏内；

（6）"记事"栏：记录以下情况：
① 正常检修、试验的工作票各类、编号、工作内容、工作领导人及作业时间，没有时则不填写；
② 不需工作票的作业，其工作领导人或负责人，工作内容及作业时间，没有时则不填写；
③ 事故抢修的作业时间、地点、内容及批准人的姓名，没有时则不填写；
④ 设备事故或误操作的时间、设备编号、原因、责任者及处理结果，没有时则不填写；
⑤ 不需电调下令的倒闸，其倒闸原因、内容、时间、准许人、嫡系人的姓名，没有时则不填写；
⑥ 值班员编写的倒闸表内容，没有时则不填写；
⑦ 停电作业中，需送电或试加压的原因、范围、时间、批准人、联系人的姓名，没有时则不填写；
⑧ 非牵引负荷停、送电的范围、时间及双方联系人的姓名，没有非牵引负荷则不填；
⑨ 值班员要求中断作业的时间、地点、原因，没有不填；
⑩ 电调的通知，包括通知人姓名、时间、内容，没有不填；
⑪ 更换电气设备、重要附件及变更二次接线、主变调压抽头等重要事情的原因、时间、内容。

牵引变电所值班记录（见表 6.2.2）填写方法及要求如下：

表 6.2.2 牵引变电所值班记录

日期	时间	内容	交接班签字

（1）"日期"栏：每张开始应写年、月、日，之后只填月、日。
（2）"时间"栏：填写时、分，如："1977 年 8 月 4 日，8 时 30 分"。
（3）"内容"栏：主要填写以下事项：
① 交接班记录及各种巡视记录，巡视包括交接班巡视、班中巡视，夜间熄灯巡视，断路器跳闸后对有关设备的巡视，遇有雾、雪、大风和其他特殊情况以及雪、雨后的巡视、变压器过负荷及新装或大修投运后增加的巡视，其他异常情况增加的巡视等。恶劣天气时的巡视还应记录发生的时间及程度，如："8 时 30 分交接班巡视设备正常，10 时 43 分断路器 211KL 跳闸后设备正常"；

②记录通风起动、打压电机起动、直流接地等情况的发生时间、内容及处理结果,如:"11 时 20 分通风起动";

③记录与生产直接有关的其他通知,包括通知人姓名、时间及内容,没有则不填写;

④记录各班组申报的第二天各种检修、试验计划,包括工作内容、设备名称编号及有关事项,没有时则不填写;

⑤记录高压分间钥匙的交、收过程,如:"8 时 30 分,由上班值班员将高压分间钥匙移交给当班值班员"。

2. 值班人员要按时做好交接班工作:

(1)交班人员向接班人员详细介绍设备运行情况及有关事项,接班人员要认真阅读值班日志及有关记录,熟悉上一班的情况。离开值班岗位时间较长的接班人员,还要注意了解离期间发生的新情况。

(2)交接班人员共同巡视设备,检查核对值班日志及有关记录应与实际情况符合,信号装置、安全设施要完好。

(3)交接班人员共同检查作业有关的安全设施,核对接地线数量及编号。

(4)交接班人员共同检查工具、仪表、备品和安全用具。办完交接班手续时,由交接班人员分别在值班日志上签字,由接班人员向供电调度报告交接班情况。

3. 正在处理故障或进行倒闸作业时不得进行交接班。未办完交接班手续时,交班人员不准擅离职守,应继续担当值班工作。

三、倒　闸

牵引变电所内电气设备分为运行、备用(冷备用及热备用)、检修三种状态。将设备由一种状态转变为另一种状态的过程叫倒闸,所进行的操作叫倒闸操作。通过操作隔离开关、断路器以及挂、拆接地线将电气设备从一种状态转换为另一种状态或使系统改变了运行方式。这种操作就叫倒闸操作。倒闸操作必须执行操作票制和工作监护制。

牵引变电所倒闸作业注意事项:

1. 值班人员接受倒闸任务后,操作前要先在模拟盘上进行模拟操作,确认无误后方可进行倒闸。在执行倒闸任务时,监护人要手执操作卡片或倒闸表与操作人共同核对设备位置,进行呼唤应答,手指眼看,准确、迅速操作。

2. 当以备用断路器代替主用断路器时,应检查、核对备用断路器的投入运行条件后,方能进行倒闸。

若主用和备用断路器共用一套保护装置时,必须先断开主用断路器,将保护装置切换后再投入备用断路器。

3. 采用远动装置进行倒闸操作,值班员接到供电调度通知后,应监视设备动作情况,及时向供电调度汇报并做好记录。

倒闸操作的目的:

(1)设备检修;

(2)事故、异常(缺陷)处理;

(3)系统方式调整。

操作指令：逐项指令、综合指令和单项指令。

（1）逐项指令：涉及两个及以上单位的配合操作或需要根据前一项操作后对电网产生的影响才能决定下一项的操作。

（2）综合指令：不需要其他单位配合仅一个单位的单项或多项的操作。

操作票编写：

（1）应拉合的设备[断路器（开关）、隔离开关（刀闸）、接地刀闸等]，验电，装拆接地线，安装或拆除控制回路或电压互感器回路的保险器，切换保护回路和自动化装置及检验是否确无电压等；

（2）拉合设备[断路器（开关）、隔离开关（刀闸）、接地刀闸等]后检查设备的位置；

（3）进行停、送电操作时，在拉、合隔离开关（刀闸）、手车式开关拉出、推入前，检查断路器（开关）确在分闸位置；

（4）在进行倒负荷或解、并列操作前后，检查相关电源运行及负荷分配情况；

（5）设备检修后合闸送电前，检查送电范围内接地刀闸已拉开，接地线已拆除。

操作分类解释：

倒闸操作分为：监护操作、单人操作和检修人员操作。

监护操作：由两人进行同一项的操作。监护操作时，其中一人对设备较为熟悉者作监护。特别重要和复杂的倒闸操作，由熟练的运行人员操作，运行值班负责人监护。

单人值班的变电站操作时，运行人员根据发令人用电话传达的操作指令填用操作票，复诵无误。

实行单人操作的设备、项目及运行人员需经设备运行管理单位批准，人员应通过专项考核。

四种状态解释：

运行、热备用、冷备用、检修。

（1）运行状态：是指设备的隔离开关及断路器都在合闸位置。

（2）热备用状态：是指设备隔离开关在合闸位置，只断开断路器的设备。

（3）冷备用状态：是指设备断路器，隔离开关均在断开位置，未作安全措施。

（4）检修状态：指电气设备的断路器和隔离开关均处于断开位置，并按《安规》和《检规》要求做好安全措施。

状态介绍解释：

（1）运行状态：开关小车在运行位置，开关在合闸位置。

（2）热备用状态：开关小车在运行位置，开关在分闸位置。

（3）冷备用状态：开关小车在试验位置，开关在分闸位置。

（4）检修状态：开关小车在检修位置，开关在分闸位置。

（5）线路检修状态：开关小车在试验位置，开关在分闸位置，线路侧地刀合入。

（6）开关及线路检修状态：开关小车在检修位置，开关在分闸位置，线路侧地刀合入。

四、巡　视

牵引变电所内设备巡视检查是牵引变电所运行管理工作的一个重要组成部分，它是检查设备运行状况，掌握设备运行规律，确保牵引变电所安全运行的必不可少的日常检查作业。

通过对设备的巡视检查，运行人员可随时掌握设备的运行情况，发现设备的异常情况、变化情况，从而确保设备连续安全运行。

为了防止巡视检查中漏巡设备，减少重复巡视，首先应明确设备巡视检查路线。巡视检查路线应报技术部门领导批准后，绘制出本所的巡视检查路线图，并在设备区做好必要的巡视检查路线标志，运行人员应按规定路线进行巡视检查。

变电所运行人员在对设备进行巡视时，要按表 6.2.3 所示要求进行。

表 6.2.3　牵引变电所巡视作业

序号	检查内容	作业标准
1	设备巡视作业准备工作	1. 巡视时询问供电调度近段时间是否有倒闸作业，若有倒闸作业，不能进行交接班巡视作业。 2. 准备设备巡视作业用的望远镜、钥匙、手灯等（雨天准备好雨衣）工具。 3. 了解变电所避雷器计数器的读数。 4. 准备主变压器、充油电抗器、集合式电容器油位—油温曲线表。 5. 班中巡视时应通知供电调度员及当班助理值班员。
2	作业安全标准	1. 设备巡视时不得打雨伞。 2. 雷雨时不得靠近避雷针、避雷器。 3. 巡视时不得进入设备防护网栅。
3	设备巡视作业技术标准	1. 交接班巡视时由交班助理值班员陪同接班人员一起巡视设备，介绍本班设备运行状况（说明设备存在的缺陷），同时帮助接班人员在巡视时做一些辅助性工作（如开关机构箱及端子箱门等）。 2. 交接班巡视时采用手指眼看呼唤应答的方式：由接班助理值班员对设备检查呼唤提问，接班值班员确认应答。 3. 巡视时严格按照变电所（亭）巡视路线图规定的巡视路线进行巡视。 4. 巡视不得漏巡设备或设备的项目。 5. 班中巡视为零时、六时、十二时、十八时四次。 6. 熄灯巡视：每周一次，定为每周六的夜间零时进行，与当晚零时班中巡视合二为一，但要作好熄灯巡视记录。 7. 加强巡视：开关每次操作及跳闸过后；新装设备及大修后投入运行的设备，要每隔 2 h 巡视一次；雷电过后；过负荷运行时；雨、雪、雾、冰、大风及室外温度剧烈变化等特殊情况时；所长每周单独巡视一次。加强巡视次数由值班人员根据具体情况而定，但恶劣天气时的加强巡视至少每小时进行一次。 8. 巡视中不得闲谈、打闹、吃东西（吸烟等）和作与巡视无关的事。
4	填写技术台账	1. 设备巡视中发现的缺陷及时填写设备缺陷记录。 2. 设备巡视中发现的设备缺陷及时向供电调度等相关部门汇报并在《值班记录》中进行记录。

1. 值班人员应按规定对变配电设备进行巡视检查。

2. 值班人员每班至少巡视 1 次（不包括交接班巡视），每周至少进行 1 次夜间熄灯巡视；

每次断路器跳闸后对有关设备要进行巡视；遇有下列情况，要适当增加巡视次数：

（1）设备过负荷，或负荷有显著增加时。

（2）设备经过大修、改造或长期停用后重新投入系统运行；新安装的设备加入系统运行。

（3）遇有雾、雪、大风、雷雨等恶劣天气、事故跳闸和设备运行中有异常和非异常运行时。

值班人员对新装或大修后的变压器投入运行后 24 h 内，要每隔 2 h 巡视 1 次。

无人值班的所，由维修班组负责每周至少巡视一次。

变电所工长值日勤期间，要参加交接班巡视。

3. 各种巡视中，一般项目和要求如下：

（1）绝缘体应清洁、无破损和裂纹、无放电痕迹及现象，瓷釉剥落面积不得超过 300 mm²。

（2）电气连接部分（引线、二次接线）应连接牢固，接触良好，无过热、断股和散股、过紧或过松。

（3）设备音响正常，无异味。

（4）充油设备的油标、油阀、油位、油温、油色应正常，充油、充胶、充气设备应无渗漏、喷油现象。充气设备气压和气体状态应正常。

（5）设备安装牢固，无倾斜，外壳应无严重锈蚀，接地良好。基础、支架应无严重破损和剥落。设备室和围栅应完好并锁住。

4. 巡视变压器时，除一般项目和要求外，还要注意以下几点：

（1）防爆筒玻璃应无破裂，密封良好。

（2）呼吸器内干燥剂颜色应正常。

（3）瓦斯继电器内应无气体。

（4）冷却装置、风扇电机应齐全，运行应正常。

（5）在载调压开关装置位置指示、动作记数器显示正确，低压侧母线在调节范围之内。

5. 巡视油断路器时，除一般项目和要求外，还要注意以下几点：

（1）排气管及其隔膜、防爆装置应正常。

（2）分合闸指示器应与实际状态相符。

6. 巡视气体断路器时，除一般项目和要求外，还要注意以下几点：

（1）气压表（或气体密度表）应指示正确。

（2）分合闸指示器应与实际状态相符。

（3）分合闸计数器指示正确。

7. 巡视真空断路器时，除一般项目和要求外，还要注意以下几点：

（1）动静触头应接触良好，无发热现象。

（2）玻璃真空灭弧室内无辉光，铜部件应保持光泽。

（3）闭锁杆位置正确，止轮器良好。

（4）分合闸位置指示器应与实际情况相符。

8. 巡视隔离开关时，除一般项目和要求外，还要注意以下几点：

（1）闸刀位置应正确，分闸角度或距离应符合规定。

（2）触头应接触良好，无严重烧伤。

（3）电动操作机构分合闸指示器应与实际状态相符。机构箱密封良好，部件完好无锈蚀。

（4）手动操作机构应加锁。

9. 巡视负荷开关时，除一般项目、隔离开关项目要求外，还要注意以下几点：
（1）接触部分、触头或软连接应无变色、无发光及异声。
（2）各种传动及连接零件无变形、损坏。

10. 巡视接地保护放电装置时，除一般项目和要求外，还要注意以下几点：
（1）放电电容应无渗漏油、膨胀、变形。
（2）放电间隙应无光滑，无烧损现象。
（3）动作次数计数器应指示正确。

11. 巡视电容补偿装置时，除一般项目和要求外，还要注意以下几点：
（1）电容器外壳应无膨胀、变形、接缝应无开裂、无渗漏油。
（2）熔断器、放电回路及附属装置应完好。
（3）电抗器无异声异味，空心电抗器线圈本体及附近铁磁件无过热现象；油浸式电抗器油位正常符合要求，无渗油现象。
（4）室内温度应符合规定，通风应良好。

12. 巡视高压母线时，除一般项目和要求外，还要注意以下几点：
（1）多股线应无松股、断股。
（2）硬母线应无断裂、无脱漆。

13. 巡视电缆及电缆沟时，除一般项目和要求外，还要注意以下几点：
（1）电缆沟盖板应齐全、无严重破损，沟内无积水、无杂物。
（2）电缆外皮应无断裂、无锈蚀，其裸露部分无损伤。电缆头及接线盒密封良好，应无接头发热、放电现象。

14. 巡视端子箱时，除一般项目和要求外，还要注意以下几点：
（1）箱体应清洁、牢固，不倾斜，密封应良好，箱体内外无严重锈蚀。
（2）箱内端子排应完好、清洁、连接整齐、牢固、接触良好。闸刀接触良好、无烧伤，熔断器不松动。

15. 巡视避雷器时，除一般项目和要求外，还要注意以下几点：
（1）各节连接应正直，整体无严重倾斜，均压环安装应水平。
（2）放电记录器应完好。

16. 巡视避雷针时，除一般项目和要求外，还要注意：避雷针应无倾斜、无弯曲、针头无熔化。

17. 整流电源装置巡视项目和要求如下：
（1）整流变压器、磁饱和稳压器无异音、异味和过热。
（2）整流元件无过热及放电痕迹。电容器无膨胀和渗油。
（3）直流母线电压符合规定。

18. 蓄电池组巡视项目和要求如下：
（1）蓄电池容器完好、表面清洁、碱性蓄电池无爬碱现象。
（2）电池极柱间连接片及连接线安装牢固，接触良好，无腐蚀现象。
（3）蓄电池部件完好，无脱落、损坏。
（4）检查蓄电池电解液的液面高度应符合要求。
（5）测量领示电池的电压，均应符合规定。

（6）充电设备运行正常，蓄电池切换器位置正确，浮充电流、蓄电池放电电流正常，检查交直流绝缘监视表指示情况。

19. 控制室巡视项目和要求如下：

（1）各种屏（台）上的设备清洁，锈蚀面积不超过规定，安装牢固。

（2）模拟盘与实际运行方式相符。

（3）试验信号装置和光字牌应显示正确。

（4）表计指示正确。

（5）转换开关、继电保护和自动装置压板以及切换开关的位置、标示牌应正确，并与记录相符。

（6）开关、熔断器、端子安装牢固，接触良好，无过热和烧伤痕迹。

（7）继电器外壳和玻璃完整、清洁，继电器内部无异音，接点无抖动、位置正常，信号继电器无掉牌。

（8）成套保护、故障探测仪工作正常。

（9）二次回路熔断器（或空气开关）、信号小刀闸投退位置应正确，端子排的连片、跨接线应正常。

（10）硅整流器和储能电容器连接牢固，容量足够，交流电源正常供电。

（11）事故照明正常。

五、设备运行

1. 长期停用的变压器和检修后的变压器，在投入运行前除按正常巡视项目检查外，还要检查下列各项：

（1）分接开关位置应合适且三相一致，有载调压开关位置应符合要求，相位符合要求。

（2）各散热器、油枕、热虹吸装置、防爆管等处阀门应打开，散热器、油箱上部残存的空气应排除。

（3）按规定试验合格。

（4）保护装置应正常。

（5）检修时所做的安全设施应拆除，变压器顶部应无遗留工具和杂物等。

2. 变压器并联运行的条件如下：

（1）接线组别相同。

说明：（单相的就是极性相同）。否则，会出现比上条更严重的环流，烧毁变压器。这时两个并联的绕组中的感应电势的相位将不同，有效值也可能不同，将出现巨大的电势差加在并联的绕组中，出现巨大的环流。

（2）电压比相同。

说明：否则在两个变压器的二次绕组中会出现环流，发热，浪费能源，甚至烧毁变压器。这时两个并联的绕组中的感应电势的有效值将不同。

（3）短路电压相同。

说明：否则两并联的变压器的输出的电流会不均衡，阻抗电压小的易过载，影响大的变压器发挥作用。

对电压比和短路电压不相同的变压器，在任何 1 台都不会过负荷的情况下可以并联运行。

当短路电压不相同的变压器并联运行时，应适当提高短路电压较大的变压器的二次电压，以充分利用变压器容量。

说明：所谓变压器的并联运行，是指变压器的原绕组都接在某一电压等级的公共母线上，而各变压器的副绕组也都接在另一电压等级的公共母线上，共同向负载供电的运行方式。变压器并联运行有如下优点：

（1）多台变压器并联运行时，如果其中一台变压器发生故障或需要检修，那么另外几台变压器可分担它的负载继续供电，从而提高了供电的可靠性。

（2）可根据电力系统中负荷的变化，调整投入并联的变压器台数，以减少电能损耗，提高运行效率。

（3）可根据用电量的增加，分期分批安装新变压器，以减少初期投资。

对变压器的并联运行状态有一定的要求，最理想的并联运行情况是：

（1）空载时各台变压器中只有原边的空载电流，由各变压器副边绕组通过母线组成的回路中，以及原边回路中没有环流。

（2）负载时各变压器所分担的负载量，应该按各自额定容量的大小成比例分配，防止其中某台过载或欠载。

（3）负载时各变压器所分担的电流，应该与总的负载电流同相位。这样当总的负载电流一定时，各变压器所分担的电流最小；如果各变压器所分担的电流一定时，则总的负载电流最大。

3. 在正常情况下允许的牵引变压器过负荷值，根据制造厂规定的技术条件及负荷情况由铁路局制定。

在事故情况下允许的变压器过负荷值可参照表 6.2.4 执行。

表 6.2.4　事故情况下允许的变压器过负荷值

过负荷（%）		30	60	75	100	140	200
持续时间（分钟）	牵引变压器	120	45	20	10	5	2
	其他变压器	120	30	15	7.5	3.5	1.5

当变压器过负荷运行时，对有关设备要加强检查：

（1）监视仪表，记录过负荷的数值和持续时间。

（2）监视变压器音响和油温、油位及冷却装置的运行状况。

（3）检查运行的变压器、断路器、隔离开关、母线及引线等有无过热现象。

（4）注意保护装置的运行情况。

说明：第 3 条只规定了牵引变压器在发生事故情况下允许的过负荷值。至于正常情况的过负荷，因与负荷率和变压器的技术条件、状态有关，因此不宜在规程中统一定死，以便各局根据具体情况摸索经验。

主变压器过负荷记录（见表 6.2.5）填写方法和要求如下：

（1）"主变器型号"栏：填写主变压器型号（变电所设备履历簿中查得，以下相同），如："CR-31500"；

（2）"额定电流"栏：填写主变压器额定电流，如："165 A/661 A"；

（3）"设备编号"栏：填写出厂编号，如："331-03-01"；

（4）"运行编号"栏：填写主变压器运行编号，如："1B"；

（5）"变压器一次电流"栏：填写变压器一次侧 A、B、C 三相过负荷电流值，如："A 相 340 A"；

（6）"备注"栏：必要时填写母线电压、馈线电流等，如："母线电压 21 kV，馈线电流 890 A"。

表 6.2.5　主变压器过负荷记录

_____变电所

主变压器型号				额定电流	
设备编号				制造厂	
运行编号				开始投入运行时间	
出现时间	变压器一次电流			持续时间	备注
	A	B	C		

4. 当变更变压器分接开关的位置后，必须检查回路的完整性和三相电阻的均一性，并将变更前后分接开关的位置及有关情况记入有关记录中。

5. 变压器在换油、滤油后，一般情况下，应待绝缘油中的气泡消除后方可运行。

说明：变压器油作为变压器绝缘和冷却的重要介质，其质地的好坏直接关系到变压器的安全稳定运行。随着油质分析技术的提高，变压器油中的污染而使介损升高已成为人们关心的问题。因在变电所施工或运行中，变压器进行油化检测后如果发现油介损偏高，就需要现场换油作业。

6. 运行中的油浸自冷、风冷式变压器，其上层油温不应超过 85 ℃；风冷式变压器当其上层油温超过 55 ℃时应启动风扇。

当变压器油温超过规定值时，值班人员要检查原因，采取措施降低油温，一般应进行下列工作：

（1）检查变压器负荷和温度，并与正常情况下的油温核对。

（2）核对油温表。

（3）检查变压器冷却装置及通风情况。

7. 当变压器有下列情况之一者须立即停止运行：

（1）变压器音响很大且不均匀或有爆裂声。

（2）油枕、防爆管或压力释放器喷油。

（3）冷却及油温测量系统正常但油温较平时在相同条件下运行时高出 10 ℃以上或不断上升时。

（4）套管严重破损和放电。

（5）由于漏油致使油位不断下降或低于下限。

（6）油色不正常（隔膜式油枕除外）或油内有碳质等杂物。

（7）变压器着火。

（8）重瓦斯保护动作。

（9）因变压器内部故障引起差动保护动作。

8. 断路器要建立专门记录，逐台统计其自动跳闸次数，当自动跳闸次数达到规定数值时应进行检修。发现断路器拒动时应立即停止运行。断路器跳闸时，发生严重喷油、喷瓦斯或发现油内含碳量很高或气体颜色极不正常、气压低于下限值、触头严重烧伤、不对位时应立即停止使用。

断路器每次自动跳闸后，要查明原因，采取措施尽快地恢复供电。同时值班人员要对断路器及其回路上连接的有关设备均须进行检查，具体项目和要求如下：

（1）油断路器：是否喷油，油位、油色是否正常。

气体断路器：气体的颜色、压力是否正常；对处于分闸状态的断路器应检查其触头的烧伤情况。

真空断路器：真空灭弧室是否有损坏。

（2）变压器的外部状态及油位、油温、油色、音响是否正常。

（3）母线及引线是否变形和过热。

（4）避雷器是否动作过。

（5）各种绝缘子、套管等有无破损和放电痕迹。

保护装置动作及断路器自动跳闸记录（见表 6.2.6）填写方法和要求如下：

表 6.2.6 保护装置动作和断路器自动跳闸记录

跳闸时间	断路器运行编号	保护动作				跳闸原因	复送时间	两次中修间累计次数
		保护名称	重合和强送情况	信号显示情况	故障探测仪指示			

（1）"断路器运行编号"栏：填写保护跳闸的断路器运行编号，随保护分闸的断路器不填，如"211"；

（2）"保护名称"栏：记录跳闸保护的全称，如"距离Ⅰ、Ⅱ段"；

（3）"重合和强送情况"栏：填写自动装置动作及强送电情况，重合闸装置一般可填重合成功、重合失败、因何原因未重合及重合闸撤除，自投装置一般可填自投成功、因何原因自投失败及自投撤除。强送电成功时填入本台送失败时应重新填写一次跳闸记录，本栏填写"强送失败"，如："重合失败强送成功"；

（4）"信号显示情况"栏：填写音响、灯光、掉牌等显示情况，均正常时填正常，不正常时填写不正常情况，如"正常"；

（5）"故障探测仪指示"栏：填写故障探测仪指示数及实际公里数或公里标，无故测仪时本栏不填，显示不正常时填写撤除、无显示等，如"18"；

（6）"跳闸原因"栏：填写故障性质、地点，具体到接触网区间、杆号、列车车次、机车编号等，要求 3 日内向电调查明，得不到找不到时填"原因不明"，如"SS 426 牵引 3356 次在北西到过分相未断电；

(7)"复送时间"栏：填写接触网设备恢复送电的时间，重合、自投、强送成功时填写重合，自投、强送时间，正常送电时填写手动送电时间，利用其他设备恢复或越区供电时注明该设备的运行编号或地点。强送失败时复送时间填入最后一次跳闸记录的复送时间栏内，如："10时52分"；

(8)"两次中修累计跳闸次数"栏：少油或六氟化硫气体断路器中修后重新累计，真空断路器更换真空泡后重新累计。重合失败、强送失败均累计，随保护分闸及非短路故障跳闸的不累计，如"49"。

9. 直流操作母线电压波动不应超过额定值的±5%。

切换器及各接点要经常保持清洁，转动部分润滑良好，接点表面平滑。带电清扫切换器的手风器要有绝缘咀。

蓄电池正常运行时不得任意用切换器调整母线电压。用切换器调节电压时，要先检查附加电阻，确认良好后，方能操作。每次操作后要检查滑动接点的位置，不得停留在两固定接点之间。

10. 运行中的蓄电池，应经常处于浮充电状态，并定期进行核对性充放电。

当蓄电池进行核对性充放电时，在放电完了之后应立即充电，一般情况下，当放电容量达到70%时即应充电，若因处理故障由蓄电池放出50%的容量时应立即充电。

蓄电池的充放电电流不得超过其允许的最大电流。

11. 每半年测量一次蓄电池的绝缘电阻，其数值：电压为220 V时不小于0.2 MΩ；电压为110 V时不小于0.1 MΩ。

说明：在蓄电池电源、尤其是由多个单体蓄电池组成的大容量蓄电池电源系统中，由于电解液的渗漏以及粉尘和污垢的作用，使电源系统中各个单体蓄电池的正负电极分别对地构成了漏电通路，从而导致整个电源系统对地绝缘电阻的下降。这种现象严重时将影响电源系统的正常运行、缩短蓄电池的使用时间，甚至造成事故。为了消除隐患，必须按要求检测牵引变电所蓄电池的对地绝缘电阻。

12. 蓄电池的电解液面应高于极板顶面的10~20 mm。

蓄电池添补电解液应在充电前或充电后进行；若在充电后添补电解液或蒸馏水，则要在添补后再充电1~2 h。蓄电池放电时不得添补电解液。

13. 蓄电池室内温度应保持在+10℃~+30℃内。

对非采暖区，若蓄电池在低温下能保证安全运行，且容量能满足使用要求时，其室内温度可以比+10℃相应地降低，但不得低于0℃。

14. 运行的继电器及仪表均应有铅封，且必须由负责检修、试验的专职人员启封和封闭。

在紧急情况下，根据供电调度的命令，允许值班人员打开断电器的铅封改变其整定值及处理接点故障；事后供电调度应将有关情况及时通知所管辖供电段有关部门。同时，值班人员要将启封和改变整定值的原因和数值记入有关记录和保护装置的整定记录中。

说明：对"运行的继电器和仪表均应有铅封……"牵引变电所的继电器均应有完整的铅封，但对本身接点带有密封特点的继电器可以不加铅封。

保护装置整定记录（见表6.2.7）填写方法和要求如下：

(1)由所长根据设计整定计算书填写原始整定记录，一套完整的保护填写一张。保护变更时由变更负责人填写；

(2)"保护名称"栏：填写保护的全称，如："距离Ⅱ段"；
(3)"被保护的设备名称和运行编号"栏：填写设备的详细名称和运行编号，如："真空断路器221"；
(4)"变流比、变压比、整定值"栏：填写保护涉及的流互、压互变比及整定值，如：600/5 A、27 500/100 V、$R=16$、$X=4$；
(5)"变更时间"栏：填写变更结束的年、月、时，如"1991年11月2日10时"；
(6)"变更原因"栏：填写技术室或电调通知的原因，如"送电开通"；
(7)"变更后的整定值"栏：填写变更和未变更的所有整定值，如"$R=16$、$X=8$"。

表 6.2.7　保护装置整定记录

保护名称		变流比			整定值	
被保护的设备名称和运行编号		变压比				
变更时间	变更原因	变更后的整定值	变更整定值负责人	值班员	备注

15. 凡设有继电保护装置的电气设备，不得无继电保护运行，必要时经过供电调度的批准，允许在部分继电保护暂时撤出的情况下运行。

主变压器的重瓦斯和差动保护不得同时撤除。

说明：主变压器的主保护为重瓦斯和差动保护，如果两种保护同时撤除，此时主变压器一旦发生故障，主变压器将失去保护，会造成事故的扩大。

16. 互感器在投入运行前要检查一、二次接地端子及外壳接地应良好，对电流互感器还应保证二次无开路，电压互感器应保证二次无短路，并检查其高低压熔断器是否完好。互感器投入运行后要检查有关表计，指示应正确。

17. 切换电压互感器或断开其二次侧熔断器时，应采取措施防止有关保护装置误动作。

18. 当互感器有下列情况之一者须立即停止运行：
(1)高压侧熔器连续烧断两次。
(2)音响很大且不均匀或有爆裂声。
(3)有异味或冒烟。
(4)喷油或着火。
(5)由于漏油使油位不断下降或低于下限。
(6)严重的火花放电现象。

19. 10 kV 回路发生单相接地时，电压互感器运行时间一般不应超过 2 h。

20. 保护和自动装置的接线及整定必须符合规定，改变时必须经供电段报分局审批，铁路局核备；属电业部门管辖者应有电业部门主管单位的书面通知单。

任务3 检修范围和标准

【知识目标】

掌握变压器、单装互感器、断路器、隔离开关、负荷开关、蓄电池组、电容器组、高压母线、电力电缆、低压盘、避雷器和避雷针、接地装置、接地放电装置、远动装置和继电保护装置的检修范围和标准。

【能力目标】

能够进行变压器、单装互感器、断路器、隔离开关、负荷开关、蓄电池组、电容器组、高压母线、电力电缆、低压盘、避雷器和避雷针、接地装置、接地放电装置、远动装置和继电保护装置的检修。

一、一般规定

1. 所有电气设备的外壳均应清洁无油垢，工作接地及保护接地良好。小修后其锈蚀面积不得超过总面积的5%；中修和大修后应无锈蚀和脱漆，大修后的设备镀层也应完好。

2. 所有充油（气）设备的油位（气压）、油（气）色均要符合规定，油管路畅通，油位（气压）计清洁透明。检修后不得漏油，中、大修后应不渗油（气）。

3. 金属构架、杆塔和支撑装置的锈蚀面积，小修时不得超过总面积的5%，中、大修后应无锈蚀；漆层应完好。钢筋混凝土基础、杆塔、构架应完好，安装牢固，并不得有破损、下沉。

4. 紧固件要固定牢靠，不得松动，并有防松措施，螺纹部分要涂油。

5. 瓷件应无脏污、裂纹、破损和放电痕迹，瓷釉剥落面积不得超过300 mm^2。

6. 各种引线不得松股、断股，连接要牢固，接触良好，张力适当，相间和对地距离均要符合规定。

7. 电气设备带电部分距接地部分及相间的距离要符合规定。

8. 大修中所有更新的零部件要达到出厂的标准。所有新换的设备，其设备本身质量及安装质量均要达到新建项目的标准。大修中新设的基础、杆塔、构架和支撑装置均要达到新建项目的标准。

二、变压器（油浸电抗器）

1. 小修范围和标准：

（1）检查清扫外壳，必要时局部涂漆。

（2）检查紧固法兰，受力均匀适当，防爆管密封良好，膜片完整。检查油枕及其隔膜，检查油位并补油，放出集污器内的积水和杂物。

（3）检修呼吸器，更换失效的干燥剂及油封内的油。

（4）检修热虹吸过滤器，清扫管路，更换失效的吸附剂。

（5）检修冷却装置，各个管路畅通，风扇电机完好，工作正常。

（6）检修瓦斯保护（含有载调压开关的瓦斯保护），各接点正常、动作正确，连接电缆无锈蚀，绝缘良好。

（7）检修温度计，各部零件和连线完好，指示正确。
（8）检修基础、支撑部件、套管和引线。
（9）检修碰壳保护的电流互感器，各部零件应完好，安装牢靠。
（10）检查试验有载调压装置。

2. 有载调压开关的小修周期应与变压器一致。在检修期间，切换开关暴露在空气中的时间不得超过 10 h，否则应按厂家有关规定干燥处理。

3. 有载调压开关的小修范围和标准：
（1）切换开关吊出检修、清洗切换开关本体。
（2）清洗油箱，检查清除已发现的缺陷，更换绝缘油。
（3）检查切换开关触头的烧损程度并处理。

4. 中修范围和标准。
除小修的全部要求外，还要进行以下检查、修理：
（1）检查清洗铁芯。无油垢，接地正确，螺栓紧固，绝缘合格。
（2）检查线圈。无损伤、变形和错位，绝缘垫块完好，间隙均匀；线圈不得有短路和断路。
（3）检修分接开关。各部完好、无烧伤，接线牢固，接触、绝缘良好，操作机构工作正常、指示正确。
（4）各部绝缘距离适当，螺栓紧固，引线连接良好。支撑牢固。
（5）检修外壳、油枕、散热器、热虹吸过滤器、油阀等。各个内部清洁，无沉淀物和锈蚀；耐油胶垫完好；外部进行全面除锈涂漆；隔膜式油枕的隔膜和压油袋无破漏，作用良好。
（6）检查套管（包括互感器）。各零、部件完好，不受潮，绝缘合格；必要时对套管进行解体检修和干燥。
（7）滤油或换油。根据试验结果和工作要求，对变压器本体及有载调压开关进行滤油或换油，必要时对心子或有载调压开关进行干燥。

变压器油过滤的工作程序如下：
（1）滤油准备：
① 通过甲方联系变压器制造厂家，确定变压器运输方式、安装需用油的总重量及变压器油的牌号，确定变压器油是桶装运输还是罐装运输。如果是罐装运输，确定油罐在变压器安装过程是否可以现场使用。
② 根据变压器制造厂家资料，规划好施工现场，配备高真空滤油机、平板式滤油机、滤油纸、真空泵、真空泵油、水银真空计、指针式真空表、指针式压力表、油试验仪、油管、阀门、储油罐。变压器油管路及抽真空管路可采用加强 PVC 塑料软管。为提高滤油质量，储油罐应加装吸湿器。
③ 现场布置好临时电源箱、水源及灭火器材。
④ 滤油机、真空泵、储油罐、油管路、变压器、临时电源箱要可靠接地。
⑤ 滤油机、储油罐剩余存油牌号如与新油牌号不同，须将滤油机、储油罐剩余存油移出另外存放。将储油罐内部清理干净，保持储油罐内部密封清洁，检查加装吸湿器内部吸湿剂颜色正常，油封油位正常。
（2）滤油方法步骤：
① 罐装油放油时，连接好油管路，高真空滤油机自循环加热油温，滤油机自身清洗。用

滤油机清洗热油冲洗油管路。储油罐内部擦洗干净可不用变压器油冲洗。冲洗油要单独存放，做好标志。

② 桶装油放油时，利用平板式滤油机进行。平板式滤油机使用前，内部要清洗干净。伸进油桶内部油管应使用镀锌管，管口前端加工成45°，两端管口打磨平滑，使用前必须将镀锌管内外擦洗干净。桶装油抽取到底部时，检查油桶底部油质情况，如杂质多，底部油可不抽取。

③ 到达现场的变压器油用滤油机导入到储油罐后，用高真空滤油机进行变压器油过滤。为提高滤油效果，储油罐油过滤应采用倒罐滤油方式，即将一个储油罐内油通过高真空滤油机全部过滤到另一个储油罐内，再从另一个储油罐内过滤到原储油罐内。如果现场储油罐少，采用储油罐自循环，要做好油罐密封。滤油机的出口温度不应低于50℃。过滤后的变压器油要取油样试验，判断变压器油是否净化处理合格。油样可从滤油机取样阀门放油取样。

（3）变压器油过滤注意事项：

① 变压器施工区域应设置围栏，挂警示牌。
② 变压器施工区域严禁烟火，现场配备碳酸钠干粉灭火器。
③ 滤油前必须检查各设备及部件可靠接地。
④ 施工前要做好详细技术交底、安全交底。施工人员要熟悉设备操作，熟悉施工程序。
⑤ 油管路连接时，要绑扎牢固，不许出现漏油、跑油现象。
⑥ 变压器油过滤期间，值班人员要巡视检查设备状态，油系统状态，做好记录。
⑦ 来油接受时，计算来油总数量，分配好冲洗油、安装油，尽量避免浪费油，确保变压器注油时一次到位。
⑧ 来油检查是重要环节，由于目前没有更好现场检验手段，只能依靠现场人员目测、嗅觉进行判断，这项工作应当由有经验的施工人员负责。
⑨ 变压器油过滤过程中，储油罐人口门要用塑料布密封好。加装的吸湿器检查底部要按刻度线装足油。
⑩ 滤油机出口油温最低50℃，最高不宜超过70℃。
⑪ 注意观察滤油机真空泵油质情况，及时更换真空泵油。
⑫ 注意观察滤油机积油窗油位，及时停机放油。
⑬ 注意观察滤油机滤网出口压力表，及时更换滤网。
⑭ 油管不使用时应立即用塑料布密封严密，防止潮气、杂质进入管内。
⑮ 滤好储油罐油后，及时用塑料布将油罐各出口密封严密。
⑯ 滤油机加热器投运前，必须确认滤油机油位正常。滤油机停机前，先关闭加热器，防止加热器空烧，损坏设备。

（4）补油：

① 允许储油柜抽真空的变压器，注油真空保持到规定时间后，从底部阀门直接注油到注油柜规定油位稍高一些。关闭抽真空阀门、真空泵，在补油阀用干燥空气解除储油柜真空。

② 对不允许储油柜抽真空的变压器，注油真空保持到规定时间后，关闭抽真空阀门、真空泵。打开气体继电器两端阀门，同时在储油柜补油阀用干燥空气解除变压器真空。解除真空后，利用储油柜补油阀门向变压器补油，注油时排放本体及附件内的气体。注油到储油柜规定油位稍高一些。储油柜中气体排放必须按制造厂家规定进行。

③ 波纹式储油柜的变压器，注油真空保持到规定时间后，关闭抽真空阀门、真空泵。打

开气体继电器两端阀门,同时在储油柜补油阀用干燥空气解除变压器真空。解除真空后,继续从底部注油,打开储油柜补油阀,使气体从补油阀逸出。注油同时排放本体及附件内的气体。待储油柜补油阀有油溢出时,关闭补油阀,继续注油使储油柜膨胀,注油到规定的油位稍高些。

5. 有载调压开关的中修范围和标准。除小修的要求外,还要进行以下检查、修理:

(1) 更换开关弧触头,测量触头接触电阻及解除压力合格。

(2) 测量开关的工作顺序、动作连续性及可靠性、测量过渡电阻应正确无误。

(3) 绝缘油化验、瓦斯继电器检验、触头烧蚀补偿的调整、选择开关级进机构和接触系统检修等。

说明:调压的基本原理是通过变压器一次绕组或二次绕组的加匝或减匝实现变压器电压比的变化。调压方式分为无励磁调压和有载调压,其中:无励磁调压是变压器一、二次侧都脱离电源的情况下,变换高压侧分接头来改变绕组匝数进行调压的;有载调压是利用有载分接开关,在保证不切断负载电流的情况下,变换高压绕组分接头,来改变高压匝数进行调压的。

6. 变压器大修时委修单位要与承修单位签订技术协议,确定检修范围和标准等,一般应进行下列各项:

(1) 更新线圈、分接开关、套管(包括互感器)、引线、测温装置、瓦斯保护、冷却风扇和散热器。

(2) 整修铁芯的外壳。铁芯和矽钢片应排列整齐、绝缘良好,接地正确,螺栓紧固,必要时进行解体和浸漆;对外壳要进行全面涂漆。

(3) 检修油枕、过滤器等附属装置。更新吸附剂、干燥剂。绝缘油全部予以更新。

(4) 整修基础、支撑装置和碰壳保护。

(5) 检修与变压器配套的控制、信号、测量、保护装置。每个元件试验合格,回路良好,工作正确。

(6) 更新主变压器回流装置。

解释说明:

变压器大修的定义:需本体排油、吊罩或进油箱内部进行的检修工作称为大修。

变压器大修周期:经过检查与试验并结合运行情况,判定存在内部故障或本体严重渗漏油时,或制造厂对大修周期有明确要求时,应进行本体大修。运行10年以上的变压器,结合变压器的运行情况,在设备评估的基础上,可考虑进行因地制宜的本体大修。

7. 变压器检修评估:

(1) 检修前评估。

① 检修前了解变压器的结构特点、技术性能参数、运行年限;例行检查、定期检查、历年检修记录;变压器运行状况包括负载、温度、曾发生的缺陷和异常(事故)情况、出口短路情况及同类产品的事故或障碍情况,并做技术经济比较,确定是否大修。

② 现场大修对消除变压器存在缺陷的可能性进行评估。

③ 如果确定进行大修,应结合现场条件和检修目的,确定检修内容、项目和范围。

(2) 检修后评估。

根据检修时发现异常情况及检修结果,对变压器进行检修评估,并对今后设备的运行作出相应的规定。

① 检修是否达到预期目的和存在问题。

② 检修质量的评估。

③ 检修后如果仍存在无法消除的缺陷，应对今后的设备运行提出限制，例如负荷、分接位置变动等，并纳入现场运行规程和例行检查内容。

④ 预定下次检修性质、时间和范围。

8. 变压器检修人员要求：

（1）检修人员应熟悉电力生产的基本过程及变压器工作原理及结构，掌握电力变压器的检修技能，并通过年度《铁路电力安全工作规程》考试。

（2）工作负责人应为具有变压器检修经验的高级工以上技能鉴定资格，工作成员应取得变电检修或油务工作或电气试验专业中、初级工以上技能鉴定资格。

（3）现场起重工、电焊工应持证上岗。

（4）大修工作一般应配备以下人员：

工作负责人；现场吊罩指挥；安全监察负责人；起重负责人；试验负责人；工具保管人；油务负责人；质量检验负责人；足够的熟练操作人员，必要时应邀请制造厂专业人员参加。

9. 变压器工艺要求：

（1）检修工作一般应选在无尘土飞扬及其他污染的晴天时进行，不应在空气相对湿度超过 80%的气候条件下进行。

（2）大修时器身暴露在空气中的时间应不超过如下规定：空气相对湿度≤65%为 16 h；空气相对湿度≤75%为 12 h；器身暴露时间是从变压器放油时起至开始抽真空或注油时为止。如器身暴露时间需超过上述规定，宜接入干燥空气发生装置进行施工，如超出规定时间不大于 4 h，则可延长持续高真空时间至器身暴露空气中的时间。

（3）若器身必须暴露在空气中进行检修，则周围空气温度不宜低于 0 ℃，且器身温度不应低于周围空气温度。当器身温度低于周围空气温度时，应将器身加热，宜使其温度高于周围空气温度 5 ℃。

（4）检查器身时，应由专人进行，穿着无纽扣、无金属挂件的专用检修工作服和鞋，并戴清洁手套，寒冷天气还应戴口罩，照明应采用低压行灯。

（5）进行检查所使用的工具应由专人保管并应编号登记，且用绳索连接在手腕上，以防止遗留在油箱内或器身上。

（6）进入变压器油箱内检修时，需考虑通风，防止工作人员窒息。

（7）在大修过程中应尽量使用力矩扳手和液压设备进行定量控制。

（8）在大修过程中不应随意改变变压器内部结构及绝缘状况，破坏应有的抗短路能力、散热能力和绝缘耐受能力。

10. 变压器本体大修关键工序质量控制：

（1）所有紧固件应用力矩扳手或液压设备进行定量紧固控制。

（2）专用工具应由专人保管，完工后须清点。

（3）定时对绝缘电阻进行检测，绝缘电阻如有下降趋势，应及时查找原因，采取措施或暂停检修。

（4）应进行检修前后相关的电气绝缘试验，以便检验检修质量。

（5）对所有的组部件，均要进行检查和测试，只有达到技术标准要求后才能装配。对不合格的组部件，如经检修仍不能技术标准要求时，要更换成合格品。

11. 变压器装配：

（1）装配前应确认所有组、部件均符合技术要求，彻底清理，使外观清洁，无油污和杂物，并用合格的变压器油冲洗与油直接接触的组、部件。

（2）结合本体检修更换所有密封件。

（3）装配时，应按图纸装配，确保各种电气距离符合要求，各组部件装配到位，固定牢靠。同时应保持油箱内部的清洁，防止有杂物掉入油箱内，如有任何东西可能掉入油箱内，都应报告并保证排除。

（4）穿过穿缆套管的引线应用绝缘白布带包扎，以防裸露引线与套管的导管相碰，分流烧坏引线及钢管。

（5）安装穿缆套管时应防止引线扭结，不得过分用力吊拉引线。如引线过长或过短应查明原因后予以处理。

（6）套管与母线连接后，套管不应受过大的横向力，如用母排连接时，应有伸缩节，以防套管过度受力引起渗漏；如用母线连接，当垂直高度较大时要采用引线分水措施。

（7）变压器内部的引线不能过分紧，以免运行中由于振动或热胀冷缩拉损。

（8）无用的定位装置，可拆除，以免产生多点接地。

（9）无励磁分接开关的操作连杆的拨叉应用弹簧联结，以免产生悬浮放电。

（10）所有连接或紧固处均应用锁母紧固。

（11）装配后，应及时清理工作现场，清洁油箱及各组部件。

12. 变压器绝缘油处理：

（1）运行中的变压器油，会被溶解在油中的氧逐渐氧化。因此在检修时，应先检测油的绝缘性能，以确定是否需要对油进行处理。

（2）劣化的变压器油一般通过真空滤油机和特制的吸附板进行再生处理，以脱气、脱水和去除杂质，然后检测其质量指标直至达到技术要求。

（3）检修现场应准备充足的变压器油储存容器，容器应保持清洁，并且能密封。

13. 变压器注油：

（1）根据地区最低温度，选用不同牌号的变压器油。检修后注入变压器内的变压器油，其质量应符合 GB/T 7595 的规定。

（2）补充不同牌号的变压器油时，应先做混油试验，合格后方可使用。

（3）110 kV 及以上的变压器应采用真空注油。具备带储油柜真空注油条件的应带储油柜真空注油，但应将储油柜本身与胶囊袋、隔膜和有载分接开关的储油柜连通的隔离阀打开，或用临时联管进行连接后同时抽真空，以免将胶囊袋、隔膜和有载分接开关的绝缘筒损坏。

在有载分接开关与本体之间最大压差不能超过 0.1 MPa，即主体抽真空时，开关内不能注油，主体真空注油结束后，有载开关注油时，不能对开关抽真空，以防止叠加压力大于 0.1 MPa。

（4）对 220 kV 及以上电压等级变压器，真空注油时，变压器进油口油温应在 40 ℃以上。

（5）真空注油时，为防止真空泵停用或发生故障时，真空泵润滑油被吸入变压器本体，真空系统应装设逆止阀或缓冲罐。

（6）真空注油时，应尽量避免使用麦氏真空表，以防麦氏表中的水银吸入变压器本体。

（7）真空注油时，应采用透明管。应防止管道破损吸入杂物进箱体，应在箱体结口处加装逆止阀等措施。

（8）真空注油过程中，应避免在雨天进行，其真空度、持续时间、注油速度等应严格按照制造厂的要求进行。

（9）器身补油也应真空注油，注油时应经储油柜注入。

（10）安装完毕后在储油柜内应进行 0.05 MPa 时间 12 h 的密封试验，变压器各部位应无渗漏现象。

（11）注油后，可根据有关规定和制造厂要求进行热油循环处理。

（12）注油后，应从变压器底部放油阀（塞）采取油样进行化验与色谱分析。

14. 变压器补焊：

变压器箱体出现渗漏需补焊时，应带油补焊。短时点焊，可直接在箱壁上进行；若补焊面积较大或时间较长，应同时实施真空补焊工艺，即先将变压器持续抽真空 20~30 min 后，在持续真空下进行补焊，补焊完毕后，仍需持续抽真空 20~30 min，然后取油样进行色谱分析。

15. 变压器油漆：

补漆应采用颜色、牌号、生产厂家与原油漆相同的油漆，先清理、打磨受损表面，然后根据受损情况补底漆、中漆、面漆，或其中的一部分。另对因焊接造成的漆面损伤，应首先去除焊渣，再清理、打磨、补漆。

三、单装互感器

1. 小修范围和标准：

（1）清扫检查外部（包括套管和引线），必要时局部涂漆。

（2）检修空气过滤器或金属膨胀器，应作用良好，更换失效的干燥剂。

（3）检修基础、支撑部件。

（4）检修熔断器。壳筒、熔丝应完整无损，接触良好。

（5）检查油位指示器，并补油。

2. 中修范围和标准。除小修的全部要求外，还要进行以下检查、修理：

（1）检查冲洗内部。线圈、铁芯、支撑装置、器身清洁完好，各部绝缘合格，必要时予以干燥。

（2）检查保护间隙。完整无损，安装正确。

（3）过滤或更换绝缘油。

（4）检修外壳，并进行全面涂漆。

3. 大修的范围和标准：

（1）更新线圈、套管、瓷套和引线。

（2）整修铁芯和外壳。铁芯绝缘良好，螺栓紧固；必要时进行解体浸漆；对外壳进行全面涂漆。

（3）检修空气过滤器。作用良好，更换失效的干燥剂。

（4）整修基础和支撑部件，对金属构架和底座进行全面除锈涂漆。

四、油断路器

1. 小修范围和标准：

（1）检查清扫外壳、套管、瓷套和引线。必要时对外壳局部涂漆。

要求各部分应无灰尘和污垢，瓷件应无破损和裂纹、无爬电痕迹，引线应无断股、松股，连接牢固，外壳无锈蚀，接地可靠。

（2）检查各部法兰螺栓、油位指示器及放油阀。

要求各部法兰螺栓应紧固、受力均匀；油位指示器应清洁，指示清晰，不应有渗油的现象。

（3）检查底架固定螺栓，应紧固良好，不应松动。

（4）检查主、副分闸弹簧及水平拉杆。主、副分闸弹簧长度应符合规定，水平拉杆拧入接头的深度不应小于 20 mm，轴销涂润滑油。

（5）检查合闸保持弹簧。合闸保持弹簧应无变形及锈蚀，其尺寸应符合规定，弹簧应涂防锈漆及干黄油，寒冷润滑油。

（6）检查清理操作机构。

各摩擦及活动部分应该注润滑油，保证动作灵活。清扫修理直流接触器接点，并检查其动作情况。检查各辅助接点及转换开关，其动作应准确可靠。对于液压操作机构还应进行氮气预压力的检查，压力应符合厂家规定，液压系统不应有渗、漏油现象，必要时应补充液压油。

（7）检查电动机及二次回路。

其绝缘应良好，接地正确，端子紧固，接触良好。加热器工作正常。操作机构箱应无锈蚀现象，必要时应局部涂漆。

（8）开关本体绝缘油补充或更换不合格的绝缘油。

（9）进行电动分合闸 1~2 次，各部工作正常。

2. 大修范围及标准。除小修全部要求外，还应进行下列检查和修理：

（1）导电系统及灭弧装置分解检查、修复。

检查导电杆及铜钨头烧损情况，烧损达 1/3 以上或黄铜座有明显沟痕时应更换，导电杆与铜钨头结合处应光滑无棱角。

检查灭弧片的烧损情况及中心孔的直径是否合格，灭弧片烧损严重或中心孔扩大超标时，需更换。

检查绝缘筒有无损坏、起层、裂纹、受潮的现象。如有受潮现象应进行干燥处理，干燥处理后，施加 40 kV 直流电压，泄漏电流不应超过 5 μA）。

（2）中间机构箱检查、修理。

变直机构各联板应无变形、裂纹及毛刺等现象，各轴、销子应无磨损现象；滑道应光洁、无毛刺，滑道无断裂，两滑道板应平行。

（3）检查绝缘拉杆是否有弯曲、变形或开裂现象，两端与金具结合是否牢固。绝缘拉杆拧入底盒接头深度不应小于 30 mm。用清洁绝缘油清洗绝缘拉杆。组装前用 2 500 V 兆欧表测量绝缘电阻（绝缘电阻值应不小于 50 MΩ）并作泄漏试验（施加 40 kV 直流电压，泄漏不超过 5 μA），如不合格应进行干燥处理。

（4）传动轴和分闸缓冲器检查修理。

传动轴应表面光洁，内拐臂无裂纹。

缓冲器弹簧应无变形，活塞表面无锈蚀，运动灵活，活塞与筒壁的配合应符合要求。

（5）操作机构的检查修理。

要求各部件灵活，轴孔无磨损，连板无毛刺、锈蚀及其他缺陷。

清洗线圈内铜套中的异物，检查合闸铁芯顶杆根部弹簧应无裂纹及变形。合闸顶杆旋入应牢固。

液压操作机构的储压筒内应光滑无锈蚀，密封良好。分合闸阀电磁铁、阀杆与铁芯结合牢固，不松动、无变形，活塞运动灵活，弹簧无变形及锈蚀。高压放油阀阀杆无弯曲、松动。端头平整无毛刺，弹簧无变形锈蚀，阀口密封严密。油泵电机应完好，整流子磨损深度不超过 0.5 mm。工作缸内壁光滑无划丝、活塞动作灵活，活塞拉动力约 3 MPa，工作缸到行程应符合规定。油箱滤油器应清洁，管路无堵塞、开裂、变形及锈蚀。无渗漏油现象。更换液压油至合格范围内。检验压力表。

（6）测量调整各部行程、间隙和三相同期应符合要求。

（7）断路器本体更换绝缘油。

（8）外壳全面除锈涂漆。

（9）分合闸操作 5 次，各部工作正常。

五、真空断路器

1. 小修范围及标准：

（1）清扫真空开关各部分。

要求无灰尘、无污垢，特别是真空灭弧室和绝缘套管要求清洁、无灰尘。

（2）检查真空灭弧室玻壳。

应无裂纹和破损，观察内部零件应无氧化变色或失去铜的光泽；内部零件无脱落变形，玻壳上无大片金属沉积物。

（3）对真空灭弧室进行工频耐压实验。

耐压试验：工频 85 kV，1 min 无闪络，无击穿。

（4）检查主导电回路。

软连接应无裂痕破损，连接紧固，接触良好，隔离触指应完好无损，无烧伤痕迹，压力足够。

（5）检查静触指支持瓷瓶和真空灭弧室绝缘拉杆，应无裂纹破损、脏污及表面闪络等现象。

（6）检查电流互感器。

其套管应无破损、裂纹和表面脱落现象，检查一、二次线圈完好。一、二次引线紧固、完好（二次不得开路），排列整齐，绝缘良好，与接地部分距离符合规定。

（7）检查操作机构

各部分零件齐全，无破损、变形，动作灵活可靠，分合闸指示牌正确，辅助开关完好无损，动作灵活，准确可靠，接触良好，对各运动部件加注润滑油。

（8）按照说明书要求，调整开关本体触头开距、行距、超行程及操作机构各部间隙，使之符合规定。

（9）手动分合闸操作及电动分合闸操作各 3 次，开关各部应灵活可靠，无卡滞现象。

2. 大修项目及标准。除小修项目外，还应进行以下检查和修理：

（1）更换真空灭弧室。

（2）检修导电回路。

检查导电板有无变形、断裂，如有应予更换，更换软连接及隔离触指。

（3）传动机构检修。

检查水平拉杆及绝缘拉杆，应无断裂，否则应予更换，对绝缘拉杆应进行干燥处理。

检查垂直拉杆应无变形、不弯曲，更换连接头。

检查分闸弹簧，其弹力应符合出厂规定。

（4）支架、绝缘座及电流互感器检修。

支架应完好，无破损，否则应进行更换。

绝缘底座应完好无损，无爬电痕迹，并进行干燥处理，电流互感器检修按互感器检修工艺进行。

（5）框架整体除锈涂漆。

（6）手动、电动分合闸操作各 5 次，各部应动作灵活可靠，无卡滞现象。

六、六氟化硫断路器

1. 小修范围及标准：

（1）检查、清扫外壳、套管和引线，必要时对外壳进行局部涂漆。

要求各部分无灰尘和污垢，绝缘件应无破损和裂纹，无爬电痕迹；引线无断股、松股，连接牢固；外壳无锈蚀，接地可靠。

（2）检查底架固定螺栓紧固良好。

（3）检查调整操作机构。

各摩擦及活动部分应注润滑油，保证动作灵活。各辅助接点及转换开关动作应可靠准确。液压系统不应有渗漏油现象，主油箱油位应符合要求，必要时应补充液压油。检查油泵启动及闭锁压力值，检查储压器预压力，均应符合出厂规定。

电动机及二次回路绝缘应良好，接地正确，端子紧固，接触良好。加热器工作正常。操作机构箱应无锈蚀现象，必要时局部涂漆。

（4）检查 SF_6 气体压力。

利用带有接头的压力表，检查 SF_6 气体压力，气体压力应符合出厂规定。

（5）检查密度继电器的动作压力值。

压力降低，其报警及闭锁值应符合要求。

2. 大修范围和标准。除小修要求外，还应进行以下检查修理：

（1）导电系统及灭弧室分解检查修理。

检查主导电回路及灭弧触头烧损情况，主导电回路及灭弧触头应光滑无损，烧损达 1/3 以上或有明显沟痕时，应予更换。

检查灭弧装置有无损伤，如有损伤者应予更换，对灭弧应加以清洗。

（2）检查联结座内变直机构各联结板、拐臂有无变形裂纹及毛刺。各轴、销子应无磨损现象。

（3）检查绝缘拉杆是否有弯曲、变形或开裂、损坏等现象。绝缘拉杆两端与金具结合是否牢固。做泄漏试验应满足有关规定，如不合格应进行干燥处理。

（4）传动轴和分闸缓冲器检查修理。

传动轴应表面光滑，内拐臂无裂纹。

缓冲器弹簧应无变形，活塞表面无锈蚀，运动灵活，活塞与筒壁的配合应符合要求。

（5）操作机构的检查修理。

要求各部件灵活，轴孔无磨损，连板无毛刺、锈蚀及其他缺陷。

清洗线圈内铜套中的异物，检查合闸铁芯顶杆根部弹簧应无裂纹及变形。合闸顶杆旋入应牢固。

液压操作机构的储压筒内应光滑无锈蚀，密封良好。分合闸阀电磁铁、阀杆与铁芯结合牢固，不松动、无变形，活塞运动灵活，弹簧无变形及锈蚀。高压放油阀阀杆无弯曲、松动。端头平整无毛刺，弹簧无变形锈蚀，阀口密封严密。油泵电机应完好，整流子磨损深度不超过 0.5 mm。工作缸内壁光滑无划丝、活塞动作灵活，活塞拉动力约 3 MPa，工作缸到行程应符合规定。油箱滤油器应清洁，管路无堵塞、开裂、变形及锈蚀，无渗漏现象。更换液压油至合格范围内。检验压力表。

（6）测量间隙和三相同期应符合要求。

（7）外壳全面除锈涂漆。

（8）分合闸操作 5 次，各部工作应正常。

七、隔离开关

1. 小修范围和标准：

（1）清扫、检查绝缘子；检查引线和接地装置。

要求各部分无灰尘，无污垢，支持绝缘子无裂纹、破损及爬电痕迹，引线无断股，连接牢固，接地良好。

（2）打磨、调整触头。

触头接触面光滑，无烧伤和锈蚀，闭合时接触良好（以 0.05 mm×10 mm 的塞尺检查，其插入深度当接触面宽度为 50 mm 及以下时，不应超过 4 mm；当接触面宽度为 60 mm 以上时，不应超过 6 mm；在任何情况下，必须保证接触面不小于应有面积的 2/3）。分闸时分闸角度和接地闸刀与带电部分的距离符合规定。

（3）检查调整操作机构。

各零部件完好，连接牢固；止钉间隙符合规定；转动灵活，连锁、限位器作用良好可靠，各转动部分注油。

对于电动隔离开关，应对电动操作机构的分合闸电机进行检查，打磨碳刷，清扫整流子；限位开关位置正确，动作灵活可靠；打磨分合闸接触器触头；紧固端子牌及其他电气回路的接线。电动操作应灵活、可靠。

（4）检查构架及支撑装置并进行局部除锈涂漆。

2. 中修范围及标准：

除小修全部要求外还要进行以下检查修理：

（1）解体检修触头和操作机构，按工艺重新装配调整。对于烧伤严重的碳刷及刷握应予更换。更换烧损严重的限位开关及分、合闸接触器。

（2）清洗传动机构的轴承及电动操作机构中的传动轴、齿轮及电动机轴承，并注油。

（3）检修构架及支撑装置，并全面除锈、涂漆。

3. 大修范围及标准：

除小、中修的范围及标准外，还要更新易损的零部件（如触头等）。解体检修手动操作机构。更新电动操作机构。更新不合标准的引线和绝缘子；检修构架及支撑装置并全面除锈涂漆。

隔离开关是一种没灭弧装置的控制电器，其主要功能是隔离电源，以保证其他电气设备的安全检修，因此不允许带负荷操作。但在一定条件下，允许接通或断开小功率电路。

八、负荷开关

1. 小修项目及标准：

（1）检查、清扫绝缘子、引线和接地装置。

要求各部无灰尘、污垢，支持绝缘子无破损、裂纹及爬电痕迹，引线无断股、松股，连接牢固，接地良好。

（2）检查隔离外断口、触头接触情况。

触头应光滑，无烧伤和锈蚀。闭合时接触良好（其标准同隔离开关）。

（3）检查箱体是否漏气，如漏气应检修后补充气。

（4）检查调整操作机构。

标准同电动隔离开关。

（5）检查构架及支撑装置，并进行局部除锈涂漆。

2. 中修项目及标准：

除小修的全部要求外，还应进行以下检查、修理：

（1）解体检修隔离断口触头。

（2）检修电动操作机构，其项目及标准同 90 条的一、二项。

（3）更换传动系统中有明显变形的部件。

（4）对真空灭弧室进行耐压试验，应符合厂家规定。

（5）检查接线端子，应连接紧固，无松动，二次回路绝缘良好。

3. 大修项目及标准：

除小、中修全部要求外，还应进行以下检查、修理：

（1）更换隔离断口的动静触头。

（2）更换真空灭弧室。

（3）检修密封外壳，更换 SF_6 气体，必要时更换开关本体。

（4）构架及支撑装置全面除锈涂漆。

（5）必要时更新操作机构。

（6）清洗减速箱，调整离合器间隙，更换底座传动轴承。

说明：隔离开关、负荷开关、断路器的区别：

负荷开关是可以带负荷分断的，有自灭弧功能。隔离开关一般是不能带负荷分断的，结构上没有灭弧罩，也有能分断负荷的隔离开关，只是结构上与负荷开关不同，相对来说简单一些。负荷开关和隔离开关，都可以形成明显断开点，大部分断路器不具隔离功能，也有少数断路器具隔离功能。

隔离开关不具备保护功能，负荷开关有过载保护的功能。负荷开关和熔断器的组合电器能自动跳闸，具备断路器的部分功能。而断路器可具有短路保护、过载保护、漏电保护等功能。

负荷开关和断路器的本质区别就是他们的开断容量不同，断路器的开断容量可以在制造过程中做的很高但是负荷开关的开断容量是有限的。负荷开关的保护一般是加熔断器保护，只有速断和过流。断路器主要是依靠加电流互感器配合二次设备来保护。

负荷开关主要用在开闭所和容量不大的配电变压器（小于 $800\ kV \cdot A$）。断路器主要用在经常开断负荷的电机和大容量的变压器以及变电站里。负荷开关是可以分断正常负荷电流，具有一定的灭弧能力；隔离开关不具备任何分断能力，只能在没有任何负荷电流的情况下开断，起到隔离电气的作用，他一般装在负荷开关或断路器的两端，起到检修负荷开关或断路器时隔离电气的作用；断路器具有分断事故负荷的作用，与各种继电保护配合，起到保护电气设备或线路的作用。

负荷开关是具有简单的灭弧装置，可以带负荷分，合电路的控制电器。能通断一定的负荷电流和过负荷电流，但不能断开短路电流，必须与高压熔断器串联使用，借助熔断器来切除短路电流。

九、空心电抗器

1. 小修范围和标准：

（1）清扫检查电抗器和连接部分。各部分清洁完好，连接部分螺栓紧固，接触良好。

（2）检查电抗器的安装。安装牢固，不倾斜变形，支持绝缘子无破损；接地端接触良好。

（3）检查电抗器线圈。导线无损伤，线圈无变形，匝间绝缘垫块完好，间隙均匀。绝缘无破损、受潮，必要时进行处理。

（4）检查电抗器的结构和紧固件。电抗器结构紧凑，无变形；各部件完好无损，绝缘性能良好；紧固压紧螺栓，必要时更换不合格的结构和紧固件。

（5）可调电抗器的电感值及调节范围符合规定指标，调整灵活可靠。

2. 大修范围和标准：

更新电抗器。

空心电抗器其实就是一个空心的电感线圈，与电容器组一般串联连接，电抗器的作用是在电容器组投入电网运行时，限制合闸涌流对电容器的袭击和防止切除电容器时，断路器触头间电弧重燃；防止电容补偿装置与电力系统发生高次谐波并联谐振，抑制、吸收牵引负荷的高次谐波。

十、直流电源装置

1. 小修范围和标准：

（1）测量并记录每个蓄电池的端电压，应符合说明书的规定，并判断蓄电池有无短路。

（2）调整蓄电池液面高度，完成后拧紧气塞。

（3）检查蓄电池各螺母、极柱及各连接板，清洗碱化表面并擦干。清扫蓄电池表面及蓄电池箱柜。

（4）直流盘、柜安装牢固，无腐蚀脏污并涂漆良好，直流系统整体对地绝缘良好。

（5）对蓄电池组进行核对性充放电，必须保证整个蓄电池组放出容量在额定容量的 85%以上。

2. 中修范围和标准。除小修的全部要求外，还要进行下列工作：

（1）更换直流盘、柜不合格的开关、继电器、仪表、整流元件、电子元器件等，更新配线、端子排。

（2）处理或更换不合格的蓄电池。

（3）必要时更换电解液。

3. 大修范围和标准。除小、中修的全部要求外，还要进行下列工作：

（1）更换整组蓄电池。

（2）必要时更换充电机或直流盘。

直流电源装置：在牵引变电所内，开关电器的距离控制、信号、继电保护、自动装置以及事故时照明等负荷要求有专门的电源供电，专门向二次接线装置供电的电源称为操作电源。牵引变电所直流电源是非常重要的二次设备，它的主要任务就是给继电保护、合、分高压开关及控制提供可靠的直流操作电源，其性能和质量的好坏直接关系到牵引供电系统的稳定运行和设备安全。操作电源按电能的性质可分为交流操作电源和直流操作电源两类。直流操作电源采用直流 220 V 或 110 V。它与直流自用电负荷馈线连接构成直流系统。

十一、电容器组

1. 小修范围和标准：

（1）清扫检查电容器的外部和连接部分。各部分清洁完好，必要时对电容器局部涂漆；连接部分螺栓紧固。

（2）检查电容器。外壳无膨胀、变形，焊接无开缝、无渗漏油，必要时进行处理。

（3）检修熔断器、接地放电间隙、母线、支持绝缘子等。各部件完整无损，作用良好。

（4）检查支撑固定装置。安装牢固、端正、无变形；必要时局部除锈涂漆。

（5）根据试验结果对电容器组各列重新进行组合，更换不合格的电容器。

2. 大修范围和标准：

除小修的全部要求外，还要进行下列工作：

（1）更新电容器及不合格的支持绝缘件。

（2）对电容器构架、支撑装置等各种铁构件进行全面涂漆。

十二、高压母线

1. 小修范围和标准：

（1）清扫检查绝缘子、杆塔和构架。

绝缘子不得有裂纹、破损和放电痕迹。杆塔和构架应完好，安装牢固，无倾斜和基础下沉现象，铁件无锈蚀，接地良好，相位标志牌应清晰、鲜明。

（2）检查导线（包括引线）。

软母线张力适当，不得有松股、断股和机械损伤。硬母线应牢固牢靠，且可伸缩，漆膜完好，相色鲜明，不得有裂纹，连接紧密。

（3）检查金具。

金具应无锈蚀，牢固、连接牢靠，接触良好。

2. 大修范围和标准：

除小修的全部要求外，还要进行下列工作：

（1）更换不合标准的绝缘子。

（2）更换不合格标准的导线、金具、杆塔。

在变电所高压配电装置的连接，以及变压器等电气设备和相应配电装置的连接，大都采用矩形或圆形截面的裸导线或绞线，这统称为母线。母线的作用是汇集、分配和传送电能。由于母线在运行中，有巨大的电能通过，短路时，承受着很大的发热和电动力效应，因此，必须合理的选用母线材料、截面形状和截面积以符合安全经济运行的要求。

母线按结构分为硬母线和软母线。硬母线又分为矩形母线和管形母线。

矩形母线一般使用于主变压器至配电室内，其优点是施工安装方便，运行中变化小，载流量大，但造价较高。

软母线用于室外，因空间大，导线有所摆动也不至于造成线间距离不够。软母线施工简便，造价低廉。

十三、电力电缆

1. 小修范围和标准：

（1）检查电缆头、套管、引线和接线盒。电缆头、套管不渗油，引线相间和距接地物的距离符合规定。

（2）检查电缆。排列整齐、固定牢靠且不受张力，铠装无松散、无严重锈蚀和断裂，弯曲半径符合规定，接地良好，涂刷防腐剂；电缆外露部分应有保护管，管口应封密，保护管应完整无损，且固定牢靠，其锈蚀面积不得超过总面积5%。

（3）清扫电缆沟。沟内应无积水、杂物；支架完好，固定牢靠不锈蚀；盖板齐全无严重破损。电缆沟通向室内的入口处应有完好的防止小动物的措施。

（4）检查电缆的埋设。覆盖的泥土无下陷和被水冲刷等异状。

（5）检查电缆桩及标示牌，齐全、正确、清楚。

2. 大修范围和标准：

除小修的全部要求外，还要进行下列工作：

（1）更新不合标准的电缆、接头、接线盒、套管和引线。

（2）修整电缆沟。盖板完整无损，沟内排水良好。

（3）对电缆全面涂刷防腐剂；对保护管全面除锈涂漆。

（4）整修电缆桩和标示牌，要固定牢靠。

（5）对敷设不合标准的电缆要重新敷设和改设，重新敷设和改设的电缆要符合新建项目的标准。

十四、低压盘（含端子箱）

1. 低压盘包括交流配电盘、控制盘（台）、计量盘。其小修范围和标准：

（1）彻底清扫低压盘（箱、台、下同）及其相应的装置。

（2）检查盘的表面状态。安装牢固、端正，排列整齐，接地良好；标志齐全、正确、清楚；室内盘面无锈蚀；室外盘面锈蚀面积不超过总面积的5%，且盘（台）体密封良好。

（3）检查灯具、开关、继电器、熔断器、仪表、配线、端子排、连接片等各项装置，安装牢固，绝缘和接触良好；熔丝、触头和灯泡的容量适当；端子排和配线排列整齐；标示牌、标志、信号齐全、正确、清楚。

（4）检查控制，保护、信号、远动、故标回路相关部分的整组动作情况。

2. 大修范围和标准：

除小修的全部要求外，还要更新不合标准的开关、继电器、仪表和绝缘子，更新配线、端子排等。必要时更换盘。

3. 继电保护、自动装置及操作、信号、测量回路所用的导线必须符合下列规定：

（1）用绝缘单芯铜线。当采用接线鼻子时，也可使用绝缘多股铜线。

（2）电流回路的导线截面不得小于 2.5 mm²；其他回路的导线截面不得小于 1.5 mm²；电费计量回路的导线截面必须经过容量和压损的校验。

（3）导线的绝缘应满足 500 V 工作电压的要求。

（4）导线中间不得有接头；遇有油侵蚀的处所，要用耐油绝缘导线。

十五、避雷器和避雷针

1. 避雷器小修范围和标准：

（1）清扫检查瓷套、引线和均压环。应固定牢靠，无锈蚀。

（2）检查底座、构架、基础等。

（3）动作指示器密封，作用良好。

2. 避雷器大修范围和标准。除小修的全部要求外，还要进行下列工作：

（1）更新不合标准的避雷器和计数器。

（2）整修基础、构架和接地装置。

3. 避雷针小修范围和标准：

（1）检查杆塔无倾斜和弯曲，固定牢靠；除锈补漆，必要时全面涂漆。

（2）检查避雷针，无熔化和断裂。

（3）检查底部装置。

4. 避雷针大修时除基础外全部更新。

十六、接地装置

1. 小修范围和标准：

（1）检查地面上和电缆沟内的接地线、接地端子等，完整无锈蚀、损伤、断裂及其他异状；与设备连接牢固，接触良好。

（2）检查铁路岔线钢轨及接地网各自与回流线间的连接接头，连接牢固，接触截面符合规定。

2. 大修范围和标准：重新埋设接地网及回流线。

3. 接地的设备均应逐台用单独的接地线接到接地母线上，禁止设备串联接地。

接地线与接地体的连接宜用焊接。接地线与电力设备的连接可用螺栓连接和焊接。用螺栓连接时应设防松螺帽或防松垫片。

地面上的接地线、接地端子均要涂黑漆；接地端子的螺栓应镀锌。

接地装置指埋设在地下的接地电极与由该接地电极到设备之间的连接导线的总称。接地装置也称接地一体化装置，是把电气设备或其他物件和地之间构成电气连接的设备。接地装置由接地极（板）、接地母线（户内、户外）、接地引下线（接地跨接线）、构架接地组成接地装置。它被用以实现电气系统与大地相连接的目的。与大地直接接触实现电气连接的金属物体为接地极。它可以是人工接地极，也可以是自然接地极。对此接地极可赋以某种电气功能，例如用以作系统接地、保护接地或信号接地。接地母排是建筑物电气装置的参考电位点，通过它将电气装置内需接地的部分与接地极相连接。它还起另一作用，即通过它将电气装置内诸等电位联结线互相连通，从而实现一建筑物内大件导电部分间的总等电位联结。接地极与接地母排之间的连接线称为接地极引线。

十七、接地放电装置

1. 小修范围和标准：
（1）清扫、检查绝缘子和绝缘件，应无污垢，无破裂。
（2）检查清扫旁路开关、磁铁应无锈蚀和杂物，吸合面上应涂润滑脂。
（3）检查旁路开关轴承是否灵活，用汽油或煤油清洗，并上润滑油。
（4）检查电容器外壳，不应有凹凸变形及漏油现象。

2. 中修范围及标准：
除小修范围外，还要进行下列检查及维修：
（1）检查放电极是否粗糙，有无不正常的损耗，放电间隙距离是否变动。
（2）检查旁路开关，触头接触面是否粗糙，接触面损耗程度。损耗在 2 mm 以上要更换。

3. 大修范围及标准：
除小、中修范围和标准外，还应检查：
（1）旁路开关弹簧有无变色变形。
（2）计数器动作是否可靠。
（3）全面除锈涂漆。
（4）必要时更换。

接地放电装置，在铁道电气化供电系统中，作为限制由于短路电流所造成变电所、开闭所等地的保护线电压升高。当线路发生短路故障时，保护线电位上升到一定值时，放电间隙放电，则回路内便流过电流，使旁路开关自动闭合，将放电间隙短路并保护了它。在电流减少到一定值时，旁路开关便自动开路，使系统恢复正常状态。在雷击情况时，过电压由电容器吸收或者使波头变缓，在冲击大电流作用时，放电间隙放电时短时间的，旁路开关便合不上，放电间隙能自灭弧。

十八、远动装置

（一）小修范围及标准：

1. 调度端。

（1）清扫远动装置各部件，紧固端子排连接螺栓；检查连线电缆。要求各部件及印刷电路板无积尘、螺栓无松动、线缆无断裂、表皮无破损。

（2）检查控制计算机、控制单元、电源通道各监视点的电位，各点电位与规定值偏差应符合规定。

（3）检查通道发送电平、噪音、信噪比及通道传输指标，要求装置技术条件符合规定。

（4）按说明书要求调试远动的自诊断程序进行自校，应无异常。

（5）检查打印机、监视器、模拟盘外围件，打印头应无损伤，监视器的辉度、对比度、色度的指标合格，模拟盘显示正常。

（6）进行装置整组功能检查应正常。

（7）不停电电源的蓄电池恢复性充放电正常。

2. 执行端。

除按调度端（1）、（2）、（3）、（6）项要求外还应检查遥控继电器的动作情况，并核对遥信、遥测信息的正确性和精度。执行继电器无烧损、粘连、动作正常、遥控、遥测功能正常。

（二）大修范围及标准：

在保留原有远动构架、对象、通道结构不变的基础上对远动装置主要部件进行更换。

十九、继电保护及自动装置

1. 小修范围及标准。

（1）盘体和相关的二次回路的小修范围和标准同低压盘有关规定。

（2）根据厂家说明书或参照电力部《继电保护及系统自动装置》进行机械及电气特性试验。

（3）调整或更换不合标准的继电器、插件、打印机等元器件。

（4）检查继电器、接线端子应牢固可靠，继电器内部及外壳清洁无尘。

（5）进行整定和试验并绘制电气特性图。

（6）进行整体传动试验。

2. 大修范围及标准：

更新继电保护及自动装置。

3. 牵引变电所内安装的计费用电度表，主变压器、母线、馈出线的指示仪表以及故障点测试仪每年检验1次，其他表计每两年检验1次。

试验室使用的仪表每年检验1次。

任务 4　试　　验

【知识目标】
掌握电气设备试验的规定。
【能力目标】
能够进行电气设备试验。

对高压电气设备的试验，根据其作用和要求，大致可分为两大类，分别是绝缘试验和特性试验。变电所高压电气设备在运行中的可靠性在相当大的程度上取决于其绝缘的可靠性，而对绝缘状况的判断和监督，最重要的手段就是依靠绝缘试验。这种绝缘试验又可分为破坏性试验和非破坏性试验两类。破坏性试验又称耐压试验。耐压试验能揭露那些危险性较大的集中性缺陷，它能保证绝缘有一定的水平和裕度。例如工频耐压试验、感应耐压试验、操作波试验、冲击试验等均属破坏性试验。其缺点是可能会在耐压试验时给绝缘带来一定的损伤。非破坏性试验就是指在较低的电压下或者用其他不会损伤绝缘的办法来测量绝缘的各种特性，从而判断绝缘内部的缺陷。例如测量绝缘电阻和泄漏电流、测量绝缘的介质损耗角正切值 $\tan\delta$（%）、绝缘油的物化特性、油中气体色谱分析、空载试验、局部放电的超声波测量等。这类方法的缺点是目前一般还不能只靠它来可靠地判断绝缘的耐压水平，所以至今耐压试验仍然是绝缘试验中的一项主要方法。耐压试验要具备一定的设备条件，往往由于现场条件的限制，耐压试验不能进行，即使能做耐压试验，一般也是在非破坏性试验之后才进行，以避免不应有的击穿破坏。

一、一般规定

1. 电气设备的绝缘试验，要尽量将连接在一起不同试验标准的设备分解开，单独进行试验。

对分开有困难或已装配的成套设备必须连在一起试验时，其试验标准应采用其中的最低标准。

2. 当设备的出厂额定电压与实际使用的额定工作电压不同时，应根据下列原则确定试验电压的标准。

（1）当采用额定电压较高的设备用以加强绝缘者，应按照设备约额定电压标准进行试验。

（2）采用额定电压较高的设备用以满足产品通用性的要求时，可以按照设备实际使用的额定工作电压或出厂额定电压的标准进行试验。

（3）采用较高电压等级的设备用以满足高海拔地区要求时，应在安装地点按照实行使用的额定工作电压的标准进行试验。

3. 所有电气设备预防性试验周期，除特别规定者外均为 1 年 1 次。

设备检修时的试验如能包括预防性试验的内容和要求，则在该周期内可以不再做预防性试验。

4. 在进行与温度有关的各种电气试验时（如测量直流电阻、绝缘电阻、介质损失角、泄漏电流等），应同时测量被试物和周围环境的温度。

绝缘试验应在天气良好且被试物温度及周围温度一般不低于+5 ℃的条件下进行。

试验标准中所列的绝缘电阻是指 60 s 的绝缘电阻值（$R60$）吸收比为 60 s 与 15 s 绝缘电阻的比值（$R60/R15$）。

交流耐压试验加至试验标准电压后的持续时间，凡无特殊说明书，均为 1 min。

5. 电气设备的试验标准除本规程规定外，均按中华人民共和国电力行业标准 DL/T 596—1996《电力设备预防性试验规程》执行。额定电压为 27.5 kV 的电气设备，除特别指出者外可暂比照 35 kV 电气设备的试验标准进行。工程交接试验除进行本规程全部项目外，其他要求按有关规定执行。

二、变压器

变压器及电抗器的试验项目、周期和要求如表 6.4.1 所示。

三、互感器

电流互感器、电磁电压互感器和电容式电压互感器的试验项目、周期和要求如表 6.4.2、表 6.4.3 和表 6.4.4 所示。

四、断路器

SF_6 断路器、少油断路器和真空断路器的试验项目、周期和要求如表 6.4.5、表 6.4.6 和表 6.4.7 所示。

五、隔离开关

隔离开关的试验项目、周期和要求如表 6.4.8 所示。

六、蓄电池

镉镍蓄电池直流屏（柜）的试验项目、周期和要求如表 6.4.9 所示。

七、绝缘部件

变电所的支柱绝缘子和悬式绝缘子的试验项目、周期和要求如表 6.4.10 所示。

八、电力电缆

纸绝缘和橡塑绝缘电力电缆线路的试验项目、周期和要求分别如表 6.4.11 和 6.4.12 所示。

九、电力电容器

电容器的试验项目、周期和要求如表 6.4.13 所示。

表 6.4.1 变压器及电抗器的试验项目、周期和要求

序号	项目	周期	要求	说明
1	绕组直流电阻	1) 1~3 年或自行规定； 2) 无励磁调压变压器变换分接位置后； 3) 有载检修后的变压器分接开关检修后（在所有分接侧）； 4) 大修后； 5) 必要时。	1) 1.6 MV·A 以上变压器，各相绕组电阻相互间的差别不应大于三相平均值的 2%，无中性点引出的绕组，线间差别不应大于三相平均值的 1%； 2) 1.6 MV·A 及以下的变压器，相间差别一般不大于三相平均值的 4%，线间差别一般不大于三相平均值的 2%； 3) 与以前相同部位测的值比较，其变化不应大于 2%； 4) 电抗器参照执行	1) 如电阻相间差在出厂超过规定，制造厂已说明了这种偏差的原因，按要求中 3) 项执行。 2) 不同温度下的电阻值按下式换算。 $R_2 = R_1 (T+t_2)/(T+t_1)$ 式中，R_1、R_2 分别为在温度 t_1、t_2 时的电阻值；T 为计算常数，铜导线取 235，铝导线取 225； 3) 无励磁调压变压器应在使用的分接锁定后测量
2	绕组绝缘电阻，吸收比或（和）极化指数	1) 1~3 年或自行规定； 2) 大修后； 3) 必要时。	1) 绝缘电阻换算至同一温度下，试结果相比应无明显变化。 2) 吸收比（10~30 ℃范围）不低于 1.3 或极化指数不低于 1.5	1) 采用 2 500 V 或 5 000 V 兆欧表； 2) 测量前被试绕组应充分放电； 3) 测量温度以顶层油温为准，尽量使每次测量温度相近。 4) 尽量在油温低于 50 ℃时测量，不同温度下的绝缘电阻值一般可按下式换算 $R_2 = R_1 \times 1.5^{(t_1-t_2)/10}$ 式中，R_1、R_2 分别为温度 t_1、t_2 时的绝缘电阻值； 5) 吸收比和极化指数不进行温度换算
3	绕组的 $\tan\delta$	1) 1~3 年或自行规定； 2) 大修后； 3) 必要时	1) 20 ℃时 $\tan\delta$ 不大于下列数值。66~220 kV 0.8%，35 kV 及以下 1.5%； 2) $\tan\delta$ 值与历年的数值相比较不应有显著变化（一般不大于 30%）； 3) 试验电压如下： 绕组电压 10 kV 及以上　10 kV 绕组电压 10 kV 及以下　U_n 4) 用 M 型试验器时试验电压自行规定	1) 非被试绕组应接地或屏蔽； 2) 同一变压器各绕组 $\tan\delta$ 的要求值相同； 3) 测量温度以顶层油温为准，尽量使每次测量的温度相近。 4) 尽量在油温低于 50 ℃时测量

续表 6.4.1

序号	项目	周期	要求	说明
4	电容型套管的 tgδ 和电容值	1)1~3年或自行规定；2)大修后；3)必要时		1)用正确方法测量；2)测量时记录环境温度及变压器（电抗器）顶层油温
5	交流耐压试验	1)1~5年（10kV及以下）；2)大修后（66kV及以下）；3)更换绕组后；4)必要时	1)油浸变压器（电抗器）试验电压值按中华人民共和国电力行业标准 DL/T 596—1996；2)干式变压器全部更换绕组时，按出厂试验电压值，部分更换绕组和定期试验时，按出厂试验电压值的 0.85 倍	1)可采用倍频感应或操作波感应法；2)66 kV及以上全绝缘变压器，现场条件不具备时，可只进行外施工频耐压试验；3)电抗器进行外施工频耐压试验
6	铁心（有外引接地线的）绝缘电阻	1)1~3年或自行规定；2)大修后；3)必要时	1)与以前测试结果相比无显著差别；2)运行中铁心接地电流一般不大于 0.1 A	1)采用 2500V 兆欧表（对运行年久的变压器可采用 1 000 V 兆欧表）测量
7	穿心螺栓、铁轭夹件、铁心、绑扎钢带、线圈压环及屏蔽等的绝缘电阻	1)大修后；2)必要时	220 kV 及以上者绝缘电阻一般不低于 500 MΩ，其他自行规定	1)采用 2 500 V 兆欧表（对运行年久的变压器可采用 1 000 V 兆欧表）；2)夹件引出接地线的可单独夹件进行测量
8	绕组泄漏电流	1)1~3年或自行规定；2)必要时	1)试验电压一般如下： 绕组额定电压（kV）：3 | 6~10 | 20~35 | 66~330 | 500 直流试验电压（kV）：5 | 10 | 20 | 40 | 60 2)与前一次测试结果相比应无明显变化	读取 1 min 时的泄漏电流值
9	绕组所有分接的电压比	1)分接开关引线拆装后；2)更换绕组后；3)必要时	1)各相应接头的变压比与铭牌值相比，不应有显著差别，且符合规律；2)电压 35 kV 以下，电压比小于 3 的变压器电压比允许偏差为 ±1%；其他所有变压器，额定分接电压比允许偏差为 ±0.5%；其他分接的电压比值（%）的 1/10 以内，但不得超过 ±1%	

续表 6.4.1

序号	项 目	周 期	要 求	说 明
10	校核三相变压器的组别或单项变压器极性	更换绕组后	必须与变压器铭牌和顶盖上的端子标志相一致	
11	有载调压装置的试验和检查 1) 检查动作顺序，动作角度； 2) 操作试验；变压器带电时手动操作、电动操作，远方操作各2个循环； 3) 检查和切换测试： a) 测量连接电阻的阻值； b) 测量切换时间； c) 检查插入触头、动触头、静触头的接触情况，双数触头非线性电阻的试验，双数触头间放电间隙； 4) 检查油箱，双数触头绝缘油试验； 5) 切换开关室绝缘油试验； 6) 二次回路绝缘试验	1) 1年或按制造厂的规定； 2) 大修后； 3) 必要时	范围技术要求、切换开关、选择开关的动作顺序应符合制造厂的技术要求，其动作角度应相符，切换时间记录过程相符，手动操作应轻松，电动操作时电动机用力矩不过卡涩，没有过载现象，必要时电动机、电气连动机构，位置指示器动作正常与出厂值相符； 三相同步切换时间的偏差及反向切换时间的规定，切换时间偏差不超过制造厂的规定； 偏差均为制造厂的切换技术要求无变动，动、静触头整洁光滑，触头烧损厚度不超过制造厂的规定，触头连接良好； 符合制造厂的技术要求，击穿电压一般不低于25 kV，绝缘电阻一般不低于1 MΩ	有条件时进行，采用2 500 V 兆欧表
12	测量装置及其二次回路试验	1) 1~3年； 2) 大修后； 3) 必要时	密封良好，指示正确，测温电阻值应和出厂值相符，绝缘电阻一般不低于1 MΩ	测量绝缘电阻采用2 500 V 兆欧表
13	整体密封检查	大修后	35 kV及以上油注试验（约5 kPa压力）0.6 m油箱和平面箱的变压器采用超过油枕顶部0.3 m的试验波纹油枕顶部的试验（约2.5 kPa压力）试验时间12 h 无渗漏	试验时带冷却器，不带压力释放装置
14	冷却装置及其二次回路试验	1) 投运后，流向，油升和声响正常，无渗漏； 2) 埋换水冷装置的检查和试验，按制作厂规定； 3) 绝缘电阻一般不低于1 MΩ	测量绝缘电阻采用2 500 V 兆欧表
15	套管中的电流互感器绝缘试验	更换绕组后	绝缘电阻一般不低于1 MΩ	采用2 500 V 兆欧表
16	全电压下空载合闸	1) 大修后； 2) 必要时	1) 全部更换绕组，空载合闸5次，每次间隔5 min； 2) 部分更换绕组，空载全部3次，每次间隔5 min	1) 在使用分接头高压上进行； 2) 由变压器高压侧加压； 3) 110 kV及以上中性点直接接地压器中性点限制在运行
17	阻抗测量	必要时	与出厂值相差±5%，与三相平均值相差±20%范围内	适用条件有电抗器，如受试验条件限制可在运行电压下测量

表 6.4.2 电流互感器试验项目、周期和要求

序号	项目	周期	要求	说明
1	绕组的绝缘电阻	1)投运前；2)1~3年；3)大修后；4)必要时	绕组绝缘电阻与初始值及历次数据比较，不应有显著变化	采用2 500 V兆欧表
2	tanδ及电容量	1)投运前；2)1~3年；3)大修后；4)必要时	1) 主绝缘tanδ(%)应不大于下面的数值，且与历年数据比较，应无显著变化： 电压等级 kV： 20~35 / 66~110 大修后：油纸电容型 —/1.0；充油电容型 3.0/2.0；胶纸电容型 2.5/2.0 运行中：油纸电容型 —/1.0 2) 电容型电流互感器主绝缘电容量与初始值或出厂值差别超出±5%范围时应查明原因； 3) 当电容型电流互感器末屏对地绝缘电阻小于1 000 MΩ时，应测量末屏对地tanδ，其值不大于2%	1) 主绝缘tanδ试验电压为10 kV，末屏对地tanδ试验电压为1 kV； 2) 油纸电容型tanδ一般不进行温度换算，电容型与出厂值或上一次试验值比较分析温度、tanδ综合关系，当tanδ随温度明显变化或试验电压到10 kV升到$U_m/\sqrt{3}$的1/2时，tanδ增量超过0.3%，不应继续运行； 3) 固体绝缘互感器可不进行tanδ测量
3	交流耐压试验	1)1~3年(20 kV以下)；2)大修后；3)必要时	1) 一次绕组按出厂值的85%进行。出厂值不明的按下列电压进行试验： 电压等级 kV： 3 / 6 / 10 / 15 / 20 / 35 / 66 试验电压 kV： 15 / 21 / 30 / 38 / 47 / 72 / 120 2) 二次绕组之间及末屏对地为 2 kV； 3) 全部更换绕组后，应按出厂值进行	
4	极性检查	1)大修后；2)必要时	与铭牌标志相符	
5	各分接头的变比检查	1)大修后；2)必要时	与铭牌标志相符	
6	密封检查	1)大修后；2)必要时	应无渗油漏油现象	更换绕组后应测量比值差和相位差
7	一次绕组直流电阻测量	1)大修后；2)必要时	与初始值或出厂值比较，应无明显差别	试验方法按制造厂规定

表 6.4.3 电磁电压互感器的试验项目、周期和要求

序号	项目	周期	要求	说明
1	绝缘电阻	1) 1～3 年； 2) 大修后； 3) 必要时	自行规定	一次绕组用 2 500 V 兆欧表，二次绕组用 1 000 V 或 2 500 V 兆欧表
2	tanδ（20 kV 及以上）	1) 绕组绝缘： a) 1～3 年； b) 大修后； c) 必要时. 2) 66～220 kV 串级式电压互感器支架： a) 投运前； b) 大修后； c) 必要时	1) 绕组绝缘 tanδ（%）不应大于下表数值： 	温度℃	5	10	20	30	40	 |---|---|---|---|---|---|
35 kV 及以下 大修后	1.5	2.5	3.0	5.0	7.0
35 kV 及以下 运行中	2.0	2.5	3.5	5.5	8.0
35 kV 及以上 大修后	1.0	1.5	2.0	3.5	4.0
35 kV 及以上 运行中	1.5	2.0	2.5	4.0	5.5	 2) 支架绝缘 tanδ 一般不大于 6%	串级式电压互感器的 tanδ 试验方法与监视采用末端屏蔽法，其他试验方法与要求自行规定
3	交流耐压试验	1) 3 年（20 kV 及以下）； 2) 大修后； 3) 必要时	1) 一次绕组按出厂值的 85%进行，按下列电压等级进行试验： | 电压等级（kV）	3	6	10	15	20	35	66 | |---|---|---|---|---|---|---|---|
试验电压（kV）	15	21	30	38	47	72	120	 2) 二次绕组之间及末屏对地为 2 kV； 3) 全部更换绕组绝缘后按出厂值进行	1) 串级式或分级绝缘式电压互感器倍频感应耐压试验； 2) 进行倍频感应耐压试验时应考虑互感器的容升电压； 3) 倍频耐压试验前后，应检查有否绝缘损伤
4	空载电流测量	1) 大修后； 2) 必要时	1) 在额定电压下，空载电流比与出厂数值比较无明显差别； 2) 在下列试验电压下，空载电流不应大于最大允许电流，中性点非有效接地系统 1.9U_n/3；中性点接地系统 1.5U_n/3	
5	密封检查	1) 大修后； 2) 必要时	应无渗漏油现象	试验方法按制造厂规定
6	铁心加紧螺栓（可接触到的）绝缘电阻	自行规定	自行规定	采用 2 500 V 兆欧表
7	联接组别和极性	1) 更换绕组后； 2) 接线变动后	与铭牌和接线端子标志相符	
8	电压比	1) 更换绕组后； 2) 接线变动后	与铭牌标志相符	更换绕组后应测量比值和引出位差

表 6.4.4 电容式电压互感器的试验项目、周期和要求

序号	项目	周期	要求	说明
1	电压比	1) 大修后；2) 必要时	与铭牌标志相符	
2	中间变压器的绝缘电阻	1) 大修后；2) 必要时	自行规定	采用 2 500 V 兆欧表
3	中间变压器的 $\tan\delta$	1) 大修后；2) 必要时	与初始值相比不应有显著变化	

表 6.4.5 SF_6 断路器试验项目、周期和要求

序号	项目	周期	要求	说明
1	SF_6 气体泄漏试验	1) 1～3 年；2) 必要时	年漏气率不大于 1% 或按制造厂要求	1) 按 GB 11023 方法进行；2) 对电压登记较高的断路器以及 GIS，固体积大可用局部包扎法检漏，每个密封部位包扎后历时 5 h，测得的 SF_6 气体含量（体积分数）不大于 30×10^{-6}
2	辅助回和控制回绝缘电阻	1) 大修后；2) 必要时	绝缘电阻不低于 2 MΩ	采用 500 V 或 1 000 V 兆欧表
3	耐压试验	1) 大修后；2) 必要时	交流耐压或操作冲击耐压试验电压值的 80%	1) 试验在 SF_6 气体额定压力下进行；2) 对 GIS 试验时不包括其中的电磁式电压互感器及避雷器，但在投入运前应对它们进行试验电压值为 U_m 5 分钟耐压试验；3) 罐式断路器的耐压试验方式：合闸对地；分闸状态两端接地。建议在交流耐压试验的同时测量局部放电；4) 对瓷柱式定开距型断路器只断口间耐压
4	辅助和控制回路交流耐压试验	大修后	试验电压为 2 kV	耐压试验后的绝缘电阻值不应降低

续表 6.4.5

序号	项目	周期	要求	说明
5	断口间并联电容器的绝缘电阻、电容量和 $\tan\delta$	1) 1~3 年； 2) 大修后； 3) 必要时	瓷柱式断路器各断口同时测量，测得的电容值和 $\tan\delta$ 与原始值比较，应无明显变化	大修时，对瓷柱式断路器应测量电容器和断口并联后整体的电容值和 $\tan\delta$，作为该设备的原始数据
6	合闸电阻值和合闸电阻的投入时间	1) 1~3 年； 2) 大修后	除制造厂另有规定外，阻值变化允许范围不得大于±5%； 2) 合闸电阻的有效接入时间按制造厂规定校核	罐式断路器的合闸电阻布置在罐体内部，只有解体大修时才能测定
7	断路器的时间参量	1) 大修后； 2) 机构大修后	除制造厂领有规定外，期性应满足下列要求： 相间合闸不同期不大于 5 ms； 相间分闸不同期不大于 3 ms； 同相各断口合闸不同期不大于 3 ms； 同相各断口分闸不同期不大于 2 ms	
8	断路器的速度特性	大修后	测量方法和测量结果应符合制造厂规定	制造厂无要求时不测
9	分、合闸电磁铁的动作电压	1) 1~3 年； 2) 大修后； 3) 机构大修后	1) 操作机构分、合闸电磁铁或合闸接触器端子上的最低动作电压应在操作电压额定值的 30%~65%； 2) 在使用电磁机构时，合闸电磁线圈通流式的端电压为操作电压额定的 80%（关合电流等于及大于 50 kA 时为 85%）时应可靠动作； 3) 进口设备按制造厂规定	
10	导电回路电阻	1) 1~3 年； 2) 大修后	不大于制造厂规定值的 120%	用直流压降法测量，电流不小于 100 A
11	分、合闸线圈直流电阻	1) 大修后； 2) 机构大修后	应符合制造厂规定	
12	SF_6 气体密度监视器（包括整定值）检验	1) 1~3 年； 2) 大修后； 3) 必要时	按制造厂规定	

续表 6.4.5

序号	项目	周期	要求	说明
13	压力表校验（或调整），机构操作压力（气压、液压）整定值校验，机械安全阀校验	1) 1~3年； 2) 大修后	按制造厂规定	对气动机构应校验各级气压的整定值（减压阀及机械安全阀）
14	操作机构在分闸、合闸、重合闸下的操作压力（气压、液压）下降值	1) 大修后； 2) 机构大修后	应符合制造厂规定	
15	液（气）压操作机构的泄漏试验	1) 1~3年； 2) 大修后； 3) 必要时	按制造厂规定	应在分、合闸位置下分别试验
16	油（气）压泵补压及零起打压的运转时间	1) 1~3年； 2) 大修后； 3) 必要时	按制造厂规定	
17	液动机构及采用差压原理的防失压慢分试验	1) 大修后； 2) 机构大修后	按制造厂规定	
18	闭锁、防跳跃及防止非全相合闸等辅助控制装置的动作性能	1) 大修后； 2) 必要时	按制造厂规定	

表 6.4.6 少油断路器的试验项目、周期和要求

序号	项目	周期	要求	说明
1	绝缘电阻	1) 1~3年； 2) 大修后	1) 绝缘电阻自行规定； 2) 断口和有机物制成的提升杆的绝缘电阻不应低于下表数值： | 额定 kV	<24	27.5	55~110
---	---	---	---
大修后	1 000	2 500	5 000
运行中	300	1 000	3 000		使用 2 500 V 兆欧表
2	少油断路器的泄漏电流	1) 大修后	1) 每一元件的试验电压 40 kV； 2) 泄漏电流一般不大于 10 μA	
3	断路器对地、断口及相间交流耐压试验	1) 1~3年（12 kV 及以下）； 2) 大修后； 3) 必要时（72.5 kV 及以上）	断路器在分、合闸状态下分别进行，合闸断路器对地及相间按 DC/T 593 规定值，试验电压按 DC/T 593 规定值的80%；12~40.5 kV 断路器对地及相间按 DC/T 593 规定值；72.5 kV 及以上者按 DC/T 593 规定值的 80%	对于三相共箱式的油断路器，其试验电压值与对地耐压值相同

续表 6.4.6

序号	项目	周期	要求	说明
4	辅助回路和控制回路交流耐压试验	1) 1~3 年; 2) 大修后	试验电压为 2 kV	
5	导电回路电阻	1) 1~3 年; 2) 大修后	1) 大修后应符合制造厂规定; 2) 运行中自行规定	用直流压降法测量,电流不小于 100 A
6	灭弧室的并联电阻值	1) 大修后 2) 必要时	并联电阻值应符合制造厂规定	
7	断路器的合闸超时和分闸时间	大修后	应符合制造厂规定	在额定操作电压(气压、液压)下进行
8	断路器分闸和合闸速度	大修后	应符合制造厂规定	在额定操作电压(气压、液压)下进行
9	断路器触头分、合闸的同期性	1) 大修后; 2) 必要时	应符合制造厂规定	
10	操作机构分闸接触器和分合闸电磁铁动作电压	1) 大修后; 2) 操作机构大修后	1) 操作机构分闸、合闸电磁铁或牵引铁合闸接触器端子上的最低动作电压应在额定操作电压值的 30%~60%间; 2) 在使用电压额定的 80%(关合电流峰值及不大于 50 kV 为操作电压额定的 85%)时应可靠动作	
11	合闸接触器和分、合闸电磁线圈的绝缘电阻,和直流电阻,辅助回路和控制回路绝缘电阻	1) 1~3 年; 2) 必要时	1) 绝缘电阻不应小于 2 MΩ; 2) 直流电阻应符合制造厂规定	采用 500 V 兆欧表

表 6.4.7 真空断路器的试验项目、周期和要求

序号	项目	周期	要求	说明
1	绝缘电阻	1) 1~3 年; 2) 大修后	1) 整体绝缘电阻参照制造厂规定或自行规定; 2) 断口和用有机物制成的提升杆的绝缘电阻不应低于下表中数值(MΩ) <table><tr><th rowspan="2">试验类别</th><th colspan="3">额定电压 kV</th></tr><tr><th><24</th><th>25~27.5</th><th>55</th></tr><tr><td>大修后</td><td>1 000</td><td>2 500</td><td>5 000</td></tr><tr><td>运行中</td><td>300</td><td>1 000</td><td>3 000</td></tr></table>	

续表 6.4.7

序号	项目	周期	要求	说明
2	交流耐压试验（断路器主回路对地、相间及断口）	1) 1～3 年（12 kV 及以下）； 2) 大修后； 3) 必要时（40.5、72.5 kV）	断路器在分、合闸状态下分别进行，试验电压值按 DL/T 593 规定值	1) 更换或干燥后的绝缘提升杆必须进行耐压试验，试验电压不能满足耐压值时可分段进行； 2) 相间、相对地及断口的耐压值相同
3	辅助回路和控制回路交流耐压试验	1) 1～3 年； 2) 大修后	试验电压为 2 kV	
4	导电回路电阻	1) 1～3 年； 2) 大修后	1) 大修后应符合制造厂规定； 2) 运行中自行规定，建议不大于 1.2 倍出厂值	用直流压降法测量，电流不小于 100 A
5	断路器的合闸和分闸时间，分、合闸的同期性，触头开距，合闸时的弹跳过程	大修后	应符合制造厂规定	在额定操作电压下进行
6	操作机构分、合闸电磁铁线圈通电时的最低动作电压	大修后	1) 操作机构分、合闸电磁或合闸接触器端子上的最低动作电压，在使用电磁操作机构时，合闸电磁铁线圈通电流时的端电压为额定值的 30%～65%间，电流等于或大于操作电压为 50 kV 时 80%（关合峰值电流等于或大于操作电压等于 85%）时应可靠动作； 2) 进口设备按制造厂规定	
7	合闸接触器和合闸电磁铁线圈的绝缘电阻和直流电阻	1) 1～3 年； 2) 大修后	1) 绝缘电阻不应小于 2 MΩ； 2) 直流电阻应符合制造厂规定	采用 1 000 V 兆欧表
8	真空灭弧室真空度的测量	大、小修后	自行规定	有条件时进行
9	检查动触头上的软联结夹片有无松动	大修后	应无松动	

表 6.4.8 隔离开关的试验项目、周期和要求

序号	项目	周期	要求	说明
1	有机材料支持绝缘子及提升杆的绝缘电阻	1）1~3 年； 2）大修后	1）用兆欧表测量胶合元件分层电阻； 2）有机材料传动提升杆的绝缘电阻值不得低于下表数值（MΩ）： | 试验类别	额定电压（kV）		| |---|---|---|---| | | <24 | 24~40.5 | | 大修后 | 1 000 | 2 500 | | 运行中 | 300 | 1 000 |	采用 2 500 V 兆欧表
2	二次回路的绝缘电阻	1）1~3 年； 2）大修后； 3）必要时	绝缘电阻不低于 2 MΩ	采用 1 000 V 兆欧表
3	交流耐压试验	大修后	1）试验电压值 DL/T 593 规定 2）用单个或多个元件支柱绝缘子组成的隔离开关进行整体耐压有困难时，可对各胶合元件分别做耐压试验	在交流耐压试验前、后应测量绝缘电阻，试验后的阻值不得降低
4	二次回路交流耐压试验	大修后	试验电压为 2 kV	
5	电动、气动或液动操作机构线圈的最低动作电压	大修后	最低动作电压一般在操作电源额定电压的 30%~80%内	气动或液压应在额定压力下进行
6	导电回路电阻测量	大修后	不大于制造厂规定值的 1.5 倍	用直流压降法测量，电流值不小于 100 A
7	操作机构的动作情况	大修后	1）电动、气动或液压操作机构在额定的操作电压（气压、液压）下分、合闸 5 次，动作正常 2）手动操作机构操作时灵活，无卡涩 3）闭锁装置应可靠	

表 6.4.9 镉镍蓄电池直流屏（柜）的试验项目、周期和要求

序号	项目	周期	要求	说明
1	镉镍蓄电池组容量测试	1) 1 年； 2) 必要时	按 DL/T 459 规定	
2	蓄电池放电终止电压测试	1) 1 年； 2) 必要时		
3	各项保护检查	1 年	各项功能均应正常	检查项目有： a) 闪光系统； b) 绝缘监察系统； c) 电压监察系统； d) 光字牌； e) 声响
4	镉镍屏（柜）中控制母线的绝缘电阻	必要时	绝缘电阻不应低于 10 MΩ	采用 1 000 V 兆欧表。有两组电池时轮流测量

表 6.4.10 变电所的支柱绝缘子和悬式绝缘子的试验项目、周期和要求

序号	项目	周期	要求	说明
1	零值绝缘子检测（66 kV 及以上）	1~5 年	在运行电压下检测	
2	绝缘电阻	1) 悬式绝缘子 1~5 年； 2) 针式支柱绝缘子 1~5 年	1) 针式支柱绝缘子的每一个元件和每一片悬式绝缘子的绝缘电阻不低于 300 MΩ； 2) 棒式支柱绝缘子不进行此项试验	1) 可根据绝缘子的劣化率调整检测周期； 2) 对多元件绝缘子应检测每一元件
3	交流耐压试验	1) 单元件支柱绝缘子 1~5 年； 2) 悬式支柱绝缘子 1~5 年； 3) 针式支柱绝缘子 1~5 年； 4) 更换绝缘设备； 5) 随时	1) 35 kV 针式支柱绝缘子交流耐压试验电压值如下：两个胶合元件者，每元件 35 kV；三个胶合元件者，每元件 34 kV 2) 棒式支柱绝缘子交流耐压试验电压均取 60 kV 机械破坏负荷为 60~300 kN 的盘形悬式绝缘子交流耐压试验电压均取 60 kV	1) 采用 2 500 V 及以上兆欧表； 2) 棒式支柱绝缘子不进行此项试验
4	绝缘子表面污秽物的等值盐密	1 年		应分别在户外能代表当地污染程度的至少一串悬式绝缘子和一根棒式支柱上取样，测在当地积污最重的时期进行

表 6.4.11 纸绝缘电力电缆线路的试验项目、周期和要求

序号	项目	周期	要求	说明
1	绝缘电阻	在直流耐压试验之前进行	自行规定	额定电压 0.6/1 kV 电缆用 1 000 V 兆欧表； 0.6/1 kV 以上电缆用 2 500 V 兆欧表（6/6 kV 及以上电缆也可用 5 000 V 兆欧表）
2	直流耐压	1) 1~3 年； 2) 新做终端或接头后进行	1) 耐压 5 min 时泄漏电流不应大于耐压 1min 时的泄漏电流值； 2) 三相之间的泄漏电流不平衡系数不应大于 2	6/6 kV 及以下电缆的泄漏电流小于 10 μA，8.7/10 kV 电缆的泄漏电流小于 20 μA 时，对不平衡系数不作规定

表 6.4.12 橡塑绝缘电力电缆线路的试验项目、周期和要求

序号	项目	周期	要求	说明
1	电缆主绝缘电阻	1) 重要电缆：1 年； 2) 一般电缆： a) 3.6/6 kV 及以上 3 年 b) 3.6/6 kV 以下 5 年	自行规定	0.6/1 kV 电缆用 1 000 V 兆欧表； 0.6/1 kV 以上电缆用 2 500 V 兆欧表； 6/6 kV 及以上电缆也可用 5 000 V 兆欧表
2	电缆外护套绝缘电阻	1) 重要电缆：1 年； 2) 一般电缆： a) 3.6/6 kV 及以上 3 年 b) 3.6/6 kV 以下 5 年	每千米绝缘电阻值不应低于 0.5 MΩ	采用 500 V 兆欧表
3	电缆内衬层绝缘电阻	1) 重要电缆：1 年； 2) 一般电缆： a) 3.6/6 kV 及以上 3 年 b) 3.6/6 kV 以下 5 年	每千米绝缘电阻值不应低于 0.5 MΩ	
4	铜屏蔽层电阻和导体电阻比	1) 投运前； 2) 重做终端或接头后； 3) 内衬层破损进水后	对照投运前测量数据自行规定	
5	电缆主绝缘直流耐压试验	新做终端或接头后	耐压 5 min 时的泄漏电流不应大于耐压 1 min 时的泄漏电流	试验方法

表 6.4.13 电容器的试验项目、周期和要求

序号	项目	周期	要求	说明
1	极对壳绝缘电阻	1) 投运后 1 年内； 2) 1~5 年	不低于 2 000 MΩ	2 500 V 兆欧表，其他用 1 000 V 兆欧表
2	电容值	1) 投运后 1 年内； 2) 1~5 年	1) 电容值偏差不超出额定值的 −5% ~ +10%范围； 2) 电容值不应小于出厂值的 95%	1) 串联电容器用 2) 单套管电容器不测
3	并联电阻值测量	1) 投运后 1 年内； 2) 1~5 年	电阻值与出厂值的偏差应在±10%范围内	用电桥法或自放电流法测量
4	渗漏油检查	6 个月	漏油时停止使用	观察法

表 6.4.14 阀式避雷器的试验项目、周期和要求

序号	项目	周期	要求	说明
1	绝缘电阻	1) 变电所避雷器，每年雷雨季前； 2) 线路上避雷器 1~3 年； 3) 大修后； 4) 必要时	1) FZ（PBC、LD）、FCZ 和 FCD 型避雷器的绝缘电阻自行规定，但与前一次或同类型的测量数据进行比较，不应有显著变化； 2) FS 型避雷器绝缘电阻组不低于 2 500 MΩ	1) 采用 2 500 V 及以上兆欧表； 2) FZ、FCZ 和 FCD 型主要检查并联电阻通断和接触情况
2	电导电流及串组合元件非线性因数差值	1) 每年雷雨季前； 2) 大修后； 3) 必要时	1) FZ、FCZ 和 FCD 型避雷器的电导电流参考值按制造厂规定，还应与历年数据比较，不应有显著变化； 2) 同一相内串联组合元件非线性因数值，不应大于 0.05，电导电流相差不大于 30%； 3) 试验电压如下： FS 型避雷器的工频放电电压在下列范围内： 元件额定电压 (kV)| 3 | 6 | 10 | 15 | 20 | 30 试验电压 U_1 (kV)| — | — | — | 8 | 10 | 12 试验电压 U_2 (kV)| 4 | 6 | 10 | 16 | 20 | 24 额定电压 (kV)| 3 | 6 | 10 放大电压 大修后 (kV)| 9~11 | 16~19 | 26~31 放大电压 运行中 (kV)| 8~12 | 15~21 | 23~33	1) 整流回路中应加滤波电容器，其中电容值一般为 0.01~0.1 μA 并应在高压侧测量电流； 2) 由两个及以上元件组成的避雷器应对每个元件尽心试验； 3) 可用带电测量方法进行测量，如对测量的结果停电测量的数据做出判断； 4) 如 FZ 型避雷器的非线性因数允许换节大于 0.05，但电导电流合格允许换节后一般结非线性因数差值不应大于 0.05； 5) 运行中 PBC 型避雷器的电导电流一般应在 300~400 μA 内
3	工频放电电压	1) 1~3 年； 2) 大修后； 3) 必要时		
4	底座绝缘电阻	1) 变电所避雷器，每年雷雨季前； 2) 线路上避雷器 1~3 年； 3) 大修后； 4) 必要时	自行规定	带有并联电阻的阀型避雷器只在解体大修后进行
5	检查放电器的动作情况	1) 变电所避雷器，每年雷雨季前； 2) 线路上避雷器 1~3 年； 3) 大修后； 4) 必要时	测试 3~5 次，均应正常动作，测试后计数器指示调到 "0"	采用 2 500 V 及以上兆欧表
6	检查封闭情况	1) 大修后； 2) 必要时	避雷器内腔抽空至 (300~400) ×133 Pa 后，在 5 min 内其内部气压的增加不应超过 100 Pa	

单元六 牵引变电所运行检修规程

表 6.4.15 金属氧化物避雷器的试验项目、周期和要求

序号	项目	周期	要求	说明
1	绝缘电阻	1）变电所避雷器，每年雷雨季前； 2）必要时	1）35 kV 以上，不低于 2 500 MΩ； 2）35 kV 以下，不低于 1 000 MΩ	采用 2 500 V 及以上兆欧表
2	直流 1 mA 电压（U_{1mA}）及 0.75U_{1mA} 下的泄漏电流	1）变电所避雷器，每年雷雨季前； 2）必要时	1）不得低于 GB 11032 规定值； 2）U_{1mA} 实测值与初始值或制造厂规定值比较，变化不应大于 5%； 3）0.75U_{1mA} 下的泄漏电流不应大于 50 μA	1）要记录试验时的环境温度和相对湿度； 2）测量电流的导线应使用屏蔽线； 3）初始值系指交接试验或投产试验时的测量值
3	运行电压下的交流泄漏电流	1）新投运的 110 kV 及以上者投运 3 个月及以后每测量 1 次；运行 1 年后，每年雷雨季前 1 次； 2）必要时	测量运行电压下的全电流、阻性电流或功率损耗值与初始值比较，有明显变化时应加强监测，当阻性电流增加 1 倍时，应停电检查	应记录测量时的环境温度、相对湿度和运行电压，测量宜在瓷套表面干燥时进行，应注意相间干扰的影响
4	工频参考电流下的工频参考电压	必要时	应符合 GB 11032 或制造厂规定	1）测量环境温度（20±15）℃； 2）测量应每节单独进行，整相避雷器有一节不合格，应更换该节避雷器（或整相避雷器相更换），使该相避雷器为合格
5	底座绝缘电阻	1）变电所避雷器，每年雷雨季前； 2）必要时	自行规定	
6	检查放电计数器动作情况	1）变电所避雷器，每年雷雨季前； 2）必要时	测试 3～5 次，均应正常动作，测试后计数器指示应调到"0"	采用 2 500 V 及以上兆欧表

表 6.4.16　一般母线的试验项目、周期和要求

序号	项目	周期	要求	说明
1	绝缘电阻	1）1～3 年；2）大修后	1）不应低于 1 MΩ/kV；2）35 kV 及以下，不低于 1 000 MΩ	
2	交流耐压试验	1）1～3 年；2）大修后		

表 6.4.17　二次回路的试验项目、周期和要求

序号	项目	周期	要求	说明
1	绝缘电阻	1）大修时；2）更换二次线时	1）直流小母线和控制盘的电压小母线，在断开所有其他并联支路时不应小于 10 MΩ；2）二次回路的每一支路和断路器、隔离开关、操作机构的电源回路不小于 1 MΩ；在比较潮湿的地方，允许降到 0.5 MΩ	采用 500 V 或 1 000 V 兆欧表
2	交流耐压试验	1）大修时；2）更换二次线时	试验电压为 1 000 V	1）不重要回路可用 2 500 V 兆欧表试验代替；2）48 V 及以下回路不做交流耐压试验；3）带有电子元件的回路试验时应将其取出或两端短接

表 6.4.18　配电装置和电力布线的试验项目、周期和要求

序号	项目	周期	要求	说明
1	绝缘电阻	设备大修时	1）配电装置每一段母线的绝缘电阻不应小于 0.5 MΩ；2）电力布线绝缘电阻一般不小于 0.5 MΩ	1）采用 1 000 V 兆欧表；2）测量电力布线的绝缘电阻应将熔断器、用电设备、电器和仪表等断开
2	配电装置的交流耐压试验	设备大修时	试验电压为 1 000 V	1.配电装置耐交流试验，48 V 及以下的配电装置不做交流耐压试验。2.用 2 500 V 兆欧表试验代替。3.带有电子元件的回路，试验时应将其取出或将两端短接
3	检查相位	更动设备或连接时	各相两端及其连接回路的相位应一致	

单元六 牵引变电所运行检修规程

表 6.4.19 接地装置的试验项目、周期和要求

序号	项目	周期	要求	说明
1	有效接地系统的电力设备的接地电阻	1.不超过 6 年； 2.可以根据结果酌情延长或缩短周期的接地网挖开检查	$R \leq \frac{2000}{I}$ 或 $R \leq 0.5\Omega$，（当 $I > 4000 A$ 时）；式中，I 为经接地网入地中的短路电流，A；R 为考虑到季节变化的最大接地电阻，Ω	1.测量接地电阻时，如在必须布极范围内有较大的障碍物，且土壤电阻率基本均匀，可采用各种补偿法，否则，应采用远离法； 2.在高土壤电阻率不合理地区，接地电阻如规定数值过大时，允许有较大的数值，但必须采取措施以保证发生接地短路时，在该接地网上： a）接触电压和跨步电压均不超过允许的数值； b）不发生高电位外引和低电位引入； c）3～10 kV 阀式避雷器不动作； 3.在预防性试验前或每 3 年以必要时验算一次 I 值，并校验设备接地引下线的热稳定
2	非有效接地系统的电力设备的接地电阻	1）不超过 6 年； 2）可以根据结果酌情延长或缩短周期的接地网挖开检查	1）接地网与 1 kV 及以下设备共用接地时，接地电阻 $R \leq 120/I$； 2）接地网仅为 1 kV 以上设备用时，接地电阻 $R \leq 250/I$； 3）在上述任一情况下，接地网入地中的短路一般不得大于 10 Ω。式中，I 为经接地网入地中的短路电流，A；R 为考虑到季节变化的最大接地电阻，Ω	
3	独立避雷针（线）的接地电阻	不超过 6 年	不宜大于 10 Ω	在高土壤电阻率地区难以将接地电阻降到 10 Ω 时，允许有较大的数值，但应符合防止避雷针（线）对罐体及管道等反击的要求
4	检查有效接地系统的电力设备接地引下线与接地网的连接情况	1.不超过 3 年（这个年限）的接地网； 2.以后的检查年限可根据前次开挖检查的结果自行决定	不得有一开断、松脱或严重腐蚀等现象	如采用检查引下线与接地网连接情况，可将所测的数据与历次数据比较相互比较，通过分析决定是否进行开挖检查
5	抽样开挖检查接地网的腐蚀情况	1）项目只限于已经运行 10 年以上（包括改造后重新运行达到这个年限）的接地网； 2）以后开挖检查年限可根据前次的检查结果自行决定	不得有开断、松脱或严重腐蚀等现象	可根据电器设备的重要性和施工的安全性，选进行开挖检查，如有疑问还应扩大开挖的范围

十、避雷器

阀式避雷器和金属氧化物避雷器的试验项目、周期和要求分别如表 6.4.14 和表 6.4.15 所示。

十一、高压母线

一般母线的试验项目、周期和要求如表 6.4.16 所示。

十二、低压配电装置

二次回路、配电装置和电力布线的试验项目、周期和要求分别如表 6.4.17 和表 6.4.18 所示。

十三、接地装置

接地装置的试验项目、周期和要求如表 6.4.19 所示。

任务 5　远动设备、绝缘油和六氟化硫气体的管理

【知识目标】
1. 掌握远动设备的管理内容；
2. 掌握绝缘油和 SF_6 气体的管理规定。

【能力目标】
1. 能够按管理规定对绝缘油和 SF_6 气体进行管理；
2. 能管理远动设备。

一、远动设备

远动装置由调度端、执行端及通道三部分组成，是保证行车安全的重要设备，必须保证状态良好。远动通道必须畅通无阻，具备良好的传输质量。

远动装置由专业技术人员维护，远动调度人员要掌握远动设备正常使用的业务知识，负责日常操作和保养。严禁非专业人员动用设备。

（一）有远动装置的供电调度除执行调规外还要执行下列规定

1. 建立远动运行值班制度。
2. 远动调度台的操作，必须有人监护。
3. 远动装置运行时，在无操作任务时，应将所有键盘开关闭锁。严禁乱动键盘。

远动装置配置有两台主机时，一台主机工作，另一台主机热备用。运行中每间隔 1 h，进行全面遥测，了解各变电所（开闭所、分区所）馈线负荷电流、母线电压、进线电流，功率等参数。

远动系统正常运行时，各远动执行端内所有"远动—当地"转换开关置于"远动"位。远动操作前由供电调度员通知被控端值班员监视确认设备执行情况，并向供电调度汇报。

远动系统故障或被控设备检修时，由值班调度员下令，将相应变电所的控制开关由"远动位"切换到"当地位"，变电所值班员根据供电调度命令倒闸。同时值班调度员应将故障情况如实记录在日志上。

远动装置故障、设备定期检修及通道故障时经主管部门同意，允许远动装置退出运行。

事故情况下供电调度可先撤除远动装置，后报告主管部门。

（二）远动设备的运行维护包括

1. 定期巡视、检查和测试运行中的设备。
2. 中心调度端、远方执行端定期校核遥测精度和遥信、遥控、遥调的正确性。
3. 若遥控、遥调、遥信误动或拒动，遥测误差值大于规定值，应查明原因及时处理。
4. 定期记录远动装置接收及发送电平，发现问题及时处理。
5. 建立设备台账、运行日志、设备缺陷、测试数据等记录簿。
6. 保持设备的整齐清洁。

为保证远动设备正常运行及事故处理，应配备仪器、仪表、工具和备件。

（三）远动装置运行必须具备下列资料

1. 产品说明书、出厂图纸、软件备份、出厂检验记录。
2. 原理图、安装接线图、外部回路接线图、技术说明书及远动通道路径图。
3. 试制或改进的远动设备应有试制报告或设备改进报告。
4. 各类装置专用检验规程。
5. 定期检验报告。
6. 运行维护记录（包括运行情况分析、检测记录、故障记录、缺陷处理记录及存在问题等）。

新安装的远动装置交接验收时比照牵引变电所的有关规定进行。

二、绝缘油和 SF_6 气体的管理

在牵引变电所中如何加强电气设备中绝缘油和 SF_6 气体的管理关系到设备能否安全可靠运行的关键。牵引变电所内绝缘油和 SF_6 气体的管理应按以下要求进行：

1. 绝缘油的储存量应不少于事故备用油量加必须储备的耗油量。
2. 新变压器油的验收，应按 GB 2536 或 SH 0040 的规定。
3. 运行中的变压器油的试验项目和要求见表 6.5.1，试验周期如下：

（1）66~110 kV 变压器、电抗器和 1 000 kV·A 及以上的所用变压器、动力变压器的绝缘油试验周期为 1 年；试验项目 1、2、3、6，必要是的试验项目有 5、8、9。

（2）35 kV 及以下的变压器油试验周期为 3 年；试验项目为序号 6。

（3）新变压器、电抗器投运前、大修后油试验项目有序号 1、2、3、4、5、6、7、8、9。

（4）互感器、套管油的试验结合油中的溶解气体色谱分析试验进行见表 6.5.3。

（5）序号 11 项目在必要时进行。

4. 当主要设备用油的 pH 值接近 4.4 或颜色骤然变深,其他指标接近允许值或不合格时,必要时采取处理措施。

5. 关于补油或不同牌号油混合使用的规定:

补加油品的各项特性指标不应低于设备内的油。如果补加到已接近运行油质量要求下限的设备油中,有时会导致油中迅速析出油泥,故应预先进行混油样品的油泥析出和 tanδ 试验。试验结果无沉淀产生且 tanδ 不大于原设备内的 tanδ 值时,才可混合。

不同牌号新油或相同质量的运行中油,原则上不宜混合使用。如必须混合时就应按混合油实测的凝点决定是否可用。对于国外进口油、来源不明以及所含添加剂的类型并不完全相同的油,如需要与不同牌号油混合时,应预先进行参加混合的油及混合的老化试验。

油样的混合比应与实际试验的混合比一致。如实际使用比不详,则采用 1:1 比例混合。

6. 断路器专用油的新油应按 SH 0351 进行验收。

7. 运行中断路器油的试验项目、周期和要求见表 6.5.2。

8. 设备大修后绝缘油应达到新油标准(见表 6.5.3、表 6.5.4)。设备中修后除水溶性酸和碱、闪点及 tanδ 值外其余项目应达到新油标准。

表 6.5.1 变压器的试验项目和要求

序号	项目	要求		说明
		投入运行前的油	运行油	
1	外观	透明、无杂质或悬浮物		将油样注入管中冷却至 5 ℃在光线充足的地方观察
2	水溶性酸 pH 值	≥5.4	≥4.2	按 GB 7598 进行试验
3	酸性 mg KOH/g	≤0.03	≤0.1	按 GB 264 或 GB 7599 进行试验
4	闪点(闭口)℃	≥140(10 号、25 号油)≥135(45 号油)	1)不应在左栏要求低 5 ℃ 2)不应比上次测定值低 5 ℃	按 GB 261 进行试验
5	水分 mg/L	66～110 kV≤20	66～110 kV≤35	运行中设备测量时应注意温度影响,尽量在顶层油温高于 50 ℃时采样,按 GB 7600 或 GB 7601 进行试验
6	击穿电压 kV	15 kV 以下≥30 15～35 kV≥35 66～220 kV≥40	15 kV 以下≥25 15～35 kV≥30 66～220 kV≥35	按 GB/T 507 和 DL/T 429.9 方法进行试验
7	界面张力(25 ℃)	≥35	≥19	按 GB/T 6541 进行试验
8	tanδ(90 ℃)%	≤1	≤4	按 GB 5654 进行试验
9	体积电阻率(90 ℃)Ω.M	≥6×10^{10}	220 kV 及以下 ≥3×10^9	按 DC/T 421 或 GB 5654 进行试验
10	油中含气量(体积分数)%	≤1	一般不大于 3	按 DL/T 421 或 DL/T 450 进行试验
11	油泥与沉淀物(质量分数)%		一般不大于 0.02	按 GB/T 511 试验,若只测定油泥含量;试验最后采用乙醇—苯(1:4)将油泥洗于恒重容器中称重

表 6.5.2 运行中断路器的试验项目、周期和要求

序号	项目	要求	周期	说明
1	水溶性酸 pH 值	≥4.2	1）110 kV 及以下新设备投运前或大修后检验项目为序号 1～7，运行中为 1 年，检验项目序号 4； 2）110 kV 以下新设备投运前或大修后检验项目为序号 1～7。运行中不大于 3 年，检验项目为序号 4； 3）少油断路器（油量为 60 kg 以下）小于 3 年可以换油代替	按 GB 7598 进行试验
2	机械杂质	无		外观目测
3	游离碳	无较多碳悬浮于油中		外观目测
4	击穿电压 kV	110 kV 及以下：投运前或大修后≥35，运行中≥30		按 GB/T 507 和 DL/T 429.9 进行试验
5	水分 mg/L	110 kV 及以下：投运前或大修后≤20，运行中≤35		
6	酸值 mg KOH/g	≤0.1		按 GB 264 或 GB 7599 进行试验
7	闪点（闭口）℃	不应比新油低 5		按 GB 261 进行试验

表 6.5.3 绝缘油中溶解气体色谱分析的周期和要求

序号	项目	周期	要求	说明
1	变压器及电抗器	1）运行中：1 年； 2）大修后； 3）必要时	1）运行设备的油中 H_2 与烃类气体含量（体积分数）超过下列任何一项值时应引起注意：总烃含量大于 $150×10^{-6}$； 2）C_2H_2 含量大于 $150×10^{-6}$	1）总烃包含 CH_4、C_2H_6、C_2H_4 和 C_2H_2 四种气体； 2）溶解气体组分含量油增长趋势时，可结合产气速率判断，必要时缩短周期进行追踪分析； 3）总烃含量低的设备不宜采用相对产气速率进行判断； 4）新投运前的变压器应有投运前的测试数据； 5）测试周期中 1）项的规定适用于大修后的变压器
2	电流互感器	1）投运前； 2）1～3 年； 3）大修后； 4）必要时	1）绕组绝缘电阻与初始值及历次数据比较，不应有显著变化； 2）电容型电流互感器末屏对地绝缘电阻一般不低于 1 000 MΩ	

续表 6.5.3

序号	项目	周期	要求	说明
3	电磁式电压互感器	1）投运前；2）1~3年（50 kV及以上）；3）大修后；4）必要时	油中溶解气体组分含量（体积分数）超过下列任一值时应引起注意：总烃 100×10^{-6} H_2 150×10^{-6} C_2H_2 2×10^{-6}	1）新投运互感器的油中不应含有 C_2G_2；2）全密封互感器按制造厂要求（如果有）进行
4	套管	1）投运前；2）大修后；3）必要时	油中溶解气体组分含量（体积分数）超过下列任一值时应引起注意：H_2 100×10^{-6} C_2H_4 150×10^{-6} C_2H_2 2×10^{-6}	

表 6.5.4 运行中 SF_6 气体的试验项目、周期和要求

序号	项目	周期	要求	说明
1	湿度（20℃体积分数）10^{-6}	1）1~3年（35kV以上）；2）大修后；3）必要时	1）断路器灭弧气室大修后不大于150，运行中不大于300；2）其他气室大修后不大于250，运行中不大于500	1）按 GB 12022SD306《六氟化硫气体中水分含量测定法（电解法）》和 DL 506—92《现场 SF_6 气体水分测定方法》进行；2）新装及大修后1年内复测1次，如湿度符合要求，则正常运行中1~3年1次
2	密度（标准状态下）kg/m³	必要时		按 SD 308《六氟化硫气体中密度测定法》进行
3	毒性	必要时	无毒	按 SD 308《六氟化硫气体毒性生物试验方法》进行
4	酸度 μg/g	1）大修后；2）必要时	≤0.3	按 SD 307《六氟化硫新气中酸度测定法》或用检测管进行测量
5	四氟化碳（质量分数）%	1）大修后；2）必要时	1）大修后≤0.05；2）运行中≤0.2	按 SD 311《六氟化硫新气中空气-四氟化硫的气相色谱测定法》进行
6	空气（质量分数）%	1）大修后；2）必要时	1）大修后≤0.05；2）运行中≤0.2	
7	可水解氟化物 μg/g	1）大修后；2）必要时	≤1.0	按 SD 309《六氟化硫气体中可水解氟化物含量测定法》进行
8	矿物油 μg/g	1）大修后；2）必要时	≤10	按 SD 310《六氟化硫气体中矿物油含量测定法（红外光谱法）》进行

复习思考题

一、填空题

1. 牵引变电所的检修应贯彻（　　　），（　　　）的方针，积极创造条件向周期检测、状态维修、限界值管理、寿命管理过渡。

2. 电气设备的定期检修分（　　　）、（　　　）和（　　　）。

3. 值班人员接受倒闸任务后，操作前要先（　　　），确认无误后方可进行倒闸。在执行倒闸任务时，监护人要（　　　）或倒闸表与操作人共同核对设备位置，进行呼唤应答，手指眼看，准确、迅速操作。

4. 值班人员每班至少巡视（　　　）次（不包括交接班巡视）；每周至少进行（　　　）次夜间熄灯巡视。

5. 蓄电池的电解液面应高于极板顶面的（　　　）mm。

6. 正在处理故障或进行倒闸作业时不得（　　　）。未办完交接班手续时，交班人员不得擅离职守，应继续（　　　）。

7. 每半年测量一次蓄电池的绝缘电阻，其数值：电压为 220 V 时不小于（　　　）MΩ；电压为 110 V 时不小于（　　　）MΩ。

8. 所有电气设备的外壳均应清洁无油垢，工作接地及保护接地良好。小修后其锈蚀面积不得超过总面积的（　　　）；中修和大修后应无（　　　）锈蚀和（　　　）脱漆，大修后的设备镀层也应完好。

9. 所有电气设备预防性试验周期，除特别规定者外均为（　　　）年 1 次

10. 在进行与温度有关的各种电气试验时（如测量直流电阻、绝缘电阻、介质损失角、泄漏电流等），应同时测量（　　　）和（　　　）的温度。

二、问答题

1. 牵引变电所应有哪些技术文件？
2. 牵引变电所值班人员在值班期间要做好哪些工作？
3. 变压器并联运行的条件是什么？
4. 牵引变电所值班人员何种情况下要适当增加巡视次数？
5. 当变压器过负荷运行时，对有关设备要加强哪些检查？
6. 互感器有何种情况之一者须立即停止运行？

单元七　铁路电力安全工作规程

由于电力工作人员在作业过程中经常接触或接近高、低压电力设备，存在着触电危险，因此在作业时保证人身安全十分重要。

为了防止事故发生，各级领导必须加强安全生产管理，把安全生产列入议事日程，建立健全各项制度，认真抓好宣传、教育、检查和总结工作，不断改善职工的安全作业条件，对所发生的事故本着"三不放过"的精神严肃处理。

水电段和基层单位应有专人负责电力日常的安全生产工作，监督、检查安全制度的贯彻执行。

电力工作人员应严格遵守各项安全规章制度，服从命令，克服麻痹侥幸心理，努力钻研技术业务，熟练掌握本职工作，关心同志的安全，坚决克服各种不安全因素，防止事故发生。

《铁路电力安全工作规程》是广大职工多年来实践经验的总结，广大电力职工必须认真贯彻执行。对防止事故有功人员应予表扬和奖励；对造成事故者应分别情况给予教育、纪律处分；对造成人身伤亡事故或重大经济损失，其性质恶劣者，除追究肇事者刑事责任外，并追究领导责任。

任务1　基本要求、保证安全的组织措施

【知识目标】
1. 了解供电设备的概念及分类；
2. 了解电力工作人员参加作业应具备的条件；
3. 了解保证安全工作的组织措施和技术措施。

【能力目标】
1. 会正确填写各种作业票；
2. 能正确完成工作监护和停送电工作。

一、基本要求

1. 运行中的供电设备是指全部带有电压，或部分带有电压及一经操作即可带有电压的设备。铁路供电设备一般可分为高压和低压两种；

高压：设备对地电压在 250 V 以上者；

低压：设备对地电压在 250 V 及以下者。

2. 电力工作人员必须具备下列条件方能参加作业：

（1）经医生诊断无妨碍从事电力工作的病症，如：心脏病、精神病、癫痫病、聋哑、色盲症、高血压等，体格检查一般两年一次。

（2）具备必要的电力专业知识，熟悉本规程有关内容，并经考试合格。

（3）应会触电急救法。

3. 对电力工作人员必须按下列规定进行技术安全考试：

（1）定期考试：每年一次。对考试合格者发给"电力安全合格证"（见表7.1.1）。

（2）临时考试：

① 新参加工作已满六个月者；

② 工作连续中断三个月以上又重新工作者；

③ 工种或职务改变者。

4. 新参加电力工作的人员、实习人员和临时参加劳动的人员（干部、临时工等），必须经过安全知识教育后，方可随同参加指定的工作，但不得单独工作。

外单位支援、学习人员参加工作时，应由工作执行人介绍设备情况和有关安全措施。

5. 本书所指的安全用具应按《电力设备试验标准》进行试验，并合格者。

表 7.1.1　电力安全合格证

电力安全合格证 ⊕ ×××铁路局	＿＿＿段（厂、队） 姓　　名：＿＿＿＿＿＿＿＿ 职　　称：＿＿＿＿＿＿＿＿ 合格证号：＿＿＿＿＿＿＿＿ 发证日期：＿＿＿＿＿＿＿＿ 发证单位（盖章）：
技术安全考试登记 | 日期	职名	考试成绩	单位负责人 | |---|---|---|---| | | | | |	**电力工作人员须知** 1. 铁路电力工作人员必须尽职尽责，做好本职工作。 2. 铁路电力工作人员必须严格遵守《铁路电力安全工作规程》。 3. 凡从事电力作业必须经过技术安全考试合格，并持有《电力安全合格证》。 4. 本证不准转借，不准涂改。

二、保证安全工作的组织措施

(一) 在运行中的高压设备上作业的分类

1. 全部停电作业,是指电力线路全部中断供电或变、配电设备进出线全部断开的作业。

2. 邻近带电作业,是指变配电所内停电作业处所附近还有一部分高压设备未停电;停电作业线路与另一带电线路交叉跨越、平行接近,安全距离不够者;两回线以上同杆架设的线路,在一回线上停电作业,而另一回线仍带电者;在带电杆塔上刷油、除鸟巢、紧杆塔螺丝等的作业。

3. 不停电的作业,是指本身不需要停电和没有偶然触及带电部分的作业。如更换绑桩、涂与杆号牌、修剪树枝、更换灯泡、检修外灯伞等的作业。

4. 带电作业,系指采用各种绝缘工具带电从事高压测量工作,检修或穿越低压带电线路,拆、装引入线等工作,以及在高压带电设备外壳上的工作。

(二) 在电力设备上工作的保证安全的组织措施

工作票制度(包括口头命令或电话命令),工作许可制度,工作监护制度,工作间断和转移工地制度,工作结束和送电制度。

1. 工作票制度
(1) 在电力设备上工作,应遵守工作票制度,其方式如下:
① 填用停电作业工作票(见表 7.1.2);

表 7.1.2　停电作业工作票

1. 工区(班组)名称：_____　编号：_____
2. 工作执行人姓名：_____
3. 工作组人员：_____
_____共_____人
4. 停电线路名称(双回线路应注明双重称号)：_____
_____
5. 工作地段(注明分、支路名称,线路的起止杆号)：_____
_____
6. 工作任务：_____
7. 应采用的工作措施(包括拉开的隔离开关(刀闸)、断路器(开关)、应停电的范围)：____
_____
_____

保留的带电线路或带电设备：_____

应挂的地线：

线路名称及杆号				
接地线编号				

续表 7.1.2

8. 计划工作时间：自＿＿年＿＿月＿＿日＿＿时＿＿分		
至＿＿年＿＿月＿＿日＿＿时＿＿分		
9. 许可开始工作的命令：		
许可的命令方式	许可人	许可工作的时间
		年　月　日　时　分
10. 工作终结的报告		
终结报告的方式	许可人	许可工作的时间
		年　月　日　时　分
工作票签发人（签字）：　　　　　　　　年　月　日		
工作票执行人（签字）：		
备　注　栏 　　　　　　　　　　　　　　　　　　年　月　日		

　　② 填用带电作业工作标票（见表 7.1.3）；

　　③ 填用倒闸作业票（见表 7.1.4）；

　　④ 以口头或电话命令时，应填入安全工作命令记录簿（见表 7.1.5）。安全工作命令记录簿应看作与工作票同等重要。

　　（2）在下列设备上全部停电、邻近带电的作业，应签发停电工作票：

　　① 高压变、配电设备上的作业；

　　② 高压架空线路和高压电缆线路上的作业；

　　③ 高压发电所停电（机）检修，或两套以上有并车装置的低压发电机组，当任一机组停电作业；

　　④ 在控制屏（台）或高压室内二次接线和照明回路上工作时，需要将高压设备停电或做安全措施者；

　　⑤ 在两路电源供电的低压线路上的作业。

　　（3）在下列设备上作业，应填写带电作业工作票：

　　① 在高压线路和两路电源供电的低压线路上的带电作业；

　　② 在控制屏（台）和二次线路上的工作，无需将高压设备停电的作业；

　　③ 在旋转的高压发电机励磁回路上，或高压电动机转子电阻回路上的工作；

　　④ 用绝缘棒和电压互感器定相，以及用钳形电流表测量高压回路的电流。

　　（4）在下列设备上作业，按口头或电话命令执行：

　　① 单一电源供电的低压线路停电作业；

　　② 测量接地电阻，悬挂杆号牌，修剪树枝，测量电杆裂纹、打锚桩和杆塔基础上的工作；

表 7.1.3 带电作业工作票

编号：_____

1. 工区（班组）名称：_____
2. 工作执行人姓名：_____
3. 工作组人员：_____
   _____共_____人
4. 工作的线路或设备名称：_____
   工作范围：_____
   工作任务：_____
   _____
   _____
   _____
   _____
   _____
   _____

5. 计划工作时间：自_____年_____月_____日_____时_____分
                 至_____年_____月_____日_____时_____分
6. 执行本工作应采用的安全措施：_____
   _____
   _____
   _____
   _____
   _____
   _____
   _____
   _____
   _____
   _____
   _____
   _____
   _____
   _____
   _____

7. 通知调度：（值班员）
   工作开始时间_____年_____月_____日_____时_____分
   工作完成时间_____年_____月_____日_____时_____分

工作票签发人：   工作执行人：

注：此工作票格式是国家行业标准格式。各局可根据具体情况做适当修改。

表 7.1.4　倒闸作业票

_____变、配电所（工区）倒闸操作票　　　　　　　　　编号

| 操作开始时间：　　年　月　日　时　分， |
| 终了时间：　　　　　日　时　分 |
| 操作任务： |

	顺序	操作项目

备注：

注：此工作票格式是国家行业标准格式。各局可根据具体情况做适当修改。

表 7.1.5　安全工作命令记录簿

| 年　　月　　日　　时　　分　　第　　号 |
| 发布命令人　　职务　　　　　　　　　接受命令人　　职务 |
| 传达方式： |
| 工作地点及任务： |
| 工作组人员： |
| 应采取的安全措施： |
| 注意事项： |
| 本工作应于　月　日　时　分开工， |
| 　　　　　　　　　至　月　日　时　分完成 |
| 实际于　月　日　时　分开工， |
| 　　　　　　　　　至　月　日　时　分完成 |
| 记事： |

注：本表应装订成册（16开纸印，版面 210 mm×145 mm）。

③ 低压电缆上的作业；

④ 拉、合线路高压开关、配电变压器一、二次开关和变、配电所内开关的单一操作。

（5）当作业范围涉及相邻铁路局、水电段时，必须取得铁路局电力调度口头或电话命令。当作业范围涉及本段其他配电所时，必须取得水电段电力调度的口头或电话命令；受令人和

发令人双方均应认真记录、录音，并复诵无误后方可执行。

（6）工作票所列人员的条件和责任如下：

① 工作票签发人：由工长、调度员、所主任、技术人员或段总工程师指定人员担任，其责任是：工作的必要性；采取正确、完备的安全措施；正确指派各项工作人员。

② 工作领导人：由所主任、技术人员或工长担任，负责统一指挥两个以上工作组的同时作业和总的作业安全。

③ 工作执行人：由熟悉设备、工作熟练、责任心强、有一定组织能力的人员担任，其责任是：检查现场安全措施是否完备；向工作组员正确布置工作，说明停电区段和带电设备的具体位置；监护工作组员的安全，检查工作质量，按时完成任务。

④ 工作监护人：由配电值班员或能独立工作、熟悉设备和有一定工作经验的人员担任，其责任是：在现场不断监护工作人员的安全；发现危及人身安全的情况时，应立即采取措施，坚决制止继续作业；一旦发生意外情况，应迅速采取正确的抢救措施。

⑤ 工作许可人：由配电值班员或能独立工作、熟悉设备和有一定工作经验的人员担任。在线路停电作业时，由工作执行人指定工作许可人完成有关安全措施，其责任是：完成作业现场的停电、检电、接地封线等安全措施；检查停电设备有无突然来电的可能；向工作执行人报告允许开工时间。

⑥ 工作组员：由技术、安全考试合格者担任，其责任是：明确所分担的任务，并按时完成；严格遵守纪律，执行安全措施，关心组员的安全；发现问题及时向工作执行人提出改进意见。

（7）工作票签发人不能兼任工作执行人，工作领导人、工作执行人均不能兼任工作许可人。

（8）工作票应用钢笔、圆珠笔填写，字迹清晰，不得涂改，并于作业前一天交给工作执行人或工作领导人。工作中如需改变工作内容及扩大或变更工作地点时，应更换新的工作票。

工作执行人要求变更工作组员时，应取得工作票签发人同意，并在工作票内注明变更理由。

（9）工作票的有效期不得超过三天，工作间断超过 24 h 应重新填发工作票。

（10）工作票按下列规定填发和管理：

① 在发、变、配电所内作业或由发、变、配电所停电的线路上作业时，应填写一式两份，其中一份发给值班员，另一份发给工作执行人（有工作领导人时，发给工作领导人）。上述以外的作业，可填一份发给工作执行人。

② 一般一个工作地点或一个检修区段填发一张工作票。但如在一个发、变、配电所内全部停电或在一个站场内（由配电所依次倒闸停送电时除外）几条线路全部停电，并有两组同时工作时，可仅签发一张工作票发给工作领导人。如上述作业仅有一组工作，需要检修另一线路时，应按转移工地办理。

当一个工作执行人负责的工作尚未结束以前，禁止发给另一张工作票。

③ 发给工作领导人的工作票，应注明工作组数及各工作执行人的姓名。

④ 各工作负责人在工作前对工作票中的内容有疑问时，应向签发人询问明白，然后进行工作。

⑤ 工作结束后由作业班组保存半年。

（11）事故紧急处理可不签发工作票，但必须采取安全措施。

（12）施工单位在水电段管辖的电力设备上施工时，应向水电段有关的电力工区或变配电所办理工作票手续。

2. 工作许可制度。

（1）在不经变配电所停电的线路上作业时，由工作执行人指定工作许可人完成安全措施后可开始工作。

（2）凡经变、配电所停电的作业，工作许可人（值班员）应审查工作票所列安全措施是否完备，是否符合现场条件，在完成所内停电、检电、接地封线等安全措施后还应：

① 会同工作执行人检查安全措施，以手触试证明检修设备确无电压；

② 对工作执行人指明带电设备的位置，接地线安装处所和注意事项；

③ 双方在工作票上签名后方可开始工作。

（3）工作执行人、工作许可人都不得擅自变更安全措施，值班员不得变更检修设备的运行接线方式。遇有特殊情况需要变更时，应取得工作签发人的同意。

（4）停电作业的线路与其他单位的带电线路交叉跨越安全距离不够时，应同有关单位办理停电许可手续。

（5）严禁约定时间停电、送电。

3. 工作监护制度。

（1）工作监护制度是保证人身安全和正确操作的重要措施。在作业过程中，工作监护人和工作执行人都应在现场认真监护工作组员的安全。工作组员应服从工作执行人和监护人的指挥。

（2）完成工作许可手续后，工作执行人（监护人）应向工作组员交代带电部位，已采取的安全措施和其他注意事项。在下列情况下工作执行人可参加具体工作。

① 在变、配电设备上进行全部停电作业；

② 在变、配电设备上进行邻近带电作业，工作组员不超过三人，且无偶然触及带电设备可能时；

③ 架空线路停电作业的工作地点较集中，且附近又无其他电线路时。

（3）对工作条件复杂，有触电危险的工作，应设专职监护人。专职监护人不得兼任其他工作。

（4）在工作中遇有雷、雨、暴风或其他威胁工作组员安全的情况时，工作执行人或监护人应及时采取措施，必要时停止工作。

4. 工作间断及转移工地制度。

（1）在白天，因吃饭或休息暂时中断变、配电所作业时，全部接地线可保留不动，但工作人员不宜单独留在高压室内，暂时中断电线路作业时，如工作人员已离开现场，应派人看守工地。恢复工作前，工作执行人应检查接地线等安全措施。

（2）使用数日有效的停电工作票，每日（次）收工时，应清理工地，开放已封闭的道路，将工作票交给值班员，但临时接地线、防护物及标示牌可保持不动，次日开工前，工作许可人必须检查工地所有安全措施，重新履行许可开工手续，方可开始工作。

（3）当一个工作组按照工作票在几个工作地点依次进行工作时，应按下列规定转移工地：

① 工作人员在规定时间内只可在指定地点工作，如无工作执行人命令，不得自行转移工地；

② 每次转移到新工地时，应履行工作许可手续，并在工作票上注明新工作地点及在安全措施栏内记入装设接地线的电杆号数；

③ 转移工地时，应在工作票上填记。

5. 工作结束和送电制度。

完工后工作组应清理工具、材料，工作执行人详细检查工作质量，工作人员全部由作业设备上撤离后，按下列程序恢复送电：

（1）线路局部停电作业，由工作执行人通知工作许可人撤除地线，摘下标示牌，然后合闸送电。

（2）干线停电作业，配电值班员接到工作执行人工作已结束的通知后，将工作执行人姓名、通知时间及方法等记入工作票和工作日志内，然后摘下标示牌，撤离接地线，方可合闸送电。多组作业时，应注意标示牌数目和结束工作的组数相符。

（3）在变、配电设备上作业时，配电值班员接到工作执行人工作已经结束，工作组人员已撤除工地的报告后，将完工的时间记录在两份工作票内，按下列次序恢复送电：

① 核对摘下的标示牌数和结束工作组数是否相符；

② 撤除临时接地线，并按登记号码核对无遗漏；

③ 撤除临时防护物及各种标示牌；

④ 恢复常设栅栏；

⑤ 合闸送电。送电后，工作执行人应检查设备运行情况，正常后方可离开现场。

【案例分析1】

【事故概况】

2011年3月29日，锦州供电段锦州供电车间按照设备检修计划和停电作业工作票安排，组织锦州供电一工区和凌海供电工区作业人员对锦州至桃园间贯通线路进行检修。9时30分，负责变压器台检修任务的作业小组从桃园站箱式变电站开始，往锦州方向依次对桃园道口双杆变电台、33号杆单杆变台检修结束后，小组9人按车间技术员的指示，乘车来到汉口街百货公司货场内，在距自闭线31号电杆附近50 m处停车。11时30分，坐在后排的电力工×××独自一人翻越货场围墙，登上自闭线31号电杆，在杆上系好安全带后发生触电，送医院抢救无效死亡。构成一般B类铁路交通事故。

【原因分析】

职工严重违反作业纪律：（1）单人作业，无人监护。（2）登杆前不确认设备标牌。（3）职工不使用小型验电器验电。

施工过程管理混乱：（1）随意乱干现象十分普遍。（2）施工前不培训，任务分工不清。（3）监控人员不在现场监控。（4）自闭、贯通标牌不全、标志不清晰。

【措施】

严格执行施工例会制度和工作监护制度，加强作业现场的停电、检电、接地封线等安全措施，职能部门加强电力作业管理。

【案例分析2】

【事故概况】

某电力工在10 kV电力线路作业前，因爬错邻近未停电的10 kV电力线路电杆，遭电击后从杆上摔下导致瘫痪。

【原因分析】

该次作业是有工作票的，停电、检电及接地封线等工作均无懈可击，但是为什么会发生人身触电高空坠落事故呢？原因主要有：

工作执行人违反总公司规定中责任的第二条："向工作组人员正确布置工作，说明停电区段和带电设备的具体位置"的规定；违反其责任的第三条："监护工作组员的安全，检查工作质量，按时完成任务"的规定。

工作监护人违反总公司规定中其责任的第一条："在现场不断监护工作人员的安全"的规定；违反总公司规定中的第二条："发现危及人身安全的情况时，应立即采取措施，坚决制止继续作业"的规定。

某电力工对自己管内的设备不熟悉，虽然知道自己所担当的任务是清扫绝缘子，但接到检修的指令后，却爬上了附近有电的 10 kV 地方电力线路，造成自己触电高空坠落。这次事故，工作执行人没有向工作组成员讲清楚附近有地方的 10 kV 电力线路，没有尽到监护工作组员安全的职责。工作监护人工作严重疏漏，在现场没有不断监护工作人员的安全，没有发现某电力工爬上了邻近电力线路。

【措施】

在电力线路有两条或两条以上线路，特别是有地方或铁路电压等级相同的电力线路，距离又较近时，在布置安全措施时，应指明并强调附近有电的电力线路，特别是在上电杆前，应一个人不漏的进行监护。这样，可防止误上电杆的事故发生。工作组成员既要明确自己所担当的工作，按时完成任务，在工作中遵章守纪，严格执行安全措施；更重要的是，在工作执行人布置工作时，应认真听讲，弄清楚哪些是停电检修设备，哪些是有电设备，只有这样，才能防止类似事故的发生。

 相关知识

一、铁路电力系统运行管理安全规章规程体系

铁路运输各个系统与各个工作环节之间紧密联系，须协同配合。为确保铁路安全正点、方便快捷、高速高效，必须加强集中统一管理，为此，必须制定统一的、科学的管理规章体系。铁路电力系统作为铁路运输大系统中的一个子系统，同样需有一套完整的运行管理安全规章规程体系，简称铁路电力系统运行管理安全规章规程体系。铁路电力系统运行管理安全规章规程体系分为三个层次，法律法规、行业规章和企业标准。

1. 相关的国家法律法规。

国家法律法规具有效力高，覆盖面广，通用性强等特点，是指导制订行业规章的重要依据。行业规章不能与相应的法律法规相抵触、相违背。对电力供电行业生产有重要影响的法律法规，主要有《中华人民共和国劳动法》（简称《劳动法》）、《中华人民共和国安全生产法》（简称《安全生产法》）、《中华人民共和国铁路法》（简称《铁路法》）和《铁路运输安全保护条例》等。

2. 相关的行业规章规程。

在本行业所有的规章中，以《铁道技术管理规程》效力最高，铁路其他规章和规范性文件以及各单位制定的技术管理文件等都必须符合《技规》的规定，因此，也是电力供电从业人员应该重点掌握的。其中《技规》《行车组织规则》和《铁路交通事故调查处理规划》与电

力系统直接相关条款见第一篇第一章第四节行车安全。电力系统相关的规章规程有:《铁路电力安全工作规程》和《铁路电力管理规则》。高速铁路电力系统相关的设计、施工规范有:《高速铁路设计规范》《高速铁路电力工程施工技术指南》《高速铁路电力工程施工质量验收标准》。

《铁路电力安全工作规程》《铁路电力管理规则》是电力供电的专业规程,是电力供电系统运行与管理的主要依据。

《高速铁路设计规范》中有关电力部分,从设计角度规定了高速铁路电力供电、电力变配电所、电力线路、电力供电调度和远动系统、供电段的设置等应遵守的技术标准。

《高速铁路电力工程施工技术指南》是为了统一高速电力供电工程的施工验收的技术要求,提高工程质量、促进工程施工技术的进步,保障设备的安全运行,从工程施工的角度规定了电力变配电所、电力线路、供电段机电设备安装、电力供电远动系统、电力试验等项目所应遵守的技术标准和要求。

《高速铁路电力工程施工验收标准》从基本规定、电力变配电所、电力线路、供电段、电力供电远运系统、单位工程观感质量评定等提出了高速铁路电力工程具体的施工要求、质量保证措施、验收方法、验收程序和质量标准,明确了建设各方在施工质量控制中的职责,严格了材料进场验收和施工质量检测的程序及方法,突出了验标对高速铁路电力供电工程施工质量的控制。

3. 企业标准。

企业标准是企业层面依据法律法规、行业规章制定的补充规定、细则、办法和指导性文件,有效保障人员作业安全和设备安全供电,在电力系统运行管理中具有现场可操作的标准。

随着电力供电系统技术的不断发展与行业管理的不断改进,电力供电系统运营管理规章体系将不断完善。

二、紧急救护法

(一)通 则

1. 紧急救护的基本原则是在现场采取积极措施保护伤员生命,减轻伤情,减少痛苦,并根据伤情需要,迅速联系医疗部门救治。急救的成功条件是动作快、操作正确。任何拖延和操作错误都会导致伤员伤情加重或死亡。

2. 要认真观察伤员全身情况,防止伤情恶化。发现呼吸、心跳停止时,应立即在现场就地抢救,用心肺复苏法支持呼吸和循环,对脑、心重要脏器供氧。应当记住,只有在心脏停止跳动后分秒必争地迅速抢救,救活的可能才较大。

3. 现场工作人员都应定期进行培训,学会紧急救护法,会正确解脱电源、会心肺复苏法、会止血、会包扎、会转移搬运伤员、会处理急救外伤或中毒等。

4. 生产现场和经常有人工作的场所应配备急救箱,存放急救用品,并应指定专人经常检查、补充或更换。

(二)触电急救

1. 触电急救必须分秒必争,立即就地迅速用心肺复苏法进行抢救,并坚持不断地进行,同时及早与医疗部门联系,争取医务人员接替救治。在医务人员来接替救治前,不应放弃现场抢救,更不能只根据没有呼吸或脉搏擅自判定伤员死亡,放弃抢救。只有医生有权做出伤员死亡的诊断。

2. 脱离电源。

(1) 触电急救,首先要使触电者迅速脱离电源,越快越好。因为电流作用的时间越长,伤害越重。

(2) 脱离电源就是要把触电者接触的那一部分带电设备的开关、刀闸或其他断路设备断开;或设法将触电者与带电设备脱离。在脱离电源中,救护人员既要救人,也要注意保护自己。

(3) 触电者未脱离电源前,救护人员不准直接用手触及伤员,因为有触电的危险。

(4) 如触电者处于高处,解脱电源后会自高处坠落,因此,要采取预防措施。

(5) 触电者触及低压带电设备,救护人员应设法迅速切断电源,如拉开电源开关或刀闸,拔除电源插头等;或使用绝缘工具、干燥的木棒、木板、绳索等不导电的东西解脱触电者;也可抓住触电者干燥而不贴身的衣服,将其拖开,切记要避免碰到金属物体和触电者的裸露身躯;也可戴绝缘手套或将手用干燥衣物等包起绝缘后解脱触电者;救护人员也可站在绝缘垫上或干木板上,绝缘自己进行救护。

为使触电者与导电体解脱,最好用一只手进行。

如果电流通过触电者入地,并且触电者紧握电线,可设法用干木板塞到其身下,与地隔离,也可用干木把斧子或有绝缘柄的钳子等将电线剪断。剪断电线要分相,一根一根地剪断,并尽可能站在绝缘物体或干木板上。

(6) 触电者触及高压带电设备,救护人员应迅速切断电源,或用适合该电压等级的绝缘工具及戴手套(穿绝缘靴并用绝缘棒)解脱触电者。救护人员在抢救过程中应注意保持自身与周围带电部分必要的安全距离。

(7) 如果触电发生在架空线杆塔上,则对于低压带电线路,能立即切断线路电源的,应迅速切断电源,或者由救护人员迅速登杆,束好自己的安全皮带后,用带绝缘胶柄的钢丝钳、干燥的不导电物体或绝缘物体将触电者拉离电源;如系高压带电线路,又不可能迅速切断电源开关的,可采用抛挂足够截面的适当长度的金属短路线方法,使电源开关跳闸。抛挂前,将短路线一端固定在铁塔或接地引下线上,另一端系重物,但抛掷短路线时,应注意防止电弧伤人或断线危及人员安全。不论是在何级电压线路上触电,救护人员在使触电者脱离电源时要注意防止发生高处坠落的可能和再次触及其他有电线路的可能。

(8) 触电者触及断落在地上的带电高压导线,如尚未确证线路无电,救护人员在未做好安全措施(如穿绝缘靴或临时双脚并紧跳跃地接近触电者)前,不能接近断线点至 8~10 m 范围内,防止跨步电压伤人。触电者脱离带电导体后,应迅速带至 8~10 m 以外的地方立即开始触电急救。只有在确证线路已经无电,才可在触电者离开触电导线后,立即就地进行急救。

(9) 救护触电伤员切除电源时,有时会同时使照明失电,因此应考虑事故照明、应急灯等临时照明。新的照明要符合使用场所防火、防爆的要求。但不能因此延误切除电源和进行急救。

3. 伤员脱离电源后的处理。

(1) 触电伤员如神志清醒者,应使其就地躺平,严密观察,暂时不要站立或走动。

(2) 触电伤员如神志不清者,应就地仰面躺平,且确保气道通畅,并用 5 s 时间,呼叫伤员或轻拍其肩部,以判定伤员是否丧失意识。禁止摇动伤员头部呼叫伤员。

(3)需要抢救的伤员,应立即就地坚持正确抢救,并设法联系医疗部门接替救治。

4. 呼吸、心跳情况的判定。

(1)触电伤员如意识丧失,应在 10 s 内用看、听、试的方法(见图 7.1.1),判定伤员呼吸心跳情况。

① 看——看伤员的胸部、腹部有无起伏动作;

② 听——用耳贴近伤员的口鼻处,听有无呼气声音;

③ 试——试测口鼻有无呼气的气流。再用两手轻试一侧(左或右)喉结旁凹陷处的颈动脉有无搏动。

(2)若看、听、试结果,既无呼吸又无颈动脉搏动,可判定呼吸心跳停止。

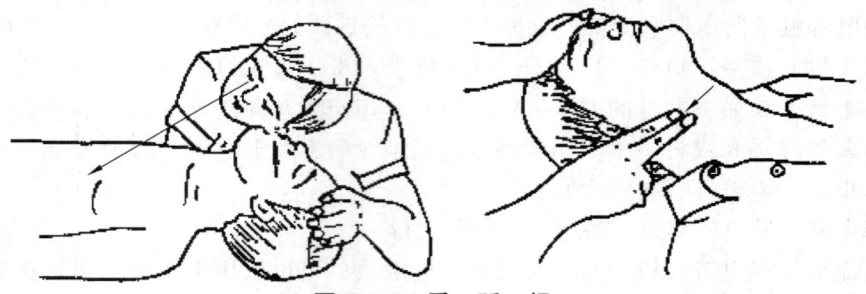

图 7.1.1　看、听、视

5. 心肺复苏法。

(1)触电伤员呼吸和心跳均停止时,应立即按心肺复苏法支持生命的三项基本措施,正确进行就地抢救。

① 通畅气道;

② 口对口(鼻)人工呼吸;

③ 胸外按压(人工循环)。

(2)通畅气道:

① 触电伤员呼吸停止,重要的是始终确保气道通畅。如发现伤员口内有异物,可将其身体及头部同时侧转,迅速用一个手指或用两手指交叉从口角处插入,取出异物;操作中要注意防止将异物推到咽喉深部。

② 通畅气道可采用仰头抬颏法(见图 7.1.2)。用一只手放在触电者前额,另一只手的手指将其下颌骨上抬起,两手协同将头部推向后仰,舌根随之抬起,气道即可通畅(判断气道是否通畅可参见图 7.1.3)。严禁用枕头或其他物品垫在伤员头下头部抬高前倾,会更加重气道阻塞,且使胸外按压时流向脑部的血流减少,甚至消失。

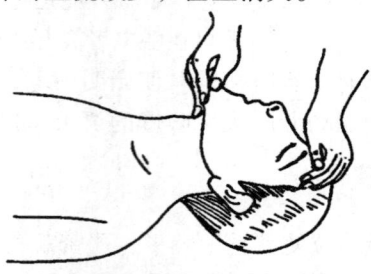

图 7.1.2　仰头抬颏法

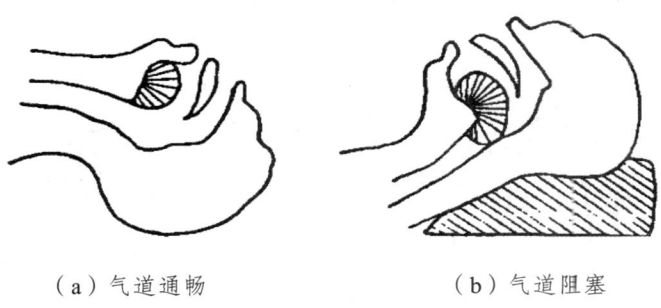

(a)气道通畅　　　　　　　(b)气道阻塞

图 7.1.3　气道状况

(3)口对口(鼻)人工呼吸(见图 7.1.4):

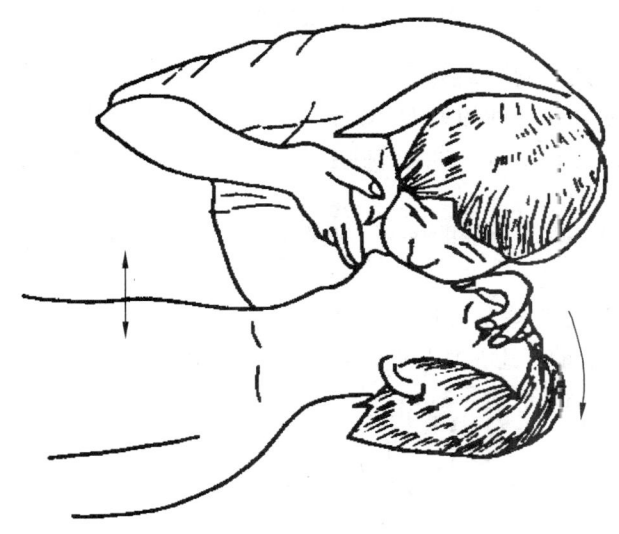

图 7.1.4　口对口人工呼吸

① 在保持伤员气道通畅的同时,救护人员用放在伤员额上的手的手指捏住伤员鼻翼,救护人员深吸气后,与伤员口对口紧合,在不漏气的情况下,先连续大口吹气两次,每次 1~1.5 s。如两次吹气后试测颈动脉仍无搏动,可判断心跳已经停止,要立即同时进行胸外按压。

② 除开始时大口吹气两次外,正常口对口(鼻)呼吸的吹气量不需过大,以免引起胃膨胀。吹气和放松时,要注意伤员胸部应有起伏的呼吸动作。吹气时如有较大阻力,可能是头部后仰不够,应及时纠正。

③ 触电伤员如牙关紧闭,可口对鼻人工呼吸。口对鼻人工呼吸吹气时,要将伤员嘴唇紧闭,防止漏气。

(4)胸外按压。

① 正确的按压位置是保证胸外按压效果的重要前提。确定正确按压位置的步骤:

a. 右手的食指和中指沿触电伤员的右侧肋弓下缘向上,找到肋骨和胸骨接合处的中点;

b. 两手指并齐,中指放在切迹中心(剑突底部),食指平放在胸骨下部;

c. 另一只手的掌根紧挨食指上缘,置于胸骨上,即为正确按压位置(见图 7.1.5)。

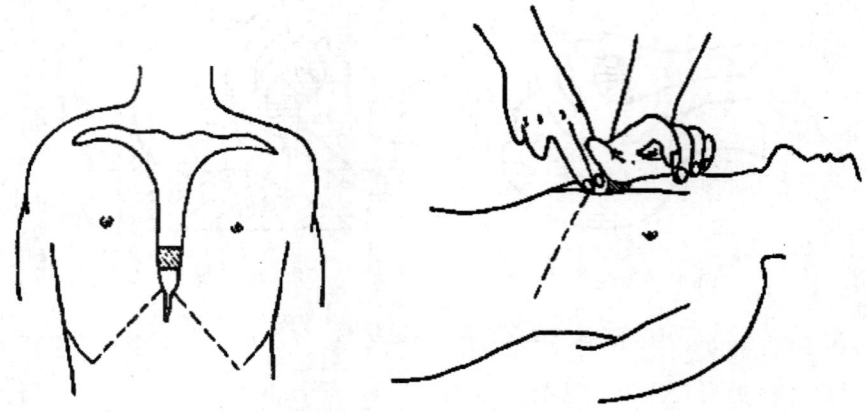

图 7.1.5　正确的按压位置

② 正确的按压姿势是达到胸外按压效果的基本保证。正确的按压姿势：

a. 使触电伤员仰面躺在平硬的地方，救护人员立或跪在伤员一侧肩旁，救护人员的两肩位于伤员胸骨正上方，两臂伸直，肘关节固定不屈，两手掌根相叠，手指翘起，不接触伤员胸壁；

b. 以髋关节为支点，利用上身的重力，垂直将正常成人胸骨压陷 3～5cm（儿童和瘦弱者酌减）；

c. 压至要求程度后，立即全部放松，使放松时救护人员的掌根不得离开胸壁（见图 7.1.6）。按压必须有效，有效的标志是按压过程中可以触及颈动脉搏动。

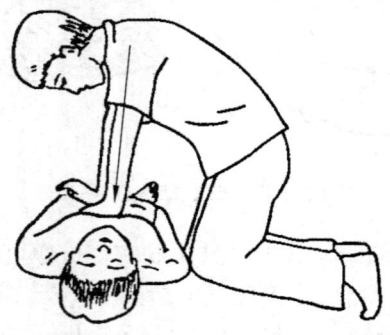

图 7.1.6　按压姿势与用力方法

③ 操作频率：

a. 胸外按压要以均匀速度进行，每分钟 80 次左右，每次按压和放松的时间相等；

b. 胸外按压与口对口（鼻）人工呼吸同时进行，其节奏为：单人抢救时，每按压 15 次后吹气 2 次（15∶2），反复进行；双人抢救时，每按压 5 次后由另一人吹气 1 次（5∶1），反复进行。

6. 抢救过程中的再判定。

（1）按压吹气 1 min 后（相当于单人抢救时做了 4 个 15∶2 压吹循环），应用看、听、试方法在 5～7 s 时间内完成对伤员呼吸和心跳是否恢复的再判定。

（2）若判定颈动脉已有搏动但无呼吸，则暂停胸外按压，而再进行 2 次口对口人工呼吸，接着每 5 s 吹气一次（即每分钟 12 次）。如脉搏和呼吸均未恢复，则继续坚持心肺复苏法抢救。

（3）在抢救过程中，要每隔数分钟再判定一次，每次判定时间均不得超过 5~7 s。在医务人员未接替抢救前，现场抢救人员不得放弃现场抢救。

7. 抢救过程中伤员的移动与转院（见图 7.1.7）。

（1）心肺复苏应在现场就地坚持进行，不要为方便而随意移动伤员，如确有需要移动时，抢救中断时间不应超过 30 s。

（2）移动伤员或将伤员送医院时，除应使伤员平躺在担架上并在其背部垫以平硬阔木板。在移动或送医院过程中应继续抢救，心跳呼吸停止者要继续用心肺复苏法抢救，在医务人员未接替救治前不能中止。

（3）应创造条件，用塑料袋装入砸碎冰屑作成帽状包绕在伤员头部，露出眼睛，使脑部温度降低，争取心肺及完全复苏。

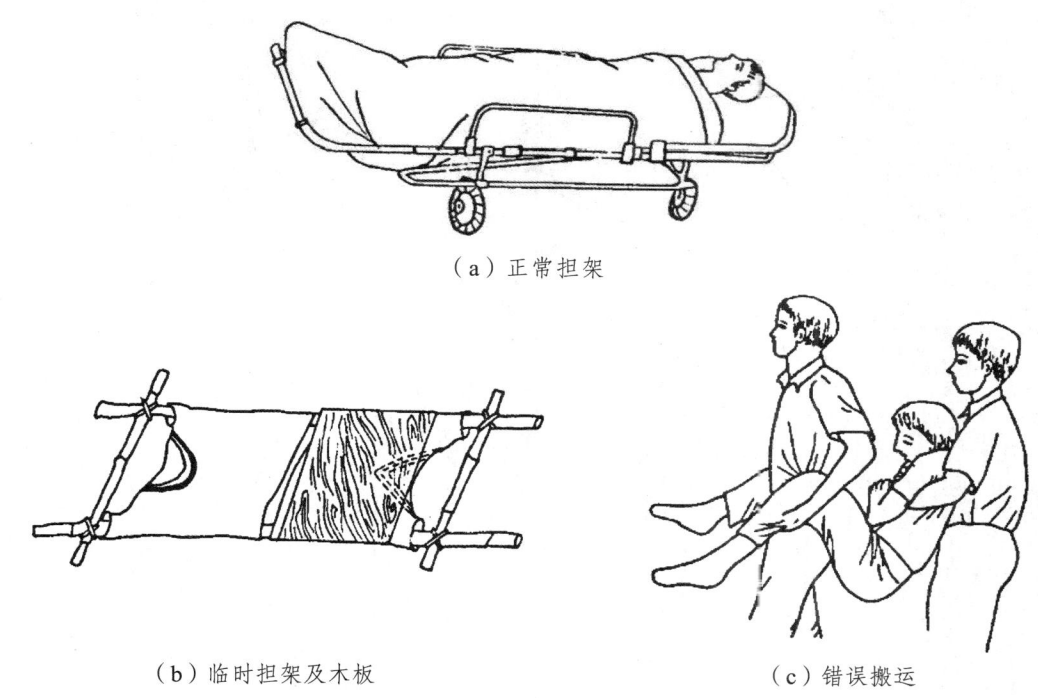

(a) 正常担架

(b) 临时担架及木板　　　　　　(c) 错误搬运

图 7.1.7　搬动伤员

8. 伤员好转后的处理。

如伤员的心跳和呼吸经抢救后均已恢复，可暂停心肺复苏法操作。但心跳呼吸恢复的早期有可能再次骤停，应严密监护，不能麻痹，要随时准备再次抢救。

初期恢复后，神志不清或精神恍惚、躁动，应设法使伤员安静。

9. 杆上或高处触电急救。

（1）发现杆上或高处有人触电，应争取时间及早在杆上或高处开始进行抢救。救护人员登高时应随身携带必要的工具和绝缘工具以及牢固的绳索等，并紧急呼救。

（2）救护人员应在确认触电者已与电源隔离，且救护人员本身所涉环境安全距离内无危险电源时，方能接触伤员进行抢救，并应注意防止发生高空坠落的可能性。

（3）高处抢救。

①触电伤员脱离电源后，应将伤员扶卧在自己的安全带上（或在适当地方躺平），并注意保持伤员气道通畅。

②救护人员迅速判定反应、呼吸和循环情况。

③如伤员呼吸停止，立即口对口（鼻）吹气 2 次，再测试颈动脉，如有搏动，则每 5 s 继续吹气一次，如颈动脉无搏动时，可用空心拳头叩击心前区 2 次，促使心脏复跳。

④高处发生触电，为使抢救更为有效，应及早设法将伤员送至地面。在完成上述措施后，应立即用绳索参照图 7.1.8 所示方法迅速将伤员送至地面，或采取可能的迅速有效措施送至平台上。

⑤在将伤员由高处送至地面前，应再口对口（鼻）吹气 4 次。

⑥触电伤员送至地面后，应立即继续按心肺复苏法坚持抢救。

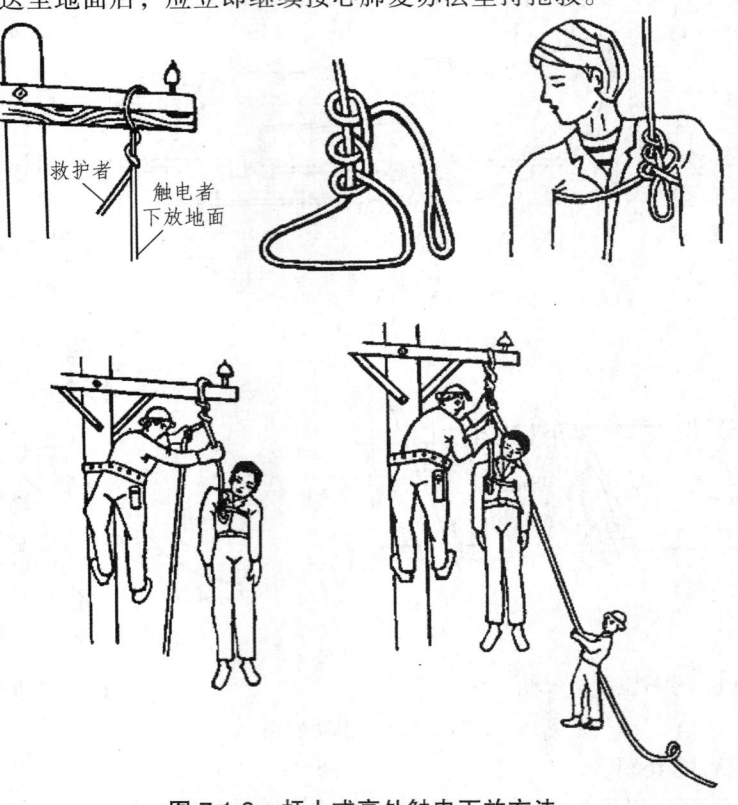

图 7.1.8　杆上或高处触电下放方法

10. 现场触电抢救，对采用肾上腺素等药物应持慎重态度。如没有必要的诊断设备条件和足够的把握，不得乱用。在医院内抢救触电者时，由医务人员经医疗仪器设备诊断，根据诊断结果决定是否采用。

（三）创伤急救

1. 创伤急救的基本要求：

（1）创伤急救原则上是先抢救，后固定，再搬运，并注意采取措施，防止伤情加重或污染。需要送医院救治的，应立即做好保护伤员措施后送医院救治。

（2）抢救前先使伤员安静躺平，判断全身情况和受伤程度，如有无出血、骨折和休克等。

（3）外部出血时应立即采取止血措施，防止失血过多而休克。外观无伤，但呈休克状态，神志不清或昏迷者，要考虑胸腹部内脏或脑部受伤的可能性。

（4）为防止伤口感染，应用清洁布片覆盖。救护人员不得用手直接接触伤口，更不得在伤口内填塞任何东西或随便用药。

（5）搬运时应使伤员平躺在担架上，腰部束在担架上，防止跌下。平地搬运时伤员头部在后，上楼、下楼、下坡时头部在上，搬运中应严密观察伤员，防止伤情突变。

2. 止血：

（1）伤口渗血用较伤口稍大的消毒纱布数层覆盖伤口，然后进行包扎。若包扎后仍有较多渗血，可再加绷带适当加压止血。

（2）伤口出血呈喷射状或鲜红血液涌出时，立即用清洁手指压迫出血点上方（近心端），使血流中断，并将出血肢体抬高或举高，以减少出血量。

（3）用止血带或弹性较好的布带等止血时（见图7.1.9），应先用柔软布片或伤员的衣袖等数层垫在止血带下面，再扎紧止血带以使肢端动脉搏动消失为度。上肢每60 min、下肢每80 min放松一次，每次放松 1~2 min。开始扎紧与每次放松时间均应局面标明在止血带旁。扎紧时间不宜超过4 h。不要在上臂中三分之一处和窝下使用止血带，以免损伤神经。若放松时观察已无大出血可暂停使用。

图 7.1.9　止血带

严禁用电线、铁丝、细绳等作止血带使用。

（4）高处坠落、撞击、挤压可能有胸腹内脏破裂出血。受伤者外观无出血，但常表现面色苍白、脉搏细弱、气促、冷汗淋漓、四肢厥冷、烦躁不安、甚至神志不清等休克状态，应迅速躺平，抬高下肢（见图 7.1.10），保持温暖，速送医院救治。若送院途中时间较长，可给伤员饮用少量糖盐水。

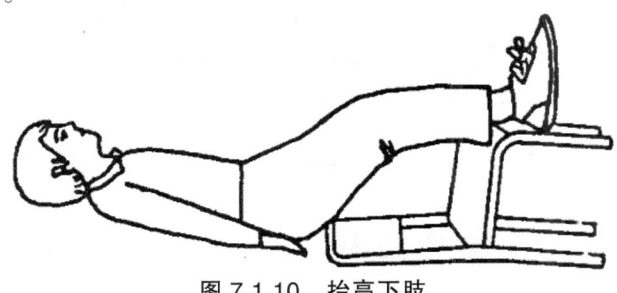

图 7.1.10　抬高下肢

3. 骨折急救：

（1）肢体骨折可用夹板或木棍、竹竿等将断骨上、下方两个关节固定（见图 7.1.11），也可利用伤员身体进行固定，避免骨折部位移动，以减少疼痛，防止伤势恶化。

开放性骨折，伴有大出血者，先止血，再固定，并用干净布片覆盖伤口，然后速送医院救治。切勿将外露的断骨推回伤口内。

 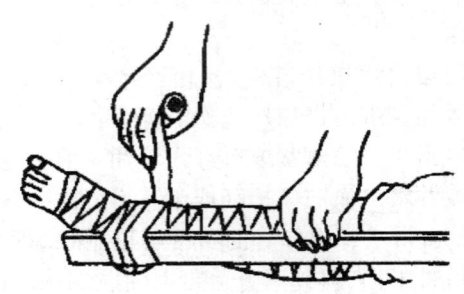

（a）上肢骨折固定　　　　　　（b）下肢骨折固定

图 7.1.11　骨折固定方法

（2）疑有颈椎损伤，在使伤员平卧后，用沙土袋（或其他代替物）放置头部两侧（见图 7.1.12）使颈部固定不动。必须进行口对口呼吸时，只能采用抬颏使气道通畅，不能再将头部后仰移动或转动头部，以免引起截瘫或死亡。

图 7.1.12　颈椎骨折固定

腰椎骨折应将伤员平卧在平硬木板上，要将腰椎躯干及二侧下肢一同进行固定预防瘫痪（见图 7.1.13）。搬动时应数人合作，保持平稳，不能扭曲。

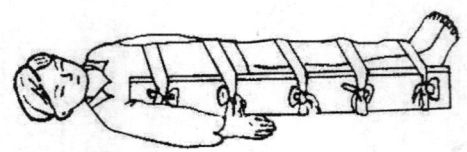

图 7.1.13　腰椎骨折固定

4. 颅脑外伤：

（1）应使伤员采取平卧位，保持气道通畅，若有呕吐，应扶好头部和身体，使头部和身体同时侧转，防止呕吐物造成窒息。

（2）耳鼻有液体流出时，不要用棉花堵塞，只可轻轻拭去，以利降低颅内压力。也不可用力擤鼻，排除鼻内液体，或将液体再吸入鼻内。

（3）颅脑外伤时，病情可能复杂多变，禁止给予饮食，速送医院诊治。

5. 烧伤急救：

（1）电灼伤、火焰烧伤或高温气、水烫伤均应保持伤口清洁。伤员的衣服鞋袜用剪刀剪开后除去。伤口全部用清洁布片覆盖，防止污染。四肢烧伤时，先用清洁冷水冲洗，然后用清洁布片或消毒纱布覆盖送医院。

（2）强酸或碱灼伤立即用大量清水彻底冲洗，迅速将被侵蚀的衣物剪去。为防止酸、碱残留在伤口内，冲洗时间一般不少于 10 min。

（3）未经医务人员同意，灼伤部位不宜敷搽任何东西和药物。

（4）送医院途中，可给伤员多次少量口服糖盐水。

6. 冻伤急救：

（1）冻伤使肌肉僵直，严重者深及骨骼，在救护搬运过程中动作要轻柔，不要强使其肢体弯曲活动，以免加重损伤，应使用担架，将伤员平卧并抬至温暖室内救治。

（2）将伤员身上潮湿的衣服剪去后，用干燥柔软的衣物覆盖，不得烤火或搓雪。

（3）全身冻伤者呼吸和心跳有时十分微弱，不应误认为死亡，应努力抢救。

7. 动物咬伤急救：

（1）毒蛇咬伤后，不要惊慌、奔跑、饮酒，以免加速蛇毒在人体内扩散。

① 咬伤大多在四肢，应迅速从伤口上端向下方反复挤出毒液，然后在伤口上方（近心端）用布带扎紧，将伤肢固定，避免活动，以减少毒液的吸收。

② 有蛇药时可先服用，再送往医院救治。

（2）犬咬伤：

① 犬咬伤后应立即用浓肥皂水冲洗伤口，同时用挤压法自上而下将残留伤口内唾液挤出，然后再用碘酒涂搽伤口。

② 少量出血时，不要急于止血，也不要包扎或缝合伤口。

③ 尽量设法查明该犬是否为"疯狗"，对医院制订治疗计划有较大帮助。

8. 溺水急救：

（1）发现有人溺水应设法迅速将其从水中救出，呼吸心跳停止者用心肺复苏法坚持抢救。曾受水中抢救训练者在水中即可抢救。

（2）口对口人工呼吸因异物阻塞发生困难，而又无法用手指除去时，可用两手相叠，置于脐部稍上正中线上（远离剑突）迅速向上猛压数次，使异物退出，但也不可用力太大。

（3）溺水死亡的主要原因是窒息缺氧。由于淡水在人体内能很快经循环系统吸收，而气管能容纳的水量很少，因此在抢救溺水者时不应"倒水"而延误抢救时间，更不应仅"倒水"而不用心肺复苏法进行抢救。

9. 高温中暑急救：

（1）烈日直射头部，环境温度过高，饮水过少或出汗过多等可以引起中暑现象，其症状一般为恶心、呕吐、胸闷、眩晕、嗜睡、虚脱，严重时抽搐、惊厥甚至昏迷。

（2）应立即将病员从高温或日晒环境转移到阴凉通风处休息。用冷水擦浴，湿毛巾覆盖身体，电扇吹风，或在头部置冰袋等方法降温，并及时给病人口服盐水。严重者送医院治疗。

10. 有害气体中毒急救：

（1）气体中毒开始时有流泪、眼痛、呛咳、咽部干燥等症状，应引起警惕。稍重时，头痛、气促、胸闷、眩晕。严重时，会引起惊厥昏迷。

（2）怀疑可能存在有害气体时，应即将人员撤离现场，转移到通风良好处休息。抢救人员进入险区必须戴防毒面具。

（3）已昏迷病员应保持气道通畅，有条件时给予氧气吸入。呼吸心跳停止者，按心肺复苏法抢救，并联系医院救治。

（4）迅速查明有害气体的名称，供医院及早对症治疗。

任务 2　保证安全的技术措施

【知识目标】

1. 了解电力线路作业时，必须停电的设备；
2. 了解在发、变、配电所内检修时，必须停电的设备；
3. 了解停电后检电的方法及注意事项；
4. 了解停电后接地封线的方法；
5. 了解设置标示牌及防护物的方法。

【能力目标】

1. 会正确检电及接地封线；
2. 会正确设置标示牌及防护物。

1. 在全部停电作业和邻近带电作业，必须完成下列安全措施：

（1）停电；

（2）检电；

（3）接地封线；

（4）悬挂标示牌及装设防护物。

上述措施由配电值班员执行。对无人值班的电力设备（包括电线路），由工作执行人指定工作许可人执行。

2. 停电、检电、接地封线工作必须由二人进行，（一人操作，一人监护）。操作人员应戴绝缘手套，穿绝缘鞋（靴），戴护目镜，用绝缘杆操作（机械传动的开关除外）。人体与带电体之间应保持不小于表 7.2.1 规定的安全距离。

表 7.2.1　人体与带电体之间最小安全距离　　　　单位：m

带电体电压	有安全遮栏	无安全遮栏
6～10 kV	0.35	0.70
35 kV 及以下	0.60	1.00
66 kV 及以下	1.50	2.00

一、停　电

1. 电力线路作业时，必须停电的设备如下：

（1）作业的线路，即断开发电所（车）、变、配电所向作业线路送电的断路器和隔离开关或熔断器或断开作业线路各端的柱上断路器和隔离开关或熔断器；

（2）断开有可能将低压电反送到高压侧的开关；

（3）工作人员的正常活动范围与带电设备之间的安全距离小于表 7.2.2 规定的检修线路和邻近、交叉的其他线路；

表 7.2.2　电力线路检修时的安全距离　　　　　　　　　　　　　单位：m

带电导线电压	检修的线路	邻近、交叉的其他线路
1 kV 及以下	0.2	0.2
10 kV 及以下	0.7	1.0
35 kV 及以下	1.0	2.5
66 kV 及以下	1.5	3.0

（4）与接触网合架的高压电力线路必须利用接触网停电"天窗"时间作业。

2. 在发、变、配电所内检修时，必须停电的设备如下：

（1）检修的设备；

（2）工作人员的正常活动范围与带电设备之间的安全距离小于表 7.2.1 规定的设备；

（3）带电部分在工作人员后面或两侧，且无可靠安全措施的设备。

3. 停电检修时，必须把各方面的电源完全断开（运用中的星形接线设备的中性线，应视为带电设备）。断开断路器、隔离开关的操作电（能）源。断路器、隔离开关的操作机构必须加锁。检查柱上断路器"分、合"指示器。禁止在只经断路器断于电源的设备上工作，必须拉开隔离开关，使各方面至少有一个明显的断开点。与停电设备有关的变压器和电压互感器，还必须从低压侧断开，防止向停电设备反送电。

4. 对于低压停电作业，应从各方面断开电源，将配电箱加锁。没有配电箱时应取下熔断器。在多回路的设备上进行部分停电作业时，应核对停电的回路与检修的设备，严防误停电或停电不彻底。

二、检　电

1. 检电工作应在停电以后进行。检电时应使用电压等级合适的检电器，并先在其他带电设备上试验，确认良好后进行。

变、配电设备的检电工作，应在所有断开的线端进行。对断路器或隔离开关应在进出线上进行。电力线路的检电应逐相进行。同杆架设的多层电力线路，应先验低压，后验高压，先验下层，后验上层。对架空线路局部作业，应在工作区段两端装接地线处进行。对低压设备的检电，除使用检电笔外，还可使用携带式电压表进行。用电压表检电时，应在各相之间及每相对地之间进行检验。

2. 检电器上不得装接地线。但在木杆、木梯或木架上使用特殊检电器不装地线不能显示，可不在此限。

3. 表示开关设备断开的指示信号、经常接入的电压表，不能作为设备无电的依据。但如果指示有电，则未经采取安全措施，禁止在设备上工作。

高压检电必须戴绝缘手套，并有专人监护，如在室内高压设备上检电，还需穿绝缘靴或站在绝缘台上。

三、接地封线

1. 架空线路停电作业时，经检明无电后，应立即将已接地的接地线对已停电的设备进行三相短路封线。短路封线的安装位置如下：
（1）施工区段两端临近断路的电杆；
（2）有可能返送电到作业线路的分歧线和有关开关；
（3）从其他方面无来电可能时，可仅在电源侧接地封线；
（4）施工场所距断路器及接地封线处较远，且联系不便时，应加挂接地封线；
（5）有感应电压反映的停电线路应加挂接地封线；

2. 接地线与作业设备之间不应连接开关或熔断器。对在分段母线上作业时，应将分段母线分别检电和接地封线。

3. 室内高压设备应在适当位置上设固定接线端子及接地线，以备停电检修时需要。接地线的数量、号码应登记注册，交接班时注意交接。

在线路上装设接地线所用的接地棒（接地极）应打入地下，其深度不得少于 0.6 m。

4. 接地线应用多股软铜线和专用线夹固定在导线上。导线截面积应符合短路电流要求，但不得少于 25 mm²。使用前应经过详细检查，损坏的接地线应及时修理或更换。严禁使用其他导线代替。禁止使用缠绕的方法进行接地或短路封线。

5. 在高压回路上需要拆除一部分或全部接地线进行工作时（如测定母线和电缆的绝缘电阻，检查开关触头是否同时接触），必须征得值班员的许可方可进行。工作完毕后立即恢复。

6. 装设接地线应接触良好，必须先接接地端，后接导体端。同杆架设的多层电力线路同时挂接地线时，应先挂低压后挂高压，先挂下层后挂上层。拆除接地线的顺序与此相反。在导线上装拆接地线时，应使用绝缘棒并戴绝缘手套。

7. 低压线路的停电作业，在工作地点验明无电后，将各相短路接地。

8. 停电线路与带电线路交叉跨越时，应挂接地线的地点如下：
（1）停电线路在带电线路上方交叉，不松动导线时，应在停电线路交叉档处挂一组。
（2）停电线路在带电线路下方交叉，松动导线时，应在停电线路的交叉档处挂一组。
（3）停电线路在带电线路的上方交叉，松动导线时，应在停电线路交叉档内两侧，各挂接地线一组。
（4）因停电线路撤换电杆或松动导线而停电的其他线路也应挂接地线。

四、设置标示牌及防护物

1. 标示牌分为"警告类""禁止类""准许类""提醒类"等。严禁工作人员未经许可擅自移动或拆除临时遮栏和标示牌。各种标示牌式样如表 7.2.3 所示。

表 7.2.3　标示牌式样

序号	名　称	式　样		
		尺寸（mm）	颜　色	字　样
1	禁止合闸，有人工作！	200×100 和 80×50	白底	红字
2	在此工作！	200×200	绿底，中有直径180 mm 白圆圈	黑字，写于白圆圈中
3	止步，高压危险！	200×200	白底红边	黑字，有红字箭头
4	从此上下！	200×200	绿底，中有直径180 mm 白圆圈	黑字，写于白圆圈中
5	禁止攀登高压危险！	200×200	白底红边	黑字
6	已接地	80×50	白底	黑字

2. 各种标示牌悬挂场所如下：

（1）变、配电所和线路上停电作业，对一经合闸即可送电到工作地点的断路器或隔离开关的操作把手上，悬挂"禁止合闸、有人工作"的标示牌。

（2）邻近带电线路，在室内高压设备的工作地点两旁间隔和对面间隔的遮拦上，在室外工作地点四周的围栏上和禁止通行的过道上，在架空导线断线处，以及被试验的高压设备的遮栏或围栏上，悬挂"止步！高压危险"的标示牌。

（3）在工作地点悬挂"在此工作！"的标示牌。

（4）在工作人员上下用的铁架或梯子上悬挂"从此上下！"的标示牌。

（5）在可能攀登的带电设备的架构上悬挂"禁止攀登，高压危险！"的标示牌。

（6）在开关柜内挂接地线后，应在开关柜的门上悬挂"已接地"的标示牌。

【案例分析1】

【事故概况】

某工程队电力工在车站变压器台加固工作前，未与有关单位办理停电送电工作票手续，在变压器二次侧未做接地封线，造成低压电源倒送到变压器上，致电力工触电死亡。

【原因分析】

1. 违反保证安全工作的组织措施，在变压器台上作业时未与有关单位办理工作票手续，未严格执行工作票制度。

2. 违反保证安全工作的技术措施，即违反有关规定"断开有可能将低压电返送到高压侧的开关"。

3. 违反接地封线条目中关于"有可能返送电到作业线路的分支线和有关开关，必须做短封线"的要求。

【措施】

1. 严格保证安全的组织措施，停电作业应按照总公司规定开具工作票。

2. 严格保持安全的技术措施，在设备停电时，应断开有可能将低压电返送到高压侧的所有开关；对于有可能返送电到作业线路、设备上的分支线和有关开关，应认真做好短封线，以防返送电酿成人身事故。

【案例分析 2】

【事故概况】

2010 年 5 月 26 日，沈阳供电段在进行电力线路检修时，电力线路工高××被送到作业地点后，在没有停电及挂接地线的情况下，臆测断电，带电攀爬电杆，被 10 kV 高压电击伤。

【原因分析】

职工高××违反电力施工作业管理规则中"不见地线不开工"的规定，将施工例会中"工作组员接到工作执行人电话命令后方可作业"的安全措施抛在一边，臆测断电，攀上电杆，被高电压击伤。工前预想不到位，对作业中停送电关键点、可能出现的问题和隐患缺乏全面具体的预想；对重点人没有制定相应措施，预想会没有起到应有的作用。施工作业没有认真执行工作票、工作许可、工作监护等制度。没有严格采取停电、检电、接地封线等安全措施。

【措施】

施工作业认真执行工作票、工作许可、工作监护等制度。在全部停电作业和邻近带电作业时，必须完成停电、检电、接地封线等安全措施。

【案例分析 3】

【事故概况】

1994 年 10 月 8 日上午 9 时，某供电段维修班根据车间安排到现场进行施工。到工地后，经车间调度同意，派人到工厂配电室停电，停完电并验明无电后，在配电柜门上挂"禁止合闸"牌 1 个。随后，根据工作负责人安排，张××登上 1 号杆作业，王××登上 2 号杆作业，其余在地面工作，张××在杆上用低压电笔验明无电后，把从配电室方向输出的四根线绞断，往××村方向去的三根相线绞断，准备利用零线（此时 2#杆三个相线已断落地），当工作绳使用，12 点 25 分左右，当张××在杆上转身拆除横担时一手拉住拉线，一手拉住裸铝零线，此时农民住宅突然出现返送电造成张××低压触电，在地面上工作的吴××发现后，连忙让 2 号杆上王××把零线绞断，使张××迅速脱离电源，脚扣滑掉，双手脱离导线和拉线，因安全带系在电杆上，整个身体撞击在电杆上后被吊在上面，造成张××腰部碰伤，构成人身轻伤事故。

【原因分析】

本次施工作业，既没有签发工作票，又没有签发安全命令记录簿，工作许可人对设备不熟悉，没有考虑到返送电的可能，安全预想不够，严重违反了电力安全规程规定是造成这次事故的主要原因。

【措施】

在停电的高压变、配电设备上作业或邻近其作业，必须执行停电工作票制度；工作领导人应由所主任、技术人员或工长担任，负责统一指挥两个以上工作组的同时作业和总的作业安全；工作执行人应由熟悉设备、工作熟练、责任心强、有一定组织能力的人员担任；停电检修时，必须把各方面的电源完全断开。断路器、隔离开关的操作机构必须加锁。检查柱上断路器"分、合"指示器。禁止在只经断路器断开电源的设备上工作，必须拉开隔离开关，使各方面至少有一个明显的断开点。与停电设备有关的变压器和电压互感器，还必须从低压侧断开，防止向停电设备返送电。

 **相关知识**

安全是铁路运输生产的永恒主题。铁路电力维护工作人员在作业过程中经常接触或接近高、低压电力设备，存在着触电危险，因此在作业时必须保证人身安全。铁路电力维护工作人员必须牢固树立安全第一的思想，熟悉铁路电力作业安全基本知识，严格遵守各项安全规章制度，掌握劳动安全和行车安全各项知识，坚决消除各种不安全因素，防止事故发生。

一、安全用电

安全电压是指对人体不会引起生命危险的电压，它是根据人体电阻确定的，人体电阻一般在 $800\ \Omega \sim 1\ M\Omega$，流经人体不致发生生命危险的电流一般不会超过 50 mA，按照欧姆定律可推知人体安全电压应小于 40 V。我国规定 36 V 以下为安全电压，在某些特殊场合规定 12 V 为安全电压。

低压指对地电压在 250 V 以下，如 380/220 V 三相四线制居民生活用电线路、直流 220/110 V 电源等。高压指对地电压在 250 V 以上，如 10 kV 电力线路、25 kV 接触网线路等。

跨步电压是指电气设备或电力系统一相发生接地短路时，电流从接地处四散流出，在地面上形成不同的电位分布，人走近短路点时，两脚之间的电位差。当跨步电压达到 40 V 以上时，将使人有触电危险，特别是人被跨步电压击倒后加大了人体的触电电压，从而造成意外和死亡。发现有跨步电压危险时，应单足或并足跳离危险区，亦可沿与半径垂直方向小步慢慢退出。

发生高压接地故障时，在切断电源前，任何人与接地点的距离，室内不得小于 4 m，室外不得小于 8 m，接触网断线接地不得小于 10 m，必须进入上述范围作业时，作业人员要穿绝缘靴。实践证明，穿着绝缘靴是防护跨步电压的一种有效措施。

安全用电的原则是不接触低压带电体，不靠近高压带电体。常用的安全用电措施有：

1. 火线必须进开关，火线进开关后，当开关处于分断状态时，用电器上就不带电，不但利于维修而且可减少触电机会。

2. 合理选择照明电压。一般工厂和家庭的照明灯具多采用悬挂式，人体接触机会较少，可选用 220 V 电压的供电；工人接触机会较多的机床照明灯则应选 36 V 供电，决不允许采用 220 V 灯具做机床照明；在潮湿、有导电灰尘、有腐蚀性气体的情况下，则应选用 24 V、12 V 甚至 6 V 电压来供照明灯具使用。

3. 合理选择导线和熔丝。导线通过电流时，不允许发热，所以导线的额定电流应比实际输电的电流要大些。而熔丝是做保护用的，要求电路发生短路时能迅速熔断，所以不能选额定电流很大的熔丝来保护小电流电路。但也不能用额定电流小的熔丝来保护大电流电路，因为这会使电路无法正常工作。

4. 电气设备要有一定的绝缘电阻。电气设备的金属外壳和导电线圈间必须要有一定的绝缘电阻，否则当人触及正在工作的电气设备的金属外壳就会触电。一般电气设备在出厂前，都测量过他们的绝缘电阻，以确保使用者的安全。但是在使用电气设备的过程中，应注意保护绝缘材料，预防绝缘材料受伤和老化。

5. 电气设备的安装要正确。电气设备要根据安装说明进行安装，不可马虎从事。带电部分应有防护罩，高压带电体更应有效加以防护，使一般人无法靠近高压带电体。必要时应加装联锁装置以防触电。

6. 采用各种保护用具。保护用具是保证工作人员安全操作的工具，主要有绝缘手套、鞋，绝缘钳、棒、垫等。干燥的木质桌凳、玻璃、橡皮等也可充做保护用具。

7. 电气设备的保护接地和保护接零。正常情况下电气设备的金属外壳是不带电的，但在绝缘损坏而漏电时，外壳就会带电。为保证人触及漏电设备的金属外壳时不会触电，通常都会采用保护接地或保护接零的安全措施。保护接地就是将电气设备在正常情况下不带电的金属外壳或构架，与大地之间作良好的金属连接。保护接零就是将电气设备在正常情况下不带电的金属外壳或构架，与供电系统中的零线连接。

其他安全用电常识：

1. 任何电气设备在未确认无电以前，应一律认为有电，因此不要随便接触电气设备。
2. 不盲目信赖开关或控制装置，只有拔下用电器的插头才是最安全的。
3. 不损伤电线，也不乱拉电线。若发现电线、插头、插座有损坏，必须及时更换。
4. 拆开的或断裂的裸露的带电接头，必须及时用绝缘物包好并放置到人身不易碰触到的地方。
5. 尽量避免带电操作，手湿时更应避免带电操作；在做必要的带电操作时，应尽量用一只手工作，另一只手应放在口袋中或背后，同时要有人监护。
6. 当有数人进行电工作业时，应于接通电源前通知他人。
7. 不要依赖绝缘来防范触电，因为绝缘代替不了小心。
8. 在带电设备周围严禁使用钢皮尺、钢卷尺进行测量工作。

二、供电消防安全

电气线路往往由于短路、过载运行、接触电阻过大等原因，产生电火花、电弧或引起电线、电缆过热、都极易造成火灾。

1. 电气线路的火灾危险性。

（1）短路。短路一般有相间短路和对地短路两种。相线之间相碰叫相间短路。相线与地线相碰，或相线与接地导体相碰，或相线与大地直接相碰叫做对地短路。造成短路的原因有：

① 使用绝缘导线、电缆时，没有按具体环境选用，是导线的绝缘受高温、潮湿或腐蚀等作用的影响而失去绝缘能力。

② 线路年久失修，绝缘层陈旧老化或受损，使线芯裸露。

③ 电源过电压，使导线绝缘被击穿。

④ 用金属线捆扎绝缘导线或把绝缘导线挂在钉子上，日久磨损或生锈腐蚀，使绝缘受到破坏。不按规程要求私接乱拉，管理不善，维护不当造成短路。

⑤ 裸导线安装太低，搬运金属物件时不慎碰在电线上；金属构建搭落或小动物跨接在电线上。

⑥ 安装修理人员接错线路，或带电作业是造成人为碰线短路。

（2）超负荷。电气线路中允许连续通过而不至于使电线过热的电流量，称为电线的安全载流量或安全电流。如电线中流过的电流量超过了安全电流值，就叫电线超负荷，也叫过负荷。

（3）接触电阻过大。在电气线路与母线或电源线的连接处，电源线与电气设备连接的地方，由于连接不牢或者其他原因，使接头接触不良，造成局部电阻过大，称为接触电阻过大。

2. 电气线路的防火措施。

（1）短路。

① 必须严格执行电气装置安装规程和技术管理规程，坚决禁止非电工人员安装、修理。

② 要根据导线使用的具体环境选用不同类型的导线，正确选择配电方式。

③ 安装线路时，电线之间、电线与建筑构件或树木之间要保持一定距离；在距地面 2 m 高以内的一段电线，应用钢管或硬质塑料保护，以防绝缘遭受破坏。

④ 在线路上应按规定安装断路器或熔断器，以便在线路发生短路时能及时、可靠地切断电源。

（2）超负荷。

① 根据负载情况，选择合适电线。

② 严禁滥用铜丝、铁丝代替熔断器的熔丝。

③ 不准乱拉电线和接入过多或功率过大的设备。

④ 检查去掉线路上过多的用电设备，或者根据线路负荷的发展及时更换成容量较大的导线，或者根据生产程序和需要，采取排列先后控制使用的方法，把用电时间调开，以使线路不超过负荷。

（3）接触电阻过大。

① 导线与导线、导线与电气设备的连接必须牢固可靠。

② 铜、铝线相接，宜采用铜铝过渡接头。也可采用在铜铝接头处垫锡箔，或在铜线接头处搪锡。

③ 通过较大电流的接头，不允许用本线做接头，宜采用油质或氧焊接头，在连接时加弹力片后拧紧。

④ 要定期检查和检测接头，防止接触电阻增大，对重要的连接接头要加强监视。

3. 架空线路的火灾危险性。

① 电杆倒折、电线断落或搭在易燃物上，易造成线路的短路，出现电火花、电弧。

② 电杆档距过大，线间距过小或布线过松，没有拉紧，在大风和外力作用下，容易碰在一起造成短路，此外，布线时把导线拉得太紧，也容易发生导线断裂事故，引起火灾或触电事故。

③ 架空线路上遭到雷击，会使线路绝缘损坏，并产生工频短路电弧，从而使线路跳闸，影响电力系统的正常供电。

4. 架空线路的防火措施。

（1）为了防止倒杆断线，对电杆要加强维修，不要在电线杆附近芟土和在电线杆上拴牲畜。

（2）架空线路穿过通航、河流、公路时，应加装警示，以引起通行车、船注意安全。

（3）架空线路不应跨越屋顶为燃烧材料做成的建、构筑物。

（4）架空线与甲类物品库房、可燃易燃、液体贮罐、燃助燃气体贮罐、易燃材料堆场等的防火间距，不应小于电杆高度的 1.5 倍；与散发可燃气体的甲类生产厂房的防火间距，不应小于 30 m。

（5）架空线路的边导线与建筑物之间的距离，导线与树木之间的垂直、净空距离，架空配电线路的导线与导线之间的距离，必须符合安全规定。

（6）平时对电气线路附近的树木要及时修剪，以保持足够的安全距离，防止树枝拍打电线而引起事故。

5. 电缆的火灾危险性。

（1）电缆的保护铅皮、铝皮受到损伤，或在运行中电缆的绝缘受到机械破坏，能引起电缆芯与电缆芯之间或电缆芯与铅皮、铝皮之间的绝缘被击穿，而产生电弧，可使电缆的绝缘材料和电缆外层的黄麻护层等燃烧。

（2）电缆长时间超负荷，可能造成电缆的绝缘过分干枯，使绝缘性能降低，甚至失去绝缘，发生绝缘击穿，而沿着电缆的走向，在较长一段的线路上，或在一段线路的几个地方同时发生电缆的绝缘燃烧。

（3）在三相电力系统中，采用单相电缆或以三芯电缆当作单芯电缆使用时，会产生涡流，而使铅皮、铝皮发热，严重时可能发生铅皮、铝皮熔化，电缆外层的铠装钢带也会发热，铅皮、铝皮和钢带发热严重时，会引起电缆的绝缘发生燃烧。

6. 电缆的防火措施。

（1）电缆应尽量明敷，明敷电缆宜采用有黄麻外护层的裸电缆。电缆明敷在有可能受到机械损伤的地方时，应采用铠装电缆。

（2）敷设在电缆沟、电缆隧道内，及明敷在有火灾、爆炸场所内的电缆，宜采用不带黄麻外护层的电缆，如果是有黄麻外护层的电缆，应剥去黄麻外护层，以减少火灾危险性。

（3）电缆引入及引出建、构筑物的墙壁、楼板处，以电缆沟道引出至电杆或墙壁表面敷设的电缆距地面 2 m 高及埋入地下 0.25 m 深处，应将电缆穿套钢保护，钢管的内径一般不小于电缆外径的 2 倍。

（4）在有可能进水的电缆沟中，电缆应放在支架上。

（5）电缆直接埋地敷设时，宜采用有黄麻或聚氯乙烯外护层的电缆，埋地深度应小于 0.7 m。

（6）有条件的单位应尽量采用难燃电缆或耐火电缆。

7. 灭火的基本措施。

按照燃烧原理，一切灭火方法的原理是将灭火剂直接喷射到燃烧的物体上。或者将灭火剂喷洒在火源附近的物质上，使其不因火焰热辐射作用而形成新的火点。

（1）冷却灭火法。这种灭火法的原理是将灭火剂直接喷射到燃烧的物体上，以降低燃烧的温度于燃点之下，使燃烧停止。或者将灭火剂喷洒在火源附近的物质上，使其不因火焰热辐射作用而形成新的火点。冷却灭火法是灭火的一种主要方法，常用水和二氧化碳作灭火剂冷却降温灭火。

（2）隔离灭火法。隔离灭火法是将正在燃烧的物质和周围未燃烧的可燃物质隔离或移开，中断可燃物质的供给，是燃烧因缺少可燃物而停止。

（3）窒息灭火法。窒息灭火法是阻止空气流入燃烧区或用不燃烧区或用不燃物质冲淡空气，使燃烧物得不到足够的氧气而熄灭的灭火方法。具体方法：一是用沙土、水泥、湿麻袋、湿棉被等不燃或难燃物质覆盖燃烧物；二是喷洒雾状水、干粉、泡沫等灭火剂覆盖燃烧物，把不燃的气体或不燃液体（如二氧化碳、氮气、四氧化碳等）喷洒到燃烧物区域内或燃烧物上；三是密闭起火建筑、设备和孔洞。

三、紧急救护常用知识

急救现场处理的首要任务是抢救生命、减少伤员痛苦、减少和预防伤情加重及发生并发症，正确而迅速地把伤病员转送到医院。

1. 急救步骤。

（1）报警。一旦发生人员伤亡，不要惊慌失措，马上拨打120急救电话报警。

（2）对伤病员进行必要的现场处理。

① 迅速排除致命和致伤因素。如搬开压在身上的重物，撤离中毒现场，如果是意外触电，应立即切断电源；清除伤病员口鼻内的泥沙、呕吐物、血块或其他异物，保持呼吸道通畅等。

② 检查伤员的生命特征。检查伤病员呼吸、心跳、脉搏情况。若无呼吸或心跳停止，应就地立刻开展心肺复苏。

③ 止血。有创伤出血者，应迅速包扎止血。止血材料宜就地取材，可用加压包扎、上止血带或指压止血等。然后将伤病员尽快送往医院。

④ 如有腹腔脏器脱出或颅脑组织膨出，可用干净毛巾、软布料或搪瓷碗等加以保护。

⑤ 有骨折者用木板临时固定。

⑥ 神志不清者，未明了病因前，注意心跳、呼吸、两侧瞳孔大小。有舌后坠者，应将舌头拉出或用别针穿刺固定在口外，防止窒息。

（3）迅速而正确地转运伤病员。按不同的伤情和病情，按病情的轻重缓急选择适当的工具进行转运。运送途中应随时关注伤病员的病情变化。

2. 受伤简易处理办法。

（1）出血：可以把身上的衣服撕成布片，对出血的伤口进行局部加压止血。

（2）骨折：现场可以找块小夹板、树枝等物，对患肢进行包扎固定。

（3）头部创伤：把伤者的头偏向一边，不要仰着，因为这样会引起呕吐，极易造成伤者窒息。

（4）腹部创伤：将干净容器扣在腹壁伤处，防止发生腹腔感染。

（5）呼吸心跳停止：及时对伤者进行口对口的人工呼吸，并进行简单的胸外按压。

四、防止感应电等伤害的措施

1. 静电感应的防护。

静电感应是邻线高压电场通过空气介质感应过来的，电压有时高达数千伏（现场测试超过2 000 V），但通常能量有限，且只要将停电侧可靠接地，感应电压值急剧下降，几乎为零。理论计算及实测结果证明了这一点，故对人身不会造成危害，只要在工作区两端装设接地线就可安全防护。

2. 强电侵入的防护。

停电作业的实践证明，对强电侵入的最有效的防护措施是在作业地点两端装设可靠的接地线，在站场内作业也可适当增设接地线。

任务3　运行和维护

【知识目标】
1. 了解配电值班员应具备的能力；
2. 了解有高压设备的变配电所应具备的安全用具；
3. 了解巡视工作中应注意的事项；
4. 了解倒闸工作中应注意的事项；
5. 了解高压试验和测量工作应注意的事项。

【能力目标】
1. 会正确处理巡视过程中发现的问题；
2. 会进行倒闸作业、高压试验和测量作业。

一、变配电所的值班工作

1. 配电值班员和值班负责人应具有一定专业知识和实际工作经验，熟悉电气设备性能和供电系统情况，掌握操作技术，并有处理事故的能力。配电值班人员每班不少于两人。

2. 凡有高压设备的变配电所应具备以下安全用具：
（1）高压绝缘拉杆、绝缘夹钳；
（2）高压检电器和低压检电笔；
（3）绝缘手套、绝缘靴、鞋及绝缘台、垫；
（4）有足够数量的接地线；
（5）各种标示牌；
（6）各种登高作业的安全用具，如安全腰带、绝缘绳、安全帽等；
（7）有色护目眼镜。

3. 在变配电所进行停电检修或工程施工时，值班人员应负责完成有关安全措施，并向工作执行人指出停电范围和带电设备位置。

4. 高压配电室、电容器室、变压器室等和高压开关柜上的钥匙由值班员妥善保管，按班移交。如因工作需要借给工作执行人使用时，必须登记，当日交回。

二、巡视工作

1. 发、变、配电所的配电值班人员及其他有关人员可以单独巡视高压设备，清扫通道，但不得移开或进入常设遮栏内。如需进入时，应有人监护，并与高压带电体之间保持不小于表7.2.1 规定的安全距离。

雷、雨天气巡视室外高压设备时，应穿绝缘靴，但不得靠近避雷器和避雷针。

2. 当所内高压设备发生接地故障时，工作人员不得接近故障点 4 m 以内，在室外不得接近故障点 8 m 以内。如需进入上述范围或操作开关时，必须有绝缘通道（绝缘台）或穿绝缘靴，接触设备的外壳和构架时，应戴绝缘手套。

巡线人员如发现导线断线，应设置防护物，并悬挂"止步！高压危险"的警告牌，防止行人接近断线地点 8 m 以内，并迅速报告电力调度和有关领导，等候处理。

3. 巡视电线路时，可由有实际工作经验的电力工单独进行。对未经技术安全考试合格的人员不得单独巡线。

昼间巡线可以登杆更换灯泡和插入式保险，拧紧最下部低压横担螺帽等，但与高压带电部分必须保持表 7.2.2 的安全距离，不得与低压导线接触。巡线时应始终认为线路上有电。

夜间巡线和登杆更换灯泡、保险丝，必须两人进行。巡线时应沿着线路的外侧进行，以免触及断落的导线。夜间不应攀登灯塔（桥）进行作业。

遇有雷雨、大风、冰雪、洪水及事故后的特殊巡视，应由两个人一同进行。

三、倒闸作业

1. 倒闸作业票应根据工作票或调度命令由操作人填写，由工长或监护人签发。每张倒闸作业票只能填写一个操作任务。

2. 停电操作必须按照断路器、负荷侧隔离开关。电源侧隔离开关顺序操作。送电操作顺序与此相反。

3. 倒闸作业前，应按倒闸作业票记载的倒闸顺序与模拟图核对相符，如有疑问，不得擅自更改，经向电力调度或值班长报告，查清情况后再操作。远动倒闸作业由值班调度完成操作。倒闸作业必须由两人进行，一人操作，一人监护，每完成一项做一记号"√"。全部操作完毕后进行复查，并报告发令人。

4. 操作机械传动的隔离开关和绳索传动的柱上断路器应戴绝缘手套。操作非机械传动的隔离开关、跌落式熔断器和摘挂跌落式熔断器保险管时，应使用绝缘拉杆，戴绝缘手套，雨天应使用有防火罩的绝缘拉杆。

5. 更换变压器高压侧熔丝时，应先切断低压负荷，不准带负荷拉开 100 A 及以上无消弧装置的低压开关。雷电时禁止倒闸作业（远动装置除外）和更换熔丝。

6. 下列项目应填入倒闸作业票：
（1）应拉合的断路器和隔离开关；
（2）检查断路器和隔离开关位置；
（3）检查接地线是否拆除；
（4）装、拆接地线；
（5）安装或拆除控制回路以及电压互感器回路的保险器；
（6）切换保护回路和检验是否确无电压等；
（7）其他需要检查、确认的项目。

7. 在发生人身触电时，可不经许可立即断开有关断路器和隔离开关。在未拉开有关开关和做好安全措施以前，抢救人员不得直接触及带电设备和触电人员，不得进入遮栏。

8. 下列工作可不用倒闸作业票：
（1）事故处理的操作。操作后记入工作日志并及时上报；
（2）拉、合线路开关或变压器一、二次开关。可根据工作票或口头命令进行；
（3）同一台开关柜内开关的单一拉、合操作。操作可根据工作票或调度命令进行，操作后记入工作日志，并报告发令人。

9. 倒闸作业票要有编号、依次序使用。作废的和使用过的倒闸作业票，应注明"作废"和"已执行"的字样。倒闸作业票用后保存半年。

四、继电器、仪表和二次回路

1. 在运行的电流互感器二次回路上工作时，应采取下列安全措施：

（1）严禁将电流回路断开；

（2）为了可靠地将电流互感器二次线圈短路，必须使用短路片或短路线，禁止使用导线缠绕；

（3）禁止在电流互感器与短路端子之间的回路和导线上进行任何工作；

（4）工作时应有专人监护，使用绝缘工具，站在绝缘垫上，并不得将回路中的永久接点断开。

2. 在运行的电压互感器二次回路上工作时，应采取下列安全措施：

（1）严格防止短路或接地；

（2）应使用绝缘工具，戴绝缘手套，必要时在工作前停用有关继电保护装置；

（3）接临时负载时，必须装有专用的开关和熔断器；

（4）二次回路通电试验时，为防止由二次侧向一次反电压，除将二次回路断开外，还应取下一次熔断器；

（5）二次回路通电或耐压试验前，应通知值班员和有关人员，并派人看守现场，检查回路，确认无人工作后方可加压。

（6）检查继电保护和二次回路的工作人员，未经值班员许可，不准进行任何倒闸操作。

五、高压试验

1. 发、变、配电所进行预防性试验时，应由受试单位签发停电作业工作票，由配电值班员（无人值班的变、配电所由受试单位指定人员）采取安全措施，办理许可开工手续，需要部分或全部撤除临时接地线时，应由值班员配合进行。

2. 因试验需要断开设备接头时，拆前应做好标记，接后就进行检查。

3. 高压试验必须由两人进行（一人操作，一人监护），操作人员应戴绝缘手套，穿绝缘靴站在绝缘台上进行。

4. 大电容设备或电容器耐压试验前后应充分接地、短路放电。

六、测量工作

1. 为测量杆塔、变压器、避雷器的接地电阻而拆装接地线时应戴绝缘手套。在接地线与接地极断开后，禁止触及接地线。

2. 测量低压线路和变压器低压侧的电压和电流时，应注意安全距离，并防止相间短路。

3. 用摇表测量高压设备的绝缘电阻时，应由两个人进行，并从各方面断开电源，检验无电和确认设备上无人工作后方可进行,在测量前后必须将被测设备(包括电缆)对地放电,在测量中任何人禁止触及设备。

在有感应电压反映的线路上(同杆架设的双回线或与其他线路平行、交叉)测量绝缘时,必须将另一回线平行,交叉的其他线路同时停电。

雷、雨天气,禁止测量线路绝缘。

4. 测量带电的交叉跨越线路的垂直距离时,禁止使用金属尺、测量绳。

【案例分析1】

【事故概况】

××年×月×日,某领工区三名电力人员在×××变电所检修,电力工××、××正在检修某变高压柜时,学员×××自行打开母联柜入内触电死亡。

【原因分析】

1. 无施工作业票;
2. 安全措施不具体;
3. 违章作业;
4. 对学员安全教育不到位。

【措施】

1. 坚持执行工作票制度,安全措施填写具体落实;
2. 加强对学员的安全教育;
3. 履行师徒合同;
4. 临近带电设备交代清楚。

【案例分析2】

【事故概况】

某电力工在车站变压器台加固工作前,未与有关单位办理停电送电工作票手续,在变压器二次侧未做接地封线,造成低压电源倒送到变压器上,致电力工触电死亡。

【原因分析】

按照总公司规定对照,这次事故违章之处在于:

违反保证安全工作的组织措施,在变压器台上作业时未与有关单位办理工作票手续,未严格执行工作票制度。

违反保证安全工作的技术措施,即总公司规定第三章第一节关于停电的有关规定第二条:"断开有可能降低压反送到高压侧的开关"的规定。

违反接地封线条目中关于"有可能反送电到作业线路的分歧线和有关开关,必须做短封线"的规定。

【措施】

1. 严格保证安全的组织措施,停电作业应按照总公司规定开具工作票。
2. 严格保证安全的技术措施,在设备停电时,应断开有可能将低压电反送到高压侧的所有开关;对于有可能反送电到作业线路、设备上的分歧线和有关开关,应认真做好短封线,以防反送电酿成人身事故。

 相关知识

一、《铁路运输安全保护条例》有关规定

1. 铁路运输企业应当加强铁路运输安全管理，建立、健全安全生产管理制度，设置安全管理机构，保证铁路运输安全必需的资金投入。

铁路运输工作人员应当坚守岗位，按程序实行标准作业，尽职尽责，保证运输安全。

2. 铁路运输企业的安全生产管理人员应当对铁路线路进行经常性巡查和维护。对巡查中发现的安全问题，应当立即处理；不能处理的，应当及时报告企业有关负责人。巡查及处理情况应当留存记录。

3. 铁路运输企业应当建立、健全并严格执行铁路运输的设施、设备的安全管理检查防护的规章制度，加强对铁路运输的设施、设备的检测、维修，对不符合安全要求的应当及时更换，确保铁路运输的设施、设备性能完好和安全运行。

在法定假日和传统节日等铁路运输高峰期间，铁路运输企业应当加强铁路运输安全检查，确保运输安全。

4. 运输企业应当加强对从业人员的安全教育和培训。铁路运输企业的从业人员应当严格按照国家规定的操作规程，使用、管理铁路运输的设施、设备。

二、劳动防护用品、器具的使用规定

1. 安全带。

（1）安全带使用期一般3～5年，发现异常应提前报废。

（2）安全带的腰带和保险带、绳应有足够的机械强度、材质应有耐磨性，卡环（钩）应具有保险装置。保险带、绳使用长度在3m以上的应加缓冲器。

（3）使用安全带前应进行外观检查：组件完整、无短缺、无伤残破损，绳索、编带无脆裂、断股或扭结，金属配件无裂纹、焊接无缺陷、无严重锈蚀，挂钩的钩舌咬口平整不错位，保险装置完整可靠。

（4）安全带应系在牢固的物体上，禁止系挂在移动或不牢固的物件上。不得系在棱角锋利处。安全带要高挂和平行拴挂，严禁低挂高用。

2. 安全帽。

（1）戴安全帽前应将帽后调整带按自己头型调整带适合的位置，然后将帽内弹性带系牢。

（2）安全帽的下颌带必须扣在颌下，并系牢，松紧腰适度。

（3）由于安全帽在使用过程中，会逐渐损坏。所以要定期检查，检查有没有龟裂、下凹、裂痕和磨损等情况，发现异常现象要立即更换，不准再继续使用。

（4）严禁使用只有下颌带与帽壳连接的安全帽，也就是帽内无缓冲层的安全帽。

（5）施工人员在现场作业中，不得将安全帽脱下，搁置一旁。或当坐垫使用。

3. 绝缘手套。

（1）在使用前必须进行充气检验，发现有任何破损则不能使用，使用6个月必须进行预防性试验。

（2）作业时，应将衣袖口套入手套筒内，以防发生意外。

（3）使用后，应将内外污染物擦洗干净，待干燥后，撒上滑石粉放置平整，以防止受压受损，且勿放在地上。

（4）储存在干燥通风室温（-15～+30）℃相对湿度 50%～80%的仓房中，远离热源，离开地面和墙壁 20 cm 以上。避免受酸、碱、油等腐蚀品物质的影响，不要露天放置避免阳光直射，勿放于地上。

4．绝缘鞋。

（1）绝缘鞋（靴）的使用不可有破损。使用时不得直接用手接触电气设备。

（2）穿用绝缘靴时，应将裤管套入靴筒内。穿用绝缘鞋时，裤管不宜长及鞋底外沿条高度，更不能长及地面，保持布帮干燥。

（3）在购买绝缘鞋（靴）时，应检查鞋上是否有绝缘永久标记，如红色闪电符号，鞋底有耐电压多少伏等表示；鞋内有否合格证，安全鉴定证，生产许可证编号等。

5．防护服。

（1）电力工作人员作业时必须穿着防护服，夜间作业必须穿有反光条的防护服。

（2）穿着防护服时，袖口、裤口必须扎进。

（3）从事特殊作业的人员必须穿着特殊作业防护服。

6．防毒面具。

为防止变电所、箱变的 GIS 气体柜中的 SF_6 气体放电分解出的 SF_4、SOF_2、SO_2F_2、SO_2、S_2F_{10} 和粉末状固体等有毒分解物对工作人员造成伤害，需要使用防毒面具。

（1）防毒面具使用与维护：

使用面具时，由下巴处向上佩戴，再适当调整头带，戴好面具后用手掌堵住滤毒盒进气口用力吸气，面罩与面部紧贴不产生漏气，则表明面具已经佩戴气密，可以进入危险涉毒区域工作。

（2）防毒面具注意事项：

① 防毒面具属有毒、有害环境使用产品，未经过专业培训过的人员不得随意拆卸，减少其零部件及维修产品。

② 该产品不得在 65 ℃以上环境中使用及高温环境中存放。

③ 滤毒盒吸湿后会降低防毒能力，平时注意严防进水。

④ 防毒安全防护用品由安全员负责管理，应建立清册，保证物卡相符，试验报告齐全，不得随便动用，每周检查维护一次，并按规定督促定期试验。

7．接地线。

接地线的使用注意事项：

（1）工作之前必须检查接地线，软铜线是否断头，螺栓连接处有无松动，线钩的弹力是否正常，不符合要求应及时调换或修好后再使用。

（2）挂接地线前必须先验电，未验电挂接地线是基层中较普遍的习惯性违章行为，而验电的目的是确认现场是否已停电，能消除错停电、未停电的人为失误，防止带电挂接地线。

（3）在打接地桩时，要选择黏结性强的，有机质多的、潮湿的实地表层，避开过于松散、坚硬风化、回填土及干燥的地表层，目的是降低接地回路的土壤电阻和接触电阻，能快速疏通事故大电流，保证接地质量。

（4）要爱护接地线。接地线在使用过程中不得扭花，不用时应将软铜线盘好，接地线在拆除后，不得从空中丢下或随地软摔，要用绳索传递，注意接地线的清洁工作，预防泥沙、杂物进入接地装置的孔隙之中，从而影响正常使用的零件。

8. 绝缘棒。

（1）使用前必须对绝缘操作杆进行外观检查，外观上不能有裂纹、划痕等外部损伤；

（2）必须是经校验后合格的，符合操作设备电压等级的才能使用；

（3）操作时在连接绝缘操作杆的节与节的丝扣时要离开地面，不可将杆体置于地面上进行，以防杂草、土进入丝扣中或粘缚在杆体的表面上，丝扣要轻轻拧紧，不可将丝扣未拧紧即使用；

（4）使用时要尽量减少对杆体的弯曲力，以防损坏杆体；

（5）使用后要及时将杆体表面的污迹擦拭干净，并把各节分解后装入一个专用的工具袋内，存放在屋内通风良好、清洁干燥的支架上或悬挂起来，尽量不要靠近墙壁，以防受潮，破坏其绝缘；

（6）半年要对绝缘操作杆进行一次交流耐压试验，不合理的要立即报废，不可降低其标准使用。

9. 高压验电器。

（1）主要用来检验设备对地电压在 250 V 以上的高压电气设备。目前，广泛采用的有发光型、声光型、风车式三种类型。

（2）在使用高压验电器进行验电实验时，首先必须认真执行操作监护制，一人操作，一人监护。操作者在前，监护人在后。使用验电器时，必须注意其额定电压要和被测电气设备的电压等级相适应，否则可能会危及操作人员的人生安全或造成错误判断。

（3）验电时，操作人员一定要戴绝缘手套，穿绝缘靴，防止跨步电压或接触电压对人体的伤害。操作者应手握罩护环以下的握手部分，先在有电设备上进行检验。检验时，应渐渐的移近带电设备至发光或发声止，已验证电器的完好性。然后再在需要进行验电的设备上检测。同杆架设的多层线路验电时，应先验低压电，后验高压，先验下层，后验上层。

三、劳动保护条例的相关规定

1. 劳动保护的定义：

劳动保护，就是劳动者在生产劳动过程中的安全与健康的保护，与劳动保护科学管理、安全技术和职业卫生三个部分组成。

2. 用人单位对劳动者必须进行劳动保护教育培训，提高劳动保护意识，掌握必要的劳动保护知识。对从事特种作业的劳动者，必须进行专业安全技术培训，并经劳动行政部门考核，取得特种作业操作证后，方可上岗作业。

3. 用人单位对劳动者应当实行定期健康检查制度，建立健全劳动者健康档案，其中：

（1）对依法招用并签订劳动合同的劳动者必须进行就业前检查；

（2）对从事职业危险作业的劳动者必须进行定期健康监护检查；

（3）对确诊患有职业病的劳动者必须及时予以治疗、康复，不宜继续从事原工作的应当调换岗位，妥善安置；

（4）不得安排患有职业禁忌症的劳动者从事该职业的劳动。不得安排女职工和未成年工从事国家禁忌的劳动。

4. 劳动者权利与义务。

劳动者在劳动过程中必须遵守国家和省有关劳动保护法律、法规、规章及有关技术标准、规程和行业规范，遵守劳动纪律和劳动保护管理制度，执行岗位职责和安全操作规程。

劳动者依法享受劳动保护，参加劳动保护教育培训；对管理人员违章指挥或强令冒险作业，有权拒绝执行；对危害生命安全和身体健康以及违反劳动保护法律、法规规定的行为，有权提出批评，检举和控告。

任务4　架空和电缆线路任务

【知识目标】
1. 了解登杆作业和杆上作业应注意的安全事项；
2. 了解邻近带电作业及低压带电作业应注意的安全事项；
3. 了解砍伐树木时应注意的安全事项；
4. 了解线路施工和电缆作业注意的安全事项。

【能力目标】
1. 会进行登杆及杆上作业；
2. 会进行线路施工和电缆作业。

一、登杆作业

1. 登杆前应检查和作好下列事项：
（1）确认作业范围，防止误登带电杆塔。
（2）新立电杆回填土应夯实。
（3）冲刷、起土、上拔和导线、拉线松弛的电杆应采取安全措施。
（4）木电杆根部腐朽不得超过根径的20%以上。
（5）杆塔脚钉应完整、牢固。
（6）登杆工具、安全腰带、安全帽应完好合格。
（7）使用梯子时要有人扶持和采取防滑措施。

2. 杆上作业应遵守下列规定：
（1）工作人员必须系好安全腰带。作业时安全腰带应系在电杆或牢固的构架上。
（2）转角杆不宜从内角侧上下电杆。正在紧线时不应从紧线侧上下电杆。
（3）检查横担腐朽、锈蚀情况，严禁攀登腐朽、锈蚀超限的横担。
（4）杆上作业所用工具、材料应装在工具袋内，用绳子传递。严禁上下抛扔工具和材料。地上人员应离开作业电杆安全距离以外，杆上、地上人员均应戴安全帽。

二、邻近带电作业

1. 在带电线路杆塔上工作，应遵守下列规定：

（1）在带电杆塔上刷油，除鸟巢，紧杆塔螺丝，查看金具、瓷瓶更换外灯保险和灯泡等作业人员活动范围及其所携带工具、材料等，与带电导线间的最小安全距离不得小于表7.2.2的规定。

（2）在电力线路上作业时，不得同时触及同杆架设的两条及以上带电低压线路。

（3）工作人员使用安全腰带，风力不大于五级，并有专人监护。

2. 停电检修线路与其他带电线路交叉时，应遵守下列规定：

（1）工作人员的活动范围与另一回带电线路间的最小安全距离不得小于表7.2.2的规定，否则另一回线亦应停电并接地。

（2）停电检修线路与另一回带电线路的距离虽大于安全距离，如果作业过程中仍有可能接近带电导线在安全距离以内时，作业导线、绞车或牵引工具必须接地。

（3）在交叉挡撤线、架线、调整弛度只有停电线路在带电线路下面时才能进行。但必须采取防止导线跳动、滑跑或过牵引而与带电导线接近的措施。

（4）停电检修线路在另一回带电线路上面，而又必须在该线路不停电的情况下进行调整弛度、更换瓷瓶等工作时，必须使检修线路导线、牵引绳索等与带电线路导线之间有足够的安全距离、并采取防止导线脱落、滑跑的后备保护措施。

（5）停电检修线路走廊或径路附近与另一回杆塔结构相同的线路平行接近时，各杆塔下面作好标志，设专人监护，以防误登杆塔。

3. 在同杆架设的多回线路上进行邻近带电作业时，应按下列规定进行：

（1）工作人员在作业过程中与带电导线间的最小安全距离不得小于表7.2.2的规定。

（2）登杆和作业时每基杆塔都应设专人监护，风力应在五级以下。严禁在杆塔上卷绑线。

（3）应使用绝缘绳传递工具、材料。如上层线路停电作业时，在传递过程中要有防止工具、材料构成下层导线短路的措施。

（4）下层线路带电，上层线路停电作业时，不准进行撤线和架线工作。

（5）当穿越带电的低压联络线对已停电的自动闭塞高压导线进行作业时，填用停电作业工作票，但在应采取措施栏内，注明穿越低压带电导线和符合本章第四节低压带电作业条件的安全措施。

4. 在合架于接触网支柱上的低压电力线上工作时，应遵守下列规定：

（1）电力线路检修时，应充分利用接触网检修"天窗"，必要时可办理接触网停电手续；

（2）在接触网带电的情况下进行电力线路检修时，工作人员的活动范围与接触网之间的安全距离不小于1 m；

（3）应在电力线路作业区段两端加挂接地封线。

三、砍伐树木

1. 在线路带电情况下，砍伐靠近导线的树木时，工作负责人应向工作人员说明线路有电。工作人员不得使树木和绳索接触导线。

上树砍剪树枝时，工作人员不应攀抓脆弱和枯死的树枝，应站在坚固的树干上，系好安全带，面对线路方向，并应保持表 7.2.2 的安全距离。

2. 为防止树木（枝）倒落在导线上，应用绳索将被砍剪的树枝拉向与导线相反的方向。绳索应有足够的长度和强度，砍剪树枝应有专人防护，防止打伤行人。树枝接触高压带电导线时，严禁用手直接去取。

四、低压带电作业

1. 两路电源供电的低压线路带电工作应填用带电作业工作票。低压带电作业和穿越低压带电线路的作业，工作人员必须穿紧口干燥的工作服、绝缘靴、戴工作帽和干燥整洁的线手套。低压带电作业应使用绝缘钳子。禁止使用刀子、锉刀、金属尺和铁刷子等带有金属的工具。绝缘靴每年应进行一次绝缘强度试验，绝缘强度不应低于出厂的耐压标准。

2. 低压带电作业不允许带负荷接续导线。如必须带电更换电气器具时，应先作好旁路线。在自动闭塞低压线路上，允许在不受张力的处所接续导线，但必须设可靠的旁路线。

3. 在杆上进行低压带电作业时，一般一根杆只允许一人工作。当线路不复杂，且采取了可靠的安全措施时，可以两人同时工作。

4. 登杆时应当先分清火线和地线，选好工作位置。断开导线时，应先断火线，后断地线，接续导线时，顺序相反。工作时只允许接触一个导体，不许同时接触邻相导体或一相一地导线。

五、线路施工

1. 在有地下设施的地方进行地下施工时，开工前应与有关部门联系，查明地下设施的位置，做好防护。如发现意外设施，应采取妥善措施，并报告领导及时处理。

2. 松软土质的杆坑深度超过 1 m 时，应有防止塌陷措施。在居民区及交通道路附近挖杆坑时，应设防护设施，夜间应挂红色标志灯。

3. 施工用具、机械、绳索、地锚等应详细检查、定期试验，使用时不准超过安全荷载。

4. 立杆、撤杆开工前，应讲明施工方法及指挥信号，工作人员要明确分工，并应有专人指挥。正在立杆、撤杆时，坑内及电杆倾斜的下方不许人员停留。已经立起的电杆，只有在杆基回填夯实后，方可撤去叉杆及拉绳。杆坑未经回填及捣固不准登杆。放倒旧电杆时，应用绳索牵引及叉杆加固后再挖根部。立、撤电杆应用专用工具，不许代用。使用吊车立、撤电杆时，钢丝绳套应吊在电杆的适当位置，防止电杆突然倾倒。

5. 使用抱杆立杆时，主牵引绳尾绳、杆塔中心线及抱杆顶应在一条直线上，抱杆应受力均匀，两侧拉绳应拉好，不得左右倾斜。

6. 靠近及跨越铁路、公路、通航河道施工时，应与有关单位联系，在施工地段的两侧应派专人监护，并采取相应措施。

7. 撤线时应在承力及终端电杆处先用绳索将导线拉紧，剪断导线后徐徐放下。拆除旧线路时，还应注意电杆腐朽程度，严禁突然剪断导线，防止倒杆伤人事故。

8. 当施工电线路与其他高压设备靠近或交叉时，架线及撤线应采取防止跑线措施，必要时将邻近的高压设备停电。

9. 用爆破法施工时，应有专人指挥，爆破人员应经过专门培训。炸药和雷管，应指定专人保管，分别存放，不准与易燃品放在一起。运输时应采取防震措施。携带雷管时须将引线短路。电雷管和电池不得由一人携带。雷雨天不得携带电雷管。在强电场附近不应使用电雷管。

雷管和炸药的运输必须遵循国家公安部门的有关规定。不允许同车携带。

10. 装填炸药时，应使用木质专用工具将炸药推进炮眼，并轻轻捣实，禁止使用金属物体。雷管和导火索连接时，应用专用钳子夹雷管口，严禁触碰雷泵部分或用牙咬雷管，电雷管的接线和点火起爆，应由同一人进行。

爆破场地的危险区半径一般为：钻孔闷炮为 50 m，土坑开花炮为 100 m，石坑为 200 m，裸露炸药包爆破的危险区不小于 300 m。

如用深孔爆破加大药力时，应按具体情况扩大危险区范围。

爆破现场的工作人员都应戴安全帽，起爆前要详细检查危险区内是否有人停留，并设专人警戒。

如遇哑炮时，应等 20 min 后再去处理，但不得从炮眼中抽取雷管和炸药。如需重新打眼，则深眼要距离原哑炮眼为 0.6 m；浅眼为 0.3～0.4 m，并注意不离开线路中心线。

11. 爆破时应考虑对周围建筑物、电力线、通信线等的影响。如有砸、碰可能时，应采取措施。

12. 起重和搬运应有专人指挥，并使用合乎要求的设备和绳索。起重用的钢丝绳和安全系数，应符合下列规定：

（1）用于固定起重设备的为 3.5 倍；

（2）用于人力起重的为 4.5 倍；

（3）用于机动起重的为 5～6 倍；

（4）用于绑扎起重物的为 10 倍；

（5）用于供人升降的为 14 倍。

装卸电杆应防止散堆伤人。当分散卸车时，每卸完一处，必须将其余电杆绑牢固后方可继续运送。

牵引电杆上山所用的绳索，不得与地面摩擦，爬山路线两侧 5 m 以内，不准有人停留或通过，滚动电杆时应防止压伤手脚。

13. 多人抬杆必须同肩专人指挥，步调一致，起放电杆时应互相呼应。

14. 使用车辆运输电杆、电气设备和器材时不得超限，必须固定绑牢，防止倾覆、滚动伤人。

六、电缆作业

1. 在靠近电缆挖沟或挖掘已设电缆当深度挖到 0.4 m 时，只许使用铁锹。冬季作业如需烘烤冻结的土层时，烘烤处所与电缆之间的土层厚度：一般黏土不应小于 0.1 m；砂土不应小于 0.2 m。在邻近交通地点挖沟时，应设置防护。挖掘中如发现煤气、油管泄漏时，应采取堵漏措施，并严禁烟火，同时迅速报告有关部门处理。

2. 电缆的移设、撤换及接头盒的移动，一般应停电及放电后进行。如带电移动时，应先调查该电缆的历史记录，由敷设电缆有经验的人员，在专人统一指挥下平行移动，防止损伤绝缘和短路。尽量避免在寒冷季节移设电缆。

3. 高压电缆停电检修时,首先详细核对电缆回线名称和标示牌是否与工作票所写的相符,然后从各方面断开电源,在电缆封端处进行检电及设置临时接地线时,在断开电源处悬挂"禁止合闸,有人工作!"的标示牌。

4. 锯高压电缆前,必须与电缆图纸核对无误,并验明电缆无电压后,用接地的带木柄的铁钎钉入电缆芯后方可工作。扶木柄的人应戴绝缘手套,并站在绝缘垫上。

5. 进电缆井前应排除井内浊气。在电缆井内工作,应戴安全帽和口罩。并做好防火和防止物体坠落,电缆井应有专人看守。

6. 制作环氧树脂电缆头和调配环氧树脂过程中,应采取有效的防毒和防火措施。

【案例分析】

【事故概况】

××年×月×日,某电力车间组织人员对侵入自闭线路限界的树木进行砍伐,在砍伐过程中对一棵树的树枝,王××跳起砍了几次都没砍掉,车间领导发现后,叫来一名电力工,两人把王××托起来,让王××用手抱住树枝把树枝拉断,王××伸直身子,双手拉住树枝,因树枝已被砍伤,树枝随即被折断掉下来,由于重力作用的原因,王××身体下降的过程中,将站在地面托起他的两人推向两侧,自己重重摔在地上。造成椎骨椎体变形,构成人身轻伤事故。

【原因分析】

现场作业人员安全意识不强,安全预想不够,自控能力差,违章指挥作业,导致现场失控,是造成这次事故的主要原因。施工组织不严密,安全防范措施不力,严重违反了《电力安全工作规程》规定。

【措施】

在线路带电情况下,砍伐靠近导线的树木时,工作负责人应向工作人员说明线路有电。工作人员不得使树木和绳索接触导线。上树砍剪树枝时,工作人员不应攀抓脆弱和枯死的树枝,应站在坚固的树干上,系好安全带,面对线路方向,并应保持表7.2.2的安全距离。

为防止树木(枝)倒落在导线上,应用绳索将被砍剪的树枝拉向与导线相反的方向。绳索应有足够的长度和强度,砍剪树枝应有专人防护,防止打伤行人。树枝接触高压带电导线时,严禁用手直接去取。

 相关知识

一、《行车组织规则》与电力相关内容

1. 为确保高速铁路行车安全和行车设备质量,所有影响高速铁路行车设备稳定、设备使用和行车安全的施工、维修、检查、检测等作业,必须在天窗时间内进行,按规定设驻站联络员和现场防护员。严禁利用列车间隔进行作业。非作业时间严禁各类人员上道。

2. 严格执行"施工不行车、行车不施工"的施工组织原则。

3. 高速铁路列车调度台应设置《行车设备施工登记簿》《行车设备检查登记簿》。在车站及相邻区间进行施工和影响设备使用的作业时,相关负责人员应在调度台办理登、销记手续,列车调度员签认。

4. 施工作业时，铁路局和施工单位应采取措施，保证邻线列车和施工作业人员安全，作业人员和机具严格遵守避车制度。非施工作业时，严禁各类人员上道。

5. 夜间作业时，参加作业人员必须穿有反光条的防护服及戴安全帽。应配置足够的照明灯具和通信设备。

二、行车安全防护

（一）行车防护标准

1. 在封锁地段作业时按有关规定设置行车防护，作业组作业地点应封锁、指定人员防护。
2. 高速铁路一般不使用手信号，需要向列车显示手信号时，人员应站在列车运行方向的左侧、面向列车、站于限界之外、保证足够的显示距离。停车手信号的显示距离（按线路允许速度）：当 $v \leqslant 120$ km/h 时为 800 m，当 120 km/h$<v<$160 km/h 时为 1 400 m。

（二）停车信号的显示

1. 有信号旗或信号灯时。

昼间——面迎列车驰来方向站在股道（站台）右侧安全限界外，右臂下垂，左臂平侧伸，手持展开的红色信号旗。

夜间——面迎列车驰来方向站在股道（站台）右侧安全限界外，左臂下垂，右臂侧举，手势红色灯光于肩平。

2. 无信号旗或信号灯时。

昼间无红色信号旗时，面迎列车驰来方向，站在股道（站台）右侧安全界限外，两臂高举头上向两侧急剧摇动。

夜间无红色灯光时，面迎列车驰来方向，站在股道（站台）右侧安全界限外，用白色灯光上下急剧摇动。

三、铁路交通事故调查处理规则、应急救援和调查处理条例与电力相关内容

（一）铁路交通事故调查处理规则与电力相关内容

1. 总则有关规定。

（1）铁路机车车辆在运行过程中发生冲突、脱轨、火灾、爆炸等影响铁路正常运行的事故，包括影响铁路正常行车的相关作业过程中发生的事故；或者铁路机车车辆在运行过程中与行人、机动车、非机动车、牲畜及其他障碍物相撞的事故，均为铁路交通事故（以下简称事故）。

（2）铁路运输企业及其他相关单位、个人应及时报告事故情况，如实提供相关证据，积极配合事故调查工作。

2. 事故等级有关规定。

（1）依据《铁路交通事故应急救援和调查处理条例》，事故分为特别重大事故、重大事故、较大事故和一般事故四个等级。

（2）一般事故分为：一般 A 类事故、一般 B 类事故、一般 C 类事故、一般 D 类事故

（3）施工，检修，清扫设备耽误列车，为一般D类事故。

（4）列车设备故障耽误本列客运列车1h，或耽误本列货运列车2h以上；固定设备故障延时影响正常行车2h以上（仅指正线），为一般D类事故。

3. 事故调查有关规定。

（1）较大事故和一般事故由事故发生地安全监管办组织事故调查组进行调查。调查组组长由安全监管办负责人或指定人员担任，安全监管办安全监察部门、有关业务处室、公安机关等部门派员参加。

（2）事故调查组到达后，发生事故的有关的单位必须主动汇报事故现场真实情况，并为事故调查提供便利条件。事故发生单位的负责人和有关人员在事故调查期间应当随时接受事故调查组的询问，如实提供有关资料和物证。

事故调查组有权向有关单位和个人了解与事故有关的情况，并要求其提供相关文件、资料，有关单位和个人不得拒绝。

4. 事故责任判定有关规定。

（1）事故分为责任事故和非责任事故。

事故责任分为全部责任、主要责任、重要责任、次要责任和同等责任。

（2）铁路运输企业或相关单位发布的文电，违反法律法规、中国铁路总公司规章或铁路相关技术标准和作业标准等，直接导致事故发生的，定发文电单位责任。

（3）因设备管理不善造成的事故，定设备管理单位责任。

（4）因产品质量不良造成事故，属设计、制造、采购、检修等单位责任的，定相关单位责任；应采用经行政许可或强制认证的产品而采用同其他产品的，追究采用单位责任；采购不合格或不达标产品的，追究采购单位责任。

（5）自然灾害原因导致的事故，因规范措施不到位，定责任事故。确属不可抗力原因导致的事故，定非责任事故。

（6）营业线施工中发生责任事故，属工程建设、设计、施工、监理等原因造成的，定上述相关单位责任；同时追究设备管理单位责任。

已经竣工验收的设备，因质量问题发生责任事故，确属工程建设、设计、施工、监理等单位责任的，定上述相关单位责任；属管理不善的，定设备管理单位责任。

（7）涉嫌人为破坏造成的事故，在公安机关确认前，定发生单位责任事故；经公安机关确认属人为破坏原因造成的，定发生单位非责任事故。

（8）因临时租（借）用其他单位的设备设施、人员、发生事故，定使用单位责任。产权单位委托其他单位维修设备设施，因维修质量不良造成事故，定维修单位责任；产权单位管理不善的，追究其同等责任。

事故发生后，因发生单位未如实提供情况，导致不能查明事故原因和判定责任的，定发生单位责任。

（9）事故涉及两个以上单位管理的相关设备，设备质量均未超过临修或技术限度时，按事故因果关系进行推断，确定责任单位。

（10）事故调查组未及时通知有关单位接受事故调查，不得定有关单位责任。有关单位接到通知后，应派员而未派员接受事故调查的，事故调查组可以直接定责。

（11）铁路作业人员在从事与行车有关的作业过程中，不论作业人员是否在其本职岗位，由于违反操作规程、作业纪律，或铁路运输生产设备设施、劳动条件、作业环境不良，或安全管理不善等造成伤亡，定责任事故。

① 事故发生过程中，作业人员在避险或进行事故抢险时因违章作业再次发生伤亡，应按同一件事故定责；事故过程已终止，在事故救援、抢修、复旧及处理中又发生事故导致伤亡的按另一件事故定责。

② 作业人员在工作或间歇时间擅自动用铁路运输设备设施、工具等导致伤亡的，定该作业人员所在单位责任事故，同时追究设备设施配属（或管理）单位的责任。

③ 作业人员因患有职业禁忌症而导致行为失控，造成伤亡的，定该作业人员所在单位责任。

④ 两个及以上铁路运输企业在交叉作业中发生伤亡，定主要责任单位事故；若各方责任均等，定伤亡人员所在单位责任，同时追究其他相关单位责任。若各方责任均等且均有人员伤亡，分别定责任事故。

（12）作业人员发生伤亡，经二级以上医院、急救中心诊断或经法医检验、解剖，证明是因脑溢血、心肌梗塞、猝死等突发性疾病所致，并按事故处理权限得到事故调查组确认的，不定责任事故。医院等级不够的，须经法医进行尸表检验或尸体解剖鉴定。法医尸检或解剖鉴定报告结论不确定的，定责任事故。

（13）作业人员伤亡事故原因不清，或公安机关已立案但尚无明确结论的，定责任事故。暂时不能确定事故性质、责任的，按待定办理。若跨年度不能确定或处理时间超过法定期限的，伤亡人员所在的单位责任。在年度统计截止前，该事故已查清楚并作出与原处理决定相反结论的，可向原处理部门申请更正。

5. 事故损失认定有关规定。

（1）下列费用列入事故直接经济损失：

铁路机车车辆、线路、桥隧、通信、信号、供电、信息、安全、给水等设备设施的损失费用。报废设备按报废设备账面净值计算，或按照市场重置计算；破损设备设施按修复费用计算。

（2）有作业人员伤亡的，直接经济损失统计范围、计算方法等按《企业职工伤亡事故经济损失统计标准》（GB 6721—1986）执行。

（3）负有事故全部责任的，承担事故直接经济损失费用的 100%；负有主要责任的，承担损失费用的 50% 以上；负有重要责任的，承担损失费用的 30% 以上、50%以下；负有次要责任的，承担损失费用的 30%以下。

有同等责任、涉及多家责任单位承担损失费用时，由事故调查组根据责任程度依次确定损失承担比例。负同等责任的单位，承担相同比例的损失费用。

6. 罚款有关规定。

（1）铁路运输企业及其职工违反法律、行政法规的规定，造成事故的，由中国铁路总公司或者安全监管办依法追究行政责任。构成犯罪的，依法追究刑事责任。

（2）铁路运输企业及其职工迟到、漏报、瞒报、谎报、事故的，对单位，由中国铁路总公司或安全监管处 10 万元以上 50 万元以下的罚款；对个人，由中国铁路总公司或安全监管办处 4 000 元以上 2 万元以下的罚款；属于国家工作人员的，依法给予处分；构成犯罪的，依法追究刑事责任。

（3）干扰、阻碍事故调查处理的，对单位，由中国铁路总公司或安全监管办处 4 万元以上 20 万元以下的罚款；对个人，由中国铁路总公司或安全监管办处 2 000 元以上 1 万元以下的罚款；情节严重的，对单位，由中国铁路总公司或安全监管办处 20 万元以上 100 万元以下的罚款；对个人，由中国铁路总公司或安全监管办处 1 万以上 5 万元以下的罚款；属于国家工作人员的，依法给予处分；构成违反治安管理行为的，由公安机关依法给予治安管理处罚；构成犯罪的，依法追究刑事责任。

（二）《铁路交通事故应急救援和调查处理条例》与电力有关内容

1. 现场救援工作实行总指挥负责制，按照事故应急救援响应等级，由相应负责人担任总指挥，或者视情况由上级事故应急救援工作机构指定人员担任临时总指挥，统一指挥现场救援工作，各工作组及参加事故应急救援的单位、部门应当确定负责人。救援列车进行起复作业时，由救援列车负责人或者指定人员单一指挥。

现场总指挥以及参加事故应急救援的各工作组负责人、各单位和部门负责人、作业人员、应当区别佩戴明显标志。

2. 现场总指挥部应当全面了解人员伤亡以及机车车辆、线路、接触网、通信信号等行车设备损坏、地形环境等情况后，确定人员施救、现场保护、调查配合、货物处置、救援保障、起复救援、设备抢修等应急救援方案，并迅速组织实施。

在实施救援过程中，各单位、部门应当严格执行作业规范和标准，防止衍生事故。

3. 现场指挥部应当根据需要迅速调集装备设施、物资材料、交通工具、食宿用品、药品器械等救援物资。铁路运输企业各单位、部门必须无条件支持配合，不得以各种理由推诿拒绝、延误救援工作。

4. 事故造成铁路设备设施损坏时。有关专业部门应当立即组织抢修，根据实际情况及时切断事故现场电源，拆除、拨移和恢复接触网，及时架设所需照明，调集足够的救援队伍，材料和机具，积极组织抢修损坏的线路、通信信号等行车设备设施，协助事故机车车辆的起复。对可以运行的受损机车车辆进行检查确认，符合挂运条件的方准移动，必要时派人护送。起复作业完毕后，应当迅速做好开通线路的各项准备。

复习思考题

一、填空题

1. 铁路高压供电设备一般指对地电压在（   ）以上者；低压供电设备一般指对地电压在（   ）及以下者。
2. 新参加电力工作的人员、实习人员和临时参加劳动的人员，必须经过（   ）后，方可随同参加指定的工作，但不得（   ）。
3. 工作票的有效期不得超过（   ）天，工作间断超过（   ）应重新填发工作票。
4. 工作执行人、工作许可人都不得擅自变（   ），值班员不得变更检修设备的（   ）。
5. 在运行中的高压设备上作业可分为（   ）、（   ）、（   ）、（   ）。
6. 装设接地线应接触良好，必须先接（   ），后接（   ）。
7. 送电操作必须按照（   ）、（   ）、（   ）顺序操作。

8. 倒闸作业必须由两人进行，一人（　　），一人（　　），每完成一项做一记号"√"。

9. 在电力线路上作业时，不得（　　）同杆架设的两条及以上带电低压线路。

10. 当施工电线路与其他高压设备靠近或交叉时，架线及撤线应采取防止跑线措施，必要时将（　　）停电。

二、简答题

1. 电力工作人员必须具备哪些条件才能参加工作？
2. 在电力设备上工作，保证安全的组织措施有哪些？
3. 工作票签发有哪些基本要求？
4. 保证安全的技术措施有哪些？
5. 在全部停电作业和邻近带电作业时，必须完成哪些安全措施？
6. 如何检电？如何接地封线？
7. 凡有高压设备的变配电所应具备哪些安全用具？
8. 对线路施工时应有哪些具体安全要求？

单元八　铁路电力管理规程

电力是铁路运输生产的重要能源。它与提高运输效率，保证行车安全有着密切关系。自动闭塞电线路、电力贯通线路及铁路变、配电所、电源线路等设备构成的供电网络是铁路重要的行车设备。铁路电力工作是铁路运输的重要组成部分，其主要任务是：不断提高供电质量和可靠性，满足铁路运输生产需要。

电力部门全体干部和职工必须认真贯彻国家政策、法规，严格遵守各项规章制度和劳动纪律，精通本职工作，努力提高专业管理水平和技术业务水平，更好地为铁路运输生产服务。

电力管理必须贯彻安全、质量和效益第一的方针，实行统一领导、分级管理，依靠广大电力职工做好专业管理工作；设备检修要坚持预防为主、修养并重的方针，不断提高设备和供电质量；要厉行节约，降低成本，充分挖掘设备潜力，提高经济效益；根据铁路发展和负荷增长，有计划地增强供电能力，改善供电条件；采用先进技术和设备，推广应用科技成果，逐步实现现代化、自动化、标准化，以适应铁路运输不断发展的需要。

《铁路电力管理规则》是广大电力职工长期生产实践的总结，是加强管理，提高质量，保证安全供电的基本规则。各有关单位和全体电力工作人员必须严格执行。

本规则适用于运营铁路电力业务的管理。

任务1　管理、供电与用电

【知识目标】
1. 了解中国铁路总公司、铁路局和电力试验所的工作职能；
2. 了解供用电设备分管原则及分管范围的划定；
3. 了解三级电力负荷的划分；
4. 了解电力贯通线供电范围；
5. 了解违章用电及其处理。

【能力目标】
1. 学会按照各种政策、法规供用电；
2. 掌握节约用电的各种措施。

一、管　理

1. 铁路电力工作实行统一领导、分级管理的原则。

中国铁路总公司：对全路电力工作统一规划，依照国家的政策、法规，制定铁路相关的规章、制度；调查研究、检查督导、总结和推广先进经验，不断提高电力设备技术管理水平。

负责组织电力试验所的计量认证，负责组织各局确定局分界处自动闭塞电线路、电力贯通线路供电方案，指挥、协调事故（故障）处理。

铁路局：贯彻执行国家和中国铁路总公司有关的规章和命令，结合具体情况制定有关细则、办法和标准；负责管内各供电段的技术管理、岗位设置、职责分工；做好供用电的管理工作和专业培训；掌握电力设备状态；组织、安排年度检修、基建大修、更新改造项目和供用电计划；核定事故备品贮备定额；组织电力试验、能力查定和设备鉴定工作；编制规划、提出增强能力和改善供电条件的措施；组织《供电段履历簿》等报表的填报工作；领导本局管内电力调度工作。

电力试验所：是负责铁路电力设备质量检定、出具有法律效力试验报告的公证部门。在铁路局领导下，通过国家计量认证，进入技术质量监督系统；承担铁路电力设备的试验工作。

2. 电力运行管理工作要抓好基础，建立健全质量保证体系，提高设备质量和供电质量。

3. 新建、扩建、改造及大修电力设备，设计单位应与电力部门共同商定供电方案，并根据批准的设计文件进行施工。工程竣工后，必须经过交接试验，合格后方能进行交接验收。发、变、配电等电力设备，应经过试运后才能正式运行。

对既有供电设备的施工，为保证供电安全，应征得运营单位同意。

用户用电设备的变更，应经过供电单位审核。

4. 变更发、变、配电装置的主接线、继电保护和自动装置的方案及自动闭塞供电方式，应提出设计文件和更改理由，经铁路局批准后实行，局分界处需报中国铁路总公司备案。

5. 供用电设备分管原则是：凡为运营铁路设置的供电设备，如发、变、配电所、电力线路、发电车等，均由供电段负责管理（用户专用低压配电装置及低压线路除外），用电设备及装设于建筑物和构筑物上的电气设备，由用电单位或该主体结构的产权单位自行管理。分界点应便于双方人员对设备的检查和维修。分管范围划定如下：

（1）对室内用电设备的供电：

① 采用架空引入方式，以建筑物上第一横担分界。横担以外由水电段负责管理，横担至屋内侧（包括建筑物上的横担、绝缘子、导线），由用电单位或建筑物产权单位管理。

② 采用电缆引入方式，以电缆终端头分界。信号机械室为进线口附近室内开关箱中的电源端子。端子至引入电缆由供电段管理，开关（包括开关箱）至负荷侧，由用电单位管理。

（2）对区间用电设备的供电：

① 单回路供电区段，以电杆上电缆盒分界。电缆盒以上的引线和电线路由供电段负责管理；电缆盒及以下由用电单位管理。

② 双回路供电区段，两路电源应分别引至用户电源箱。原则上以电杆上电缆盒分界（无电缆盒处以电源箱进线端子分界）。电缆盒（或电源箱）以上的引线由供电段负责管理；电缆盒（或电源箱）及以下由用电单位管理。两路电源转换由用电部门负责。

（3）对臂板信号、路签授受机、道岔标志和其他信号标志的供电，以电缆终端熔断器分界。熔断器、电缆桩由供电段管理；熔断器以下至信号标志侧，由用电单位或使用部门管理，熔丝可由使用部门更换。

（4）沿线中间站的室内外照明合用的配电箱及引入装置，由供电段负责管理。有室内分开关者，在开关下部端子分界，分开关下部端子至室内配线侧，由产权单位管理。

（5）车间变电所一般由水电段管理。由车间变电所专用回路供电者，在低压开关柜或配电箱引出端子处分界。用户专用车间变电所，其低压设备由用户自行管理，在低压开关柜或配电箱电源端子处分界。

（6）所有房屋、地下道、风雨棚、仓库等建筑物、桥梁、隧道、天桥、装卸机械、养路机械专用动力、照明设备及配线，由主体结构产权单位负责管理。

（7）各单位自备发电机自行管理。

各铁路局按照上述原则，明确划分设备分管范围。凡不属于本单位管理的设备，不得擅自操作或变动。对本规则未规定的设备，其分管范围比照上述分管原则由铁路局自定。

6. 用电设备负荷等级划分、供电原则、审批手续。

根据用电设备的重要程度，电力负荷分为三级：

（1）一级负荷：中断供电将引起人身伤亡，主要设备损坏，大量减产，造成铁路运输秩序混乱。

属于此类负荷有：调度集中、大站电气集中联锁、自动闭塞、驼峰电气集中联锁、驼峰道岔自动集中、机械化驼峰的空压机及驼峰区照明、局通信枢纽及以上的电源室、中心医院的外科和妇科的手术室、特等站和国境站的旅客站房、站台、天桥、地道及设有国际换装设备的用电设备、内燃机车电动上油机械（无其他上油设备时）、局电子计算中心站。

一级负荷的供电原则：两路可靠电源确保即使在故障情况下也不间断供电，并对两路电源的转换时间有要求者。

一级负荷的认定原则：首先确定负荷设备在铁路运输生产中不允许间断工作，并提供相应的依据；所有负荷设备均具备不间断工作的条件；经上级有关领导确定后审批。

（2）二级负荷：中断供电将引起产品报废，生产过程被打乱，影响铁路运输。

属于此类负荷有：机车、车辆检修和整备设备、给水所、非自动闭塞区段的小站电气集中联锁和色灯电联锁器联锁、路局通信枢纽及以下电源室、调度遥信机械室、编组站、区段站、洗罐站、大、中型客（货）运站、隧道通风设备、加冰所、医院、红外线轴温测试装置、道口信号。

二级负荷的供电原则：两路电源或一路可靠电源，确保除故障情况下的不间断供电。

二级负荷的认定原则：由各铁路局自行审批。

（3）三级负荷：不属于一、二级负荷者。

未列出的电力负荷，由各局根据上述原则划分。

7. 电力设备的移设、调拨、封存、启封、拆除、报废由铁路局按有关规定办理。

8. 电力架空线路和电缆线路径路内不得任意建造建筑物和种植妨碍电力设备安全运行的竹木植物，其限界按国家《电力设施保护条例》及其实施细则办理。如确实需要占用时，应得到供电单位同意，报铁路局批准，并由占用单位负责迁移电力线路及负担迁移费用。

9. 发电车是为运输生产服务的备用发电设备，主要供铁路一级负荷事故、检修停电和二级负荷较长时间停电时使用。

10.《供电段履历簿》每年填报一次。

11. 供电能力查定工作三年进行一次。查定办法按有关规定办理。

二、供电与用电

1. 铁路供电与用电单位应密切配合，组织好生产，充分发挥供用电设备潜力，合理利用电力资源。

2. 铁路供电主要为铁路运输生产服务。对于路外用电，原则上不供给。当附近无其他部门电源，确又不影响运输生产用电时，经铁路局批准，可少量供电。

3. 自动闭塞电力线路必须保证行车信号用电，原则上不准供给其他负荷用电，若接其他负荷，需经铁路局批准。

4. 电力贯通线供电范围：

（1）自动闭塞信号备用电源，中间站信号、小站电气集中、无线列调、车站电台、通信机械室等与行车直接相关的小容量设备，红外线轴温探测设备，车站信号室、通信机械室等处的重要照明设备，道口报警设备。供电能力允许时，可对其他重要的小容量二级负荷供电。

（2）其他负荷需经铁路局批准。

5. 为大站电气集中、驼峰等一级负荷设置的两路独立电源，正常情况下，应保持两路经常供电。当一路停电时，另一路应保证供电。

6. 两路电源的用户，严禁两路电源并列运行。电源互投转换装置由用户自行负责运行维护，除信号、医院等对转换时间有要求的部门可装设自动转换装置外，其他用户只允许装设手动转换装置。特殊要求需经铁路局批准。

7. 铁路供用电业务：办理用电申请、电能表的安装、移设、更换、拆除、加封、表计接线、过户、销户及抄表、收费（由供电单位直接收费的）等营业手续，应由供电段负责。

8. 用电单位在铁路供电系统增加用电设备时，应向供电单位办理用电申请手续，批准后方可供电，并不得擅自转供电力。

铁路新建工程增加用电设备涉及变配电设备改造和增容时，由设计单位会同运营部门向电业部门办理有关手续。

9. 供电单位应做好设备安全运行，遇有事故断电应尽快修复。行车供电设备计划检修停电，应编入铁路运输方案。供电设备计划检修停电，要提前通知重要用户。对用电有特殊要求的其他用户，可向供电单位提出申请，供电单位应尽量满足用户要求。

10. 为了确保供电系统的安全，用户总开关的保护整定值或熔丝的容量，必须由供电单位确定，不准随意变更。各单位自备发电机组在安装前须向供电单位提报防止反送电联锁装置方案，批准后方可接入电网。

11. 电压等级和质量。

（1）受电电压根据用电容量、可靠性和输电距离，可采用1(10)35(63)、10 kV 或 380/220 V。

（2）用户受电端电压波动幅度应不超过额定电压的：

① 35 kV 及其以上高压供电的，电压正、负偏差的绝对值之和不超过额定值的 10%；

② 10 kV 及以下三相供电的，为额定值的±7%；

③ 220 V 单相供电的，为额定值的-10% ~ +7%；

④ 自动闭塞信号变压器二次端子，为额定值的±10%。

在电力系统非正常情况下，用户受电端的电压最大允许偏差不应超过额定值的±10%。

供电单位应经常对用户受电电压进行测定和调查。当供电电压达不到上述要求，且对运输生产有影响时，应采取改善措施。

（3）铁路自备发电设备的周波变动不得超过标准周波的±2 周/s。

12. 节约用电：

供电部门应加强供电设备管理，努力提高变、配电所的力率，负荷率，变压器利用率，降低自损率。较大用电量的设备，用户应装设补偿装置，使力率保持在 0.85 以上。

节电量计算：按照路局规定的经济技术指标。

（1）力率节电：每提高 1%，按实际供电量的 0.1% 折算节电量；

（2）负荷率节电：每提高 1%，按实际供电量的 0.05% 折算节电量；

（3）利用率节电：每提高 1%，按实际供电量的 0.1% 折算节电量；

（4）损失率节电：每提高 1%，按实际供电量的 1% 折算节电量。

奖励办法由铁路局制定。

13. 用电计量：

各用电单位及居民住宅等均应装设电能表。电费收缴办法由铁路局制定，对拒不交纳电费的用户，供电部门有权停止供电。

14. 供用电监察：

（1）执行国家、总公司、局供用电管理方针，政策和法规；

（2）监督管内用户执行供用电协议和安全用电；

（3）检查并处理窃电和违章用电；

（4）制止影响铁路供电安全和运输安全的违章用电；

（5）纠正超越审批权限的用电；

（6）对重大及人身触电伤亡事故的检查，督促落实防止事故的措施；

（7）检查新装、扩建单位的用电设施，进行接电前的检查；

（8）监督两路电源的用户采取保安措施，防止在电网停电期间向电网反送电；

（9）制止路内外危及电力设施正常运行的建房和植树。

15. 违章用电及其处理。

（1）凡有下列性质者均属违章用电：

① 采用不正当手段使电能表计量不准者；

② 在供电线路上私自接线用电者；

③ 未办理申请手续增加用电设备容量者；

④ 擅自扩大熔断器（熔丝）容量或用其他金属替代者。

（2）对违章用电按下列规定处理：

① 凡违章用电均按两倍电费额追补电费；

② 损坏供电设备者除赔偿外，并根据情况处以适量罚款。

③ 违章用电的日数及时间的计算，均以实际使用时间为准。倘不能提出确切资料证明时，动力、电热负荷每日按 12 h，照明负荷每日按 6 h，至少按 3 个月计算。

④ 对检举、揭发和查出违章用电者给予适当奖励。

16. 供电部门对违章用电及浪费电力应采取措施加以纠正，对不合格设备应限期处理和改善，对有威胁人身安全及供电系统安全的重大缺陷，应立即停止供电，即时处理。

17. 有关供用电管理办法、供用电监察制度实施细则由各铁路局制定。

 相关知识

一、电力系统概述

电力系统是由发电厂、变电站、输电线、配电系统和负荷组成的有机整体。是现代社会最重要、最庞杂工程系统之一。通常包括动力、发电、变电、输电、配电及用电的全部系统称为电力系统。将电力系统中输送、变换和分配电能的整个环节称为电力网。

（一）发电厂

发电厂（power plant）又称发电站，是将自然界蕴藏的各种一次能源转换为电能（二次能源）的工厂。19 世纪末，随着电力需求的增长，人们开始提出建立电力生产中心的设想。电机制造技术的发展，电能应用范围的扩大，生产对电的需要的迅速增长，发电厂随之应运而生。现在的发电厂有多种发电途径：靠燃煤、石油或天然气驱动涡轮机发电的称热电厂，靠水力发电的称水电站，还有些靠太阳能（光伏）、风力和潮汐发电的小型电站，而以核燃料为能源的核电站已在世界许多国家发挥越来越大的作用。

（二）电力网

电力网是电力系统的重要组成部分，电力网担负着将发电厂和电能生产连接起来组成系统的任务，它对于电力系统的可靠性和经济性运行有着重要的意义。电力网由各种电压等级的输、配电线路和变（配）电站（所）组成。电力网的任务是将电能从发电厂输送和分配到电能用户。按其功能常分为输电网和配电网两大部分，输电网是由 220 kV 及以上的输电线路和与其相连接的变电所组成，是电力系统的主要网络，其作用是将电能输送到各个地区的配电网或直接输送给大型企业用户。配电网是由 110 kV 及以下的配电线路和与其相连接的配电所（或简单的配电变压器）组成，其作用是将电能输送到各类用户。

为了减少电流在输电网络上产生的电能损耗，在远距离的输电网中，一般采用超高压（330 kV 及以上）输电方式。发电厂的发电机端电压不可能过高（一般为 6~10 kV），电能用户的电压也不可能很高（一般 10 kV 及以下），因此，电力网还担负着改变电压等级的作用，这就是变、配电所（站）。变电所（站）由电力变压器和配电装置组成，它是改变电压和分配电能的场所：将电压升高的称为升压变电所（站），将电压降低的称为降压变电所（站），而配电所（站）只负担分配电能的任务。

供电中断将导致生产停顿和人们正常秩序生活被打乱，供电可靠性的衡量指标是以年平均供电小时占全年小时数（8 760 h）的百分数表示的。如有一企业全年停电时间为 8.76 h，停电时间占全年小时数的 0.1%，则其可靠性为 99.9%。

目前，我国大多数企业是以 10 kV，供电的，而居民的生活用电，则多采用 380/220 V 系统供电。供电部门应满足各种电能用户对供电可靠性的要求，按用户的重要程度和对供电可靠性的要求，用电负荷可分为三类，负荷等级不同的工矿企业对供电可靠性的要求有所差别。

（三）电能用户

电能用户主要包括工矿企业、铁路企业和居民等。

工矿企业、铁路企业的电能一般取自电力系统，为了在企业内部合理、经济、可靠地分配、使用电能，往往大型企业又建构自己的供电系统。

二、电力负荷等级

一级负荷应由两路相对独立电源分别供电至用电设备或低压双电源切换装置处，并宜采用双电源自动切换方式，当两个电源中一个电源发生故障时，另一个电源不应同时受到损坏。

二级负荷的 6 kV 及以上供电系统，宜由两回线路供电。在负荷较小或地区供电条件困难时，二级负荷可由一回 6 kV 及以上专用的电力线路供电。当专用电力线路采用架空线路时，可为一回架空线路供电；当采用电缆线路时，应采用两根电缆组成的线路供电，其每根电缆应能承受 100%的二级负荷。二级负荷的消防设备、为通信信号主要设备配置的专用空调、非自动闭塞区段的中小站信号设备和通信设备、道口信号设备等宜由两回线路供电至用电设备或低压双电源切换装置处。

三级负荷可由一路电源供电。

向一级负荷供电的 10（6）kV 配电所和 35 kV 及以上变电所，当一级负荷的两路电源均由本所提供时，应有两路独立电源。当电源电压为 10（6）kV 及以下时，其中一路宜为专盘专线、另一路亦应可靠。为特大型客站供电的变、配电所宜设第三路电源。为自动闭塞电力线路、电力贯通线路供电的 10 kV 配电所的电源一路宜为专盘专线。相邻两变、配电所电源应相互独立，且其中一个变、配电所的电源宜为两路电源。其他 10（6）kV 配电所和 35 kV 及以上变电站，应有一路可靠电源。有条件时，宜有两路电源。具有两路电源的变、配电所，每路电源宜保证全部负荷供电。如供电条件确有困难，当一路电源停电时，另一路电源应保证一级和二级负荷供电。

装有两台及以上主变压器的变电所，当其中任意一台主变压器断开时，其余变压器的容量应至少保证一级和二级负荷的用电。有大量一级或二级负荷的 10kV 及以下变压器宜装设两台及以上。

电力贯通线（自闭线）是用来直接为铁路各车站电气集中设备及区间自闭信号点提供可靠、不间断电源的线路。

自闭线与贯通线的区别：

所供负荷对象和性质不同：自闭线只供自动闭塞信号负荷，为一级负荷；贯通线所供负荷对象比较广泛，即铁路沿线各相关部门的用电负荷，通常为二、三级负荷。导线截面不同：自闭线截面较小，通常为 16~335 mm^2 的铝绞线或钢芯铝绞线；贯通线因负荷大，故截面也大些，一般 50~370 mm^2。通常贯通线作为自闭线的备用电源，即对自闭信号用电而言，自闭线为主供电源，贯通线为备供电源；但自闭线不能作为贯通线所供负荷的备用电源，否则会影响自闭供电的可靠性。一般情况下，铁路 10 kV 自闭贯通电源电力线路的长度为 40 km 左右，同一个供电臂的自闭和贯通线路一般由两个配电所分别供电。比如说上行侧的配电所主供电自闭线路，则贯通线路应该由下行侧的配电所主供，两相邻的配电所对自闭贯通线路的供电是一个所主供，一个所热备供。

三、供电电能质量指标

电能的质量指标包括电源的频率、电压、三相电压的不对称性和波形的非正弦性。

（一）供电频率

我国国标规定工业用交流电的额定频率为 50 Hz，这也是国际电工学会规定的工业用交流电的标准频率，简称工频 50 Hz，当电力系统的有功功率电源不足或缺乏备用容量时，往往会造成低周波运行。当供电频率低于额定频率运行时，将会造成很大的危害：影响发电厂的安全运行，使电动机转速下降，影响企业产品的质量、影响电钟行走的准确性等。为此国家"供用电规则"规定：电网容量在 300 万 kW 以下者，供电频率允许偏差±0.2 Hz；300 万 kW 以下者，允许偏差差±0.5 Hz；电力系统非正常状况下，供电频率允许偏差不应超过±1.0 Hz。

（二）供电电压及其偏差

所谓额定电压是指用电设备（如电动机、照明灯具）、发电机和变压器在正常运行时，具有的最佳经济技术指标的电压。

当电流流过电力线路或变压器时将产生电压降和电能损耗，使受电端电压较送电端电压低一定的数值，在一般情况下，距离电源越远的用户受电电压越低。为了提高线路末端的电压，可采用提高送电端的电压，使送电端的运行电压高于其额定电压（如 10 kV 的网络，送电端的电压可设计为 10.5 kV）。由于负荷随时间不断变化，同一用电设备的受电电压也随时间而变化，即电压波动。电力用户对电压偏差的要求：

（1）35 kV 及以上高压供电用户，电压偏差不超过额定值的±10%；
（2）10 kV 及以下的三相用户，电压偏差值不超过±7%；
（3）220 V 单相供电的用户，电压偏差值不超过-10% ~ +7%；
（4）铁路自动闭塞信号变压器的二次端子，其电压偏差值不超过额定电压的±10%；
（5）在电力系统非正常情况下，用户受电端的最大偏差值不应超过额定值的±10%。

从牵引供电系统取得的 10 kV 及以下电源，应采取稳压措施，供至用电设备前的电源电压允许偏差值不得大于额定电压的±5%。正常运行情况下，10 kV 线路自供电变压器二次侧出口至线路末端变压器一次侧入口的允许电压偏差值不得大于线路额定电压的±5 %。正常运行情况下，用电设备端子处电压偏差允许值（以用电设备额定电压百分数表示）宜符合下列要求：

（1）电动机为±5%。
（2）照明：在一般工作场所为±5%，当工作场所远离变电所难以满足上述要求时可为+5%、-10%，应急照明、道路照明和警卫照明等为+ 5 %、-10%。
（3）其他用电设备当无特殊规定时为±5%。

当自然功率因数不能满足要求时，变压器容量在 100 kV·A 及以上的变电所低压侧宜进行无功功率补偿，补偿后的功率因数应为 0.85 以上。当自然功率因数不能满足要求时，10（6）kV 配电所及 10（6）kV 以上变电所应在 10（6）kV 侧进行无功功率补偿，补偿后的功率因数应为 0.9 以上。

任务2　电力设备运行

【知识目标】
1. 了解相邻配电所短时并列运行应具备的条件；
2. 了解电力运行人员交接班时应进行的工作；
3. 了解电力调度工作；
4. 了解发、变、配电所运行值班人员工作；
5. 了解电力设备运行的基本要求。

【能力目标】
1. 能担任电力调度和发、变、配电所运行值班员等工作；
2. 会正确使用各种电力设备。

一、一般规定

1. 电力设备的运行管理应贯彻岗位责任制、交接班制、分工负责制和设备保养制度。供电单位应加强对运行中的供电设备的监视、检查和养护工作，提高供电质量，保证安全、经济、可靠供电。

2. 运行单位应有必要的、与运行设备相符合的技术图纸及有关资料，以便系统地、历史地掌握设备状态。

3. 为保证供电，供电部门应备有事故应急备品、备件，经常保持良好状态，用后及时补充。电力设备事故抢修应急备品贮备数量及必须备有的工具、燃料、油脂贮备量，由铁路局自行核定。

4. 为了迅速排除故障，缩短停电时间，减少对铁路运输造成的损失，供电部门应具备以下抢修能力：

（1）抢修车辆的分布，应能保证设备出现故障时，在规定时间（各局根据设备分布情况自定）内到达现场。抢修指挥车应随时待命，能够及时出动指挥抢修。

（2）供电调度、配电所、运行班组、沿线故障现场之间的通信联系，须可靠、畅通。

（3）调度室、配电所值班室须有与电业部门联系的直通电话。

5. 相邻两所间的自动闭塞电力线路和电力贯通线路主、备运行方式的确定：

（1）局分界处，单回路由管辖区段长的局负责主供，双回路两局各送一回（自动闭塞电力线路由管辖区段长的局负责主供）；

（2）局管内由各铁路局自行确定。

6. 为保证对自动闭塞等一级负荷不间断供电，在转换主供所和备用所的供电方式，区间开口、合口，跨所送电的操作中，允许相邻配电所短时并列运行。并列运行应符合下列条件：

（1）两所母线电压接近相等；

（2）两所的频率相等（同一电网）；

（3）两所的电压相位相同；

（4）并网时的电流不超过继电保护的整定值。

当操作目的一经达到，应立即解列运行。

7. 电力运行人员交接班时应进行下列工作：

（1）交班人员应向接班人员介绍设备运行情况，接班人员阅读运行日志及有关记录，熟悉上一班情况；

（2）交接班人员共同巡视设备，检查信号装置和安全设施是否良好完备；

（3）检查工具、仪表、安全用具、备品等是否完备。

交接班完毕，由交接班人员在交接记录上签字。

正在处理事故或倒闸作业，不得进行交接班。未办完交接班手续，交班人员不得离开岗位。

8. 电力调度应做好下列工作：

（1）掌握设备分布、运行方式及状态；

（2）正确及时发布调度命令；

（3）掌握停、送电和倒闸作业；

（4）正确操作远动装置；

（5）指挥事故处理，掌握安全情况，提出预防事故措施；

（6）掌握系统负荷、供电质量，分析运行中的问题，提出改进意见；

（7）及时传达上级命令和有关指示，及时向上级汇报情况；

（8）运用计算机进行调度管理工作。

9. 值班电力工应熟悉设备，能及时处理故障。

10. 发、变、配电所运行值班人员应做好下列工作：

（1）熟悉供电系统和用户用电设备使用情况，监视设备的运行和仪表指示；

（2）熟悉供电设备性能和一、二次结线系统，能迅速处理故障；

（3）按调度命令或工作票填写倒闸作业票，并正确地进行倒闸作业；

（4）会正确签工作票和做好停电作业的安全许可和规定的监护工作；

（5）定期巡回检查和搞好日常养护工作，定期对供电系统进行安全分析，制定预防事故措施；

（6）及时、正确地填写各种记录和报表，妥善保管图纸、资料、管好工具、备品。

11. 发电司机应做好下列工作：

（1）按操作细则进行设备的启动、调整、停电等作业；

（2）熟悉设备性能，处理一般故障；

（3）在运行中应经常检查、巡视设备、做好日常保养；

（4）正确填写有关记录，核算消耗定额，努力降低燃料、油脂消耗指标；

（5）保持设备和环境清洁，做好防火工作；

（6）经常与配电值班员取得联系。

12. 备用发电设备和发电车须建立值班制度，严禁拆用零件、部件，经常保持良好状态，保证在急需时能按下列要求迅速投入运行。

（1）内燃发电机组和发电车应保证在 30 min 内即可运转发电。发电车外出发电时，应在 2 h 内整备完毕。

（2）内燃备用发电设备和发电车应按期进行试运，每月不少于一次。

二、电力设备运行的基本要求

（一）内燃机

1. 内燃机启动前，司机应详细检查内燃机及其附属设备以及润滑、燃料、冷却、启动系统的状态。

内燃机启动后，应先低速运转，并检查机器的运转情况，但不得停留在临界转速上，以免发生震动，损坏曲轴。

2. 新安装或大修后的内燃机，应进行磨合运转，磨合后更换全部润滑油，清洗曲轴箱、机油滤清器及转动摩擦部位，确认运转正常后，方可投入运行。

内燃机磨合运转程序应按制造厂的规定进行，无规定时可参考下列规定：

（1）空转 2 h；

（2）带负荷运转 7 h，所带负荷容量及运转时间按表 8.2.1 执行。

表 8.2.1　内燃机带负荷磨合的运转时间表

顺号	负荷占额定容量的%	运转时间（h）	备注
1	25	0.5	
2	50	0.5	
3	75	1	油门全开以调速器控制转速。
4	100	4	
5	110	1	

3. 遇有下列情况之一时，应停机修理：

（1）喷嘴堵塞或喷射量过大；

（2）燃料油供应系统不正常或燃料油压力不足；

（3）发生不正常的强烈打音；

（4）机器运转不正常，飞轮发生震动；

（5）任一轴承发热超过允许温度；

（6）活塞在汽缸内卡住；

（7）调速器发生故障；

（8）冷却水泵损坏或冷却水温超过 85 ℃虽采取措施仍不能下降时；

（9）润滑油泵损坏或机油压力超过规定限度；

（10）发电机发生机械或电气故障危及安全时。

4. 内燃机第一次启动未成功时，应检查燃油泵、喷嘴、各阀门和启动系统，并转动飞轮吹洗汽缸，驱除其中的积存燃料，消除缸欠后，方可第二次启动。

（二）发电机

1. 新安装及大修后的发电机以及长期停运的发电机，在运行前应检查换向器、滑环、接线端子和轴承，测试各部绕组的绝缘电阻，确认良好后方可运行。

2. 机械室的控制室（值班室）应装设便于相互联络的声、光、文字标志等信号装置，并经常处于良好状态。

3. 发电机运行时,先将激磁电流置于最小值,运转正常后缓慢加大激磁电压至额定电压,然后再逐步增加负荷。从半负荷增至满负荷,一般不少于 10 min。

发电机的电压变动应保持在额定值的±5%;频率变动不应超过±2 周/秒;三相不平衡电流不应超过额定电流的 10%;任何一相的电流均不应大于额定值。

4. 发电机的允许温升,不应超过制造厂规定的数值,无规定时,当空气温度为 35 ℃时,不允许超过表 8.2.2 的规定。

表 8.2.2　发电机允许温升表

顺号	部件名称	A 级绝缘		B 级绝缘	
		温度表法	电阻法	温度表法	电阻法
1	各部绕组	55	65	75	85
2	整流子和铁芯	65		85	
3	滑环	70		90	
4	滑动轴承	45		45	
5	滚动轴承	60		60	

5. 在其他发电机事故情况下允许正常发电机短时过载,允许过载时间可参考表 8.2.3:

表 8.2.3　事故情况下发电机允许过载时间表

过载电流/额定电流	1.1	1.12	1.15	1.25	1.5
允许过载时间(min)	60	30	15	5	2

6. 发电机并列运行时,应电压相同,频率相同,相位一致,并严格遵守操作程序。

7. 运行中的发电机发生下列情况时,应停机或解列:

(1) 激磁回路接地,转子绕组短路,发电机冒烟时;

(2) 发现并列运行的发电机,因失掉激磁或其他故障而失去同步时;

(3) 轻载运转时,电刷发生强烈火花。

8. 值班人员应经常检查发电机的运行状态,其检查周期和技术标准按表 8.2.4 执行。

表 8.2.4　运行发电机检查周期表

顺号	项目	周期	标准
1	整流子和滑环	长期运行后	无椭圆度
2	定子与转子的气隙差	长期运行后	不超过平均值的 10%
3	电刷与刷架间隙	更换电刷时	0.1～0.2 mm
4	定子绝缘电阻	长期停运后的启动前,经常运转的每月不少于一次	同试验标准
5	转子绕组和励磁回路的绝缘电阻	同上	同上
6	记录负荷电流	每小时一次	正常运行时不超过额定值
7	清扫内部灰尘	每月一次	清洁
8	检查刷握压力	每月一次	压力适当

（三）变压器

1. 变压器运行前，应进行外部检查，并根据规定进行电气试验，确认良好后方准运行。变压器经过长途运输后，应测试检查有无损坏或零件松动，必要时进行吊芯检查。

2. 为了不间断供电，应妥善保管备用变压器，干式变压器应注重防潮。备用变压器一般不少于总台数的 15%。

3. 变压器运行电压的变动范围在额定电压的±5%以内时其容量不变。转换分接头在任何位置，其所加电压不得超过其相应电压的 105%。在个别情况下，经过试验，加在变压器一次侧的电压允许增高至分接头额定电压的 110%。

4. 油浸式电力变压器运行中的允许温度应按上层油温来检查。上层油温的允许值应遵守制造厂的规定。为了防止变压器油劣化过速，上层油温不宜经常超过 85 ℃。干式变压器的运行温度，遵守制造厂的规定。

5. 允许变压器正常或事故情况下过载运行，其过载能力如表 8.2.5 和表 8.2.6 所示。干式变压器宜控制在不超过额定电流的状态下运行。

表 8.2.5　正常情况下的允许过载能力表

	0.75	0.70	0.65	0.60
2 h	1.15	1.175	1.22	1.25
4 h	1.13	1.165	1.20	1.225

表 8.2.6　事故情况下的允许过载能力表

允许过载倍数	1.3	1.45	1.6	1.75	2.00
过载持续时间（min）	120	80	45	20	10

6. 线圈按 Y/Y-12 连接的变压器的中线电流不得超过低压线圈额定电流的 25%。100 kV·A 及以上变压器二次侧必须装有带消弧装置的总开关。

7. 运行变压器的负荷记录，负荷测定，外部检查，电压变动测量，应按表 8.2.7 规定执行，并将异常情况做好记录。

表 8.2.7　运行变压器的检查项目和测试周期表

顺号	项目	有人值班的变电所	无人值班变电所或变电台	
			315 kV·A 及以上	315 kV·A 以下
1	负荷测定	每小时记录一次指示仪表，处于过载时 15 min 记录一次	每年记录一次连续 24 h 的负荷，并绘制负荷曲线	每半年不少于一次（最大负荷时）
2	电压变动测量	每小时记录一次指示仪表	每年记录一次（连续 24 h）	每半年不少于一次（最大负荷时）
3	绝缘电阻测定	投运前、长期停用后、每半年一次	同左	同左
4	外部检查	每班巡视检查一次，每周夜间熄灯巡视检查一次	每月检查一次（和巡视同时进行）	同左

续表 8.2.7

顺号	项目	有人值班的变电所	无人值班变电所或变电台	
			315 kV·A 及以上	315 kV·A 以下
4	外部检查	检查项目 (1) 油面、油色是否正常，并记录油温 (2) 套管有无油垢、裂纹、破损、放电痕迹 (3) 有无异常音响 (4) 外壳有无漏油、渗油 (5) 联接母线、电缆线有无变形过热 (6) 变压器的通风、照明是否完善		
5	熔断器检查和熔丝更换	检查瓷绝缘是否完整，熔丝是否松动变质，容量是否符合规定(每月不少于一次)。熔丝容量的选择一般为：高压熔丝按一次额定电流的 1.5~2 倍，低压熔丝按二次额定电流。特殊情况按计算确定。熔丝更换时间一般为：高压半年；低压一年		

8. 变压器无载调压分接开关分接位置应正确，回路导通应良好，不准带电转换分接位置。

9. 变压器并列运行时，必须具备下列条件：
（1）极性或接线组别相同；
（2）电压比相等；
（3）阻抗电压百分数相等；
（4）电阻与漏泄电抗的比值相等。

10. 运行变压器有下列情况之一时，应即停止运行：
（1）变压器内部音响很大，很不均匀，有爆裂声；
（2）在正常冷却条件下，温度不断上升；
（3）油枕或防爆管喷油；
（4）油面低于油位指标器下限；
（5）油色有明显变化，油内出现碳质等；
（6）套管有严重的破损和放电。

11. 瓦斯保护装置的变压器由运行改为备用时，瓦斯保护装置应照常与信号连接，发现油面降低应及时添油。

12. 变压器在空载情况下的拉合闸，一般应使用断路器，使用隔离开关时仅限于表 8.2.8 范围：

表 8.2.8 用隔离开关拉、合空载变压器容量表

顺号	电压等级（kV）	容量（kV·A）
1	3	200 以下
2	(6)10	400 以下
3	2(2)35	630 以下

作用隔离开关操作 35 kV 以上的空载变压器时，必须作用三相联动操作机构。

（四）配电装置

1. 新装或大修后的配电装置，经下列检验合格后方准运行：
（1）测量绝缘电阻，必要时作耐压试验；
（2）母线连接点严密，构架坚固；
（3）相位正确；
（4）开关触头严密，操作机构动作灵活；
（5）充油设备中的绝缘油经简化分析合格；
（6）二次回路的接线正确，继电保护试验和绝缘电阻合格；
（7）过电压保护和接地装置完整；
（8）安全用具、事故备品和消防器具齐全。

2. 隔离开关一般不允许带负荷操作。如回路中无断路器时，允许使用隔离开关进行下列操作：
（1）开、合电压互感器和避雷器；
（2）开、合仅有电容电流的母线设备；
（3）电容电流不超过 5 A 的无负荷线路。当电压在 20 kV 及以上时，应使用户外三相联动隔离开关；
（4）用户外型三相联动隔离开关，允许开、合电压为 10 kV 及以下，电流为 15 A 以下的负荷；
（5）开、合电压为 10 kV 及以下，电流在 70 A 以下的环路均衡电流。

3. 油断路器每次故障跳闸后，应进行外部检查，并记录。一般累计四次短路跳闸，应进行解体修。无机械联锁装置的电动合闸机构，禁止在带电时用手动杠杆或千斤顶合闸，操作箱应严密加锁。无自动重合闸装置的断路器，事故跳闸后允许合闸一次。越级和电容器跳闸不准重合。

4. 电流互感器二次不准开路，电压互感器二次不得短路，硅元件不准用兆欧表测量绝缘电阻。

5. 中性点绝缘系统和小电流接地系统单相接地故障应及时处理，允许故障运行时间一般不超过 2 h。

6. 遇有下列情况时，配电装置应即停止运行：
（1）断路器漏油，油面超过下限；
（2）故障跳闸后，断路器内部喷油冒烟；
（3）断路器合闸和跳闸操作失灵；
（4）电流互感器二次开路，磁套管爆裂或流胶冒烟。

7. 变配电装置的巡视检查，应按表 8.2.9 规定进行，并做好记录。

表 8.2.9 变配电装置巡视检查周期和项目表

顺号	名称	周期	工作项目
1	定期巡视	有人值班每班一次，无人值班每月至少一次	（1）检查瓷绝缘和各种接点以及接触部分是否良好，有无脏污、裂纹、倾斜、放电现象，有无过热、变色现象 （2）各部装置是否清洁，有无异常音响及绝缘焦化等异常气味 （3）各注油设备的油面、油温是否合乎规定，有无漏油、渗油 （4）测量仪表、信号显示是否正确 （5）接地网是否良好，有无破损 （6）安全用具及消防用具是否齐全

续表 8.2.9

顺号	名称	周期	工作项目
2	夜间巡视	每周至少一次	关闭照明灯,检查各部接点及接触部分有无烧红,瓷绝缘闪络,开关接触不严、放电现象
3	特殊巡视 事故巡视	不规定	根据电力调度命令进行
4	所主任、所技术人员检查性巡视	每季至少一次	根据值班人员巡视记录重点进行巡视,并提出处理缺陷的意见
5	段长、技术主任、主管运用技术人员检查性巡视	每年至少一次	同　上

(五) 电容器的运行

1. 装和长期停运的电容器在投入运行前,应进行下列检查和试验:

(1) 检查熔断器是否良好,熔丝的额定电流应不超过电容器额定电流的 1.3 倍;

(2) 检查各部接触是否良好,测量放电回路是否完整;

(3) 检查电容器室通风装置是否完善;

(4) 测量电容值,并不应超过额定值的 10%。各相电容值应尽量保持平衡,若相差超过 ±5%,应互相换装;

(5) 测量绝缘电阻。

2. 器停止运行后,应能自动放电。电容器组必须放电完了后再投入运行。电容器组的断路器事故跳闸后未消除故障前不准合闸。

3. 器组在运行中发生下列情况之一时,应立即全部或部分撤除运行。

(1) 电容器外壳膨胀、严重渗油、内部有异音及外部有火花时;

(2) 因电容器组投入而引起电压升高超过规定范围时;

(3) 室内温度超过制造厂规定时,若无制造厂规定,当室内温度超过 35 ℃。

(六) 电力架空线路

1. 大修后的架空电力线路交验后在运行前应进行下列检查:

(1) 确定线路相位;

(2) 检查电线路限界是否合乎规定;

(3) 检查保护装置、接地装置、绝缘子安装情况及各种试验记录;

(4) 检查杆塔各部构件的安装情况;

(5) 高压线路在空载情况下,以额定电压冲击合闸三次。

2. 线路的巡视检查应按表 8.2.10 规定进行,并做好记录。

3. 线路应按表 8.2.11 项目进行检查和测量。

(七) 电缆线路

1. 大修或重做电缆盒的电缆,运行前应进行下列检查和测试:

（1）检查电缆芯线并定相；
（2）测量电缆绝缘电阻；
（3）测量电缆泄漏电流及直流耐压试验；
（4）测量接地电阻。

2．在正常运行时，不应超过允许载流量；事故情况下，允许两小时以内连续过载不超过额定电流的5%。

3．线路的日常维护和测试按表8.2.12规定进行。

4．电缆线路的巡视应按下列规定进行：

（1）电缆线路径路：每季一次。

（2）电缆入孔井：每半年一次。

特殊性（解冻、洪水、暴雨后）和故障后巡视，由各局根据情况决定。

表8.2.10　电力线路巡视检查周期和项目表

顺号	名称	周期	工作项目
1	定期巡视	每月至少一次	（1）检查树枝是否接近导线，施工中的建筑物和其他设备是否侵入线路限界，电杆附近有否堆积柴草，杆塔基础是否被水冲刷，杆顶有无鸟巢，导线是否挂有其他物件等 （2）检查电杆是否歪斜、扭转，基础下沉、杆身损伤，螺丝是否松扣、脱落，横担撑角是否弯曲、倾斜，拉线是否断股、松弛、地锚浮出等 （3）检查导线、避雷线及接地线是否断线、断股，导线、避雷线是否松弛过大不均 （4）绝缘子有无大量污垢和严重破损，绑线是否松弛，悬式绝缘子开口销是否脱出等 （5）变压器台及栅栏有无倾斜、避雷器是否破损，变压器油温和油面是否超限，套管有无脏污、裂纹、损坏和闪络痕迹，外壳有无漏渗油，开关接触是否良好，熔丝是否氧化发热，开关箱和操作机构有无破损等 （6）投光灯塔是否倾斜，升降机构是否灵活、可靠，灯塔（桥）栅栏是否完整，开关箱有无破损，照明灯具是否完整 （7）检查低压联络箱各部 （8）测量各车站、信号楼、联络箱等分界处电流、电压
2	夜间巡视	半年一次	检查导线连接点有无烧红，绝缘子有无闪络，开关接触是否严密，有无放电等现象，测量负荷点电流、电压
3	特殊巡视	遇有各种自然灾害时进行	工作项目同本表1项
4	故障巡视	不规定	在事故跳闸或发现有接地现象后，无论线路是否重合闸良好，均应根据值班电力调度命令，查明线路接地事故及跳闸原因，找出故障地点

续表 8.2.10

顺号	名称	周期	工作项目
5	所主任、所技术人员的检查性巡视	每半年不少于一次	根据工区巡视检查记录,检查线路与其他建筑物限界,线路质量和安全等情况,并提出解决缺陷的意见
6	段长、总工程师,技术主任和段技术人员的检查性巡视	每年至少一次	根据工区巡视检查记录,检查线路与其他建筑物限界,线路质量和安全等情况,并提出解决缺陷的意见

表 8.2.11 电力线路检查、测量项目和周期表

顺号	项目	周期	备注
1	检查木杆、木横担腐朽情况	每年一次	可结合电力设备鉴定同时进行
2	检查水泥电杆缺陷	每年一次	同上
3	检查拉线锈蚀	每年一次	同上
4	检查铁塔锈蚀	每年一次	同上
5	检查杆塔接地引下线及测量接地电阻	每年一次	土壤干燥时测量
6	测量导线弧垂、限界及交叉跨越	每年一次	最高气温时测定
7	检查高杆塔或特殊杆塔基础	每年一次	可结合电力设备鉴定同时进行
8	测量和检查导线连接器	每年一次	同上
9	测量电压降	每年一次	同上
10	检查线路金具锈蚀	每年一次	同上

表 8.2.12 电缆线路维护、测量项目和周期表

顺号	项目	周期
1	负荷测定(不包括信号灯)	每半年不少于一次
2	绝缘电阻测量	每年不少于一次
3	接地装置检查及接地电阻测定	每年不少于一次
4	电缆盒及套管清扫	每半年不少于一次
5	容断器检查	每月不少于一次

(七)远动设备运行的基本要求

1. 主控站。

(1)远动检修人员在检修主控站远动设备时需经值班调度员同意,并在检修记录中登记后方可开工,检修完工后需双方确定设备处于正常工作状态并签字后方可离开。

(2)值班调度未经检修人员同意,不得进入系统及数据库进行更改设置。

(3)主控站具备主、备电源和 UPS 三路电源。交流电源需在 380(1-10%)~380(1+15%)V 和(50±3)Hz 的范围内。

(4)除值班调度与维护人员外,任何人不得操作工控机。

（5）当正在处理外线事故时，除值班调度外，任何人不得操作工控机，以防误操作。

（6）交班时，值班调度应检查通道及被控站的运行情况。

（7）任何人不得利用工控机做与远动无关的工作。

（8）任何人不得在带电的情况下拔插所有远动设备的接插件。

（9）UPS后备电源必须工作在逆变状态，并且每月放电一次，时间为半小时。

（10）每星期一次由系统员全面检查主机的运行情况，值班调度发现机器运行不正常即报维护人员进行处理。

2. 被控站。

（1）所有检修工作需在断电后进行，且断电至通电时间间隔至少10 s。

（2）所有的对RTU内部的维护完毕后，必须仔细检查接线正确，安装牢靠，接触良好方可通电。

（3）值班员发现异常时向维护人员报告，维护人员必须尽快处理；

（4）交流电源需在220（1±20%）V和50±3 Hz的范围内，直流电源需在220（1+20%）V；

（5）检查项目包括：RTU遥控试验对象及箱内风扇运行情况，观察遥信和遥测值，各挡工作电压值是否正常；周期：三个月一次。

（八）绝缘油

1. 绝缘油的贮存不应少于事故备用油量加一年的耗油量。事故备用油量应为段管内一台最大变压器的油量。

2. 备用绝缘油应经常保持良好状态，并定期进行试验。废旧油应经过再生处理后方可继续使用。

3. 再生绝缘油应加强管理，不应任意混合使用。不同标号的绝缘油混用时，应经过化验分析合格后方准使用。

任务3 电力设备检修

【知识目标】

1. 了解电力设备检修原则；
2. 了解电力设备检修的三个等级；
3. 了解电力设备检修的技术管理。

【能力目标】

1. 会对电力设备进行检修；
2. 掌握电力设备检修的技术管理。

1. 电力设备检修，应贯彻"预防为主，保养与维修、一般修与重点修、状态检测与计划检修相结合"的原则，按标准精检细修，不断提高检修质量。

2. 电力设备检修采用状态检测和计划检修方式：根据设备状态确定检修等级及内容，合理安排计划。

3. 电力设备检修分为以下三个等级：

（1）大修：属彻底性修理，对设备进行全部解体，全面检查、试验、探伤、调整，更换全部不合标准零、部件及附属装置。大修应结合运输生产发展的需要进行技术改造。通过大修提高设备的性能与效率，保证质量良好地使用。

大修由设备使用年限（见表 8.3.1）或状态检测结果确定。

表 8.3.1 设备使用年限

设备名称	使用年限
架空线路	15 年
电缆线路	15 年
变压器	15 年
配电装置	15 年
变压器台	15 年
投光灯塔（桥）	15 年
内燃机	8 000 h
发电机	6 年

（2）维修：对设备局部解体，着重恢复设备的电气性能、机械强度和精度，更换主要不合标准零、部件及附属装置，使设备质量达到合格以上要求。

维修分为两种：

① 重点修：有关行车设备或危及供电安全的设备。在巡检或保养时发现缺陷，应马上组织抢修或整治，修后必须达到合格以上质量标准。对关键部件如避雷器、跌落保险、低压熔丝等应进行强制性更换。

② 一般修：不危及供电安全的非重点设备，在发现缺陷后，列入月检修计划。

（3）保养：对电力设备进行检查、测试、清扫、调整及补油，达到及时发现设备隐患，改善设备工作状态的目的。

4. 电力设备保养周期：全面保养（需停电进行）一般为半年一次（内燃机为运行 500 h），日常保养（不需停电进行）可结合巡检进行。

5. 设备运行虽已达到大修年限，但经试验鉴定确认质量良好时，经总工程师批准，并报铁路局备案，可适当延长大修周期；设备虽未达到大修年限，但经试验鉴定已不能保证安全运行时，经铁路局批准可提前进行大修。

6. 检修的技术管理。

（1）修前调查：设备修理前应进行质量状态检查，确定检修项目，认真做好设计文件和材料、工具、备件及劳力的准备工作。

（2）修中检查：检修过程中检修人员必须按工艺精检细修，解决技术关键，加强零、部件的中间检查，保证检修质量。同时对设备的关键部件、主要的技术参数和隐蔽工程，应认真做好记录。

（3）修后验收：按设备鉴定标准进行验收。大修工程验收应按《铁路建筑安装工程质量评定验交标准（电力）》的有关规定进行，并提出验收报告。验收报告包括：竣工图纸、试验合格证、各种记录和技术文件，并及时纳入技术档案。

7. 电力设备检修项目、范围、标准等由各铁路局参照国家行业标准及产品使用说明书制定。

 相关知识

一、变配电系统的电气设备分类

变配电系统的电气设备可分为一次设备和二次设备两大类,一次设备是变配电系统的主体,二次设备是变配电系统安全可靠运行的重要保障,二者缺一不可,共同协调工作才能保证变配电系统安全可靠地运行。

(1)一次设备。

在变配电所中,直接用来接受电能、改变电能电压和分配电能以及相关的所有设备,均称为一次设备,或称为主设备。由一次设备构成的电路相应称一次电路或主电路。

(2)二次设备。

对一次设备进行控制、保护、监测和指示的设备,称为二次设备。如各种继电器、控制开关、成套继电保护装置等。二次设备是变配电系统的重要组成部分。

1. 电力变压器。

电力变压器是变电所中最重要的一次设备,其主要功能是变换电压和传输电能,将一次侧的电能通过电磁能量转换的方式传输到二次侧,同时根据应用的需要将电压升高或降低,完成电能的输送和分配。变压器在传输电能的过程中会有损耗,但目前变压器在设计、结构和工艺方面都有较成熟的技术,所以工作效率有较大提高,中小型变压器的效率一般不低于95%,大型变压器的效率更可达98%以上。

电力变压器主要技术参数:

电力变压器的主要技术参数均标示在铭牌上,主要有下面9项:

额定容量 S_N:变压器在额定工作状态下连续输出的视在功率,表示变压器传输电能的能力。

额定电压 U_N:高压侧所接电网的额定线电压,铭牌上同时还给出低压侧的电压。

额定电流 I_N:变压器额定工作状态时长期允许通过的线电流,分高压侧、低压侧的额定电流。

空载损耗 ΔP_b:变压器在空载的情况下吸取电网的有功功率称为空载损耗。空载时电流较小,如果忽略变压器绕组的电阻损耗部分,则空载损耗就是变压器的铁芯损耗,铁芯损耗包括铁芯的磁滞损耗和涡流损耗两部分。

短路损耗 ΔP_K:将变压器二次侧短接后,在一次绕组中通过额定电流时变压器吸取电网的有功功率。此时电压较低,铁芯损耗较小,如果忽略铁芯损耗,则变压器的短路损耗就是变压器的铜耗(电阻损耗)。

阻抗电压百分比 $U_k\%$:表明变压器阻抗大小的参数,表示变压器通过额定电流在变压器绕组上产生的电压损耗百分值。其主要作用是计算短路电流和衡量变压器多台变压器是否可以并联运行。两台变压器的阻抗电压百分比相差超过10%则不能并联运行。

连接组别:表示变压器一次侧和二次侧绕组连接方法和电压的相位关系。如 YN,d11,表示一次侧是星形接法,中性点直接接地,二次侧是三角形接法,数字11表示一次侧与二次侧线电压的相位角关系。

冷却方式：表示变压器的冷却系统，用变压器冷却介质和循环方式表示。如 ONAF 表示油浸风冷。

型号：

国产电力变压器产品型号为：

1 2 3 4 5 6 7—8 /9

其中数字含义为：

1——D 单相，S 三相；

2——C 成型固体绝缘，K 空气绝缘，油浸绝缘不标注；

3——油浸自冷不标注，F 油浸风冷，W 油浸水冷；

4——P 强迫循环，D 强油导向，N 自然循环；

5——S 三绕组，双绕组不标注；

6——2 有载调压，无励磁调压不标注；

7——设计序号；

8——额定容量，kV·A；

9——高压绕组额定线电压。

如：SF7-20000/110 表示额定容量为 20 000 kV·A、高压侧额定电压为 110 kV 的油浸风冷三相双绕组电力变压器。

通常变压器型号只标出相数、冷却方式、设计序号、容量和高压侧电压等级。旧型号中的变压器也将绕组材质表示出来，"L" 表示铝绕组，如 SL7 系列变压器。

我国常用的节能变压器主要有 S7-10 kV 系列、SL7-35 kV 系列和目前推广使用的 S9-10 kV 系列。

2. 互感器。

互感器（仪用互感器）是一次电路（主电路）和二次设备（测量、保护及监控电路）之间的联络设备。其具体作用是：

将二次电气设备（仪表、继电器线圈等）与高压、大电流的一次电路隔离，解决绝缘问题，保证操作人员和二次设备的安全。将高压、大电流统一变换成标准的低压、小电流，作为二次设备的交流电源。同时便于安装标准化的仪表继电器。变配电所中装设的互感器有电压互感器和电流互感器，前者将高电压变为标准的低电压（电压互感器二次侧额定电压 U_{2N} 为 $100/\sqrt{3}$ V）；后者将高、低压大电流变为标准小电流（电流互感器二次侧额定电流 I_{2N} 为 5 A 或 1 A）。所以电流互感器相当于一台容量很小、工作状态近似副边短路的变压器。电流互感器又称为变流器，或简称为"流互"，其符号用"TA"表示。

二、铁路电气设备检修技术的发展

铁路电气设备检修技术的发展大致可以分为 3 个阶段：事故检修→定期检修→状态检修。

事故检修是 20 世纪 50 年代以前主要采取的方式，就是在设备发生了故障或事故以后才进行检修。20 世纪 60—70 年代，由于设备的生产效率越来越高，突发故障所造成的损失也越来越大，因此如何避免和减少损失就成为十分突出的问题，于是逐步形成定期预防检修体系。

定期检修是一种基于时间的检修，检修工作的内容与周期都是预先通过计划安排设定的，但这种定期检修的管理制度往往是以牺牲企业的自身经济利益为代价的,在设备尚未发生缺陷且可正常运行的情况下就进行停运检修甚至更换设备,造成不必要的人、财、物的浪费。

状态检修是通过对设备状态进行检测,然后按设备的健康状态来安排检修的一种策略。按设备的实际运行情况来决定检修时间和部位,针对性较强,经济合理。据有关统计,实施状态检修后,设备故障率可降低 75%,综合检修费用可减少 30%~50%,这种设备检修管理策略具有明显的社会效益和经济效益。

任务4　电力设备鉴定、电力设备试验

【知识目标】
1. 了解电力设备鉴定后的等级划分;
2. 了解电力设备鉴定统计方法;
3. 了解电力试验所任务;

【能力目标】
1. 会对电力设备鉴定后进行等级划分;
2. 能完成电力试验所的工作任务。

一、电力设备鉴定

1. 设备鉴定是电力管理工作的重要组成部分,是掌握设备质量,做好设备检修的重要依据。电力设备秋季鉴定每年一次。
2. 对下列电力设备可不作鉴定和统计:
(1) 已封存的设备;
(2) 已列入年度大修计划的设备;
(3) 本年度新建或大修的设备,其质量状态可按竣工验收评定结果统计。
3. 鉴定后的质量等级分为以下三种:
(1) 优良——主要项目达到优良标准,次要项目全部达到合格以上标准者;
(2) 合格——主要项目全部达到合格标准,次要项目多数达到合格以上标准者;
(3) 不合格——主要项目中有一项未达到合格标准或次要项目多数不合格者。
4. 鉴定统计方法:
(1) 内燃机、发电机(电动机)、变压器、交流电焊机、断路器等以台为单位;
(2) 室内配电装置,如开关柜、控制屏(台)、整流柜等以面为单位;
(3) 变压器台、照明灯塔(桥)以座为单位;
(4) 电缆线路以每条为一鉴定单位,按公里/条统计;
(5) 电线路一般以连续编号为一鉴定单位;自动闭塞、电力贯通线和区间供电线路以每一公里为一鉴定单位,按公里/段统计;
(6) 电容器以台为单位。

附属于主机的电气设备随主机同时鉴定,其电气设备质量可按本标准有关规定评定。

5. 电力设备质量鉴定结果应详细记录，汇总分析，写出总结，提出整修和改善措施。鉴定中发现的缺陷，在鉴定期间将缺陷消除者，可按整修后的质量评定。

6. 本年度的发变配电设备预防性试验结果可作为质量评定依据。

7. 电力设备应按下列标准进行鉴定。

本标准只适用于运行中的电力设备质量评定。

二、电力设备试验

1. 为了检查设备质量状态，发现设备隐患，保证设备安全运行，对电力设备应进行交接和定期性试验，并对试验结果进行认真分析，提出改善质量的意见。

2. 电力试验所任务如下：

（1）负责管内电力设备交接、预防性试验，电力设备工程中所用材料、设备、元件电气性能的证明性试验，出具有法律效力的公证性试验报告。

（2）负责运营单位 0.5 级以上的电工仪表、仪器等定期检定。

（3）对水电段的试验工作进行业务指导。

3. 电力设备预防试验、交接试验按照国家现行标准执行。

相关知识

电力设备试验的一般规定如下：

1. 进行绝缘试验时，应尽量将连接在一起的各种设备分离开来单独试验（制造厂装配的成套设备不在此限）。同一试验标准的设备可以连在一起试验。为了便利现场试验工作，已经有了单独试验记录的若干不同试验标准的电气设备，如单独试验有困难时，也可以连在一起试验。此时，试验标准应采用连接的各种设备中的最低标准。

2. 交流耐压试验加至试验标准电压后的持续时间，凡无特殊说明者均为 1 min。

3. 测量 1 kV 以上电气设备（包括变压器和互感器的二次绕组）的绝缘电阻时，一般应采用 2 500 V 兆欧表或用 1 000 V 兆欧表代替；测量 1 000 V 及以下的低压设备，一般采用 1 000 V 兆欧表；测量 36 V 以下设备，一般采用 500 V 兆欧表。

4. 非标准电压的电气设备的交流耐压试验电压值，可根据本标准规定的相邻电压等级的耐压标准按比例插入算出。

耐压试验电压值以额定电压的倍数计算时，发电机、电动机的额定电压取铭牌电压，电缆的额定电压取标称电压。

5. 当采用额定电压较高的电气设备，在满足产品通用性的要求时，可以按照设备实际使用的额定工作电压的标准进行试验。

6. 本标准中所列的绝缘电阻测量，规定用 60 s 的绝缘电阻值（$R60$）；吸收比的测量，规定用 60 s 与 15 s 绝缘电阻的比值（$R60/R15$）。

7. 证明性试验和未装前的元件试验，均按交接试验标准进行。

任务 5　事故及其调查与处理

【知识目标】
1. 了解电力事故的分类；
2. 了解电力事故的调查和处理方法。

【能力目标】
1. 会对电力事故进行分类；
2. 能调查和正确处理电力事故。

电力设备运行，应贯彻"安全第一，预防为主"的原则，加强设备管理，防止和避免事故的发生。

各基层单位应制定专人负责安全工作，经常开展群众性的安全检查和事故预想活动，消除一切事故隐患。

电力设备事故发生后，应迅速进行处理，限制事故的扩大，尽快恢复供电，并及时逐级上报。对电力事故的调查、分析、定责和统计管理，实行铁路局、站段、车间三级管理制度。

一、事　故

根据铁路电力事故造成的影响分为：电力设备事故、行车设备故障和人身伤亡事故。本章中的规定只适用于电力设备事故。

（一）电力设备事故分类

根据发生的原因，电力设备事故分为以下三类。
1. 责任事故：因设备不良、管理不善、操作错误而造成的事故。
2. 关系事故：非电力设备管理单位本身造成的事故。
3. 自然灾害事故：因大风、洪水、冰雪、雷击、地震等自然原因造成的事故。电力事故，应贯彻预防为主的原则。各基层单位应指定专人负责安全工作，经常开展群众性的安全检查和事故预想活动，消除一切事故隐患。发、变、配电所、工区在事故发生后，应及时报告供电所、水电段及有关单位，并尽一切努力进行应急处理，限制事故的扩大，尽快恢复供电。在处理事故时，要做到果断、迅速、安全。

（二）电力设备事故等级划分

电力设备事故按其性质、损失程度和对行车的影响，分为重大、大、一般、障碍四类。
1. 具有下列情况之一者为重大事故：
（1）发电设备容量在 500 kW 及以上，或变压器容量在 1 800 kV·A 及以上，破损达到大修程度者；
（2）设备损坏费用达到 50 000 元及以上者；
（3）供给一级负荷的发变配电所或自动闭塞的一个供电臂停电 8 h 及以上者。

2. 具有下列情况之一而未构成重大事故的为大事故：

（1）发电设备容量在 100 kW 及以上，或变压器容量在 315 kV·A 及以上，破损达到大修程度者；

（2）设备损坏费用达到 5 000 元及以上者；

（3）对一级负荷停止供电 4 h 及以上；对二级负荷停止供电 8 h 及以上者。

3. 具有下列情况之一而未构成大事故的为一般事故：

（1）发电设备容量在 5 kW 及以上，或变压器容量在 10 kV·A 及以上，破损达到大修程度者；

（2）设备损坏费用达到 800 元及以上者；

（3）停止供电时间分别达到：对一级负荷停电 30 min 以上；对二级负荷停电 3 h 以上；对三级负荷停电 24 h 以上；

（4）发、变、配电设备及电力线路，在备用状态发生异常情况，停止备用时间超过 24 h 及以上者。

4. 具有下列情况之一而未构成一般事故的为障碍：

（1）各种电力设备，包括附属设备仪表，其破坏或修理所需费用超过 100 元及以上者；

（2）凡主电源停电，而备用电源或重合闸因装置不良不能即时投入运行者；

（3）在检修作业中，带电挂地线或带地线送电；

（4）单相接地故障时间超过运行规定未消除者；

（5）未经同期检查就盲目进行并列操作，造成断路器跳闸者；

（6）由于人员错误操作，违反安全规程或影响安全供电，性质较为严重者。

事故停电时间的计算：由停电时起到恢复供电时止。

二、电力事故的调查和处理

事故发生后应积极采取措施恢复送电，首先要尽快地恢复与行车有关负荷的电力供应，并立即进行调查分析，对责任者视其情节给予批评教育或适当的处分，并拟出防止对策。

1. 重大事故：事故发生后应立即用电话报告铁路局、中国铁路总公司。由铁路局组织分局、水电段有关人员进行调查，查明原因，严肃处理，并报中国铁路总公司备案。

2. 大事故：事故发生后应立即用电话报告铁路局，组织水电段有关人员进行调查处理。

3. 一般事故：事故发生后应立即用电话报告水电段、铁路局，由水电段组织有关人员调查处理。

4. 障碍：障碍发生后应报告供电所、水电段、铁路局，由供电所组织有关人员分析处理。

5. 水电段应于事故、障碍发生五日内填报"电力事故（障碍）报告"，上报铁路局，并在生产月报里汇总报铁路局。铁路局于季度末汇总后，于翌季六日前报中国铁路总公司。

6. 对于事故调查和报告不实，隐瞒事故或者隐匿促成事故的事实，都应受到处分。上级主管业务部门发现下级对事故定性不准确时，应及时加以纠正。

由供电造成的行车事故，按《铁路行车事故处理规则》办理；职工伤亡事故，按国务院颁发的《工人、职员伤亡事故报告规程》处理。事故报告应报铁路局。职工死亡事故报告由铁路局报中国铁路总公司。

由于同一原因引起电力设备事故和行车事故时，按其中较严重的一件事故调查和处理。由于同一原因引起不同专业的设备事故时，按各专业设备损坏费用之和计算经济损失。

相关知识

高速铁路电力应急故障处理

高速铁路供电可靠性直接关系到高速铁路正常的运输秩序和行车安全。为减少高速铁路电力故障对行车及运输生产的干扰，必须迅速的处理，以最快的速度恢复供电。

一、高速铁路电力抢通恢复原则

高速铁路电力抢修时应最大限度地减少故障停电延时，以最央的速度恢复供电。各供电段（公司）应按照段（公司）、车间、工区建立三级电力故障抢修网络，在高速铁路发生电力故障时按照逐级负责制的原则开展电力故障抢修。

1. 电调是发现和处理故障的主要部门，重点是通过 SCADA 系统及时切除故障设备，恢复无故障设备的供电。

2. 在高速铁路发生电力故障影响行车时，各供电段（公司）应立即启动抢修预案对电力设备进行抢修。

3. 当电力设备不影响行车且不会导致故障扩大时（如仅一路贯通线路发生故障），在调度远动切除故障区段后，利用天窗点时间进行故障处理。

4. 必须人员上线抢修时，应申请封闭区间。

5. 箱变、车站变电所等非线上设备抢修，必须得到电调批准的上道许可。

6. 箱变彻底烧毁导致不能及时恢复供电时，应利用应急发电机在 2 h 之内恢复供电。

二、高速铁路电力故障抢修预案

为了迅速的处理电力故障及时恢复供电。各供电段（公司）应根据《铁路电力管理规则》《铁路电力安全工作规程》、路局相关文件制定供电段（公司）抢修预案。车间应根据段（公司）预案细化抢修预案措施。

1. 高速铁路电力抢修预案的组织机构。

建立健全高速铁路电力抢修组织机构，各供电段（公司）、车间及工区成立高速铁路电力抢修队伍，按逐级负责制的原则，在高速铁路电力设备发生故障时全面负责故障的处理和抢修及现场指挥工作。

各供电段（公司）成立以段长（总经理）为组长的高速铁路电力故障抢修领导小组，组员包括：各主管副段长（经理）、安全、技术、材料、段（公司）办等相关职能科室科长，各车间主任等。

车间应成立以车间主任为队长的高速铁路电力故障抢修队，队员包括：主管副主任（或主管技术员），安全员，车间管内各工长，车间材料员，汽车司机等。

工区应成立以工长为组长的高速铁路电力故障抢修小组，组员包括：副工长、安全员、材料员、工区骨干等。

2. 高速铁路电力故障抢修预案的启动。

根据路局电力调度命令，启动供电段（公司）的《抢修预案》，由供电段（公司）值班调度下达命令，各部门应严格按调度命令执行。如图 8.5.1 和图 8.5.2 所示。

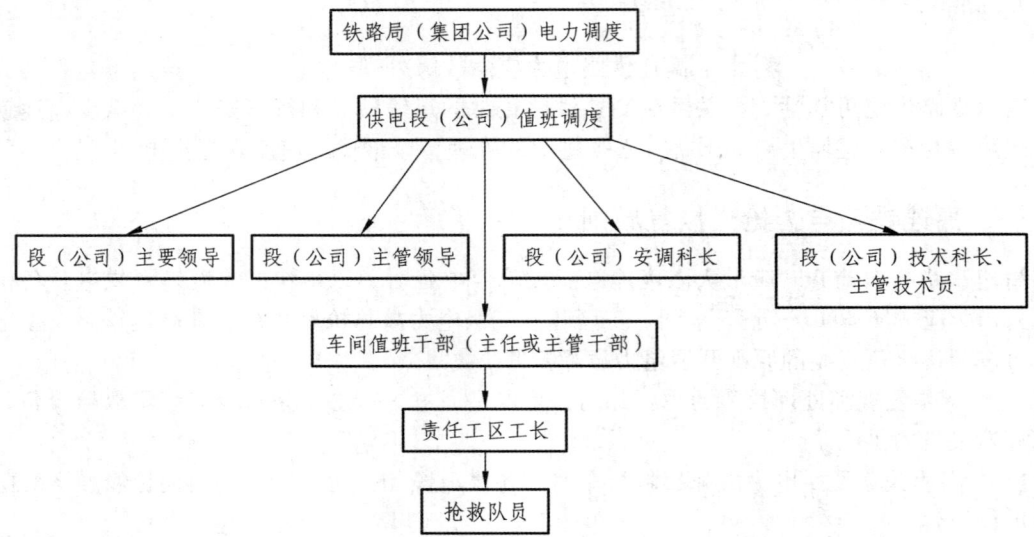

图 8.5.1　高速铁路电力抢修预案启动流程图

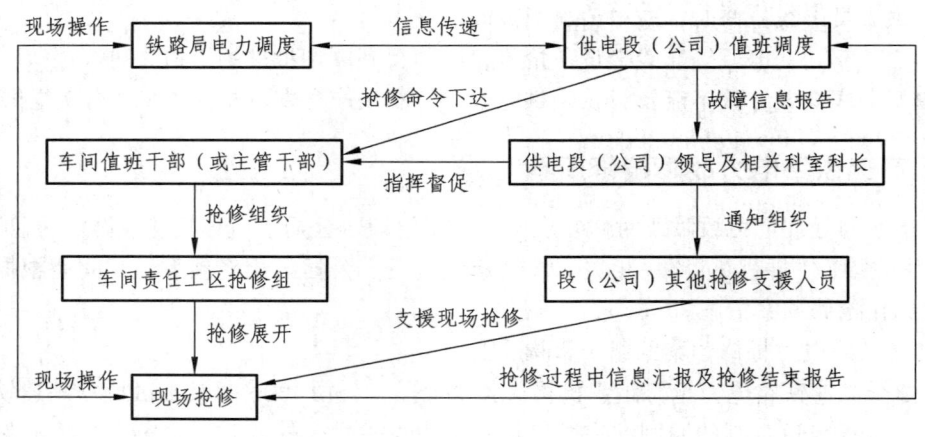

图 8.5.2　高速铁路电力故障抢修组织指挥流程图

路局电力调度是高速铁路电力故障抢修的直接组织指挥中心，供电段（公司）是高速铁路电力故障抢修具体实施部门，根据路局电力调度的命令组织人员、机具进行故障排查、处理。供电段（公司）值班调度负责协助路局电力调度进行抢修工作以及信息传达，所有值班人员、抢修电力工作人员都应服从路局电力调度的命令。

3. 高速铁路电力故障抢修时设备操作的基本规定。

（1）在抢修过程中凡不危及人身安全和不会导致故障扩大时，所有纳入远动系统的高速铁路电力设备（接地刀闸除外）的操作均应与路局电力调度联系，由路局电力调度远动操作，抢修人员现场确认。

（2）在抢修过程中采取安全措施时柜屏上的接地刀闸的"投入"与"取消"应与路局电力调度联系，经其同意后，可由抢修人员在现场操作。

（3）因电力故障导致设备无法远动操作时，抢修人员在接到路局电力调度命令后，可以在现场手动操作。

（4）在高速铁路电力故障抢修中可不开工作票，但应按照调度命令执行，并在抢修结束后按要求及时消令。

（5）在高速铁路电力故障抢修中遇有危及人身和设备安全的紧急情况时，可以不经过路局电力调度的批准，先行断开断路器或相关的负荷开关、隔音开关，其后应立即报告路局电力调度，并记入工作日志，但涉及操作的断路器、开关再次闭合时则应以路局电力调度命令为准。

4．高速铁路电力故障抢修材料、机具携带规定（见表 8.5.1）。

表 8.5.1 抢修人员出动时必备携带工具、材料表

故障类型	抢修队员出动规定	各级抢修队员机具必备携带品名及数量	
		段（公司）	车间
高压电缆故障	段（公司）抢修小组、相关车间抢修队员全部人员	现场要求增加的特殊工具材料	1. 相应型号电缆中间头和终端头各2组； 2. 电缆头制作工具包一个； 3. 夜间应携带高质量应急照明灯具一套； 4. 对讲机三台； 5. 2 500 V 兆欧表一台； 6. 接地线两组； 7. 高压验电器一支； 8. 现场需增加的特殊工具材料
配电所电源线故障	段（公司）抢修小组、相关车间抢修队员全部人员	现场要求增加的特殊工具材料	1. 夜间应携带高质量应急照明灯具一套； 2. 故障抢修包一个； 3. 登杆工具两套； 4. 高压验电器、高压令克棒各一支； 5. 绳索两根（每根15 m）； 6. 对讲机三台； 7. 高压悬式瓷瓶两串； 8. 高压针式瓷瓶三个； 9. 导线 LGJ-240/150（20 m）； 10. 现场要求增加的特殊工具材料
配电所内故障	段（公司）抢修小组、相关车间抢修队员全部人员	现场要求增加的特殊工具材料	1. 应急手电筒两支； 2. 配电维修工具箱一个； 3. 高压验电器一套； 4. 与故障所相应型号数字单元模块一台； 5. 根据故障现象判断应配备的元器件若干； 6. 现场要求增加的特殊工具材料

续表 8.5.1

故障类型	抢修队员出动规定	各级抢修队员机具必备携带品名及数量	
		段（公司）	车间
多个箱变通信信号负荷点停电，站场重要负荷停电，整个站场停电的设备故障	段（公司）抢修小组、相关车间抢修队员全部人员	现场要求增加的特殊工具材料	1. 应急手电筒两支； 2. 2 500 V 兆欧表一台； 3. 高压验电器一套； 4. 相应型号电缆中间头和终端头各 1 组； 5. 电缆头制作工具包一个； 6. 根据故障现象各型号空气开关若干； 7. 现场要求增加的特殊工具材料

5. 高速铁路电力发生故障时的信息传递。

当高速铁路电力发生故障时，各供电段（公司）值班调度接收到路局电力调度传达的（或各车间汇报）的故障信息后，应该核实故障性质及地点，及时准确地将故障信息汇报到供电段（公司）的安调科科长、值班领导及主管段长（总经理）（或路局电力调度），并做好记录。抢修人员到达现场后，应首先将故障影响范围、设备损坏情况、初步原因等尽快通过各种方式报告路局电力调度，并提出抢修方案的建议。抢修人员按路局电力调度审核批准后的抢修方案实施抢修。抢修信息反馈应该及时、准确，现场电力抢修人员应每隔 30 min 向供电段（公司）值班调度汇报一次抢修情况，值班调度同时也应每隔 30 min 向路局电力调度汇报一次抢修情况。

供电段（公司）值班调度应正确记录故障信息来源、发生时间、地点、故障设备编号、下达命令时间、受令人姓名、抢修人员出发时间、人数、到达时间、故障原因、处理过程和恢复时间，并按要求及时向路局电力调度及相关部门汇报。

6. 抢修备料。

（1）储备原则。

高速铁路电力故障处理的常备用料由供电（公司）及车间进行储备，供电段（公司）及车间应在材料库内安排专门的料架摆放抢修备品备料，建立专门的管理台账，对抢修备品备料应每月清查核对一次，以确保抢险备品备料的齐全。对一些非常用的电力备品备料可采取供电段（公司）材料科储备和联系各地电力材料供应商储备相结合的方式；对一些专有和专供的备件应定数量提前联系厂家购买并进行储备。抢修备品备料非因抢修需要不得随意使用，所有在抢修中消耗的备品备料应及时给予补充。

（2）储备数量。

参照各铁路局相关规定。

7. 高速铁路电力故障抢修的注意事项。

（1）发生高速铁路电力抢修时，各级抢修人员应当积极进行抢修，对结合部相关单位的配合应以大局为重，主动配合，减少损失、缩小影响。

（2）各供电段（公司）应规范值班制度，各车间必须 24 h 不间断值班。高速铁路电力故障抢修预案需要启动时全体抢修成员及汽车司机应做好抢修材料机具准备工作（白天 15 min、夜间 20 min），所有抢修人员第一时间赶到现场进行抢修应急处理，所有参与抢修的人员应该严格按照标准化着装。

（3）高速铁路电力故障发生后，应首先判断故障区域，锁定故障范围，切除故障点，临时恢复送电。抢修工作应听从路局电力调度统一指挥，有序开展抢修工作。

（4）其他支援力量在接到准备抢修命令后，应迅速做好各项抢修准备工作，随时准备出动。

（5）高速铁路电力故障抢修时应针对不同的故障发生的具体情况，采取针对性的、有效的安全防护措施。高速铁路电力故障抢修时应正常的停电作业程序进行要令、验电、接地，设置好行车防护措施后方可进行抢修工作。在整个抢修工作中，特别要强调人身安全，防止引发人身伤害及其他次生灾害。

三、高速铁路事故救援配合

高速铁路事故救援是指高速铁路线路发生事故，造成人员伤亡、财产损失、中断行车及其他影响铁路正常行车，需要实施应急救援的情况。高速铁路事故救援工作应当遵循"以人为本、逐级负责、应急有备、处置高效"的原则。

当高速铁路发生事故，供电段（公司）值班调度接到上级部门对事故现场进行救援的要求后，应立即启动供电段（公司）高速铁路各专业抢险预案。

相关车间接到通知后应立即启动本车间高速铁路各专业抢险预案，并确定现场救援电力负责人。电力救援现场应及时与事故救援指挥建立联系，确认救援地点、要求，确定救援现场电力供应及照明方案。同时段（公司）应立即组织人员、材料、机具，出动赶往事发现场开展救援工作，抢修人员出动昼间不超过 15 min，夜间不超过 20 min。参加事故救援的人员，应佩戴具有明显标识并符合防护要求的安全帽、防护服、防护靴等。

当电力事故救援人员赶到现场后应立即向现场事故救援指挥部（或现场职务最高者）报到，请示要开展的工作，服从指挥和分配。

在事故救援过程中，电力救援人员应首先保证救援现场的临时照明工作，救援人员在现场应尽可能利用附近的电力设备为救援照明提供电源，如现场无可利用电源时可以利用发电机或附近农电为事故救援现场提供照明临时电源。

四、高速铁路电力典型故障分析

高速铁路电力在运行之中，出现了一些较为典型的故障，综合起来，主要有以下几种类型。

（一）电缆故障

高速铁路 10 kV 电力线路电源线一般采用三芯电缆，贯通线采用单芯电缆敷设，在运行之中容易发生的故障有电击穿、热击穿及外力破坏。

1. 故障分类。

按故障现象可以分为单纯的开路故障、相间故障、单相接地故障和多相接地混合性故障。高速铁路电力中比较常见的是单相接地故障。

按照绝缘电阻的大小可以分为低阻故障、高阻故障、开路故障和闪络性故障。

2. 产生故障的原因。

（1）外力故障。

①由于市政工程频繁作用，不明地下管线情况，造成电力电缆受外力损伤的故障。

②电缆敷设到地下后，长期受到车辆、重物及地形改变等压力和冲击作用，造成电缆下沉、拉裂、间接头拉断等事故的发生。

（2）附件制作质量不合格。

①接头制作未按技术标准操作，制作工艺不良，密封性能差。

②制作接头时，周围环境湿度过大，使潮气侵入。

③接头材料使用不当，电缆附件不符合国家颁发的现行技术标准。

④塑料电缆由于密封不良，冷、热缩管厚薄不均匀，热缩后反复弯曲引起气隙，造成闪络放电现象。

高速铁路电力区间的高压电缆一般应该避免中间接头，但是在施工过程中，由于各种原因，总会有中间头的存在。目前大部分电缆中间头采用的是冷缩中间头，对制作环境和制作工艺要求较高。部分电缆头在制作过程中，一旦环境潮湿，或工艺达不到要求，在运行一段时间后，中间头容易受潮，发生击穿，导致电缆接地故障的发生。

为此，运行人员应该对中间头建立档案，熟悉中间头位置，可以利用红外测温等方式定期对中间头进行巡视检查，发生问题及时处理，避免击穿故障。

（3）敷设施工质量不高。

①电力电缆的敷设施工未按要求和规程进行。

②敷设过程中，用力不当、牵引力过大，使用的工具、器械不对，造成电缆护层机械损伤，日久产生故障。

③单芯高压电缆护层交叉换位接线错误，使护层中的感应电压过高，环流过大引发故障。

高速铁路单芯电缆需采取一端接地，一端经护层保护器接地的运行方式，以避免护层中环流的产生。在电缆头的制作过程中，由于制作工艺原因或制作者水平的原因，一些电缆可能没有安装保护器，采用的是两端直接接地的方式，或者是安装护层保护器时只对铠装接地，屏蔽层没有接地，电缆屏蔽层形成悬空产生电荷积累。对于一端不接地或接地不良的电缆，当雷电波或内部过电压沿电缆线芯流动时，电缆金属护层不接地端会出现较高的冲击过电压，或当系统短路事故电流流经电缆线芯时，其护层不接地端也会出现很高的工频感应过电压。上述过电压可能击穿电缆外护层绝缘，造成电缆金属护层多点接地故障。如果电缆两端金属护套同时接地，在金属护套上就会形成电流，导体和金属护套同时发热使得电缆的绝缘老化，降低了绝缘等级，也容易造成电缆故障的发生。

电缆同沟敷设导致故障扩大，高速铁路电缆在进出箱变配电所或者一些站场内，不同回路电缆采用了同沟敷设，一旦其中某一回路电缆发生故障，非常容易导致另一回路故障的发生，从而扩大了故障范围。所有，针对电缆同沟，宜采取物理隔离措施加以保护。

在高速铁路电力区间中，有的属于中性点不接地区段，但同样也采取的是电缆敷设，这是一旦电缆发生单相接地故障时，因为电流电流较大，电弧不容易熄灭，如果电流又没有达到电流保护动作值而及时跳闸切断故障回路，故障电缆将发生不断燃烧的现象，同时会使临近的电缆也被烧损，造成故障范围的扩大。

（4）电缆本体故障。

①电力电缆制造工艺故障。由于电缆芯同纸绝缘中的浸渍剂、塑料电缆中的绝缘物等物质，各自的膨胀系数不同，所以在制造过程中，不可避免的会产生气隙，导致绝缘性能降低。

② 因电缆老化而引起电缆故障。

有机绝缘的电力电缆长期在高电压或高温情况运行时，容易产生局部放电，从而引起绝缘老化。

电缆内部介质的气泡在电场作用下，产生游离，使绝缘性能下降。

塑料类绝缘的电缆中有水分浸入，使得绝缘纤维产生水解，在电场集中处形成"水树枝"现象，使绝缘性能降低。

若电缆敷设后，长期浸泡在水中，经过含有酸碱及其他化学物质的地段，致使电缆铠装或铝包腐蚀、开裂、穿孔、塑料电缆硫化等。

（二）变压器故障

高速铁路的变压器全部采用的是干式变压器，运行较为稳定，典型的变压器故障主要有以下几种：

1. 有载调压变压器故障。

干式调压变压器的分接开关外置，各触头端子之间有许多连接线与分接开关端子相连接，这些连接线的端子之间相互距离较小，端子连接线外露部分连接时，没有保证必要的电气安全距离，容易造成端子之间的相互短接，从而发生相间短路故障，烧损变压器。为防止这种情况发生，需要对分接开关的端子加装绝缘防护帽，保证分接开关端子之间的电气绝缘。

2. 干式变压器高压侧相间连杆与电缆地线接触发生故障。

干式变压器高压侧 ABC 三相绕组之间用铜连杆首尾相连，构成三角形连接。该连杆的绝缘层较为薄弱，绝缘等级不高。如果高压电缆从变压器柜的下端引入，电缆又没有用安装支架固定好的情况下，电缆头下端与连杆的电气安全距离不够，随着电缆的移动，电缆的外皮或电缆头的地线可能与变压器最外端的连杆直接接触，变压器绕组对地的绝缘距离下降，极容易造成接地短路故障的发生，使变压器高压熔断器熔断和保护动作跳闸。

为防止这种情况的发生，安装时，一定要使进入变压器的高压电缆固定良好，并与变压器高压带电部分保持一定的安全距离。

（三）箱变的典型故障

箱变在日常运行过程中，容易发生的故障主要以下几种类型：

1. 电压互感器熔断器熔断。

箱变的电压互感器的高压熔断器较容易发生熔断，造成电压显示不正常，主要原因为，电压互感器的高压熔断器连接器可能没有用弹簧卡固定，造成高压熔断器连接不紧密，而发生熔断。

2. 双切换开关故障。

箱变的双切换开关故障，主要是不能正常运行投切，不能自投或自投不自复，导致区间贯通线路停电后，操作电源只能依靠 UPS 提供，一旦 UPS 放电完毕，还影响 RTU 通信，不能进行正常的远运操作。

日常运行时，要对双切换空气开关的端子进行紧固检查，一旦发生端子接触不良，在通过基站空调等较大电流时发热，容易导致空气开关烧损。

3. RTU 故障。

（四）小动物活动导致的设备故障

由于电缆孔没有封堵或封堵不良，箱变基础的通风网锈蚀穿孔等，都容易使老鼠等小动物进入设备区间。因小动物常常导致的故障有：

1. 高压熔断器熔断。

老鼠等进入箱变的变压器室，接触高压端头，导致接地故障，造成变压器高压侧熔断器熔断故障发生。

2. 高压回路跳闸。

老鼠爬上配电所室内变压器或电缆头，导致接地或短路，造成高压回路跳闸。

3. 非远动分闸故障。

老鼠进入环网柜内部，接触负荷开关的辅助开关端子，或者咬坏二次线，造成负荷开关二次分闸回路的短路，可能导致负荷开关的非远动分闸。

4. 各类异常信息。

小动物短接端子或触动微动开关会造成遥信上报，调度端会显示各类异常信息，如烟感、箱门报警、开关动作信号。

【案例分析1】

【事故概况】

2013 年 11 月 12 日 15 时 04 分，长春供电段长春西 10 kV 配电所进线-I 段母互接地。

15 时 06 分，路局电调通知长春供电段调度：15 时 04 分，长春西 10 kV 配电所进线-I 段母互接地。

15 时 08 分，长春供电段调度通知长春北供电车间主任孙××，立即对长春西 10 kV 配电所进线一侧负荷设备进行巡检。

15 时 20 分，中铁九局施工人员电话报告：长春站施工钩机将 1 条 10 kV 电缆碰坏。

15 时 25 分，现场与局电调联系，将长春西 10 kV 配电所进线一侧普速场道岔融雪盘 101 断路器停电，进线-I 段母互接地解除。

15 时 42 分，现场确认长春西 10 kV 配电所普速场道岔融雪盘-6 号箱变（普速场道岔融雪箱变）10 kV 电缆（YJV22-3*70/1 500 m）被中铁九局在长春站施工钩机碰坏（距离 6 号箱变 150 m）。

18 时 51 分，故障电缆处理完毕。现场制作 10 kV 电缆中间接头盒 1 个。

19 时 30 分，长春西 10 kV 配电所进线一侧普速场道岔融雪盘恢复正常供电。

【原因分析】

长春西 10 kV 配电所普速场道岔融雪盘-6 号箱变（普速场道岔融雪箱变）10 kV 电缆（YJV22-3*70/1 500 m）被中铁九局在长春站施工钩机碰坏（距离 6 号箱变 150 m），造成进线-I 段母互接地。

【案例分析2】

【事故概况】

2013 年 11 月 22 日 12 时 08 分，沈阳供电段辽阳 10 kV 配电所电源二（中心受电）206 断路器、辽沈综贯 222 断路器、动补二 220 断路器失压跳闸。

12时10分，局电调通知（44275王）沈阳供电段调度：12时08分，辽阳10 kV配电所电源二（中心受电）206断路器、辽沈综贯222断路器、动补二220断路器失压跳闸。

12时11分，电调远动操作辽沈综贯倒由沈阳10 kV配电所供电，站馈由电源一（祁家受电）通过母联供电。

13时45分，现场巡检发现电源二（中心受电）10 kV电缆分支箱至地方中心66 kV变电所10 kV电缆（YJV22-3*185/240 m）被大连铁建公司施工碰坏。

19时40分，故障电缆处理完毕，现场制作10 kV电缆中间接具盒1个。

20时40分，电源二（中心受电）恢复送电至辽阳10 kV配电所所内。

23日00时45分，辽阳10 kV配电所恢复正常供电方式。

【原因分析】

大连铁建集团在辽阳南货场改造施工，临时改变施工任务，给货场检斤房接自来水管线，在动土挖沟过程中被现场监控人员于××发现，告知附近地下有高压电缆并在现场防护。11时30分，于××到工区吃午饭并告知施工人员不准施工。但施工单位在监控人员吃午饭期间继续违章施工。12时10分，挖沟人员发现电缆保护管（直径150 mm 二程PPV塑料管，管壁厚8 mm），误认为是废弃的管头，在没有监控人员的情况下继续刨土，最终将保护管刨穿电缆绝缘刨坏造成短路跳闸。现场电缆埋深不够，距地面500 mm。

【案例分析3】

【事故概况】

2010年10月4日沈阳至浑河站间三线显示红光带，浑河三线停基改电运行，沈阳1配电所自闭调压盘过流跳闸。13时29分，浑河站瞬间停电恢复后，沈阳至浑河站间三线显示红光带，浑河三线停基改电运行，影响8列客车晚点。15时12分设备恢复正常运行。构成一般G9供电设备责任故障。

10月4日13时28分沈阳1配电所自闭调压盘显示过流跳闸，沈苏自闭盘（沈阳—苏家屯各站信号主电源）显示失压跳闸，苏家屯所重合成功。重合时间关0.5 s。苏沈贯通盘（苏家屯—沈阳各站信号副电源）始终正常供电。

14时10分接电务段调度电话通知："浑河站北面三线进线口上行点变压器跌落式开关掉了，电务及公安部门在现场，请立即来人处理"。

14时50分抢修人员赶到现场，立即对线路进行检查。

检查发现沈苏自闭17号变电台单项变压器上方两只跌落式开关（10 kV）全部跌落，但跌落式开关内高压熔丝（5A）未熔断，造成低压配电箱主电源（220 V自闭电源）无电。

测量低压配电箱内副电源（220 V 贯通电源）为32 V。立即将主电源跌落式开关合上，于15时12分恢复主电源供电。

15时20分抢修人员到达沈浑贯通29号变电台，检查低压配电箱，发现南架低压开关跳闸，于15时22分将此开关合上，恢复17号变台副电源供电。

【原因分析】

1. 主电源变压器跌落式开关在没有外力作用熔丝完好的情况下两只开关同时跌落，现场接地线被盗，疑似有人盗窃变压器过程中在人为分第二支跌落式开关时造成弧光短路，引起高压跳闸。

2. 沈浑贯通29号变台南架低压开关跳闸是因17号变电台副电源人为短路，造成29号变台南架低压开关跳闸。

复习思考题

一、填空题

1. 设备检修要坚持（　　）、（　　）的方针，不断提高设备和供电质量。
2. 铁路电力工作实行（　　）、（　　）的原则。
3. 在电力系统非正常情况下，用户受电端的电压最大允许偏差不应超过额定值的（　　）。
4. 电力设备的运行管理应贯彻（　　）、（　　）、（　　）和（　　）。
5. 正在处理事故或倒闸作业，不得进行（　　）。未办完交接班手续，交班人员不得（　　）。
6. 电力设备检修分为（　　）、（　　）、（　　）三个等级。
7. 电力设备鉴定后的质量等级分为（　　）、（　　）、（　　）三种。
8. 电力事故，应贯彻（　　）的原则。
9. 根据电力事故发生的原因分为（　　）、（　　）、（　　）三类。
10. 电力设备事故按其性质、损失程度和对行车的影响，分为（　　）、（　　）、（　　）、（　　）四类。

二、简答题

1. 铁路电力工作管理的原则是什么？
2. 供用电设备分管原则是什么？
3. 一级电力负荷的供电原则和负荷认定原则是什么？
4. 电力贯通线供电范围有哪些？
5. 相邻配电所短时并列运行应具备哪些条件？
6. 电力调度应做好哪些工作？
7. 发、变、配电所运行值班人员应做好哪些工作？
8. 电力设备检修分为哪三个等级？

单元九　高铁接触网运行维护管理规程

任务1　总则、运行管理及接触网状态检测

【知识目标】
1. 掌握制定本规程的目的；
2. 掌握运行管理的内容；
3. 掌握接触网状态监测的方法。

【技能目标】
1. 会填写接触网工区值班日志；
2. 能对接触网状态采用不同方法进行检测。

一、总　则

1. 高速铁路的接触网是重要行车设备。为保证高速铁路接触网运行安全可靠，根据中国铁路总公司《铁路技术管理规程》《铁路客运专线技术管理办法》（铁科技〔2009〕116号、铁科技〔2009〕212号），特制订本规程。

2. 高速铁路牵引供电设备管理单位，要组织有关人员认真学习、贯彻本规程，建立健全各项规章制度，并结合具体情况制定实施细则，报上级业务主管部门核备。

3. 高速铁路接触网的运行维护，坚持"预防为主、重检慎修"的方针，按照"周期检测、状态维修"的原则，遵循精细化、机械化、集约化的检修方式，依靠科技进步，采用先进的检测和维修手段，保证接触网技术状态，确保运行品质和安全可靠性。

4. 本规程适用于工频、单相、交流25 kV（含2×25 kV）、列车运行速度200 km/h及以上高速铁路接触网的运行维护。

二、运行管理

1. 高速铁路接触网的运行维护工作实行统一领导、分级管理的原则，充分发挥各级管理组织的作用。

（1）中国铁路总公司：负责全路高速铁路接触网运行管理工作，确定运行维护的方针、原则，统一指导、规划接触网的检查、检测、维护方式和手段，监督、检查铁路局和设备维护单位的设备维护情况；制定、批准有关标准、规范和规章；审批新产品试运行和重要的设备变更。

（2）铁路局：贯彻执行中国铁路总公司高速铁路接触网有关规程、规范和标准，制定接触网运行维护实施细则，审批接触网年度检查、检测计划和月度检修计划，监督、检查、指

导、协调局管内高速铁路接触网运营管理工作。

（3）设备管理单位：贯彻执行上级的有关规章、制度和标准，负责高速铁路接触网设备运行管理，定期分析设备运行状态，并提出改进措施；编制接触网年度检查、检测计划和月度检修计划报铁路局，并根据铁路局批准的检查、检测计划组织实施；组织管内接触网设备故障处理。

2. 高速铁路接触网设备运行管理的主要任务是通过对运行设备的监测、检查、检测、试验和诊断分析，准确掌握设备技术性能、特性、运行规律和安全状态，及时对不满足安全运行的接触网设备状态或发生故障时，进行的必要修复，确保供电设备安全运行。

3. 设备管理单位要建立接触网监测、检查、检测、试验和诊断分析制度。对动检车、弓网检测装置等提供的检测信息，按照检测数据分析、复核、整治、销号的处理程序，形成监测、检测、分析、诊断、维修、验收的运营维护闭环管理机制，实现设备质量有序可控。

4. 为保证运行维护工作顺利开展，开通前，施工单位应向设备接管单位提供下列技术资料：

（1）竣工工程数量表；

（2）管内的供电分段示意图；

（3）管辖范围内的接触网平面布置图、装配图、安装曲线、接触线磨耗换算表；

（4）施工装配计算结果（含支持装置、吊弦等）；

（5）开通前，接触网动态检测的原始精测资料（包括导高、拉出值等）；

（6）主要设备、零部件、金具、器材的技术规格、合格证、出厂试验记录、使用说明书、电缆的相关资料；对在产品上显示不出工厂标志的器材（例如各种线索），应按生产厂家列出具体安装地点；

（7）跨越接触网的架空线路（主要包括架空线路位置、电压等级、导线高度、规格型号、产权单位及联系方式等）和跨线桥（主要包括跨线桥位置、最近的桥墩距线路中心的距离，跨线桥净高、接触网带电部分距跨线桥最小距离、产权单位及联系方式等）有关资料；

（8）程施工记录。主要有：隐蔽工程记录、确认后的轨面标准线（有砟）、轨面标高记录（整体道床线路精测网提供的轨面高程）、侧面限界、外轨超高记录等；

（9）设备维护手册。

5. 为保证客运专线接触网运行维护工作顺利开展，牵引供电设备运营管理单位及供电（接触网）工区应备有下列基础技术资料：

（1）竣工工程数量表；

（2）全段的客运专线供电分段示意图；

（3）管辖范围内的客运专线接触网平面布置图、装配图、安装曲线、接触线磨耗换算表；

（4）施工装配计算结果、计算方法及软件（含支持装置、吊弦等）；

（5）电分段、电分相结构图；隔离（负荷）开关、避雷装置、绝缘器等设备的安装调试、使用说明书、设备的试验报告等；

（6）跨越接触网的架空线路（主要包括架空线路位置、电压等级、导线高度、规格型号、产权单位及联系方式等）和跨线桥（主要包括跨线桥位置、最近的桥墩距线路中心的距离，跨线桥净高、接触网带电部分距跨线桥最小距离、产权单位及联系方式等）有关资料；

（7）工程施工记录（含隐蔽工程记录和确认后的轨面标准线、侧面限界、外轨超高记录）；

（8）主要设备、零部件、金具、器材的技术规格、合格证、出厂试验记录、使用说明书，对在产品上显示不出工厂标志的器材（例如各种线索），应按生产厂家列出具体安装地点；
（9）电缆的相关资料；
（10）轨面标高记录（精测网提供的轨面高程）；
（11）管内的设备技术履历；
（12）系统集成商提供的设备维护手册。

6. 在接触网投入运行时，牵引供电设备运营管理单位要建立起正常的生产秩序，制定各项制度并具体落实；备齐技术文件和资料；建立各项原始记录。牵引供电设备管理单位应建立以下规章制度，具备下列技术文件和资料：

（1）规章制度。
① 客运专线接触网零部件上网检验和追溯制度；
② 弓网校核和受电弓准入制度；
③ 弓网联控制度；
④ 设备验收和质量评定制度；
⑤ 接触网监测、检查、检测、试验和诊断分析制度；
⑥ 受电弓动态包络线检验制度；
⑦ 运行信息反馈报告制度；
⑧ 供电（接触网）工区值班制度；
⑨ 接触网设备质量状态定期分析制度；
⑩ 月度运行维护总结例会制度。

（2）技术文件和资料。
① 接触网零部件的技术条件、试验方法及图册；
② 接触网设备的有关标准；
③ 总公司、局颁发的有关规章和牵引供电设备管理单位自定的有关制度、办法和措施；
④ 与相关单位的设备分界协议；
⑤ 管内车间、工区之间的设备分界及各工种分工的规定。

7. 不允许在运营的客运专线接触网设备上进行新产品试运行。特殊情况需要安装时，应经铁路局机务处审核，报总公司批准。

8. 每个供电（接触网）工区要有安全等级不低于三级的接触网工昼夜值班，负责接触网的运行管理和应急处理工作。值班人员应及时传达、执行供电调度命令和要求，每天按规定时间向客专电调和段调度中心报告次日工作计划，认真填写《供电（接触网）工区值班日志》。值班日志格式如表 9.1.1 所示。

三、接触网状态监测

为贯彻"预防为主、重检慎修、修养并重"的方针，各铁路局和牵引供电设备运营维护管理单位要根据客运专线接触网设备特点，建立牵引供电设备的监测制度。监测是对接触网外观、主导电回路、绝缘状况、防雷措施、电力机车取流情况及外部环境进行不间断监测。监测分巡视、视频和摄像检查、SCADA 系统遥测、主导电回路测温、观测点检查和绝缘在线监测 6 个部分：

表 9.1.1 供电工区值班日志（接触网）

天气：_____   _____月_____日

作业类别	作业时间 起	作业时间 止	工作票编号	工作领导人	作业组成员数	作业地点 区间、车站、隧道	作业地点 支柱号	作业内容 作业项目	作业内容 完成数量	考勤
										现员：人 病假：人
										事假：人 出差：人
										调休：人 其他：人
										出勤：人 出工：人
										上工率：% 出勤率：%
										上网率：%

记事										交通、检修机具
										类别：_____
										车号：_____
										停留地点：_____
										状态：_____

次日工作计划	作业地点	作业内容	工作领导人

值班者：_____   工长：_____

规格：A4。

1. 巡视。日常巡视采取登乘车辆的方式进行，具体分为添乘动车巡视、天窗内接触网停电作业车升平台巡视和不停电作业车不升平台观察巡视三种方式。

2. 视频和摄像检察。利用沿线安装的视频监视设备和安装在列车上的高速摄像机对接触网设备进行外观检查。

3. SCADA 系统遥测。利用 SCADA 系统观察接触网电压及负荷电流变化状态。发生跳闸时根据故障标定判断短路地点和性质。

4. 主导电回路测温。利用热成像仪、测温贴片等测量接续点接触状态。

5. 观测点检查。在隧道口、车站咽喉区、分相等关键处所建立观测点，观察列车通过时接触网状态。

6. 绝缘在线监测。利用安装在接触网设备上的绝缘在线检测装置，监测绝缘子、电缆头的状态。

（一）巡　视

1. 作业车升平台巡视（天窗内进行）。
（1）周期：每 3 个月一次。
（2）检查项目：检查补偿装置、线岔、锚段关节、关节式分相、分段绝缘器、上网供电线电缆接头、接触网主导电回路等设备的技术状态，检查各种线索（包括供电线、回流线、正馈线、保护线、加强线、吸上线等）有无烧伤断股及互磨等，零部件有无松、脱、断及损坏；绝缘部件有无破损和闪络。

2. 作业车不升平台观察巡视（天窗外进行）。
（1）周期：根据需要由各铁路局安排。
（2）检查项目：昼间主要检查树木及其他障碍物侵限影响供电安全；各种标志是否齐全、完整；接触网悬挂、支撑和定位装置的状态；夜间主要检查接触网零部件、电气连接部位有无过热变色、绝缘件有无闪络放电现象以及非常规检查的 1-4 项。

3. 添乘动车组巡视。
（1）检查周期：每周（天）一次。
（2）检查项目：接触网设备有无明显的松、脱、断情况；有无因塌方、落石、山洪水害、爆破作业、鸟窝及其他周边环境等危及接触网供电的现象；有无侵入限界、妨碍机车车辆运行的障碍等等，并检查动车组受流情况。

添乘动车组巡视人员应为接触网专业技术管理人员。

（二）视频和摄像装置检查

（1）检查周期：每天一次。
（2）检查项目：接触悬挂及其支撑装置、定位装置的有无"松、散、脱、滑"状态；各种线索（包括供电线、回流线、正馈线、保护线、加强线、吸上线和软横跨的线索等）间的距离；有无因塌方、落石、山洪水害、爆破作业及其他周边环境等危及接触网供电的现象；有无侵入限界、妨碍机车车辆运行的障碍。

（三）SCADA 系统遥测

1. SCADA 系统遥测接触网电压、电流。

（1）检查周期：每天至少三次。

（2）检查项目：检查变电所馈线出口处的电压和馈线负荷电流；检查供电臂末端分区所的电压和环流；天窗结束接触网送电后，检查供电臂首端和末端电压；每日开行的第一列车时，检查供电臂首端和末端电压、电流；选择列车密度最大时，检查供电臂首端和末端电压、电流。

2. 发生跳闸时，供电调度要根据 SCADA 给出的故障标定值，分析、判断发生短路的地点和性质，安排相应的工区对接触网设备状态进行检查。

（四）主导电回路测温

主导电回路接续状态监测。

（1）检查周期：一年一次。

（2）检查项目：供电线接续点及上网连接线夹；接触网的各种电连接线夹；接触网各种隔离开关设备线夹及极片；吸上线接续点等；利用热成像仪测量接续点接触状态时，测温时机必须选择在被测点有持续负荷电流时进行，以保证真实反应被测点的导流接续能力；利用测温贴片监测接续状态时，测温贴片应保持清洁，所贴位置能够准确反映线夹温度变化并在地面容易观察。贴片应一年更换一次。

（五）观测点监测

隧道口、车站咽喉区、分相等观测点监测。

（1）监测周期：10 天。

（2）监测项目：供电设备运行维护单位须在隧道口、车站咽喉区、分相等具有领示作用的关键处所建立观测点，观察列车通过时的接触网状态。

任务 2　接触网检测、检查及检修管理

【知识目标】

1. 掌握接触网的检测知识；
2. 掌握接触网的检查知识；
3. 掌握接触网的检修管理知识。

【技能目标】

1. 能够进行接触网的静态检测；
2. 会进行接触网的全面检查。

一、检　测

1. 接触网几何尺寸（弓网关系）检测分为静态检测和动态检测。静态检测一般在天窗内进行；动态检测一般由接触网综合检测列车、动检车弓网检测装置进行。

2. 静态检测。

（1）检测周期：原则每年一次。

（2）检测项目：接触网几何参数检测项目（拉出值、导高、同一跨距接触导线高差、线岔和锚段关节接触线相互位置等）；附加导线对地距离；附加导线、各种引线、接触悬挂等产生交叉时的间距；对动态检测超限处所进行静态复核、确认；接触导线磨耗。

3. 动态检测。

（1）检测周期：每 10 天一次。

（2）检测项目：接触网几何参数检测项目（拉出值、导高、同一跨距接触导线高差、线岔和锚段关节接触线相互位置）；弓网受流性能检测参数（弓网接触力、垂直加速度、离线率）；接触网电气参数（接触网电压、动车组取流）。

二、检　查

1. 接触网的状态检查分为全面检查和非常规检查。

全面检查具有巡视检查和维护保养的双重职能。主要内容是检查不能通过监测、检测手段掌握设备质量状态的所有项目。

非常规检查通常在发生异常情况下或根据需要时进行的检查。

2. 全面检查。

（1）检查周期：每 2 年一次。

（2）主要项目：支持装置、定位装置、接触网悬挂、附加悬挂、下锚补偿装置等各部零部件受力状态正确，无裂纹变形，连接状态良好，顶丝、锁紧螺母、开口销等无缺失；各部螺栓、螺母紧固状态符合紧固力矩要求；对受腐蚀的零部件进行防腐处理；腕臂、定位装置、锚段关节、岔区接触悬挂和线岔各部位是否侵入受电弓动态包络线限界。

3. 非常规检查。发生以下情况或上级部门要求时，应进行检查。

（1）故障短路点附近接触网设备、接地设备损坏情况检查。

（2）一个供电臂内累计发生 3 次不明短路跳闸的情况下，要对该供电臂接触网、回流系统和接地设备进行一次全面检查，检查时接触网必须停电且接地，并做好各项安全防护措施后方可进行（也可在天窗时间内完成检查任务）。

（3）在接触网发生故障后或自然灾害（暴风、洪水、火灾、冰灾、极限温度等）出现后对相应接触网设备的状态变化、损伤、损坏情况进行检查。

（4）接触网动态检测在一个区段内出现多处几何参数超限，可以用接触网检测车以非接触方式测量接触线的静态高度和拉出值。

（5）根据铁路局安排进行的检查。

三、检修管理

（一）修　程

1. 接触网检修分维修和大修两种修程。

（1）维修是指在接触网系统的实际状态与安全运行状态之间出现不允许的误差或发生事故时，对接触网系统进行的必要修复，以重新建立接触网系统的正常功能。

（2）大修系恢复性的彻底修理。主要是整锚段的更换接触网（含附加导线），并通过新设备、新技术的采用，改善接触网的技术状态，增强供电能力，适应运输发展的需要。

2. 检修计划及实施。

（1）接触网检修计划分年度监测计划，检测、检查计划和月度维修计划三部分。年度监测计划和检测、检查计划由牵引供电设备管理单位于前一年的11月底以前下达到车间和班组，同时报铁路局。月度维修计划下达方式由牵引供电设备管理单位自定。

（2）为保证定期检查和对设备缺陷的及时处理，在列车运行图中须预留接触网垂直检修"天窗"，每次时间不少于240分钟。

（3）各单位要做好检修组织工作，各工区各工种（包括变电设备检修、试验等）在同一停电范围内的作业，应尽量创造条件同时进行，以免重复停电。

3. 绝缘部件清扫。

绝缘部件清扫周期：

（1）分段绝缘器，周期6个月。

（2）瓷质绝缘件，周期1年。

（3）重污区根据污秽情况缩短清扫周期。

（二）管　理

1. 为保证检修质量，维修用料必须是经过中国铁路总公司强制认证过的厂家的产品和经过鉴定和运行实践证明是安全可靠的产品，入库前应按规定进行检验。

2. 牵引供电设备管理单位要建立接触网设备检测、检修记录，具体名称及格式见表9.2.1至表9.2.15。

3. 接触网维修要执行"记名检修"制度，保证检修质量。每次检测（修）完成后，检测（修）负责人或操作人应及时填写相应的检测（修）记录并签字。

4. 工长和车间主任要每月检查1次检测（修）和巡视检查任务的完成情况，并在相应的记录上签字。

5. 凡有更换线索、零部件、支柱者，应将更换后的设备名称、材质、型号、厂家等记入相应记录中。

注：检修管理第（二）条第3款、第4款、第5款相应记录见表9.2.16~9.2.24。

表 9.2.1　接触网巡视检查记录

站场（区间）：

巡视检查日期	巡视检查方式	缺陷地点	缺陷内容	要求完成时间	巡视检查人	处理措施	处理结果	处理缺陷领导人	处理缺陷操作者	处理日期	备注

负责人：

规格：A4。

表 9.2.2 轨面标准线测量记录

站场（区间）：_____　　　　　　　　　　　　测量日期：_____

支柱（或悬挂点）号	曲线半径（m）	侧面限界（mm）		外轨超高（mm）		接触线高度（mm）	轨面标准线与实际轨面高差（mm）	备注
		标准值	实测值	标准值	实测值			

负责人：_____　　　　　　　　　　　　　　　负责人：_____

供电部门（签章）　　　　　　　　　　　　　　　　工务部门（签章）

测量人：_____　　　　　　　　　　　　　　测量人：_____

侧面限界：超 30 mm 以内_____处，占_____%，超 30 mm 以上_____处，占_____%，实测值低于 2440 mm _____处，占_____%，其中最小_____mm。

外轨超高：超 7 mm_____处，占_____%，其中最大_____mm。

轨面标准线：超 30 mm 以内_____处，占_____%，超 30 mm 以上_____处，占_____%，其中最大_____mm。

规格：A4

表 9.2.3 接触线位置检(修)记录

站场(区间):_____ 锚段号:_____ 速度(km/h):_____ 设计最低高度(mm):_____ 检测日期:_____

支柱或悬挂点号	跨距(m)	标准值		拉出值(mm)	跨中偏移值(mm)	实测值								接触线坡度(‰)	坡度变化值(‰)	缺陷处理情况			备注
		拉出值(mm)	接触线高度(mm)			定位点	接触线高度(mm)				吊弦点					修后状态	处理缺陷操作人	处理日期	
							1	2	3	4	1	2	3	4						

检测人:_____ 工长:_____ 车间主任:_____
规格:A3

表 9.2.4 接触网全面查记录

站场（区间）：_____ 锚段号：_____ 锚段长度（m）：_____ 接触线型号：_____ 承力索型号：_____ 速度等级：_____

支柱或悬挂点号	接触悬挂			定位及支撑装置					绝缘部件	附加悬挂及其它	供电电缆	巡检人	巡检时间	缺陷处理情况	缺陷处理时间	缺陷处理操作人	备注
	承力索	接触线	弹吊及吊弦	电联结器及其它	定位支撑装置	硬横跨（吊柱）	定位器角度	限位间隙（mm）									
								标准值	实测值								

规格：A4　　　工长：_____　　　车间主任：_____

表 9.2.5 锚段关节检测（修）记录

站场（区间）：_____ 锚段号：_____

支柱或悬挂点号	项目类型	检测（修）日期	两锚段接触悬挂间水平距离（mm）								两锚段接触悬挂间垂直距离（mm）								过渡跨等高处抬高量 mm	锚支接触线在钢轨面处抬高量（mm）上行/下行方向	电联结器的状态	检测人	操作人	备注
			转换柱1（闭口侧）		柱2		柱3		转换柱4（开口侧）		转换柱1（闭口侧）		柱2		柱3		转换柱4（开口侧）							
			标准值	实测值	标准值	实测值	标准值	实测值	标准值	实测值	标准值	实测值	标准值	实测值	标准值	实测值	标准值	实测值						
	检测																							
	检修																							
	检测																							
	检修																							
	检测																							
	检修																							
	检测																							
	检修																							

工长：_____ 车间主任：_____

规格：A4

表 9.2.6 补偿装置检测（修）记录

站场（区间）：_____

支柱号	检测日期	项别	环境温度（°C）	距中锚距离（m）	标准值：b值		实测值：b值		坠砣块状态		滑（棘）轮状态及动作情况	棘轮缠绕绳圈数	补偿绳状态	滑轮最小间距（制动卡块至棘轮距离）（mm）	限制架及其它零件	检测人处理缺陷操作人	备注
					承力索	接触线	承力索	接触线	承力索	接触线							
		检测															
		检修															
		检测															
		检修															
		检测															
		检修															
		检测															
		检修															

规格：A4　　　　工长：_____　　　　车间主任：_____

单元九 高铁接触网运行维护管理规程

表 9.2.7 交叉线岔检测（修）记录

站场（区间）：_____

支柱号	线岔编号	道岔型号	检测（修）日期	项别	定位拉出值（mm）			交叉点位置（mm）		两工作支相距500 m处的抬高量（mm）		锚支500 mm处的抬高量（mm）	始触区有无线夹	限制管、交叉吊弦等零件的状态	检测人 处理缺陷操作人	备注
					工作支1	非工作支2	工作支	内轨距	横向位置误差	上行方向	下行方向					
				检测												
				检修												
				检测												
				检修												
				检测												
				检修												
				检测												
				检修												

工长：_____ 车间主任：_____

规格：A4

表 9.2.8 无交叉线岔检测(修)记录

站场(区间): _____ 道岔编号: _____ 道岔型号: _____

平面示意图(示例,图不打印)

接触网平面示意图(支柱位于侧线侧)

单位 mm

支柱号	项别	直股接触线 拉出值	直股接触线 导高	曲股接触线 拉出值	曲股接触线 侧线高差	直股接触线 拉出值	直股接触线 导高	曲股接触线 拉出值	曲股接触线 侧线高差	始触区两接触线高差 600 mm处	始触区两接触线高差 1 050 mm处	交叉吊弦 位置	交叉吊弦 间距(m)	始触区有无线夹	备注 检测人
	设计值													—	操作人
检(测)修日期	检测														
	检修														
	检测														
	检修														

工长: _____ 车间主任: _____

规格: A4

表 9.2.9　带辅助悬挂的无交叉线岔检测（修）记录

站场（区间）：_____　道岔编号：_____　道岔型号：_____　检测日期：_____　检修日期：_____

支柱号	线间距(mm)	拉出值（mm）						导高（mm）						电联结状态	支撑定位装置状态	检测人/操作人
		正线			导向线			正线			导向线					
		设计	修前	修后	设计	修前	修后	设计	修前	修后	设计	修前	修后			

注：1. 检修中没有检测项目的空格用斜线划去；2. 正线、导向线对应正线线路中心，侧线对应侧线线路中心；3. 拉出值线路侧为正，田野侧为负。

车间主任：_____　工长：_____

规格：A4

表 9.2.10 分段绝缘器检测（修）记录

站场（区间）：

绝缘器编号	绝缘器类型	检测（修）日期	项别	主绝缘	承力索绝缘件	导流板	过渡是否平滑	对受电弓中心偏移（mm）	对轨面高差（mm）	负弛度（mm）	其他零部件	检测人 缺陷处理操作人	备注
			检测										
			检修										
			检测										
			检修										
			检测										
			检修										
			检测										
			检修										
			检测										
			检修										

工长：————— 车间主任：—————

规格：A4

表 9.2.11　隔离（负荷）开关检测（修）

站场（区间）：

开关编号	型号	检测、修日期	项别	主闸刀 分闸角度（°）	主闸刀 合闸角度（°）	主闸刀 接触状况	接地闸刀接触情况	引线等电距离最小（mm）	供电电缆状态	操作机构和联锁装置的状态	电联接器状态	检测人 缺陷处理操作人	止钉间隙 分闸	止钉间隙 合闸	备注
			检测												
			检修												
			检测												
			检修												
			检测												
			检修												
			检测												
			检修												
			检测												
			检修												

工长：_____　车间主任：_____

规格：A4

表 9.2.12 避雷装置检测（修）记录

站场（区间）：

编号及型号	检测（修）日期	项别	本体	引线	计数器数值（次）	泄漏电流（mA）	接地线	附属装置及其他	检测人		备注
									缺陷处理操作人	检测人	
		检测									
		检修									
		检测									
		检修									
		检测									
		检修									
		检测									
		检修									
		检测									
		检修									

工长：————— 车间主任：—————

规格：A4

表 9.2.13 接地装置检测（修）记录

站场（区间）：_____

支柱（或悬挂点）号	设备名称	接地电阻（Ω）		检测人	检测日期	修后实测值	处理缺陷操作人	检修日期	备注
		标准值	实测值						

工长：_____　　车间主任：_____

规格：A4

表 9.2.14 接触线磨耗测量记录

站场（区间）：_____ 锚段号：_____ 锚段长度（m）：_____ 接触线型号：_____ 接触线设计张力（kN）：_____ 测量日期：_____

测量日期	支柱（悬挂点）号	截面剩余高度（mm）		磨耗面积（mm²）		重点位置			检测人	操作人	备注
		定位点	跨中	定位点	跨中	类别	位置	剩余高度（mm）	磨耗面积（mm²）		

锚段平均磨耗面积（mm²）：_____ 锚段最大磨耗面积（mm²）：_____ 工长：_____ 车间主任：_____

规格：A4

表 9.2.15 地面磁感应器检测记录

测量日期：

序号	线名	车站或区间	行别	里程	附近支柱号	磁感应器编号	磁通量（GS）		检查日期	天气情况	检测人	污损及部件松动	处理情况	操作人	处理日期
							标准	实测							

工长：　　　　　　　车间主任：

规格：A4

表 9.2.16 有机绝缘子寿命管理卡片

设备名称		设备型号		出厂日期	
投运时间		安装地点		有效寿命（年）	
生产厂家					
日期	检测、检修、更换情况			操作人	备注

规格：A4　　　　　　　工长：　　　　　　　车间主任：

表 9.2.17 接触网设备及零部件更换记录

站场（区间）：_____

地点	更换前			更换后			更换原因	更换时间	操作人	备注
	名称	规格型号	生产厂家	名称	规格型号	生产厂家				

工长：_____　　车间主任：_____

规格：A4

表 9.2.18 接触网设备一杆一档台账模板

客专接触网支柱档案

区间（站场）：　　　　　锚段号：　　　　　支柱号：

基础数据	腕臂安装图表号	正馈线安装图表号	支柱号	公里标 K	接触线号	接触线拉出值(mm)	侧面限界(mm)	外轨超高(mm)	结构高度(mm)

安装数据	平腕臂管长度(φ70)(mm)	斜腕臂管长度(φ55)(mm)	定位管长度(mm)	腕臂支撑管长度(mm)	定位管支撑拉线长度(mm)	平腕臂套管位置(mm)	承力索座位置(mm)	斜腕臂套管位置(mm)	定位环位置(mm)	定位管支撑拉线环位置(mm)	定位器支座位置(mm)	定位器类型(mm)	定位管支撑形式	定位管支撑在斜腕臂位置(mm)
部件项目名称					承力索座	顶丝	压紧螺栓	定位双耳套管		垂直定位环		定位器	套管单耳	电气跳线
规格型号						备母				销钉				
标准力矩														
部件项目名称					套管座	上顶丝 下顶丝	螺栓销	支撑双耳套筒	拉线定位钩	防风定位环	弹性吊索线夹	锚支定位卡子	承中锚线夹	线中锚线夹
规格型号						背母	顶丝	背母	U螺栓	U螺栓	螺栓	U螺栓	线夹螺栓	螺栓
标准力矩														
安装载流环后切割吊弦长度(mm)				YD1			D1	D2	D3	D4	D5	D6	YD1

照片

规格：A4

表 9.2.19 重污区段设备台账

填写日期：　　　　　　填写人：

序号	线别	供电段 区段（站场）	公里标	车间 杆号范围	绝缘型号	共计数量	污染源	措施	备注

规格：A4

表 9.2.20 跨越铁路建筑物台账

供电段　　　　　　　　　　　　　　　车间　　　　　　　　　　　　　填写日期：　　　　　　　　填写人：

序号	线别	区段及杆号	公里标	桥（管）性质	桥（管）状态	净高	桥底悬挂方式结及构高度（mm）	桥底距承力索（或导线）最小高度（mm）	产权单位	联系电话	备注

规格：A4

表 9.2.21 跨越接触网线路电力线台账

供电段：　　　　　车间：　　　　　填写日期：　　　　　填写人：

序号	线别	区段及杆号	公里标	电压等级	电力线距承力索垂直距离（mm）	电力线状态	规格型号	产权单位	联系电话	备注

规格：A4

表 9.2.22 牵引供电接触网设备质量鉴定统计表

部门：　　　　　　区段：　　　　　　年度：

顺号	项目	单位	总数量	鉴定数量	%	优良 数量	%	合格 数量	%	不合格 数量	%
1	接触悬挂（隧道外）	条公里									
2	接触悬挂（隧道内）	条公里									
3	附加导线	条公里									
4	供电电缆	公里									
5	线岔	组									
6	隔离开关	台									
7	绝缘器（含关节式分相及地面磁感应器、标志）	组									
8	避雷器	台									
9	硬横跨	组									
	整体设备	换算公里									
备注											

填表人：　　　　　　负责人：

规格：A4

表 9.2.23 _____ 年接触网设备检测试验计划表　　　　　　　　　　　　　　　　　年　月　日

序号	工作项目	设备名称	周期	单位	设备数量	一	二	三	四	五	六	七	八	九	十	十一	十二
1	检测	拉出值	5年	处													
		导高		处													
		同一跨距接触导线高差		处													
		交叉线岔		组													
		无交叉线岔		组													
		锚段关节接触线相互位置		处													
2		附加导线对地距	3年	处													
3		附加导线、各种引线、接触悬挂等产生交叉时的间距	3年	处													
4		接触导线磨耗	5年	条公里													
5	试验	隔离开关绝缘电阻	1年	处													
6		避雷器绝缘电阻	1年	处													
7		分段、器件式分相绝缘电阻	1年	处													
8		接地电阻	3年	处													
9		地感器磁通量测试	季度	处													

规格：A4

表9.2.24　_____局　_____供电段　_____月接触网生产工作月报表

填报时间：20___年___月___日　　填报人：

顺号	项目		长春	沈阳	锦州	吉林	秦沈	局计
1	施工天窗	计划（次数）						
2	施工天窗	完成（次数）						
3	施工天窗	计划（小时）						
4	施工天窗	完成（小时）						
5	维修天窗	计划（次数）						
6	维修天窗	完成（次数）						
7	维修天窗	计划（小时）						
8	维修天窗	完成（小时）						
9	临时天窗	完成（次数）						
10	临时天窗	完成（小时）						
11	配合天窗	完成（次数）						
12	配合天窗	完成（小时）						
13	全面检查	接触悬挂（条公里）						
14	全面检查	定位及支撑装置（处）						
15	全面检查	锚段关节（处）						
16	全面检查	隔离开关（台）						
17	全面检查	分段、器件式分相绝缘器（台）						
18	全面检查	线岔（组）						
25	全面检查	避雷器（台）						
26	全面检查	补偿装置（处）						
27	全面检查	清扫绝缘子（个） 瓷绝缘子						
58	全面检查	清扫绝缘子（个） 复合绝缘子						

续表 9.2.24

顺号	项目		长春	沈阳	锦州	吉林	秦沈	局计
59	更换绝缘子（个）	瓷绝缘子						
60		复合绝缘子						
63	拉出值（处）							
64	导高（处）							
65	同一跨距接触导线高差（处）							
66	线岔（组）							
67	锚段关节接触线相互位置（处）							
68	附加导线、各种引线、接触悬挂等产生交叉时的间距（处）							
69	接触导线磨耗（条公里）							
70	隔离开关绝缘电阻（处）							
71	接地电阻（处）							
74	地感器磁通量测试（处）							
75	1. 更换分段绝缘器（台）							
82	2. 树害整治（棵）							
83	3. 鸟害整治（处）							
84	4. 更换接触线（公里）							
85	5. 更换承力索（公里）							
86	6. 更换附加导线（公里）							
87	7. 大修改项目及完成工作量							
88								

（静态检测：59–75；重点工作：82–88）

任务 3　高铁接触网维护技术标准及抢修管理

【知识目标】
1. 掌握高铁接触网技术标准；
2. 掌握抢修管理方法。

【技能目标】
1. 能够按照技术标准对高铁接触网进行检修；
2. 能指挥事故抢修。

一、高铁接触网维护技术标准

（一）接触网系统整体技术标准

1. 接触网系统满足设计的速度目标值。
2. 接触网应满足系统载流量的需要。
3. 接触网在自然环境中应满足可靠性、安全性的要求，有足够的机械、电气强度和安全性能。任何条件下安全系数至少满足《高速铁路设计规范》。

（二）受电弓动态包络线范围内不得有任何障碍影响受电弓运行

动态包络线是指运行中的受电弓在最大抬升及摆动时可能达到的最大轮廓线。受电弓动态包络线应符合下列规定：受电弓动态抬升量 150 mm（线岔 200 mm）见图 9.3.1，左右摆动量直线区段为 250 mm，曲线区段为 350 mm。

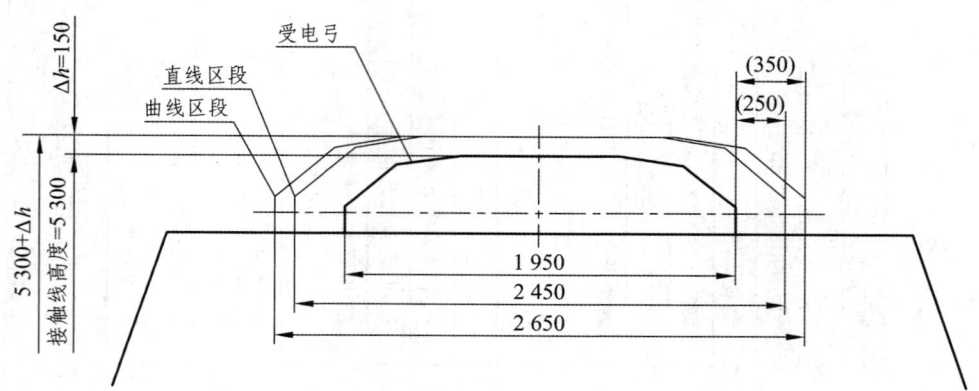

图 9.3.1　受电弓动态包络线示意图（单位：mm）

（三）客运专线接触网锚段关节式分相应满足双列重联（动车或机车）受电弓安全运行

当列车采用多弓运行方式时，必须按照受电弓准入制度进行安全校核，若多弓用高压母线连接方式，应保证两最远端受电弓之间的距离小于分相无电区长度；如果多弓采用高压母线不连接方式，应保证任意两个受电弓之间的距离小于无电区或大于中性段长度。

(四)接触悬挂弹性

1. 悬挂点与跨中弹性非均匀度应小于 8%。
2. 弹性均匀度检测应利用接触网检测车或人工用弹簧秤以 100 N 上抬力进行静态弹性检测,即进行悬挂点与跨距中部弹性非均匀度检测,记录数据进行计算。测量点为跨中、悬挂点、中心锚结线夹、电连接线夹处,逐点测量。

(五)接触线维护技术标准

1. 接触线平直度。用塞尺检查接触线与检测尺之间的间隙,其间隙不得大于 0.1 mm/m。
2. 接触线磨耗和损伤后不能满足规定的机械强度安全系数或不能满足该线通过的最大电流时(≥20%),则应更换。接触线不允许有接头。
3. 接触线的张力和弛度。

标准值:符合安装曲线的规定。

安全值:半补偿链形悬挂和简单悬挂弛度允许误差为 15%;全补偿链形悬挂弛度允许误差为 10%。弛度误差不足 15 mm 者按 15 mm 掌握。

限界值:同安全运行值。

4. 接触线之字值、拉出值(含最大风偏时跨中偏移值)

标准值:设计值。

安全值:设计值±30 mm。

限界值:同安全值。

5. 接触线高度。

接触线高度符合设计规定(误差±30 mm);两个相邻悬挂点和吊弦的最大高度差为 10 mm(两者同时满足)。

标准值:设计值。

安全值:标准值±30 mm。

限界值:小于 6 500 mm;任何情况下不低于该区段允许的最低值。

6. 接触线坡度(工作支)。

标准值:坡度变化率不大于 1‰。

安全值:同标准值。

限界值:同安全值。

定位点两侧第一根吊弦处接触线高度应相等,相对该定位点的接触线高度允许误差±10mm,但不得出现 V 字形。

7. 接触线偏角(水平面内改变方向)。

标准值:≤4°。

安全值:≤6°。

限界值:同安全值。

(六)承力索维护技术标准

1. 承力索位置。

标准值:半斜链型悬挂,直线区段位于线路中心的正上方;直链型悬挂,位于接触线正上方。曲线区段承力索与接触线之间的连线垂直于轨面连线。

安全值：直线区段允许误差 150 mm；曲线区段允许向曲线内侧偏移 100 mm。

限界值：标准值±200 mm。

2. 承力索磨耗及损伤程度。

承力索磨耗和损伤后不能满足该线通过的最大电流时，若系局部磨耗和损伤，可以加电气补强线，若系普遍磨耗和损伤则应更换；承力索磨耗和损伤后不能满足规定的机械强度安全系数时，若系局部磨耗和损伤，可以加补强线或切除损坏部分重新接续，若系普遍磨耗和损伤则应更换；一个锚段内承力索接头、补强和断股的总数量应符合表 9.3.1 的规定（不包括分段、分相及下锚接头）接头距悬挂点应不小于 2 m，同一跨距内不允许有两个接头。

表 9.3.1

项目 运行速度 （km/h）	标准值	安全值		限界值	
		锚段长度在 800 m 及以下	锚段长度在 800 m 以上	锚段长度在 800 m 及以下	锚段长度在 800 m 以上
$v \leqslant 120$	0	4	5	4	5

3. 螺栓紧固力矩。

各部位螺栓紧固符合零部件规定要求。

（七）整体吊弦维护技术标准

1. 吊弦偏移。吊弦预制长度应与计算长度相等，误差应不大于±1.5 mm。吊弦的长度要能适应在极限温度范围内接触线的伸缩和弛度的变化。接触线与承力索同材质时，吊弦在任何情况下均处于铅垂状态。

标准值：在无偏移温度时处于铅垂状态。

安全值：在极限温度时，顺线路方向的偏移值不得大于吊弦长度的 1/3。

限界值：同安全运行值。

2. 吊弦状态。

（1）吊弦的长度要能适应在极限温度范围内接触线的伸缩和弛度的变化，否则应采用滑动吊弦。

（2）整体吊弦：吊弦预制长度应与计算长度相等，误差应不大于±2 mm。吊弦截面损耗不得超过 20%。

3. 吊弦线夹状态。

吊弦线夹在直线处应保持铅垂状态，曲线处应与接触线的倾斜度一致。

4. 载流环。

吊弦载流环与接触线夹角不得小于 30°。

5. 吊弦间距。

标准值：设计值。

安全值：≤10 m。

限界值：≤12 m。

6. 相邻吊弦高差。

标准值：相邻吊弦高差≤10 mm。

安全值：同标准值。

限界值：同安全运行值。

7. 螺栓紧固力矩。

各部位螺栓紧固符合零部件规定要求。

（八）弹性吊索维护技术标准

1. 弹性吊索长度应符合设计要求，悬挂点两端长度相等，允许偏差为±20 mm。

2. 弹性吊索线夹处回头外露为 20 mm，允许偏差为±5 mm。

3. 跨距小于 44 m 时，可不安装弹性吊索。弹性吊索及吊弦的布置见表 9.3.2。

表 9.3.2

跨距	弹性吊索长度	弹性吊弦距定位点距离
36 m≤a≤44 m	—	—
44 m≤a≤55 m	14 m	4 m
55 m≤a≤60 m	18 m	5 m

4. 弹性吊索工作张力 3.5 kN，允许偏差为±50 N。

5. 弹性吊索张力调整时应在下锚侧加挂专用张力装置，松开弹性吊索线夹螺母，将弹性吊索张力调整到设计值。调整弹性吊索时，半个锚段内只能有一组人员进行作业，避免交叉作业影响调整精度。

6. 跨中第一吊弦与相邻弹性吊索吊弦的高度差必须小于 10 mm。弹性吊索吊弦与定位线夹高度差为零。

7. 各部位螺栓紧固符合零部件规定要求。

（九）软横跨维护技术标准

1. 横向承力索、上、下部固定绳。

（1）软横跨横向承力索（双横承力索为其中心线）和上、下部固定绳应布置在同一个铅垂面内。

（2）双横承力索两条线的张力应相等，V 形连接板应垂直于横向承力索，双横承力索线夹应垂直于横向承力索，上、下部固定绳处于拉紧状态。

（3）上、下部固定绳应水平，允许有平缓的负驰度，其数值为：5 股道及以下不超过 100 mm，5 股道以上的不超过 200 mm。

2. 吊线。

软横跨直吊线应保持铅垂状态，吊线呈拉紧状态，上端永久固定，无松弛，横向承力索与上部固定绳在最短吊线处距离为 400 ~ 600 mm，误差不超过 50 mm。

3. 横向承力索距上部固定绳的最短距离。

横向承力索距上部固定绳的最短距离为 400 mm。

4. 下部固定绳距接触线的距离

下部固定绳距接触线距离正线为 400 mm，侧线为 300 mm，允许偏差±50 mm，最短为 250 mm。

5. 螺栓等连接器件。

软横跨应垂直于正线，其上的螺栓、垫片、弹簧垫圈应齐全，螺栓紧固，各杵头杆螺纹外露长度应为 20~80 mm，调整螺栓的螺杆外露长度应为 50 mm 至螺纹全长的 1/2。各部位螺栓紧固符合零部件规定要求。

6. 各部位几何尺寸。

（1）横向承力索和上、下部固定绳的电分段绝缘子串应在同一垂直面内。位于站台沿上方绝缘子带电裙边应尽量与站台对齐，股道间横向电分段绝缘子应位于股道中间。横向承力索两端绝缘子串外侧钢帽距支柱内缘应不小于 400 mm，上、下部固定绳两端绝缘子串的瓷裙至支柱内缘的最小距离不小于 700 mm，带电侧绝缘子裙边距线路中心线不得小于 200 mm。

（2）各部件应齐全完好，连接牢固，支柱上角钢底座应水平，各斜吊线完好无松弛，并留有不小于 200 mm 有余量。

（十）硬横跨（梁）维护技术标准

1. 硬横梁的安装高度应符合设计要求，允许误差不超过±50 mm。
2. 硬横梁应呈水平状态，各段之间及其与支柱应连接牢固，螺栓紧固力矩应符合设计要求。
3. 硬横梁锈蚀面积超过 20%时应除锈涂漆。
4. 吊柱在安装后应处于竖直状态，限界满足要求。
5. 上、下部定位索应布置在同一个铅垂面内，上、下部定位索应呈水平状态，允许有平缓的负弛度，5 股道及以下者负弛度不超过 100 mm，5 股道以上者不超过 200 mm。
6. 上、下部定位索不得有接头、断股和补强。
7. 下部定位索距工作支接触线的距离不得小于 250 mm。
8. 吊柱在安装后应处于竖直状态，距相邻线路的限界满足《铁路技术管理规程》要求。
9. 钢柱及硬横梁角钢应无变形和弯曲。

（十一）中心锚结维护技术标准

1. 正线、站线、联络线一般采用两跨式防断中心锚结。中心锚结安装位置、形式、采用的线材及连接件规格、型号应符合设计要求。
2. 接触线中心锚结线夹处导高应与邻点吊弦处导高相等，允许偏差为 0~10 mm，中心锚结线夹辅助绳两边张力相等，不得松弛或高度低于接触线。辅助绳处于受力状态，但不改变相邻吊弦受力和导线高度。
3. 接触线中锚线夹安装应牢固、端正、不打弓。在直线上应保持铅垂状态，在曲线上应与接触线的倾斜度一致。接触线中锚绳应与心形环和钳压管尽量密贴，中锚绳外露 10 mm，压接管必须压两道。辅助绳压接后回头外露长度不小于 30 mm；辅助绳在承力索中心锚结线夹外露长度不小于 50 mm。
4. 接触线中心锚结绳与承力索固定线夹的设置和间距符合设计要求。各部位螺栓紧固符合零部件规定要求。
5. 中心锚结绳范围内不得安装吊弦和电联结；接触线中心锚结绳不得侵入吊弦和电联结范围内；中锚绳两端距相邻的吊弦或电联结距离不得小于 2 m 时。

6. 承力索中心锚结绳。

（1）中心锚结绳范围内承力索不得有接头和补强。

（2）中心锚结绳两端固定线夹的设置和间距符合设计要求。各部位螺栓紧固符合零部件规定要求。

（3）中心锚结绳的弛度应等于或略高于该处承力索的弛度，承力索中心锚结辅助绳在其垂直投影与线路钢轨交叉处，应高于接触线 300 mm 以上。

（4）中心锚结辅助绳的张力符合设计要求。

中锚绳的弛度和长度如表 9.3.3 所示。

表 9.3.3 中锚绳的长度和弛度对照表

跨距	−20 ℃	−10 ℃	0 ℃	10 ℃	20 ℃	30 ℃	40 ℃
30.0 m 弛度	17.26 kN 0.07 m	15.07 kN 0.08 m	12.91 kN 0.09 m	10.80 kN 0.11 m	8.80 kN 0.14 m	6.98 kN 0.17 m	5.46 kN 0.22 m
31.0 m 弛度	17.26 kN 0.07 m	15.07 kN 0.08 m	12.92 kN 0.10 m	10.82 kN 0.12 m	8.83 kN 0.14 m	7.03 kN 0.18 m	5.52 kN 0.23 m
32.0 m 弛度	17.26 kN 0.08 m	15.08 kN 0.09 m	12.93 kN 0.10 m	10.84 kN 0.13 m	8.86 kN 0.15 m	7.07 kN 0.19 m	5.59 kN 0.24 m
33.0 m 弛度	17.26 kN 0.08 m	15.08 kN 0.10 m	12.94 kN 0.11 m	10.86 kN 0.13 m	8.89 kN 0.16 m	7.12 kN 0.20 m	5.65 kN 0.26 m
34.0 m 弛度	17.26 kN 0.09 m	15.08 kN 0.10 m	12.95 kN 0.12 m	10.88 kN 0.14 m	8.93 kN 0.17 m	7.17 kN 0.21 m	5.72 kN 0.27 m
35.0 m 弛度	17.26 kN 0.09 m	15.09 kN 0.11 m	12.96 kN 0.13 m	10.90 kN 0.15 m	8.96 kN 0.18 m	7.22 kN 0.22 m	5.78 kN 0.28 m
36.0 m 弛度	17.26 kN 0.10 m	15.09 kN 0.11 m	12.97 kN 0.13 m	10.92 kN 0.16 m	8.99 kN 0.19 m	7.27 kN 0.24 m	5.85 kN 0.29 m
37.0 m 弛度	17.26 kN 0.11 m	15.10 kN 0.12 m	12.98 kN 0.14 m	10.94 kN 0.17 m	9.02 kN 0.20 m	7.32 kN 0.25 m	5.91 kN 0.31 m
38.0 m 弛度	17.26 kN 0.11 m	15.10 kN 0.13 m	12.99 kN 0.15 m	10.96 kN 0.17 m	9.06 kN 0.21 m	7.37 kN 0.26 m	5.98 kN 0.32 m
39.0 m 弛度	17.26 kN 0.12 m	15.11 kN 0.13 m	13.00 kN 0.15 m	10.98 kN 0.18 m	9.09 kN 0.22 m	7.42 kN 0.27 m	6.04 kN 0.33 m
40.0 m 弛度	17.26 kN 0.12 m	15.11 kN 0.14 m	13.01 kN 0.16 m	11.00 kN 0.19 m	9.12 kN 0.23 m	7.46 kN 0.28 m	6.10 kN 0.35 m
41.0 m 弛度	17.26 kN 0.13 m	15.12 kN 0.15 m	13.03 kN 0.17 m	11.02 kN 0.20 m	9.16 kN 0.24 m	7.51 kN 0.30 m	6.16 kN 0.36 m
42.0 m 弛度	17.26 kN 0.14 m	15.12 kN 0.15 m	13.04 kN 0.18 m	11.04 kN 0.21 m	9.19 kN 0.25 m	7.56 kN 0.31 m	6.22 kN 0.38 m
43.0 m 弛度	17.26 kN 0.14 m	15.13 kN 0.16 m	13.05 kN 0.19 m	11.07 kN 0.22 m	9.23 kN 0.27 m	7.61 kN 0.32 m	6.29 kN 0.39 m
44.0 m 弛度	17.26 kN 0.15 m	15.13 kN 0.17 m	13.06 kN 0.20 m	11.09 kN 0.23 m	9.26 kN 0.28 m	7.66 kN 0.33 m	6.35 kN 0.40 m
45.0 m 弛度	17.26 kN 0.16 m	15.14 kN 0.18 m	13.07 kN 0.21 m	11.11 kN 0.24 m	9.30 kN 0.29 m	7.71 kN 0.35 m	6.41 kN 0.42 m
46.0 m 弛度	17.26 kN 0.16 m	15.14 kN 0.19 m	13.09 kN 0.21 m	11.13 kN 0.25 m	9.33 kN 0.30 m	7.76 kN 0.36 m	6.47 kN 0.43 m
47.0 m 弛度	17.26 kN 0.17 m	15.15 kN 0.19 m	13.10 kN 0.22 m	11.15 kN 0.26 m	9.37 kN 0.31 m	7.81 kN 0.38 m	6.52 kN 0.45 m
48.0 m 弛度	17.26 kN 0.18 m	15.15 kN 0.20 m	13.11 kN 0.23 m	11.18 kN 0.27 m	9.40 kN 0.32 m	7.85 kN 0.39 m	6.58 kN 0.46 m

续表 9.3.3

跨距	−20 °C	−10 °C	0 °C	10 °C	20 °C	30 °C	40 °C
49.0 m 弛度	17.26 kN 0.18 m	15.16 kN 0.21 m	13.13 kN 0.24 m	11.20 kN 0.28 m	9.44 kN 0.34 m	7.90 kN 0.40 m	6.64 kN 0.48 m
50.0 m 弛度	17.26 kN 0.19 m	15.16 kN 0.22 m	13.14 kN 0.25 m	11.22 kN 0.30 m	9.47 kN 0.35 m	7.95 kN 0.42 m	6.70 kN 0.49 m
51.0 m 弛度	17.26 kN 0.20 m	15.17 kN 0.23 m	13.15 kN 0.26 m	11.25 kN 0.31 m	9.51 kN 0.36 m	8.00 kN 0.43 m	6.76 kN 0.51 m
52.0 m 弛度	17.26 kN 0.21 m	15.17 kN 0.24 m	13.17 kN 0.27 m	11.27 kN 0.32 m	9.54 kN 0.38 m	8.04 kN 0.45 m	6.81 kN 0.53 m
53.0 m 弛度	17.26 kN 0.22 m	15.18 kN 0.25 m	13.18 kN 0.28 m	11.29 kN 0.33 m	9.58 kN 0.39 m	8.09 kN 0.46 m	6.87 kN 0.54 m
540 m 弛度	17.26 kN 0.22 m	15.19 kN 0.25 m	13.19 kN 0.29 m	11.32 kN 0.34 m	9.61 kN 0.40 m	8.14 kN 0.47 m	6.93 kN 0.56 m
55.0 m 弛度	17.26 kN 0.23 m	15.19 kN 0.26 m	13.21 kN 0.30 m	11.34 kN 0.35 m	9.65 kN 0.42 m	8.19 kN 0.49 m	6.98 kN 0.57 m
56.0 m 弛度	17.26 kN 0.24 m	15.20 kN 0.27 m	13.22 kN 0.31 m	11.37 kN 0.37 m	9.68 kN 0.43 m	8.23 kN 0.50 m	7.04 kN 0.59 m
57.0 m 弛度	17.26 kN 0.25 m	15.20 kN 0.28 m	13.24 kN 0.33 m	11.39 kN 0.38 m	9.72 kN 0.44 m	8.28 kN 0.52 m	7.09 kN 0.61 m
58.0 m 弛度	17.26 kN 0.26 m	15.21 kN 0.29 m	13.25 kN 0.34 m	11.41 kN 0.39 m	9.76 kN 0.46 m	8.32 kN 0.54 m	7.15 kN 0.62 m
59.0 m 弛度	17.26 kN 0.27 m	15.22 kN 0.30 m	13.26 kN 0.35 m	11.44 kN 0.40 m	9.79 kN 0.47 m	8.37 kN 0.55 m	7.20 kN 0.64 m
60.0 m 弛度	17.26 kN 0.28 m	15.22 kN 0.31 m	13.28 kN 0.36 m	11.46 kN 0.42 m	9.83 kN 0.49 m	8.42 kN 0.57 m	7.26 kN 0.66 m

（十二）锚段关节及关节式分相维护技术标准

1. 腕臂随温度变化顺线路的偏移量应符合设计要求，允许偏差±20 mm（注：双腕臂偏移方向是相反的，检调时注意不得调整错误）。

2. 五跨关节中间跨为过渡跨，过渡跨两接触线屋脊处导线高度应高出正常高度 40 mm，允许偏差为±10 mm。

3. 绝缘锚段、非绝缘锚段关节转换柱处两悬挂的垂直距离、水平距离符合设计要求，允许偏差为±20 mm。

4. 绝缘锚段、非绝缘锚段关节中心柱处两悬挂的垂直距离、水平距离符合设计要求，允许偏差为±20 mm。

5. 五跨绝缘锚段关节的转换柱处绝缘子串距悬挂点的距离应符合设计要求，允许偏差为±50 mm。承力索、接触线两绝缘子串上下应对齐，允许偏差为±30 mm。

6. 悬挂点承力索与接触线应在同一垂直面上，允许偏差为 20 mm。悬挂点接触线高度允许误差为±20 mm，结构高度允许误差为±150 mm（如有误差时，两支悬挂的误差方向应相同）。

7. 绝缘锚段关节两锚段承力索、接触线相互间的空气绝缘间隙应符合设计要求。两悬挂间的空气绝缘间隙一般为 500 mm。

8. 在转换柱非工作支线夹处的接触线转角应小于 6°。

9. 锚段关节式电分相中性区长度符合设计要求，满足双弓运行，允许误差+500 mm。地面应答器的纵向距离应符合设计要求，允许误差±1 m。

(十三)交叉线岔维护技术标准

1. 道岔定位支柱的位置。

道岔定位支柱应按设计的定位支柱布置,定位支柱间跨距误差±1 m。

2. 线岔交叉点两侧定位点拉出值满足设计要求。但不得大于 400 mm。

3. 两接触线相距 500 mm 处的高差。

标准值:当两支均为工作支时,正线线岔的侧线接触线比正线接触线高 20 mm,侧线线岔两接触线等高。当一支为非工作支时,非工作支接触线比工作支接触线高 80~100 mm,并按设计要求延长一跨并抬高 350~500 mm 后下锚。

安全值:当两支均为工作支时,正线线岔侧线接触线比正线接触线高 10~30 mm;侧线线岔两接触线高差不大于 30 mm。当一支为非工作支时,非工作支接触线比工作支接触线抬高 50~100 mm。并延长一跨并抬高 350~500 mm 后下锚。

限界值:同安全值。

4. 限制管长度符合设计要求,应按螺栓紧固力矩要求紧固,并使两接触线有一定的活动间隙,保证接触线自由伸缩。

5. 始触区。

对于宽 1 950 mm 的受电弓,在距受电弓中心 600~1 050 mm 的平面和受电弓最大动态抬升高度(最大 200 mm)构成的立体空间区域为始触区范围,该区域为不得安装除吊弦线夹(必需时)外的其他线夹或零件。

6. 由正线与侧线组成的交叉线岔,正线接触线位于侧线接触线的下方;由侧线和侧线组成的线岔,距中心锚结较近的接触线位于下方。

7. 交叉吊弦位置应能保证在极限条件情况下,两吊弦间距不小于 60 mm。

8. 道岔定位器支座不得侵入受电弓动态包络线。否则应使定位器加长,并采用特殊弯形定位器,并保证定位器的端部不侵入其他线的受电弓限界。

9. 两支承力索间隙不应小于 60 mm。

10. 岔区腕臂顺线路偏移量符合设计要求,允许偏差±20 mm

(十四)无交叉线岔维护技术标准:

1. 岔心两端的定位柱距岔心的距离符合设计规定。

2. 在开口方向第一个道岔柱处两接触线等高,第二个道岔柱处侧线导高比正线抬高 90~130 mm,第三个道岔柱处侧线导高比正线抬高 500 mm。

3. 腕臂顺线路偏移应符合设计要求,允许偏差为±20 mm。

4. 两承力索交叉点处间距不应小于 20 mm。

5. 拉出值、导高应符合设计要求,拉出值允许偏差为±20 mm,导高允许偏差为 5 mm。

6. 正线接触线距侧线线路中心,侧线接触线距正线线路中心水平投影 600~1 050 mm 为始触区。始触区不允许安装除吊弦线夹以外的任何线夹类金具。

7. 交叉吊弦应安装在正线接触线距侧线线路中心线,侧线接触线距正线线路中心线水平投影 550~600 mm 内,正线与侧线上的两根吊弦的间距一般为 2 m。交叉吊弦与其他吊弦的间距(始触区反侧)不大于 6~8 m。

8. 交叉吊弦的安装顺序应保证，即在受电弓道岔开口方向进入时先接触到的吊弦为侧线承力索与正线接触线间的吊弦。

9. 交叉吊弦的承力索端采用滑动吊弦线夹时，绝缘垫块必须安装正确；交叉吊弦接触线端的吊弦线夹螺栓及导流环应朝向离开另一支线条的方向，线夹倾斜角最大不得超过 15°。

10. 接触线正线导线高度为正常导高。两线路中心线间水平距离 1 320 mm 处，非支抬高 20 mm；两线路中心线间水平距离 120 mm 处，非支抬高 120 mm。

（十五）电联结维护技术标准

1. 根据承力索、接触线铅垂线间的距离合理选用电连接线在承力索、接触线间的安装形状。承力索、接触线间的距离小于等于 1 000 mm 时采用"C"型连接的方式；大于 1 000 mm 时采用"S"型连接。其裕度满足接触线、承力索因温度变化伸缩的要求。

2. 道岔电连接应安装在始触区以外。

3. 电联结线不得有压伤和断股现象，电联结线应伸出线夹外 10 ~ 20 mm，线夹与线索接触面均应涂电力复合脂。

4. 接触线电联结线夹在直线处应处于铅垂状态，在曲线处应与接触线的倾斜度一致。

5. 承力索、接触线电连接线夹压接（拆卸）应符合技术标准的要求。接触线电连接线夹与线槽契合的卡子必须保证平行压接于线槽内，不得跳出接触线的线槽，电连接线夹的螺纹卡子均应保证卡子从一端插入后，在另一端露头 1 ~ 3 mm，不得大于 3 mm；承力索电连接线夹压接线夹偏斜程度不超过压接模具宽度的 1/3。

6. 工作支接触线电联结线夹处接触线高度不应低于相邻吊弦点，允许高于相邻吊弦点 0 ~ 3 mm。

7. 电联结线均要用多股软线做成，其额定载流量不小于被连接的接触悬挂、供电线的额定载流量，且不得有接头。

（十六）分段绝缘器维护技术标准

1. 绝缘器的主绝缘应完好，其表面放电痕迹应不超过有效绝缘长度的 20%。主绝缘严重磨损应及时更换。

2. 绝缘器中心线应位于受电弓中心线，一般情况下误差不超过 100 mm。

3. 滑道应平行于轨面，绝缘器应过渡平滑。

4. 分段绝缘器安装高度，严格按设计行车速度所要求的抬升力，用钢尺测取所安装的高度值，允许偏差为±5 mm。

5. 不应长时间处于对地耐压状态，尤其在雾、雨、雪等恶劣天气时，应尽量缩短其对地的耐压时间，即当作业结束后应尽快合上隔离开关，恢复正常运行。

6. 当绝缘棒磨损达到 2 mm 时，可以进行旋转，绝缘棒可以旋转 4 次。

7. 滑板磨损大于 3 mm 时，需要重新调整滑板的高度，以便确保滑板与绝缘棒的间隙不小于 4 mm，当磨损达到最大值（滑板剩余高度余 1 ~ 2 mm）时，需要及时更换滑板。

8. 接地短路后应检查分段绝缘器是否受损。如果有明显的烧损迹象，应更换烧损的部件。

9. 各部螺栓紧固力矩符合零部件规定值要求。

（十七）支持装置维护技术标准

1. 腕臂底座安装高度符合设计要求（多线路腕臂底座及连接件安装高度应满足最高轨面至横梁下缘的设计高度，允许偏差±50 mm），根据基础标高偏差情况选择预留孔安装位置，允许偏差±50 mm。腕臂底座应呈水平状态。水平腕臂应符合设计要求，稍有低头。安装位置满足承力索悬挂点（或支撑点）距轨面的距离（即导线高度加结构高度），允许误差±200 mm；悬挂点距线路中心的水平距离符合规定。

2. 平腕臂端部余长为 200 mm，平腕臂绝缘子端头距套管单耳 100 mm，承力索座距双套筒连接器一般为 300 mm，接触线悬挂点距吊钩定位环一般为 400 mm。防风拉线环距定位器头水平距离 600 mm，允许误差-100～+50 mm。

3. 支持装置各部件组装正确，腕臂上的各部件（不包括定位装置）应与腕臂在同一垂直面内，铰接处转动灵活。

（1）防风拉线环的 U 螺栓穿向补偿下锚方向（以中心锚结为界），防风拉线长环在定位管端。

（2）承力索座下悬挂定位管吊线钩缺口，背向斜拉线安装，正定位朝远离支柱侧，反定位朝支柱侧。

（3）腕臂棒式绝缘子排水孔朝下。

（4）承力索座内的承力索置于即受力方向指向轴心槽内。

（5）销钉安装方向正确（由上向下）。使用 β 销时，β 销的圆弧要所在销钉的圆柱面上。

4. 无偏移温度时腕臂应垂直于线路中心线，温度变化时腕臂偏移应符合腕臂偏移安装曲线要求。

5. 定位管吊线两端均装设心形环，线鼻子采用压接方法固定。

6. 非绝缘关节两悬挂各部分（包括零部件）之间的距离在设计极限温度下应保持 50 mm 以上；绝缘关节两悬挂各部分（包括零部件）之间的距离满足设计要求。

7. 隧道吊柱的技术状态应符合表 9.3.4 要求：

表 9.3.4

超高（mm）	曲内吊柱侧面限界	曲外吊柱侧面限界	说明（mm）
0≤H≤65	2.8	2.8	误差-0，+30
65≤H<105	2.9	2.7	误差-0，+30
105≤H≤155	2.93	2.6	误差-0，+30

（1）吊柱侧面限界。

（2）隧道内正定位无斜支撑，反定位有斜支撑。

（3）腕臂下底座中心线距吊柱底部不大于 200 mm。

（4）吊柱斜撑安装角度控制在 30°～45°之间。

（5）吊柱应处于垂直状态，允许向受力方向偏斜 0～5 mm；调节吊柱垂直度的垫片应使用镀锌垫片。

（6）吊柱紧固螺母紧固力矩值为 120 N·m。吊柱支撑应处于受拉状态。

（7）T 形螺栓卡入槽道中，螺栓头部标志槽应与槽道垂直。T 形螺栓距槽道端部最小距离为 25 mm。

8. 支撑装置各部螺栓紧固力矩符合规定。各部零部件无裂纹、变形，顶丝、锁紧螺母无缺失。

（十八）定位装置维护技术标准

1. 定位装置的结构及安装状态应保证接触线工作面平行于轨面连线，定位点处接触线的弹性符合规定。当电力机车受电弓通过和温度变化时，接触线能上下、左右自由移动。

2. 正、反定位管状态均应符合设计要求。定位管应与腕臂在同一垂面内，一般情况下呈水平状态，正定位允许抬头；反定位允许低头，但坡度不得大于 150 mm/m。提吊定位管的不锈钢吊线端部余长 150 mm，吊线露出压接管 10 mm。

3. 定位器和腕臂顺线路偏移的方向、角度相一致，定位线夹安装正确。

4. 限位间隙应符合设计要求，允许偏差为±1 mm。

5. 定位装置各部螺栓按规定力矩紧固。

6. 定位器等电位连接线安装符合设计要求。

7. 根据不同曲线半径，定位器静态角度一般控制在 8~13°。

8. 定位管端部余长为 150 mm。吊钩定位环距接触线悬挂点一般为 400 mm。吊钩定位环缺口，正定位朝支柱侧，反定位朝远离支柱侧。

9. 防风拉线固定环距定位器端头水平距离为 600 mm，面向下锚侧安装，防风拉线与水平方向成 45°。防风拉线短环端回头 100 mm；长环端回头 250 mm，防风拉线固定环应位于长环中间位置。

（十九）滑轮补偿装置维护技术标准

1. 补偿滑轮完整无损、转动灵活（人力用手托动坠砣能上下自由移动），没有卡滞现象。对需要加注润滑油的补偿滑轮，应按产品规定的期限加注润滑，没有规定者至少 3 年一次。

2. 定滑轮槽应保持铅垂状态，动滑轮槽偏转角度不得大于 45°。

3. 同一滑轮组的两补偿滑轮的工作间距，任何情况下不小于 500 mm。

4. 补偿绳不得有松股、断股和接头，不得与其他部件、线索相摩擦。

5. a、b 值应符合安装曲线的要求，允许 a、b 值误差不超过安装曲线值±200 mm。但 a、b 值在极限温度时不得小于 300 mm。

6. 各框架安装正确，满足坠砣升降变化要求，限制坠砣的摆动，不妨碍升降。且受力良好，螺栓紧固有油，铁件无锈蚀。

7. 承力索、接触线两下锚绝缘子串应对齐，允许偏差为±50 mm。

8. 坠砣应完整，叠码整齐，其缺口相互错开 180°。坠砣串的重量（包括坠砣杆的重量）符合规定，允许误差不超过 2%。坠砣块自上而下按块编号，并标明重量。

9. 各部螺栓紧固力矩符合零部件规定标准值要求。

（二十）棘轮补偿装置维护技术标准

1. a、b 值及补偿绳缠绕圈数符合安装曲线的要求，a、b 值不得大于安装曲线值±200 mm。但 a、b 值在极限温度时不得小于 300 mm。

2. 大、小轮缠绕时最少缠绕半圈，最多缠绕三圈半，小轮缠绕时必须两边对称。

3. 棘轮完整无损、转动灵活，没有卡滞现象。对需要加注润滑油的补偿棘轮，应按产品规定的期限加注润滑油。

4. 承力索、接触线两下锚绝缘子串应对齐，允许偏差为±50 mm。下锚补偿装置平衡轮应水平，偏斜不超过20°。

轮体必须垂直，通过螺栓轴和固定底座上的调节板调整轮体。

5. 坠砣应完整，坠砣块叠码整齐其缺口相互错开180°。坠砣串的重量（包括坠砣杆的重量）符合规定，允许误差不超过2%。

6. 补偿绳不得有散股、断股和接头，不得与其他部件、线索相摩擦。

7. 制动卡块到棘轮的距离为15~20 mm，隧道外棘轮制动块到轮体外缘间的距离为20 mm，隧道内为14~17 mm。限制器的安装位置应满足坠砣升降变化要求，限制坠砣的摆动，不妨碍升降。

8. 各部螺栓紧固力矩符合零部件规定标准值要求。

（二十一）弹簧补偿装置维护技术标准

1. 刻度牌位置。

弹簧补偿装置刻度牌与当地、当日的环境温度相对应，补偿绳伸缩长度 a 值符合安装曲线要求。

2. 弹簧补偿器本体安装位置符合设计要求，安装牢固，本体与下锚方向在同一直线上。

3. 补偿绳不得有松股、断股和接头，位于渐开线轮槽正中，不得偏磨。

4. 弹簧补偿安装各零部件安装正确，按照标准力矩紧固。

5. 各部螺栓紧固力矩符合零部件规定标准值要求。

（二十二）绝缘子维护技术标准

1. 接触网绝缘部件的泄漏距离≥1 400 mm。

2. 绝缘子表面应清洁、光滑无脏污、完整无破损、无破碎性裂纹，瓷釉剥落面积不大于300 mm²。

3. 绝缘子瓷质部分与铁件间密贴良好，无缝隙和开裂显现。

4. 绝缘子连接铁件与浇注部分间密贴良好、连接紧固。

5. 各悬式绝缘子间连接良好，弹簧销、开口销齐全。

6. 绝缘子本体线性良好，弯曲度不超过1%。

7. 绝缘子表面无明显放电痕迹、无环状或贯通性裂纹。

8. 绝缘子裙边距接地体的距离应不小于表9.3.5内的数值。

表 9.3.5

绝缘子类型 距接地体距离	正常值（mm）	困难值（mm）
瓷质绝缘子	≥100	≥75
有机合成材料绝缘子	≥50	

注：采用正常值确有困难时方可采用困难值。

（二十三）附加导线维护技术标准

1. 附加导线的材质和截面积应满足通过的最大电流和规定的机械强度安全系数。

2. 张力和弛度符合安装曲线的要求。误差不大于±10%。支柱同一侧悬挂为不同线径及材质的导线时,导线的弛度应以其中弛度较大的导线为准。

3. 接头及损伤。

(1) 跨越铁路和一、二级公路以及重要的通航河流时,导线不得有接头。不同金属、不同规格、不同绞制方向的导线严禁在跨距内做接头;

(2) 一个跨距内一根导线的接头不得超过 1 个。一个耐张段内附加导线接头和补强线段的总数量不得超过 4 个,且接头距悬挂点的距离大于 500 mm;

(3) 附加导线不得跨越屋顶为易燃材料的建筑物;对耐火屋顶的建筑物也要尽量避免跨越,若必须跨越时,其距建筑物的距离要符合本款第(6)项的规定,且跨越的跨距内不得有接头、断股和补强;

(4) 附加导线不得散股,安装牢固。导线采用钢芯铝绞线时,其钢芯不准折断。铝绞线和钢芯铝绞线的铝线断股、损伤截面积不得超过铝截面的 7%,且载流量和机械强度能满足要求时,可将断股处磨平用同材质的绑线扎紧,绑扎长度超出缺陷部分 30~50 mm;当断股损伤截面为 7~25%时,应进行补强;当断股截面超过 25%时,应锯断做接头或更换;

(5) 附加导线跨越或接近铁路、公路、电力线、弱电线路、河流时应符合相关行业部门的有关规定;

(6) 附加导线对地面及相互间的距离在任何情况下不应小于表 9.3.6 的数值。

表 9.3.6 附加导线对地面及相互距离 (单位:mm)

序号	有关情况		供电线、正馈线、加强线	保护线、回流线、架空地线
1	导线在最大弛度时距地面高度	居民区及车站站台处	7 000	6 000
		非居民区	6 000	5 000
		车辆、农业机械不能到达的山坡、峭壁和岩石	5 000	4 000
2	导线距离峭壁挡土墙和岩石	无风时	1 000	500
		计算最大风偏时	300	75
3	导线跨越铁路时	跨越非电化股道(对轨面)	7 500	7 500
		跨越不同回路电化股道(对承力索或无承力索时对接触线)	3 000	2 000
4	不同相或不同供电分段两导线悬挂点间距离	水平排列	2 400	—
		垂直排列,上方为供电线,下方为供电线或回流线	2 000	—
5	与建筑物间的最小距离	导线与建筑物间最小垂直距离(计算最大弛度时)	4 000	2 500
		导线对建筑物最小水平距离(计算最大风速时)	3 000	1 000

4. 保护线距接地体或桥梁及隧道壁的最小距离≥150 mm,困难时≥75 mm。

5. 当附加导线与接触网同杆合架时,正馈线、保护线安装位置应符合设计要求;正馈线带电部分与支柱边沿的距离应不小于 1 m。

6. 肩架安装位置正确、安装牢固、呈水平状态；肩架位置的误差为+50 mm。

7. 保护线与支柱连接牢固，符合设计要求。

8. 各部螺栓紧固力矩符合零部件规定标准值要求。

（二十四）隔离开关维护技术标准

1. 隔离（负荷）开关应动作可靠、转动灵活，合闸时触头接触良好，引线和连接线的截面与开关的额定电流及所连接的接触网当量截面相适应，引线不得有接头。

2. 隔离（负荷）开关的触头接触面应平整、光洁无损伤，并涂以电力复合脂。

3. 隔离（负荷）开关的分闸角度及合闸状态应符合产品的技术要求。

4. 隔离（负荷）开关操作机构应完好无损并加锁，转动部分注润滑油，操作时平稳正确无卡阻和冲击。

5. 引线及连接线应连接牢固接触良好，无破损和烧伤。引线的长度应保证当接触悬挂受温度变化偏移时有一定的活动余量并不得侵入限界，引线摆动到极限位置对接地体的距离不小于 330 mm。

6. 支持绝缘子应清洁无破损和放电痕迹，瓷釉剥落面积不超过 300 mm^2。

7. 新安装的隔离（负荷）开关在投入运行前应做交流耐压试验，运行中每年用 2 500 V 的兆欧表测量一次绝缘电阻，与前一次测量结果相比不应有显著降低。

8. 电动隔离开关操作机构应良好无损并加锁。传动杆与隔离开关操作机构紧密配合，符合产品说明书要求。隔离开关操作机构箱密封良好。

9. 驱动装置的电机转向正确，机械系统润滑良好，分、合闸指示器与开关实际位置相符合。驱动装置的电机和传动器的滑动离合器应符合技术要求。

10. 各部螺栓紧固力矩符合零部件规定标准值要求。

（二十五）支柱维护技术标准

接触网支柱的技术状态应符合下列要求：

1. 支柱位置。支柱的侧面限界应符合设计规定，允许误差-0～+50 mm。跨距误差±500 mm。

2. 支柱本体。支柱本体不得弯曲、扭转、变形，各焊接部分不得有裂纹、开焊；表面防腐层剥落面积不得超过5%。

3. 支柱倾斜率。

（1）支柱横线路面应垂直于线路中心线，允许偏差不应大于 2°。

（2）单腕臂、双腕臂和中心锚结支柱顺线路方向应直立，允许斜率为±2‰；横线路方向，允许向受力反向的倾斜率为 5‰。

（3）硬锚锚柱横线路方向，向受力反向的倾斜率为 0～5‰，顺线路方向，向下锚拉线侧倾斜率为 0～5‰。

（4）补偿下锚柱横线路方向，向受力反向的倾斜率为 0～5‰，顺线路向下锚拉线侧倾斜率为 0～10‰。

（5）曲线内侧的支柱、装设开关的支柱、双边悬挂的支柱、硬横跨支柱、均应直立，允许向受力的反向倾斜，其倾斜率不超过 5‰。

（6）接触网各种支柱，均不得向线路侧和受力方向倾斜。

4. 支柱基础。支柱基础面应高出地面。支柱根部和基础周围应保持清洁，不得有积水和杂物。基础顶板与支柱底板间填充的砂浆应符合设计要求。

填方地段的支柱外缘距路基边坡的距离小于 500 mm 时应培土，其坡度应与原路基相同。高填方地段培土困难、流失严重或土质强度不够者，应采用干砌片石或砂浆砌石加固，片石应挤压紧密、堆砌整齐，砂浆应饱满、标号符合规定。

5. 支柱拉线及拉线基础。拉线与地面夹角一般情况下为 45°，最大不得超过 60°。拉线应绷紧，在同一支柱上的各拉线应受力均衡；应有防腐措施。拉线不得有断股、松股、接头及锈蚀。各部连接件、螺栓紧固良好。拉线基础周围不得有积水。

（二十六）吸上线维护技术标准

1. 吸上线型号及安装位置应符合设计要求。电缆截面应满足回流要求，外露部分电缆护管应无损伤。吸上线埋入地下时，埋深不少于 300 mm。穿过钢轨、桥台时应采取防护措施。
2. 在有轨道电路区段，采用两根电缆接至扼流圈中性板。吸上线必须与支柱密贴连接牢固。
3. 吸上线与回流线（保护线）连接时，距悬挂点的距离应符合设计要求。
4. 吸上线电缆与回流线（保护线）、扼流变压器（或空心线圈 SVAC）连接处应涂电力复合脂。
5. 各部螺栓紧固力矩符合零部件规定标准值要求。

（二十七）避雷器维护技术标准

1. 避雷器安装牢固、无损伤，绝缘护套无严重放电，动作计数器完好。
2. 瓷套管应光洁、无裂纹、无破损等缺陷，铁件无锈蚀。
3. 底座结合缝及其油漆应完好，不应有裂纹、脱落等现象。
4. 封口处的橡皮胶垫应良好、严密。
5. 法兰盘间应无缝隙，如有空隙应用玻璃腻子堵严后，表面刷油漆。
6. 避雷器绝缘子应呈竖直状态，倾斜角度不超过 2°。
7. 避雷器至高压侧的引线张力应适宜。保证在极限条件下，高压侧引线对接地体之间距离大于 350 mm。
8. 避雷器需要单独接地时，接地电阻不大于 10 Ω。
9. 避雷器的维护、试验按产品说明书的规定进行。
10. 各部螺栓紧固力矩符合零部件规定标准值要求。

（二十八）接触网回流系统及安全接地技术标准

AT 区段架设保护线（PW），作为钢轨回流的并联通道，工作接地兼闪络保护。保护线区间地段兼作安全接地。

1. 区间（含桥隧）。

PW 线与支柱不绝缘架设，在预留过轨管及手孔处，PW 线每隔 1 200～1 500 m（根据各区段短路电流和轨道结构等计算）上下行采用 70 mm^2 铜缆并联一次，通过 70 mm^2 铜缆连接至扼流变中性点，并经中性点接入综合接地。其间 PW 线每隔 300～500 m 还须采用 70 mm^2

铜缆接入综合接地一次。

2. 车站。

站台区段支柱：PW 线与支柱绝缘设置，增设架空地线（GW）作为附加的闪络保护地线兼安全接地。在预留过轨管及手孔处，PW 线每隔 1 200～1 500 m（根据各区段短路电流和轨道结构等计算）上下行采用铜缆并联一次并通过扼流变中性点接钢轨，同时接入综合接地一次；架空地线每隔 300 m 采用 VV 1 kV 1×70 mm^2 铜缆接入综合接地一次。PW 线与架空地线（GW）之间采取绝缘配合措施。

非站台上支柱：同区间腕臂柱。

3. 变电所、分区所处的回流。

上、下行 PW 回流、轨回流，均采用电缆方式。

4. 开关、避雷器、接触网支柱的接地按设计要求接入综合接地系统。

5. 27.5 kV 上网供电电缆接地保护措施：

（1）如单根上网电缆长度<100 m，则每根电缆护层采用单点（即仅一端）接地。

（2）如单根上网电缆长度>100 m，则每隔 500 m 分段设置中间接头，每段电缆护层采用一端接地，另一端设护层保护器。

（3）供电线上网全电缆方式<100 m 时，则每根电缆护层采用一端接地（上网端），另一端设护层保护器（所亭内开关柜处）。

（4）供电线上网采用部分电缆部分架空方式或全电缆方式，如果电缆设置中间接头，每一段电缆<100 m 接地设置方式参照上述执行。

（5）所有接地连接应满足现行设计规范、国家规范、电力系统规范等的要求。

（6）有接地要求的支柱根部预留孔处应采用 M16 不锈钢材质接地螺栓连接，应根据规范要求配置不锈钢垫圈、螺母等确保可靠连接。接地连接应采用铜缆，两端带压接镀锡铜接线端子，接触面积应满足规范要求。

（二十九）保安装置及标志维护技术标准

1. 站内和行人较多的接触网支柱上，在距轨面 2.5 m 高的处所，以及安全挡板或细孔网栅均要有涂以白底用黑色书写"高压危险"字样和用红色画出闪电符号的警告标志。

2. 在接触网分相处应双向装设"预断"、"断"、"合"等标志。在接触网终端应装设"接触网终点"标。"接触网终点"标应装设于接触网锚支距受电弓中心线 400 mm 处接触线的上方。

上述标志均为白底黑框，黑字黑体，标志装设位置及规格符合《技规》《铁路电力牵引供电施工规范》等规定。

3. 牵引供电设备管理单位的抢修列车、接触网工区均应备有"降"、"升"弓标。当突然发现接触网故障或故障抢修先行送电开通时，按规定在故障地点两端设置升、降弓标。

4. 各种标志和揭示牌应完整无损、安装牢固、字迹清晰、便于了望，不得侵入限界，与行车有关的标志应设于列车运行方向的左侧。

5. 在桥下等出口处的承力索上采取绝缘防护措施，出口两端绝缘防护长度不少于 5 m。

（三十）零件及其他

1. 接触网零件（包括附加导线的金具，下同）应符合国家及中国铁路总公司有关标准（附加导线的金具还应符合电业部门架空线路金具相应的有关标准）。

2. 接触网零件要安装牢固，凡用螺母紧固者应有防松措施，零件上的各个螺栓均应受力均匀，其紧固力矩符合规定。各种调整螺丝的丝扣外露部分不得小于 50 mm。各种线索的紧固零件在温度变化时不应使线索往复弯曲，以防疲劳。应涂油的螺栓必须涂油。

3. 接触网和附加导线中用于电气连接的零件，其允许载流量不应小于被连接的导线。

4. 除螺栓等标准件外，所有接触网零件均应有明确的生产厂家标志，否则视为不合格零件严禁使用。

二、抢修管理

1. 客运专线接触网抢修要遵循"先通后复"和"先通一线"的基本原则，以最快的速度先行供电、疏通线路，及早恢复设备正常的技术状态。抢修方案应遵循"先重点，后一般"的原则，首先使接触网脱离接地，尽快恢复送电，待列车离开故障供电单元时，再对故障地点进行恢复。

2. 客运专线接触网抢修作业方式根据故障现场需要，可采取 V 型天窗停电作业或垂直天窗停电作业方式。客专电调在发布停电作业命令前应撤除相关馈线断路器重合闸。

3. 客运专线接触网抢修处理方式可分为一次性恢复和分次恢复两种。

（1）一次性恢复。对故障影响不大，恢复用时不长应采取一次性恢复到正常技术状态。

（2）分次恢复。对于故障破坏严重，影响范围大，难以恢复到接触网正常技术状态的，宜采用分次恢复方式，分次恢复有以下两种情况：

① 对故障临时处理后，采取降弓运行的方式，速度不超过 160 km/h；

② 对故障临时处理后，设备恢复基本状态，按 160 km/h 降速运行。

故障地段接触网设备经临时处理并按 160 km/h 运行后，铁路局应尽快制定设备恢复正常技术速度的方案，并尽快组织实施。

4. 故障抢修采取降弓运行时，降弓运行时间原则上不超过 24 h。

5. 故障抢修中，现场抢修指挥人员要指定专人负责与电调联系，随时汇报故障抢修进展情况，并及时传达上级领导对抢修的有关要求。

三、安全规定

1. 客运专线接触网设备抢修、维护作业，应采用作业车、利用垂直天窗进行。如遇故障处理、抢修必须采用 V 停检修作业时，其邻线通过列车应限速 160 km/h 以下。

2. 凡参加客运专线接触网运营维护的设备管理单位机关、供电车间管理技术人员和工区职工，上岗前必须经过高速列车运行安全技术业务培训，并经考试合格后方能上岗。

3. 在隧道、桥梁等特殊区段及雨、雪、雾或风力在 5 级及以上特殊天气时，只进行垂直天窗接触网检修作业。遇有雷电（在作业地点可看见闪电或可听到雷声）应禁止接触网维护作业。事故抢修遇有上述情况时，应利用垂直天窗，在增设接地线并加强监护的情况下方可进行。

4. 客运专线接触网设备维护作业，要严格执行监护制度，每一个监护人监护范围不得超过一个跨距，同一组硬横跨上作业时不超过 2 股道。清扫绝缘子、检调附加悬挂作业监护范围按普速线路有关规定执行，作业人员及料具严禁从两线间上下，严禁侵入邻线。

复习思考题

一、填空题

1. 高速铁路接触网的运行维护工作实行（   ）、（   ）的原则，充分发挥各级管理组织的作用。

2. 高速铁路接触网设备运行管理的主要任务是通过对运行设备的（   ）、（   ）、（   ）、（   ）、（   ），准确掌握设备技术性能、特性、运行规律和安全状态，及时对不满足安全运行的接触网设备状态或发生故障时，进行的必要修复，确保供电设备安全运行。

3. 为贯彻（   ）、（   ）、（   ）的方针，各铁路局和牵引供电设备运营维护管理单位要根据客运专线接触网设备特点，建立牵引供电设备的监测制度。监测分巡视、视频和摄像检查、SCADA 系统遥测、主导电回路测温、观测点检查和绝缘在线监测 6 个部分。

4. 静态检测一般在（   ）内进行；动态检测一般由接触网综合检测列车、动检车弓网检测装置进行。

5. 接触网检修分（   ）和（   ）两种修程。

6. 为保证检修质量，维修用料必须是（   ）产品和（   ）的产品，入库前应按规定进行检验。

7. 上、下部固定绳应水平，允许有平缓的负驰度，其数值为：5 股道及以下不超过 100 mm，5 股道以上的不超过（   ）。

8. 硬横梁锈蚀面积超过（   ）时应除锈涂漆。

9. 线岔交叉点两侧定位点拉出值满足设计要求。但不得大于（   ）。

10. 对于宽 1 950 mm 的受电弓，在距受电弓中心（   ）的平面和受电弓最大动态抬升高度（最大 200 mm）构成的立体空间区域为始触区范围，该区域内不得安装除吊弦线夹（必需时）外的其他线夹或零件。

二、问答题

1. 什么是高速铁路接触网的维修？
2. 客运专线接触网抢修要遵循什么样的基本原则？
3. 什么是高速铁路接触网的一次性恢复？
4. 高速铁路接触网的运行维护应遵循什么样的方针和原则？
5. 高铁接触网设备管理单位有哪些作用？

单元十　非正常情况下应急处理

任务1　电力设备事故抢修规定

【知识目标】
1. 掌握电力设备事故抢修的原则；
2. 掌握电力设备故障的查找方法。

【技能目标】
1. 能组织电力设备事故的抢修并制订方案；
2. 能对电力事故的抢修及故障处理。

为了及时正确处理设备故障，加快故障抢修的组织和恢复，加强事故管理，全面分析、掌握事故信息，查清事故原因，吸取事故教训，超前防范，切实保证铁路运输安全，根据路局相关规定和段实际情况特制定本办法。

事故抢修时必须最大限度地减少故障停电延时。必须遵循"先通后复，先通一线"和"先重点后一般"的原则，以最快的速度恢复供电、疏通线路，并优先保证信号供电及列车通过。

一、抢修组织

1. 为加强事故抢修组织领导，段、车间均应成立事故抢修领导小组。
2. 段成立以段长为组长的事故抢修领导小组，组员包括：各主管副段长；安全、技术、材料、段办科长；各车间主任。段调度室必须有段抢修领导小组各成员的通信联系方式，在事故抢修中能随时保持联系。

车间应成立以车间主任为组长的事故抢修领导小组，组员包括：安全员、技术员、车间管内各工长。

3. 当发生影响行车和信号供电的故障时，段值班领导要亲自赶赴现场或到调度室指挥抢修、督促查询事故原因。

二、电力抢修原则及方案

自动闭塞和车站电气集中电力供应的可靠性直接影响正常运输秩序和行车安全，一旦发生事故中断供电，将造成信号关闭、电动转辙设备停止运转，给运输生产造成严重影响，因此必须尽快恢复供电、恢复运输生产。

（一）抢修的组织指挥

1. 自动闭塞、电气集中行车信号等一级负荷供电设备发生故障，段管内相关部门人员闻讯应立即赶赴现场进行处理，尽快恢复电力供应。

2. 电力事故处理原则：首先查找分析判断故障点，发现后立即采取切除故障点等措施，迅速恢复信号供电，以保障正常运输秩序，然后进行修复。

3. 段调度是电力事故（故障）抢修工作的总指挥，段定抢修方案、命令由调度下达，各级人员必须无条件地服从。在执行调度命令过程中，确因实际问题难以实施时，应立即向段提出修改方案，批准后实施。

4. 段调度在处理事故时，无论领导是否在场均应主动决定处理方法，并对处理的及时性、正确性负责，同时迅速将情况主动向段领导汇报。段领导如认为调度对事故处理不准确，可及时指出并予纠正。在特殊情况下，段领导有权亲自坐台指挥，下达事故处理命令。

5. 各车间主任（车间值班干部、工长等）为故障抢修的现场指挥者，在抢修期间，段及车间的命令各工区抢修人员须无条件服从。各车间每天必须有一名干部值班，遇节假日或恶劣天气时，车间主任或支部书记须有一人在岗。各电力工区、配电所要保证两人值班。电力工区在节假日必须加强值班力量，增派值班人员，遇恶劣天气须保证二分之一的职工在岗。

6. 电力人员在查找处理故障时应携带另克棒、脚爬、腰带、万用表、通信工具等工具材料。对影响范围较大的事故，段长（或主管副段长）亲自组织抢修，在最短时间内派出胜任的技术人员赶赴故障地点，快速排除故障，恢复正常行车。

7. 段、车间、工区都要配齐事故备品备件、照明、通信、交通工具等，并定期进行检查，保持良好状态，为事故抢修创造良好条件。

（二）故障处理原则

1. 当线路故障发生在与邻局（段）两所之间区段时，段调度应及时与对方调度联系（必要时由局电力调度协调），首先断开局（段）分界开关（或工区所在地就近开关），分别进行试送电，判断故障区段。

2. 区间信号点和车站信号故障，段抢修人员应在与电务的分界点测试有无电压，如分界点电压正常时，抢修人员不得动电力设备，包括与故障无关的设备，做好记录并尽快向段调度和车间负责人报告，段调度应及时向上级电力调度及有关部门（通知供电段抢修的部门）报告。如电务部门人员在场时，可将测试结果向有关人员显示。

3. 配电所馈出柜开关跳闸，应首先判明跳闸类别（过流、速断、失压），在确认所内无故障且对方所自投及本所重合均不成功的情况下，应立即向段调度和车间负责人报告，车间、段应迅速查组织找线路故障。

4. 当判明自闭（贯通）母线有电，而配电所自闭（贯通）柜发生故障的情况下，应立即向段调度、车间负责人报告，尽快检查处理。

5. 配电所自闭（贯通）调压器故障需要退出运行进行检修时，应在故障发生后 48 h 内更换好。

6. 自闭（贯通）电力线路不允许长期开口运行，架空电力线路发生故障一般在 24 h 内处理完毕，恢复原运行方式；电缆电力线路发生故障一般应在 48 小时内处理完毕，恢复原运行方式；实行越区供电后一般应在 24 h 内恢复原运行方式。

（三）信息处理

1. 抢修工作中信息反馈必须及时、准确，尽快把故障点，故障跳闸时间，信号点通知时间，抢修人员出动、到达时间，立即向段调度和车间负责人报告，同时尽快处理。段调度接列事故信息应及时向单位（部门）领导报告，并向上级电力调度报告。

2. 当段调度接到上级调度或其他部门有关电力设备故障的通知时，应立即指挥有关车间进行故障处理并向段领导报告。车间负责人、段调度应及时将故障处理情况逐级上报。

3. 当电力工区接到车务、电务等部门直接通知时，应问明故障情况，立即向段调度、车间负责人报告，并迅速到现场检查处理，现场处理人员应将处理情况向车间、段调度及时报告。

（四）故障查找及处理

1. 配电所自闭（贯通）馈出开关跳闸，对方自投、本所重合均不成功时：

（1）两所中间（或局、段分界处）拉开线路开关，两端试送，一端首先试送成功，另一端再选优拉开线路隔离开关试送，最后确定故障区段；

（2）在故障区段找出故障点，进行处理。

2. 自闭（贯通）线路发生接地故障（适用于未装设接地故障自动检测设备的区段）时：

（1）首先判断接地性质；

（2）段调度要点拉开中间隔离开关判定接地侧；

（3）接地段逐段要点倒闸判定；

（4）在判定的接地区段查找，找到故障及时处理。

3. 自闭（贯通）线路发生缺相故障时：

（1）配电值班员、段调度要按要求加强对仪表、微保、远动等监控设备的监视，以保证能及时发现缺相故障。

（2）配电值班员发现缺相故障时，应立即报告调度，在有电力远动系统的区段，调度要运用远动系统判断出缺相故障区段，并切除故障、恢复无故障区段的正常供电

（3）通知沿线电力工区在判定的缺相区段查找，找到故障及时处理。

在以上分段试送电查找故障区段的过程中，在有电力远动系统的区段，调度要利用电力远动系统在 15 min 内判断出故障区段，并切除故障、恢复无故障区段的正常供电。当电力远动系统不能正常运用时，要立即通知沿线电力工区就近分断隔离开关，迅速确定故障的大至区域，并尽快恢复无故障区段的正常供电，然后通知相关电力工区进行故障巡检。电力远动系统的维修管理部门应按规定定期对系统进行检查维护。若发生故障时电力远动系统不能正常使用，延误抢修时间，段将根据有关规定对系统的维修管理部门予以考核。

在以上线路跳闸和接地故障处理过程中，段调度所通知的一切故障巡线，均应视为线路带电，如需处理时，必须向所属值班员或调度申请停电，只有在履行停电许可工作手续后方能进行事故抢修。

4. 区间信号故障：

（1）首先测量分界点有无交流电压，如电务人员不在场，测量互供箱；

（2）电压正常，不准任何人动电力设备，并做好记录，通知电务人员；

（3）分界点无交流电，检查低压互供箱、信号变压器等设备，迅速恢复供电。

5. 车站信号故障：
（1）先测量分界点两路电压是否正常；
（2）若有一路电压正常，通知电务开通电气集中；
（3）两路均无电时，检查变压器、接触器等设备，迅速恢复供电；
（4）因检修或事故处理，当更换或改接引线时，应确认引入信号设备的二路电源相位一致。

（五）事故救援

1. 段调度接到上级部门对事故现场进行救援的要求后，应立即通知主管领导和安全科（夜间通知值班领导），以及事故发生地的供电车间、电力工区。
2. 相关人员接到通知后应立即出动赶往事发现场开展救援工作，抢修人员出动昼间不超过10分钟，夜间不超过15 min。
3. 事故现场人员要与段调度保持密切联系，通报救援情况，段调度应按要求将信息反馈到上级部门。

任务2　接触网事故抢修规则

【知识目标】
1. 掌握接触网抢修组织知识；
2. 掌握接触网故障判断与查找方法。

【技能目标】
1. 能判断与查找接触网故障；
2. 能组织接触网抢修；
3. 能对接触网事故进行分析报告和总结。

一、总　则

接触网是电气化铁路重要的行车设备，是向电力机车、电动车组等移动设备安全可靠供电的特殊输电线路，一旦故障停电，将直接影响行车秩序。为了规范和加强接触网故障（或事故，下同）抢修工作，依据《铁路交通事故应急救援和调查处理条例》〔国务院第501号〕，制定本规则。

本规则适用于电气化铁路接触网故障、事故抢修及自然灾害和其他事故引起的接触网修复、配合工作。

铁路各级管理部门应按照各自的职责和分工，组织、参与接触网故障抢修工作。牵引供电运行各级主管部门，必须牢固树立为运输服务的思想，做到常备不懈，一旦发生故障，迅速出动，快速抢修，尽快恢复供电和行车。

接触网抢修要遵循"先通后复"和"先通一线"的基本原则，以最快的速度设法先行供电、疏通线路并及早恢复设备正常的技术状态。

为满足铁路运输需要，必须强化接触网抢修基地建设，纳入铁路应急救援体系规划。抢修基地应配备先进装备、机具和材料，不断提高接触网抢修速度和质量。积极推广和应用集设备运行、技术资料、信息传递、抢修预案等功能于一体的牵引供电抢修辅助决策系统，不断提高接触网应急抢修工作效率与管理水平。

电气化区段所有职工发现接触网故障和异状，应立即报告邻近车站、供电段（含供电外委维修管理单位，下同），并尽可能详细地说清故障范围和损坏情况，必要时应在故障地点采取防护措施。

二、抢修组织

1. 牵引供电运行各级主管部门要加强接触网故障抢修工作的领导，建立健全各级责任制。铁路局应成立接触网应急抢修领导小组，建立健全应急抢修机制，加强人员培训、装备配置、物资储备、预案演练等基础管理工作。供电段和供电车间要成立接触网故障应急抢修组织。

2. 每个接触网工区应以比较熟练的工人为骨干组成抢修组，抢修组现场负责人由工长或安全技术等级不低于四级的人员担当，组内应明确分工，有准备材料工具的人员、防护人员、驻站联络员、网上作业人员和地面作业人员等。抢修时现场负责人、驻站联络员和防护人员应佩戴明显的标志，各司其职。平时作业应尽量按抢修组的分工组成作业组，以加强协调配合，一旦故障停电，可以配套出动抢修，当人员变动时要及时调整和补充。

3. 每个接触网工区必须经常保持一个作业组的人员在工区值班。工区应有值班人员的宿舍、卧具和必要的降温、取暖设施，并经常保持清洁、安静，保证值班人员休息好。

4. 铁路局供电调度、供电专业管理部门应备有局接触网抢修领导小组有关人员和供电段车间主任及以上人员的固定、移动电话号码。供电段生产调度应有局接触网抢修领导小组有关人员、段接触网抢修领导小组及有关机构、人员的固定、移动电话号码。

5. 对于较大的接触网故障，铁路局抢修领导小组成员、供电段负责人、车间主任及故障抢修领导小组成员要及时赶赴调度台或现场组织指挥抢修，及时协调解决存在的问题。必要时，应要求通信部门启动应急通信，开通现场至铁路局间多路电话和图像通信设备。

三、抢修处置

（一）故障判断与查找

1. 铁路局供电调度员得知接触网发生故障后，首先要根据故障的显示情况、保护动作类型及各方面信息，迅速判明故障地点和情况（当故障点标定装置动作类型及各方面信息，迅速判明故障地点和情况（当故障点标定装置失灵时，可采取分段试送电、派人巡视等方法查找），必要时通知列车调度员，请邻线通过列车司机加强瞭望，帮助确定故障地点和状态，尽可能详细地掌握设备损坏程度和波及范围，及时与列车调度员办理接触网停电及行车限制有关事宜，迅速通知就近的接触网工区和供电段生产调度，组织调动抢修队伍，并报告铁路局供电主管部门、铁路局调度所值班主任和中国铁路总公司供电调度。

常见接触网故障判断查找方法：根据接触网多年的运行经验，列举了一些故障的判断查找和临时供电抢修方法，鉴于线路条件、设备类型、故障情况不尽相同，各单位可根据当时当地的具体情况随机应变，灵活机动地采取相应最佳措施，本附件供参考。

(1) 永久接地：变电所断路器跳闸，重合闸和强送均不成功，可能是由于接触网或供电线断线接地、绝缘子击穿、隔离开关处于接地状态下的分段绝缘器击穿、隔离开关引线脱落或断线、较严重的弓网故障、机车故障等。

(2) 断续接地：变电所断路器跳闸重合成功，过一段时间又跳闸，可能是接触网或电力机车绝缘部件闪络，货车绑扎绳等松脱，列车超限，树木与接触网放电、接触网与接地部距离不够，接触网断线但未落地，弓网故障等。

(3) 短时接地：变电所跳闸后重合成功，一般是绝缘部件瞬时闪络、电击人或动物等。

(4) 查找故障应根据季节、设备所处的环境有针对性地进行，例如大雾、阴雨及雨雪交加时易发生绝缘闪络故障，应重点查找隧道及污秽严重处所。当发现火花间隙击穿时对该支柱或与该支柱接地母线连接的相关绝缘部件要仔细检查。

2. 复线区段，为防止故障扩大，当一个行别发生跳闸且重合失败时，供电调度员要立即根据故障点标定装置指示，将可能发生故障的地段通知列车调度员，列车调度员应迅速通知在线运行的邻线机车乘务员加强瞭望，必要时采取限速等安全措施。

3. 变电所馈线断路器跳闸重合失败后，为避免扩大故障范围，在未确认符合供电和行车条件，作业人员未撤至安全地带时，不准盲目强送电。

当故障跳闸重合失败后，在没有相应供电臂有关故障信息的情况下，为排除因电力机车短路接地等故障跳闸，供电调度员可通过列车调度员通知所在供电臂上的电力机车降下受电弓后，进行一次强送电。当变电所所在站区发生近点短路（故障点标定装置指示在 3 km 范围内），自动重合失败后，若跳闸区段供电臂末端有分区亭并联断路器，不得用故障供电臂上的变电所断路器强送电，应用同方向另一供电臂通过分区所的并联断路器向故障供电臂试送电。设有馈线故障性质判断装置的变电所，强送电前，还应先投入故障性质判断装置，判断馈线有无永久性故障。有永久性故障，不得强送电。

4. 接触网故障查找应以故标指示为依据，向两侧扩大查找。要按照供电调度员的指令，参考车务、机务、工务、电务、公安等人员反映的情况，结合天气、温度、运行环境等因素有重点地组织查找。

5. 在发生供电设备故障时，机务、运输部门要密切配合。供电段抢修人员在步行查找接触网故障点的同时，也可通过车站值班员向列车调度员报告，采取临时要点登乘本线或邻线机车的查找方式，尽快确定故障点。

（二）抢修出动

1. 接触网工区接到抢修通知后，应按抢修组内部的分工，带好材料、工具等，白天 15 min、夜间 20 min 内出动。工区值班人员及时将出动时间及相关情况报告铁路局供电调度、供电段生产调度和供电车间。

2. 接触网抢修车辆应按救援列车办理。抢修车辆出动前，供电调度员应将车号及到达的地点通知列车调度员，列车调度员应优先放行，使之迅速到达故障现场。

3. 复线区段，当故障线路有列车停留时，接触网抢修车辆可通过邻线运行到达故障现场。当故障现场有车辆占用时，接触网抢修人员应视情况登车顶处理，或请求列车调度员尽快安排腾空线路，为接触网抢修作业创造条件。

（三）抢修方案

1. 应本着先通后复的原则制定抢修方案，以最快的速度设法先行供电，疏通线路，必要时可采取迂回供电、越区供电、降弓通过或限制列车速度通过等措施，缩短停电、中断行车时间，并及时安排时间处理遗留工作，使接触网及早恢复正常技术状态。

在双线电化区段，除按上述先通后复的原则外，还应遵循先通一线的原则制定抢修方案，集中力量以最快的速度设法先通线，尽快疏通列车。

当故障停电区段有重点列车运行时，抢修方案还应遵循先重点、后一般的原则，首先使接触网脱离接地，尽快恢复送电，待重点列车离开故障供电单元时，再要点对故障地点进行恢复。

2. 为保证快速抢通，允许接触网满足最低技术条件开通运行。在开通线路、疏通列车后再申请天窗停电，尽快处理使设备达到运行技术标准。常见接触网故障抢修方案见附件。

3. 降弓距离应满足列车惰行运行要求。故障地段降弓时间一般不宜超过 24 小时。

4. 接触网故障抢修工作必须服从铁路局供电调度员的统一指挥。抢修组设现场指挥一人，负责抢修方案的现场实施。所有参加现场抢修的人员都必须服从抢修指挥人员的统一指挥。当有两个及以上班组同时参加抢修时，应由供电段故障抢修领导小组指定一名人员任现场指挥。

5. 故障查找人员找到故障点后，应立即报告现场指挥，说明故障的位置、性质、损坏范围等情况。现场指挥应立即对现场损坏范围等情况核查清楚，组织制定抢修建议方案报供电调度员。

6. 供电调度员要根据故障破坏范围等情况及抢修组提报的建议方案、故障区段行车状况和运输要求，尽快确定抢修实施方案。抢修方案一经确定一般不应变动，确属必须变动时要经供电调度员同意，并通知有关部门和单位。

7. 在铁路局（供电段）设备分界附近发生故障时，相邻的铁路局（供电段）应积极协助抢修，在参加抢修中服从故障所在铁路局供电调度员和抢修指挥人员的指挥。

8. 在配合铁路交通事故救援时，接触网抢修指挥人员应服从事故现场负责人的调动，对接触网进行停电拆除或修复工作，并将工作情况及时报告事故现场负责人。事故救援结束，根据事故现场负责人的命令向供电调度员申请办理接触网送电事宜。

9. 在接触网抢修过程中，抢修组要指定专人与铁路局供电调度、供电段生产调度经常保持通信联络，随时报告抢修进度等情况，同时供电调度员要将运输要求及时传达给接触网抢修现场指挥。开通线路

10. 接触网修复过程中，对接触网主导电回路及受电弓动态包络线等关键部位要严格把关，确认符合供电行车条件后方准申请送电。送电后要观察 1—2 趟车，确认运行正常后抢修组方准撤离故障现场。

11. 需封锁线路、降弓通过或限速运行时，抢修人员应向供电调度员报告起止位置（或范围）和列车运行注意事项，并按规定在相邻车站登记，现场设置标志或显示手信号。接触网限速值应由现场指挥人员根据抢修后接触网技术状态确定。

（四）安全作业

1. 在整个抢修工作中，要坚持安全作业，严格遵守《接触网安全工作规程》和有关规定，

防止扩大故障影响范围和发生意外事故。

2. 抢修过程中要坚持设置行车防护，防护人员要思想集中，坚守岗位，履行职责，及时、准确地传递信号。

3. 抢修作业可以不开具工作票，但必须办理停电作业命令，采取安全措施。抢修指挥在抢修作业前要向作业人员宣布停电范围，划清设备带电界限。对可能来电的关键部位和抢修作业地段，要按规定设置可靠足够的接地线。

4. 在拆除接触网作业时，要防止支柱倾斜及线索断线、脱落等；在抢修恢复作业中，对安装的零部件特别是受力件要紧固牢靠，防止松脱、断线引起故障扩大。

接触线、载流承力索（含大电流区段非载流承力索）、供电线（正馈线）、加强线等主导电回路线索断线采取临时紧起送电方案抢修时，须加装短接线，短接线截面不得小于被连接导电线索截面。

5. 在线间距不足 6.5 m 的地段进行故障抢修作业时，邻线列车应限速至 160 km/h 以下，并按规定进行防护。

（五）后勤保障

为保证抢修工作的顺利进行，所在铁路局、供电段和供电车间必须做好后勤服务工作，保证抢修人员的饮食供应，必要的御寒衣物等并及时送到故障现场。

四、机具材料

1. 新建和改造电气化铁路，应结合线路运行要求和接触网设备特点，将抢修机构设置及人员、交通、通信工具、机具、材料配置纳入工程设计。开通前，人员、机具、材料应配置到位。

2. 为保证接触网故障抢修指挥人员能及时赶赴现场组织抢修，供电段、供电车间应配备故障抢修指挥汽车。

3. 供电段应设置抢修基地，配备接触网抢修车列。每组接触网抢修车列由放线车、轨道吊车各 1 台，平板车、综合检修作业车各 2 台组成。抢修列车的抢修半径一般为 200 运营千米。综合检修作业车应具有邻线或桥支柱下部等全方位的作业功能，以适应邻线有货物列车滞留时其上部接触网抢修的需要。提速干线的放线车应具备恒张力放线的功能。

4. 接触网工区应配置 2 台接触网作业车、1 台平板车、1 辆电力抢险工程车（以保证当接触网作业车无法及时到达故障现场时，人员、机具能先行到达）。铁路枢纽接触网工区的作业应有 1 台为带高空作业吊篮的高空作业车；负责铁路大型客站接触网维护的工区还应配置高空作业汽车。

5. 接触网工区所在地、抢修车辆应配置通信手段，以适应管内接触网抢修的通信需要。

6. 供电段、供电车间、接触网工区均应配置夜间故障抢修用照明灯具，照度及数量应分别满足抢修线路 2 000 m、1 000 m、200 m 的充足照明需要（平均照度达到 100 lx 以上，4 h 内连续使用）。个人照明工具应满足夜间作业需要。

7. 交通机具是保证迅速出动抢修的先决条件，应有专人管理，做好日常维修保养，时刻处于良好状态，保证有足够的燃料，随时能出动抢修。

接触网抢修用轨道车辆、汽车，必须停放在能够保证迅速出动的指定地点。如必须变更停放地点，工区值班员要及时报告供电调度员和供电段生产调度员。冬季取暖的地区，车库应有采暖设施，保证及时出动。

8. 铁路局供电调度员和供电段生产调度员必须随时掌握抢修列车和接触网工区交通机具的停放地点、整备情况，交接班时进行交接，接班后要复查。

9. 供电段、接触网工区及抢修基地（抢修列车）应按标准配齐抢修材料、工具、备品、通信和防护用具等，并随时注意补充。供电车间抢修用工具、材料原则上存放于所在班组料库。

10. 抢修用料应尽量组装成套，并与日常维用料分别造册登记，分架存放。对较小的零部件（如线夹等）应集中装箱存放在固定地点。

11. 接触网工区值班员应有材料库的钥匙，交接班时交接并清点抢修用料具，以便随时取出抢修用料具。用后抢修人员应负责将料、具及时放回原处。消耗的材料、零部件列出清单，交给值班员和材料员各一份，并共同确认。对抢修用料具，接触网工区工长每旬检查一次，车间主任每月检查一次，供电段材料、安全科（室）应组织抽查。

五、情况报告和总结

1. 接触网故障抢修过程中，铁路局供电调度员应按《铁路供电设备故障调查处理办法》，及时填写《牵引供电、电力故障速报》电传或网络传送中国铁路总公司供电调度和铁路局供电专业管理部门，并实时汇报抢修进度。

2. 注意保存接触网故障及抢修工作的原始资料，供电调度员应对故障处理过程中的通话进行录音，待故障调查处理结束一个月后方可消除。

3. 接触网抢修指挥人员要指定专人负责故障情况及其修复过程的写实，包括必要的拍照，有条件时可进行录像，收集并妥善保管故障拉断或烧坏的线头、损坏的零部件等，以利故障分析。供电段应对典型故障的照片、故障报告、损坏的线头、零部件等作为档案资料长期保存。

4. 铁路局供电主管部门要对每件事故、故障按《铁路交通事故调查处理规则》和《铁路供电设备故障调查处理办法》认真分析原因，制定防范措施，逐级上报，同时还要分析抢修工作中的经验教训。对好人好事要及时表彰和奖励；对贻误时机，工作不得力者要严肃批评；对玩忽职守，不服从指挥者要给予处分。抢修中采用的先进方法、机具等应及时推广，存在的问题要认真研究制定改进措施，不断完善抢修组织、方法与抢修预案，提高工作效率。

六、人员培训

1. 供电段要加强抢修队伍的定期培训，积极开展故障预想和日常演练，务必使每个人都能掌握各类故障的抢修方法。每半年组织各级抢修领导小组成员、工区抢修指挥人员进行一次轮训，讲解故障抢修知识，学习有关规章命令，分析典型案例，总结经验教训，制定改进措施，不断提高指挥抢修能力。

2. 各工区应充分利用工余时间，发挥技术骨干传、帮、带的作用，经常进行各类故障抢修方法的训练，每季组织一次故障抢修出动演习（包括按时集合、整装出动和携带工具、材料等）。

供电车间每半年组织管内各工区进行一次故障抢修演习。供电段主管段长对上述规定的工作应经常督促检查。在学习、竞赛中取得优异成绩者，要适时给予表扬。

3. 为做好故障抢修的日常演练，供电段及接触网工区应设有供训练用的场地和必要的实物。

常见接触网故障抢修方案

一、接触线断线

当发生导线断线时，首先应查明断线发生的确切位置，断口两侧的损坏情况，断线波及的范围等情况。

1. 导线断线损坏范围较小，断口两侧无较大损伤、变形，可以直接紧线对接。导线严重损伤在一个跨距以内，必须加换一段导线，这时可在地面上先做好一个接头，网上将新旧线紧起后做另一个接头。

2. 导线断线损坏范围较大时，可视具体情况确定方案，如果列车惰行可以通过故障区段时，可将接触网脱离接地采取降弓通过的方法，先行送电通车。具体应遵循如下原则：

（1）站场侧线断线，可先将线索紧起，保证咽喉区行车，送电先开通正线。站场正线或区间断线，可将线索紧起，采取降弓通过的办法送电通车。

（2）利用紧线器、葫芦等临时连接方式送电时，必须加装分流短接线，严禁利用受力工具导通电流回路。

3. 导线断线处理后，必须将该锚段全部巡视一遍，特别是中心锚结、线岔、补偿装置、锚段关节等设备，要考虑季节、气温变化时对设备的影响，确定是否可以送电通车。

二、承力索断线

承力索断线可用紧线工具将承力索紧起后即送电通车，必要时降弓通过。载流承力索或大电流区段非载流承力索必须安装分流短接线。承力索断线抢修后，应对整锚段进行巡视测量，特别要注意中心锚结、线岔、绝缘锚段关节等处是否达到要求。

三、支柱折断

支柱折断是接触网比较严重的故障，一般破坏比较严重，抢修难度大。抢修时一般是临时抢通，降弓通过，正式恢复时重新立支柱。断杆处有附加悬挂，要视具体情况采取措施保证安全距离，恢复送电。

1. 锚柱折断。

（1）若相邻两锚段长度不大，可在两转换柱间将两锚段承力索和导线分别合并，合并后要保证张力平衡，必要时可取消一个中心锚结。在断杆处立抢修支柱，将悬挂挑起。

（2）如相邻两锚段长度均比较大，不宜延长锚段时，可借助附近容量足够的支柱下锚，但必须注意要上紧拉线。临时下锚可做硬锚，其下锚拉线紧固良好，且在受力方向上。处理此类故障时必须注意，紧起后的导线高度必须达到规定要求值以上，锚段关节处的过渡要保证受电弓顺利通过，不能保证时要采取降弓措施。两条馈线间的绝缘锚段关节抢修后不能保证绝缘要求的可将其短接。要注意保证电气连接可靠，回路畅通。

2. 中心柱、转换柱折断。

可立抢修支柱或利用附近建筑物挑起悬挂，降弓通过。当两悬挂间不能保证规定的绝缘距离时，可暂不作绝缘锚段关节用。

3. 中间柱折断。

（1）直线区段的中间柱折断，接触悬挂高度在规定值以上时，可不立杆，接触悬挂在此处不悬挂，不定位，即可送电。否则，需立抢修支柱，挑起悬挂。

（2）曲外支柱折断，在保证接触悬挂高度和电气安全距离条件下，可不立支柱，否则，需立抢修支柱挑起悬挂。在保证接触悬挂和电气安全距离条件下恢复供电。

（3）曲内支柱折断，一般需立支抢修支柱，挑起悬挂。

4. 软（硬）横跨支柱折断

软横跨支柱折断时，可根据情况采取 3 种方案：

（1）当软横跨处在直线上时，可拆除该软横跨保证接触悬挂高度在规定值以上即可送电。

（2）当软横跨处在曲线上时，接触悬挂必须定位，此时在折断的支柱处立抢修支柱，将上下部固定索紧起，保证接触线高度满足行车要求后，即可送电。

（3）当可以封锁侧线股道时，可以在正线外侧立临时抢修支柱，优先保证正线行车。

注意事项：紧混凝土支柱软横跨上下部定位索时，应在支柱田野侧打多根临时拉线后进行，并在紧张力时注意支柱和拉线受力时的变化，以防发生意外。

硬横跨支柱折断时一般视情况在拆除该组硬横梁及其支撑定位后比照软横跨支柱折断抢修方案（1）和（3）处理。

四、供电线、加强线断线

1. 供电线断线时，优先考虑甩掉故障的供电线或将供电线脱离接地，越区供电。

2. 供电线断线后，不能实行越区供电时，则必须将供电线接通。

3. 加强线断线后，将线紧起，采用同型号的线索临时短接，保证电气联结可靠，保证与接触网导电回路的畅通。

五、隔离开关故障

1. 常开开关故障时，可将引线甩掉送电。

2. 常闭开关故障时，拆除引线将其短接后送电。

3. 使用权不属供电部门的开关处理后要及时通知相关单位并在相关记录上签认。

六、分段绝缘器故障

分段绝缘器故障可视情况降弓通过或停电更换。

七、绝缘子故障

1. 绝缘子表面因脏污引起闪络，擦拭后送电。

2. 绝缘子内部击穿和严重破损的，必须更换。

复习思考题

一、填空题

1. 接触网抢修要遵循（　　）、（　　）的基本原则，以最快的速度设法先行供电、疏通线路并及早恢复设备正常的技术状态。

2. 每个接触网工区应以比较熟练的工人为骨干组成抢修组,抢修组现场负责人由(　　)或安全技术等级不低于(　　)的人员担当,组内应明确分工,有准备材料工具的人员、防护人员、驻站联络员、网上作业人员和地面作业人员等。抢修时现场负责人、驻站联络员和防护人员应佩戴明显的标志,各司其职。

3. 短时接地指(　　)后重合成功,一般是绝缘部件瞬时闪络、电击人或动物等。

4. 接触网工区接到抢修通知后,应按抢修组内部的分工,带好材料、工具等,白天(　　)、夜间(　　)内出动。

5. 降弓距离应满足列车惰行运行要求。故障地段降弓时间一般不宜超过(　　)小时。

6. 在整个抢修工作中,要坚持安全作业,严格遵守(　　)和有关规定,防止扩大故障影响范围和发生意外事故。

7. 抢修作业可以不开具工作票,但必须(　　),采取安全措施。

8. 接触网工区应配置(　　)台接触网作业车、(　　)台平板车、(　　)辆电力抢险工程车(以保证当接触网作业车无法及时到达故障现场时,人员、机具能先行到达)。

9. 供电车间每(　　)组织管内各工区进行一次故障抢修演习。

10. 为做好故障抢修的日常演练,供电段及接触网工区应设有供训练用的(　　)和必要的(　　)。

二、问答题

1. 什么是永久接地?

2. 常闭开关故障时,如何处理?

3. 供电线断线时,如何实现供电?

4. 接触网故障抢修过程中,铁路局供电调度员应如何及时填写《牵引供电、电力故障速报》电传或网络传送中国铁路总公司供电调度和铁路局供电专业管理部门,并实时汇报抢修进度。

5. 如何做好抢修人员的后勤保障?

参考文献

[1] 中华人民共和国中国铁路总公司. 铁路电力管理规则 铁路电力安全工作规程. 北京：中国铁道出版社，2000.
[2] 中国铁路总公司劳动和卫生司，中国铁路总公司运输局. 高速铁路岗位培训教材. 北京：中国铁道出版社，2012.
[3] 韩保全. 牵引供电规程与规则. 北京：化学工业出版社，2013.
[4] 中华人民共和国中国铁路总公司. 牵引变电所运行检修规程 牵引变电所安全工作规程. 北京：中国铁道出版社，2000.
[5] 中华人民共和国中国铁路总公司. 铁路电力管理规则 铁路电力安全工作规程. 北京：中国铁道出版社，2000.
[6] 中华人民共和国中国铁路总公司. 接触网运行检修规程 接触网安全工作规程. 北京：中国铁道出版社，2007.
[7] 张道浚，王汉兵. 牵引供电规程与规则. 北京：中国铁道出版社 1999.
[8] 马玲. 牵引供电规程与规则. 北京：中国铁道出版社，2010.